Social Welfare Ethics and Philosophy

사회복지 윤리와 철학

정명희
전대성
장갑수
이영희
박주현
박선태
공저

양 성 원

/머/리/말

사회복지는 인간존엄을 기본가치로 하는 실천학문으로써, 국민의 생활 안정 및 교육 · 직업 · 의료 등의 보장을 포함하는 안녕을 추구하기 위한 사회적 노력을 일컫는다. 「대한민국헌법」은 제10조에서 "모든 국민은 인간으로서의 존엄과 가치를 가지며 행복을 추구할 권리가 있다."고 행복추구권을 규정하였다. 또 제34조에서 "모든 국민은 인간다운 생활을 할 권리를 가진다(제1항). 국가는 사회보장 · 사회복지의 증진에 노력할 의무를 진다(제2항). …국가는 재해를 예방하고 그 위험으로부터 국민을 보호하기 위하여 노력하여야 한다(제6항)."고 규정하여 복지국가의 실현을 위한 국가의 의무를 선언하고 있다.

여기에 삶에 대한 질문을 던져 좋은 사고를 할 수 있도록 돕는 것이 철학이고, 이 좋은 사고를 옳은 행동으로 실천하도록 이끄는 것이 윤리라고 할 수 있다. 철학은 무지와 앎에 대하여 알고자 하는 물음 그 자체이며, 지식을 추구하는 이성활동이다. 과학자들은 보편적인 진리나 법칙의 발견에 만족하지만, 철학은 탐구적이고 반성적인 태도로 더욱 근본적인 물음을 제기한다. 그러므로 철학적 사고가 선행되지 않은 사회복지실천은 한낱 보조적 행동에 불과하다. 더욱이 그 기술과 지식이 특정 개인이나 집단의 이익을 추구하는 도구로 이용될 때 그들과 더불어 사는 많은 사람과 공동체에 해를 끼치게 된다. 윤리는 옳고 그름을 판단하는 것으로, 사회적 존재인 인간이 다양한 사람과 더불어 사는 데 필요한 도리와 이치 및 규범이다. 우리 인간은 다른 사람과 관계를 맺으며 살아가는 사회적 존재로 개인의 가치와 욕구가 제각각이다. 그리하여 서로 충돌하기도 하고 공동체 이익에 맞지 않는 경우도 있어 서로 다른 가치와 욕구에 부합하고 행위를 평가하기 위한 규범이 필요하다.

따라서 이러한 윤리와 철학의 의의는 사회복지실천 현장에서 인간존엄을 바탕으로 클라이언트의 문제를 해결하기 위한 가치 판단의 기준과 행동지침이라 하겠다. 사회복지사가 어떤 윤리적 사고와 철학으로 인간을 어떻게 생각하느냐에 따라 클라이언트를 돕는 서비스와 정책 결정이 달라진다. 그러므로 우리는 『사회복지 윤리와 철학』 교과목을 배워야 한다. 그러나 사회복지실천을 담당하는 우리에게 인본주의적 철학이라는 기본적인 사고의 틀이 있고, 이에 비추어 변하는 시대와 상황에 따라 새롭게 해석해야 할 행위방식이 있다. 그러한 관점에서 사회복지학, 철학과 윤리, 도덕과 가치, 권리 등과 같은 개념의 이중성에 부담스러울 수 있다.

이 책은 사회복지사의 윤리적 사고와 판단의 기초가 되는 윤리와 철학에 대한 일반적 개념은 물론 비슷한 개념인 도덕과 가치 등의 의미를 다양한 관점에서 살펴본다. 구성은 한국사회복지교육협의회에서 발간한 『사회복지학 교과목지침서』를 최대한 반영하였다. 그리고 말미의 참고문헌은 이 책을 쓰는 데 큰 도움이 되었다. 이 외에도 그동안 읽었지만 서지정보를 기억하지 못하는 다양한 자료를 참고하였음을 밝힌다. 이러한 참고문헌이 없었다면 이 책은 세상에 선보일 수 없었을 것이다. 그럼에도 이 책은 부족한 부분이 많다. 이 책의 부족한 부분은 참고문헌 및 미처 인용하지 못한 관련 자료를 통해 더욱 깊고 넓은 학문의 세계로 나아가기를 원한다.

끝으로 원고를 의뢰하고 편집 등 다양한 역할을 한 도서출판 양성원 관계자 분들께 마음속 깊은 곳에서 고마움을 전한다.

2020년 1월

봄학기를 기다리며

/차/례

Chapter

01

사회복지 윤리와 철학의 기초

01 Chapter

사회복지 윤리와 철학의 기초

1. 사회복지의 철학적 접근에 대한 이해

철학(哲學, Philosophy)이라는 용어는 그리스의 철학자 소크라테스(Sokrates)에서 시작한다. 필로소피(Philosophy)란 말은 원래 그리스어의 필로소피아(philosophia)에서 유래하며, 필로(philos)는 '사랑하다', '좋아하다'라는 뜻의 접두사이고 소피아(sophia)는 '지혜'라는 뜻이며, 필로소피아는 지(知)를 사랑하는 것, 즉 '애지(愛知)의 학문'을 말한다. 소크라테스가 문제를 삼았던 것은 자연이 아니라 인간이다. 이 인간은 영혼으로서 인간이며, 소피스트(sophist)[1]에서 볼 수 있는 개인적 인간이 아니라 보편적 인간이었다. 영혼은 지혜(sophia)를 기능으로 하는 이법(理法)이며, 이 이법은 소피스트들의 인위적인 것(nomos)에서 부정된 것으로 인간의 본질이다. 인간이 영혼을 잘 가꾸는 것은 지혜(sophia)를 사랑(philos)하는 것이며, 그것이 곧 철학하는 것(philosophia)이다. 바로 여기에서 철학이라는 용어가 나왔다. 철학은 자기 자신의 앎의 문제를 탐구하는 사유(思惟: 개념 · 구성 · 판단 · 추리 따위를 행하는 인간의 이성작용)의 학문이자 우주의 근원을 탐구하는 종합적인 학문이다.

철학(哲學)의 '哲'이라는 글자도 '賢(현)' 또는 '知(지)'와 같은 뜻이다. 이와 같이 철학이란

---

1) 소피스트(Sophist)란 기원전 5세기부터 기원전 4세기까지 그리스를 중심으로 활동했던 철학사상가이자 교사들을 말한다. 그들은 설득을 목적으로 하는 논변술을 강조하였으며, 진리와 정의를 상대적인 기준으로 바라보았다.

소크라테스
(BC 470~399)

그 자의(字義)로 보아서도 단순히 지(知)를 사랑한다는 것일 뿐, 그것만으로는 아직 무엇을 연구하는 학문인지 알 수 없다. 철학 이외의 학문 가운데 그 이름을 듣고 그 내용을 전혀 알 수 없는 학문은 드물다. 경제학이라고 하면 경제현상에 관해서 연구하는 학문이고, 물리학이라고 하면 물리현상에 관해서 연구하는 학문이다. 경제학이나 물리학이라는 이름만 들어도 그것이 무엇을 연구하는 학문인지 대략은 짐작할 수 있다. 그런데 철학의 경우는 그 이름만 듣고는 그 내용을 이해할 수 없다. 그것은 이 학문의 대상이 결코 일정하지 않다는 것을 말해주기도 한다.

'철학이란 무엇인가?'라고 묻는 문제는 '인간이란 무엇인가?', '인생이란 무엇인가?'라고 하는 문제만큼이나 대단히 중요하고도 매우 어려운 문제이다. 그 이유는 철학이라는 학문의 폭이 아주 넓고 그 대상이 너무 많기 때문이다. 세계 인구가 77억 명이라면 77억 가지의 사유, 77억 가지의 철학이 존재할 수 있다는 이야기이다. 그러나 신(神)은 영특했다. 신이 세계의 사상적 혼란을 일으키지 않으려고 극히 일부 사람들에게만 철학하는 것을 허용한 것은 다행스러운 일이 아닐 수 없다. 그렇다고 해서 철학에 관해 변죽만 울릴 수 없다.[2] 우리는 철학의 정의와 관련하여 다음 두 가지 점에서 사유할 수 있는 것이다(류명걸, 1998; Russell, 1945).

첫째, 우리나라 속담 중에 "등잔 밑이 어둡다.", "업은 아이 3년 찾는다."라는 말이 있다. 이 말은 인간이 원시(遠視)적이라는 데 그 함축적 의미가 있다. 참된 진리, 실제적 사실이 자기 주변에 있고 자기 자신에게 있다는 것을 미처 알지 못하고 발견하지 못하는 인간에게 주는 가벼운 경고이다. 인간은 삶을 외면하지 말고 삶 속에서 철학을 찾고, 철학적 사유를 해야 한다. 석가모니(釋迦牟尼)는 생로병사(生老病死)[3]라는 인간의 근본

2) '변죽을 울리다'는 관용구로, "바로 집어 말을 하지 않고 둘러서 말을 하다."라는 뜻을 나타내어, "부분적으로 다소 노골성을 비치는 일이 전무한 것은 아니지만, 대체로 그 초점을 때리지 않고 변죽을 울려서, 은근한 가운데 함축성 있는 표현을 주로 하였다."와 같이 쓰인다.

3) 불교에서 말하는 네 가지 고통인 나고 늙고 병들고 죽는 것으로, 이를 사고(四苦)라고 한다. 그런데 늙고 병들고 죽는 것이 고통임은 알겠는데, 태어나는 것이 고통이라니! 하기야 나지 않으면 늙지도 않고 죽지도 않을 테니 고통의 시작이 바로 탄생이란 말씀이다.

적 고뇌를 해결하기 위하여 철학을 시작했다. 인간 삶의 어두운 면을 고찰하는 것은 물론 그와 동시에 진취적이며 촉진적이고 밝은 면도 있는 이러한 삶의 전체를 고찰함도 일리가 있는 것이다. 염려와 불안과 절망의 저편에 우리는 신뢰와 희망과 감사의 가능성이 있음을 알고, 그러한 것을 형이상학(形而上學, metaphysics)[4]적 요소인 삶의 여러 현상으로서 인정하지 않으면 안 된다.

둘째, 철학은 우주의 근원을 탐구하는 종합적인 학문이다. 이것은 철학이 객관성을 지닌 학문이라는 말과도 일맥상통한다. 철학의 대상이 밤하늘의 별처럼 많고 그 방법 또한 다양해 철학이 다소 이해하기 어렵다는 느낌을 주는 것이 사실이다. 보편적이라는 말은 학문의 보편타당성을, 미각성은 감성과 미학의 영역을, 초월은 신(神)과 종교의 문제를 함축하고 있으며, 형이상학은 2,500년 동안 서양 철학계를 지배해 온 철학의 중심 학문이기 때문이다. 그러나 어려운 학문일지라도 이 학문에 입문하고자 하는 학도들은 마땅히 거쳐 가야 할 만학의 기초학문이다. 이러한 학문을 모든 학도가 전공을 이수하는 데 있어서, 그리고 지혜롭고 덕스러운 삶을 살아가는 데 있어서 초석이 되도록 일조를 하는 것이 철학자의 임무가 되어야 한다.

그런데 철학의 정의는 학자와 시대에 따라 다양하다. 예컨대 고대 그리스 철학자 플라톤(Platon)은 영원하고 절대적인 이데아(idea)[5]의 세계를 동경하는 사랑을 철학의 본질이라 하였으며, 근세 과학주의 철학자 데카르트(Descartes)는 모든 지식이 합리적으로

4) 서양에서 형이상학(形而上學, metaphysics)이라는 용어는 아리스토텔레스의 저서 『제1철학』에서 '메타피지카(metaphysica)'로 통합되어 나중에 형이상학이라고 불려졌다. 동양에서 형이상학이라는 말은 형이상자(形而上者)를 도(道)라 하고, 형이하자(形而下者)를 기(器)라고 한다는 『주역(周易)』의 〈계사(繫辭)〉에 나온 말로 그리스어 '메타피직(metaphysic)'을 한자어로 옮긴 말이다. 형이상학은 영역적 · 부분적인 지식이 아니라 보편적 · 전체적인 지식을 구한다. 이것은 특수과학의 지식의 총화도 아니고 특수과학의 지식을 성립시키는 주관적인 근거(인식론적 근거)의 지식도 아니다. 그것은 모든 존재자에 근거를 부여하는 궁극적 실재근거(實在根據)의 지식이다. 따라서 특수한 영역과 시야를 넘은 초월의 시야에서 얻어지는 초월적 지식이다. 즉, 형이상학은 세계의 궁극적 근거를 연구하는 학문이다.

5) 이데아(Idea)란 '보다, 알다'라는 뜻의 그리스어 '이데인(idein)'에서 비롯된 말로, 원래는 '보이는 것', 곧 형태나 모양을 나타내는 말이다. 고대 그리스 철학에서는 마찬가지로 '보다'라는 뜻의 동사 '에이도(eido)'에서 비롯된 '에이도스(eidos)'와 이데아의 의미를 구분해서 사용했다. 둘 다 '형태'라는 의미를 지니지만, 에이도스는 구체적으로 현상되고 감각되는 사물의 형상(形象)을 가리키지만, 이데아는 육안이 아니라 마음의 눈으로 통찰되는 사물의 순수하고 완전한 형태를 가리킨다. 곧 이데아는 인간이 감각하는 현실적 사물의 원형으로 모든 존재와 인식의 근거가 되는 항구적이며 초월적인 실재를 뜻한다. 근대에 와서는 이데아는 인간의 주관적인 의식, 곧 '관념'을 나타내는 말로 사용되었다. 그리고 경험적 현실세계와 실증적 연구방법을 중시하는 경향이 확산되면서 점차 부정적인 의미로 인식되는 경향이 커졌다.

연역될 수 있는 최고의 원리를 포함한 완전한 지식을 얻으려는 것이 철학이라 믿었고, 칸트(Kant)는 철학을 이성 인식의 체계라고 주장하였다(이효선, 2003: 23-24).

근대에 들어서 딜타이(Dilthey)는 '이해'의 개념을 중심으로 철학을 해석학의 한 부분으로 발전시켰으며, 후설(Husserl)은 철학을 학문적 인식의 한 방법인 현상학으로 이해하였다. 그 뒤를 이어 듀이(Dewey)는 과학의 특수성을 통합시키려는 인간의 욕구를 철학만이 만족시킬 수 있다고 믿으며 철학이 과학에 대해 어떠한 기능을 해야 하는지를 역설하였다. 또한 보편주의 철학자 아펠(Apel)은 마르크스주의, 실존주의와 실용주의에 삶의 이론과 실천을 실제로 매개시키고 있는 철학의 역할을 언급하였다. 예컨대 모든 사회적이고 역사적인 운동의 포괄적인 전체로의 '변증법적인' 통합이라든지, 실존적이고 '사적'인 한계상황에서 모험적인 결단과 공적인 관심사에 대한 실용적인 규제가 철학의 기능이라고 주장했다.

이처럼 철학자들은 역사적 배경 속에서 다른 철학자들의 견해를 검토하고 설명하거나 자신의 이론을 전개하기도 한다. 그러나 그들은 이론화 작업을 과학자들처럼 관찰과 실험에 의존하거나 실험의 결과에 대하여 설명하지 않고 다른 무엇보다도 중요한 물음, 즉 근원을 찾아내려 한다는 것이 큰 차이점이다. 진리를 추구한다는 특성으로만 보게 되면 과학(science)도 라틴어 scire(알다)에서 유래한 것처럼 우리를 둘러싼 여러 현상에서 지식을 습득하고 그 지식을 탐구하는 방법으로서 철학과 비슷한 개념을 지녔다고 볼 수 있다. 하지만 과학의 기본목적은 사회현상과 자연현상을 모두 포함한 현상을 설명하는 이론을 제시하는 것으로, 과학자들은 사물의 현상에 탐구적이고 반성적인 태도에 의하여 개별과학처럼 경험의 특정 영역만을 대상으로 하지 않고 개별과학이 정립한 지식을 존중하며, 또 그러한 지식을 동원하여 더욱 근본적인 물음을 제기한다.

다시 말하지만, 철학은 존재하는 모든 것을 대상으로 하기 때문에 딱 무엇이라고 정의하기가 어렵다. 그러나 철학은 삶의 진리를 추구하고 그것을 해석하는 데 근본적인 관심을 가지고 있다. 그래서 철학을 넓은 의미로 보면 인간학이라고 할 수 있다. 또한 철학이 다루는 문제를 두고 생각할 때, 우리는 철학을 사고의 규칙이나 인식에 관해 탐구하는 인식론과 존재론으로 나눌 수 있다. 존재론은 개개의 존재자에 관하여 그것이 가진 특수한 성질을 연구하는 것이 아니라, 일반적으로 존재한다고 하는 것에 관해서 그것이 존재하는 이유를 고찰하려고 하는 것을 의미한다.

〈표 1-1〉 과학과 철학의 차이

구분	과학	철학
대상	• 자연현상, 사회현상	• 이성적 개념 및 인지: 의미와 정당화
영역	• 개별적 영역: 심리학, 사회학, 천문학	• 포괄적·종합적 세계
연구 태도	• 객관적인 사실만을 분석하는 기술 • 가치중립적 태도 • 자신도 객관적으로 파악	• 대상에 대한 가치지향적 태도 • 나와 우주 전체를 통일적 관계에서 파악: 자각
방법	• 관찰과 실험(가설 – 관찰 – 실험 – 결과의 검증) • 인과법칙을 토대로 경험적 대상을 설명	• 논리적 추리, 사유의 이해는 해석을 통해서 의미를 찾아내는 방법을 사용
결과	• 일정한 조건하에서는 완전한 지식에 도달 • 객관적으로 진리 전달이 가능	• 완성되고 고정된 것이 없음 • 진리의 사랑

출처: 이효선(2003), p. 25.

다음에 구체적으로 논의하겠지만, 윤리란 인간이 지켜야 할 도리와 규범으로 도덕의 본질과 근거에 대한 철학적 탐구라 할 수 있다. 이는 윤리학은 어떤 행위가 옳고 그른가를 판단하고, 그 근거가 무엇인지를 밝히려 한다는 점에서 철학적 탐구라고 한다. 이렇게 옳음과 좋음의 우선순위를 따질 때 윤리의 철학적 논의가 시작되기 때문에 윤리를 철학적으로 이해하는 일은 결국 윤리적 행위와 실천을 제대로 하기 위한 기반이 된다. 그러나 윤리는 옳은 행위에 대한 탐구(이론)에만 그치지 않는다. 옳은 행위를 유도하도록 노력함으로써 존재해야만 하는 당위에 관한 실천철학이 되는 것이다. 윤리는 도덕의 본질과 근거를 밝히고자 하는 점에서 철학적 범주에 들어갈 수 있지만, 마땅히 존재하여야만 한다는 당위를 논하고 실천을 이끌어 낸다는 점에서는 철학을 이미 넘어서고 있다. 따라서 윤리의 철학적 이해는 결국 윤리적 행위와 실천을 제대로 하기 위한 기반이 된다고 할 수 있다(이효선, 2003: 23-26).

2. 사회복지의 규범성에 대한 이해

규범성(規範性)이란 규범(norm)이 되는 성질이나 특성을 뜻한다. 그렇다면 규범이란 무엇일까? 규범이란 인간이 사회생활을 하는 데 있어 구속(拘束)되고 준거(準據)하도록 강요되는 일정한 행동양식을 일컫는다. 바꾸어 말하면, 규범은 인간의 사회생활에서 판단, 행위, 평가 등의 기준이 되는 행동양식이다. 규범은 '…이다.'라는 존재(is)의 법칙이 아니라 '…이어야 한다.'는 당위(ought to)의 법칙으로, 구체적으로는 사회에서 지지를 얻은 일정의 가치관에 따라 행위를 규율하는 규칙을 말한다. 즉, 규범이란 특정 사회에서 채용된 행위의 평가기준이라고 할 수 있다. 규범이 되는 것으로는 통상 법률, 도덕, 관습 등이 포함된다. 이들 규범에 공통하는 것은 이러한 제재(制裁)를 매체로 하여 행위를 규제하는 점에 있다. 규범을 준수하는 행위체(行爲體)는 사회적인 칭찬, 즉 플러스의 제재를 받게 되지만 반대로 규범을 준수하지 않는 행위체는 사회적인 비난, 즉 마이너스의 제재를 받게 된다. 또한 규범은 행위체에 의한 학습, 즉 사회화의 과정을 통하여 재생산된다. 이처럼 규범은 제재나 사회화의 과정을 통하여 사회질서의 존속에 공헌하게 된다.

서양은 이성으로 선험적(先驗的)[6]인 원리나 판단기준을 발견하여, 이로부터 선악(善惡)이나 시비(是非)의 기준을 연역하려는 경향이 있다. 이런 원리를 구체적 상황에 적용하여 윤리적으로 판단한다는 점에서 연역적이고 논리적이다. 이와는 대조적으로 동아시아에서는 경험이나 과거의 선례를 중시하고, 충효(忠孝) 등 가까운 사람들 사이의 정서를 기반으로, 그리고 이를 모범으로 삼아 모방하고 유추(類推)하여 다른 상황에 적용하

6) 선험적(Transcendental)이라는 용어는 칸트 철학의 근본개념 중의 하나다. 라틴어 transcendentalis는 초절적(超絕的, transzendent)의 원어 transcendens와 같은 어원에서 나왔으며 스콜라 철학으로부터 칸트에 이르기까지 이 두 원어는 사실상 구별 없이 초월적 개념을 의미하여 범주적 규정을 초월하는 존재의 가장 보편적인 규정에 적용되었다. 그러나 칸트는 '선험적'을 정의하여 '대상에 의해서가 아니라 오히려 선천적으로 가능한 대상 인식의 방법에 관한 인식' 또는 '어떤 직관(直觀) 혹은 개념이 선천적으로만 가능한 것, 또는 그 가능한 근거의 인식 수단인 선천적 인식'이라 하여 '초절적'과 구별되며 '선천적'과도 구별되었다. 즉, '선천적 대상 인식의 가능성의 인식'이 곧 '선험적'의 뜻이다. 칸트의 이 용어의 사용에 대해서는 여러 가지 논의가 많으나 위에서 말한 정의를 후의 신칸트학파의 철학자들은 높이 강조하였다.

려 한다는 점에서 귀납적이고 유비적(비슷한 것에 기초하여 다른 곳으로 나아가는)이다. 그러므로 같은 행위를 하더라도 그 행위자가 어떤 상황에 있는 어떤 품성의 사람인가에 따라 그 행위에 대한 처방과 판단이 다르다. 행위의 구체성을 중시하므로 도덕적 판단 역시 구체적 정황과 처지를 고려해야 한다는 견해다. 오랜 세월을 두고 변하지 않는 옳은 행위란 없으며, 획일적으로 적용될 수 있는 보편적인 기준은 없다. 대체로 인(仁)이나 서(恕)와 같은 하나의 이념은 존재하지만 상황, 정황, 처지 등을 고려해서 그 이념을 해석해야 한다는 것이 동아시아 규범관의 특징이다(양옥경 외, 2004: 38).

순리(順理)나 자연스러움을 강조하는 것이 동아시아 규범관의 또 다른 기초다. 유가(儒家)[7]에서는 효(孝)가 모든 사회적 규범의 근본이다. 이 점은 서양 규범관(規範觀)과는 정반대다. 서양은 시민 윤리, 모르는 다른 사람과의 윤리적 관계를 우선시하고 이에 기초해서 가족 윤리를 정립한다. 나아가 가족 간의 정서적 관계는 윤리적 행위를 수행하는 데 있어 장애요소로서 극복의 대상으로 간주되기도 한다. 자유와 평등 이념, 민주주의, 계약론, 자유주의, 사회주의 이상은 전형적인 서구적 사고의 소산이다. 서양에서는 인간들 사이의 구체적인 정적(情的)이고 상황적인 요소를 제거하고 이성에 기반을 둔 일련의 규범체계나 목적을 발견하고, 이에 의거하여 윤리적 판단기준을 삼으려 한다. 그 결과 나타나는 것이 의무론, 목적론, 결과주의 등이다.

동아시아 규범은 가깝고 자연스러운 관계에 있는 사람들 사이의 정이나 연고, 이에 기초한 행위 방식을 바탕으로 이를 유추함으로써, 멀고 추상적 관계에 있는 사람들에게 대하는 행위를 추론한다. 이런 점에서 동아시아 윤리는 근친애적(近親愛的)이라 하겠다. 이와는 대조적으로 서구는 원인애적(遠因愛的) 윤리다. 서구인은 일종의 수학적 사고를 통해 인간을 파악한다. 수학의 대상은 경험적이고 구체적인 것과 철저히 절연된 순수 형상의 전형이다. 인간에게도 이런 순수 형상과 같은 것이 존재한다고 보았으며, 인간의 그런 측면을 인격성, 순수 주체, 이성, 인권, 계약 당사자 등으로 개념화하였다. 그들은 구체적이고 실질적인 인간의 속성 중에서, 구체적이고 경험적이며 상황적인 것

7) 유가(儒家)란 춘추 시대의 사상가 공자(孔子)의 학설과 학풍 따위를 신봉하고 연구하는 학자나 학파를 말한다.

을 모두 윤리적이고 규범적인 관점에서 우연적이고 자의적인 것이라고 평가하여 이들을 제거하면, 인간 모두에게 공통적이고 보편적인 것이 남는다고 믿었다. 실천이성이나 평등한 인격성이란 말하자면 수학적 지평에서 파악되는 행위 주체의 모습이다.

유가가 차별적이고 근친적인 효제(孝弟)를 중시하는 이유는 무엇일까? 그 해답은 우선 가족관계에서의 정서가 인간에게 더 자연스럽다는 사실에 있다. 효제는 순덕(順德), 즉 순리에 따른 덕목이다. 그들은 육친애(肉親愛: 혈족 간의 정)가 인인애(隣人愛: 이웃 간의 정)보다 우선적이고 자연스럽기 때문에, 전자가 모든 윤리적 관계의 기초가 되어야 한다고 보았다. 윤리적 규범은 자연스러운 것이어야 한다는 생각 때문에, 그들의 윤리론에서 인성론이 중요한 위치를 차지하였다. 그래서 규범론이나 의지론은 별로 논의되지 않았다. 인간의 자연스러운 본성과 상관없이 논의될 수 있는 규범이나 본성에 반대가 되거나 그것을 극복의 대상으로 삼는 의지란 그들에게 낯선 개념이었을 것이다(양옥경 외, 2004: 38-39).

3. 사회복지에 대한 윤리적 접근의 개념과 관점에 대한 이해

1) 윤리적 접근의 개념

우리는 가정, 학교, 사회에서 도덕이나 윤리(倫理, ethics)라는 말을 사용하고 그런 규범을 배운다. 윤리란 인간이 사회의 일원으로서 지켜야 할 행동규범을 뜻한다. 습속(習俗: 풍습, 관습)이 무자각적인 규범이고, 도덕 · 법률이 자각적인 행위규범이며, 도덕이 내면성에 치우친 것이고, 법률이 외면성에 치우친 것이라면, 윤리는 도덕적인 성향과 더불어 법률적 성향의 혼합적 성향을 가진다. 윤리는 도덕보다는 규범의 성격이 강하다. 윤리라는 말은 일찍이 『예기(禮記)』[8) 악기 편(樂記篇)에서 사용한 말로, 여기서는 인간이 한 동아리로 서로 의존해 지켜야 할 질서를 뜻했다. 서양에서 윤리의 의미를 가진 에틱스(ethics)는 '습속', '성격'이라는 뜻의 그리스어 에토스(ethos)에서 유래한다.

윤(倫)은 무리 · 또래 · 질서 등의 의미가 있으며, 리(理)는 이치 · 이법 또는 도리 등의 뜻이 있다. 그러므로 윤리는 인간이 사회를 구성하고 살아가는 데 있어 지켜야 할 이치 또는 도리라는 의미다. 물리(物理)가 사물의 이치라면 윤리는 인간관계의 이법이라 할 수 있다. 유교에서는 대표적인 인간관계로 부자(父子) · 군신(君臣) · 부부(夫婦) · 장유(長幼) · 붕우(朋友)라고 표현되는 이른바 오륜을 들고 있다. 물리는 자연에서 사물이 언제나 그렇게 나타나는 이치이지만, 윤리는 반드시 그렇지 않다. 윤리는 인간의 자유에 의해 실현되어야 할 이법이다. 오륜에 대해서는 그것을 실현해야 할 태도, 곧 덕목으로서 친(親) · 의(義) · 별(別) · 서(序) · 신(信)이라고 하는 이른바 오상이 강조된다. 이것이 동아시아를 통해 형성된 인간관계의 이법으로서 윤리의 본질이다.

윤리와 도덕은 일상적으로 구분 없이 사용되기도 한다. 윤리와 도덕(道德)은 한자로도 그 뜻이 크게 다르지 않다. 도덕이란 바른 길을 따르는 덕성(德性)을 의미하며, 윤리 역시 사람들 간에 지켜야 할 바른 이치를 의미하는 것이므로 같은 의미다. 동양에서 도덕이란 말은 유교적인 어감이 강하고, 실상 유교의 이상을 나타내는 것이기도 하여 근대에 이르러서는 흔히 윤리라는 용어로 쓴다. 그리스어의 'ethos', 라틴어의 'mores', 독일어의 'sitte' 등이 모두 '습속'이라는 뜻인 것처럼, 원래 도덕이란 자연환경의 특성에 순응하고 각기 그 집단과 더불어 생활하여 온 인간이 한 구성원으로서 살아간 방식과 습속에서 생긴 것이다.

우리가 주의해야 할 점은 윤리와 도덕의 구분이 아니라 '도덕'과 '관습'과 '법'의 구분이다. 이 세 가지는 모두 사회적 규율체계다. 사회적 규율체계 중에서 도덕은 옳고

8) 『예기(禮記)』란 49편(編)으로 이루어진 중국 고대 유가(儒家)의 경전이다. 오경(五經)의 하나로, 『주례(周禮)』, 『의례(儀禮)』와 함께 삼례(三禮)라고 한다. 예경(禮經)이라 하지 않고 『예기』라고 하는 것은 예(禮)에 관한 경전을 보완(補完) · 주석(註釋)하였다는 뜻이다. 그래서 때로는 『의례』가 예의 경문(經文)이라면 『예기』는 그 설명서에 해당한다고 이야기하기도 했다. 하지만 마치 『예기』가 『의례』의 해설서라고만 여겨지는 것은 옳지 않다. 『예기』에서는 의례의 해설뿐 아니라 음악 · 정치 · 학문 등 일상생활의 사소한 영역까지 예의 근본정신에 대하여 다방면으로 서술하고 있기 때문이다.

그름의 문제와 관련된다는 점에서 법률과 비슷하다. 도덕은 옳고 그름의 규율체계로서 '옳다', '그르다', '해야 한다', '하지 말아야 한다' 등의 표현으로 나타난다. 그러나 물리적 강제력을 수반하지 않고 칭찬이나 비난 등의 언어적 강제력에 의존한다는 점에서 보면, 법보다는 오히려 관습이나 예절과 비슷하다.

법이나 관습은 과거와는 달리 현대에 와서는 주로 외양이나 취향 혹은 편의를 고려하는 데 바탕을 두고 있는 것으로 여겨진다. 과거에는 관습이 법이나 도덕을 포괄하는 경우가 많아 관습을 어기는 것이 사회적으로 처벌이나 비난의 대상이 되었으나 현대에 올수록 관습은 법이나 도덕적인 것과 구별되고 있다. 예컨대 2003년 4·24 재·보선(국회의원)에 당선된 개혁당 유시민(柳時敏) 의원이 왜 비난을 받았는가? 그가 당선자 선서식에 정장이 아니라 평상복 차림으로 나타난 것은 관습을 어긴 것이지, 결코 법이나 도덕을 어긴 것이 아니다. 법이나 도덕은 중대한 사회적 문제와 연관된 것이지만, 관습은 취향 혹은 편의나 예절 등과 연관된 것으로 여겨지고 있다. 그래서 법이나 도덕을 어겼을 때의 비난의 강도와 단순히 관습을 어겼을 때의 비난의 강도는 구분된다. 그 점에서 도덕은 관습보다는 법과 비슷하다(김성옥, 2004: 36).

그러나 도덕을 또 다른 측면에서 보면 법보다는 관습과 비슷하다. 법은 의도적인 입법적·행정적·사법적 행위 등에 의해 창안되거나 개조되지만, 관습과 도덕은 그렇지 않다. 예컨대 속도 제한 등의 교통법규를 어기면 법에 의한 처벌을 받지만 도덕적으로 비난받지는 않는다. 또한 그 구속력에서도 법은 공권력에 의한 강제력을 가지지만, 관습과 도덕은 칭찬이나 비난 그리고 주로 언어적인 표현에서 이루어진다. 이 점에서 도덕은 법보다는 관습과 비슷한 점을 가진다(Frankena, 황경식 역, 1984: 12-14).

2) 윤리적 관점

(1) 생존 본능과 인간다움

인간에게 윤리적 관점이나 윤리적 의식은 가장 기초적이다. 인간은 다른 동물과는 다르게 자신의 존재와 삶에 대해 반성(성찰)한다. 반성을 통해 인간은 스스로 특별한 존재로 지각하고, 이런 자아의식에 기초하여 다른 사람도 특별하게 대우해야 한다고 추론한다. 자신이 특별하다고 의식하는 것, 이는 도덕군자나 인격자와 같이 특별히 윤리적인 사람만이 가지는 의식이 아니다. 남녀노소, 사회적 지위나 빈부 격차에 상관없이 모든 평범한 사람, 심지어 걸인이라고 할지라도 지니고 있는 것이 이런 특별함에 대한 의식이다. 이처럼 이런 의식은 인간의 가장 기본적인 태도다. 사회복지의 이념은 바로 인간이 특별하다는 이런 의식에 기반을 둔다. 윤리의 이런 기초 의식을 유가의 대표적인 사상가이자 교육가인 맹자(孟子)[9]의 글에서 살펴보자(양옥경 외, 2004: 16-18).

> "맹자께서 말씀하셨다.
>
> 생선도 내가 원하는 것이고 곰발바닥도 내가 원하는 것이지만, 두 가지를 겸하여 취할 수 없다면 생선을 버리고 곰발바닥을 취하리라. 삶도 내가 원하는 것이고, 의(義)도 내가 원하는 것이지만, 두 가지를 겸하여 취할 수 없다면 삶을 버리고 의를 취하리라.
>
> (중략)
>
> 만약 사람이 원하는 것에 삶보다 더 간절한 것이 없다면, 살기 위해서라면 무슨 일이라도 할 것이 아니겠는가? 사람이 싫어하는 것에 죽음보다 심한 것이 없다면, 환난을 피하기 위해서라면 무슨 일이든지 다 할 것이다.
>
> (중략)
>
> 이제 어떤 이가 극도로 굶주려 한 주발의 밥과 한 그릇의 국을 얻으면 살고, 얻어먹지 못하면 죽는 한이 있더라도, '옜다'하고 경멸하며 던져 주면 길 가던 궁한 사람도 받지 않고, 차 내던지듯이 던져 주면 걸인이라도 죽으면 죽었지 받아먹으려 하지 않는다."
>
> – 『맹자』 〈고자(告子)〉 상편 –

9) 맹자(孟子)는 이름이 가(軻), 자는 자여(子輿)이다. 그는 어려서부터 어머니의 사려 깊은 교육환경 속에서 교육을 받았는데, 그의 어머니는 맹자의 교육환경을 위하여 세 번씩이나 집을 옮겼다. 저 유명한 '맹모삼천지교(孟母三遷之敎)'가 바로 그것이다. 또 맹자가 공부하는 기간을 채우지 않고 집으로 왔다고 해서 당신이 짜던 베를 끊어 경계했다는 '단기지훈'이란 유명한 고사를 통해 어질고 현명한 어머니의 본보기가 되고 있다.

맹자의 이 구절은 인간이 굶어죽을 수 있는 한계 상황에서도 생존에 앞서 취하고자 하는 바가 있음을 말해주고 있다. 인간은 동물적인 존재이므로 다른 동물들과 같이 최선을 다해 생존을 도모하고자 한다. 죽음을 피해 살고자 하는 본능은 인간 삶에서 최우선 순위를 점하는 욕구일 것이다. 이런 본능에도 불구하고 모든 사람에게 죽음을 불사하고라도 지키고자 하는 바가 있다는 것이 맹자의 통찰이다.

당장 굶어죽을 수도 있는 한계 상황에서도 지키고자 하는 것은 무엇일까? 걸인이라도 경멸하면서 밥그릇을 내어 던져 주면 죽으면 죽었지 받아먹지 않는다. 그 이유는 무엇일까? 사회 변두리에서 부랑하며 남의 밥을 얻어먹는 걸인이라도 일종의 자존심, 무시나 경멸당하고 싶지 않은 마음을 지니고 있다. 무시당할 때에는 죽음도 불사한다. 바로 이런 마음이 인간으로서 존엄성, 즉 일반적으로 인격성이라고 한다. 우리말로는 사람다움이라고 표현할 수 있다. 인간이 자존(自尊)의 마음을 지니는 이유는 자신이 생존만을 우선시하는 동물과 다른 존재라고 생각하기 때문이다. 그래서 걸인이라도 삶을 버리고 자존을 취하고자 한다.[10)]

윤리적 관점이나 윤리적 의식이란 인간이 자신을 개나 돼지 등 동물과 다른 특별한 존재로 생각하고 특별하게 대접받아야 한다고 생각하는 태도를 의미한다. 이 특별한 대접이란 무엇일까? 이는 고관대작으로 대접하고, 물리적 혜택을 시혜하며, 높은 사회적 지위를 안겨주는 것을 의미하지는 않는다. 그 특별한 대접이란 마음의 태도, 마음에서 우러나오는 어떤 행동이나 태도를 말한다. 즉, 말하고 행동할 때 상대방을 어떤 절대적 가치나 지위를 지닌 존재, 즉 인격체로 대우하는 것을 의미한다. 유가에서는 이런 태도를 '경(敬)'이라고 한다. 그리고 '예(禮)'란 이런 마음의 태도에서 우러나오는 어떤 격식을 갖춘 행위 방식을 의미한다.

10) 누군가 이탈리아의 천재 예술가 미켈란젤로(Michelangelo)의 웅장한 조각상을 끌과 망치로 다듬고 있는 석공들에게 "당신 뭘 하고 있는가?"라고 물었을 때, "돌덩어리를 쪼고 있다."고 대답한 석공과 "미켈란젤로의 위대한 조각상을 만들고 있다."고 대답한 석공을 비교해보라. 우주에서 단 한 번도 시험해본 적이 없는 고유한 유전적 배열을 가진 인간, 선하고 더욱 유익한 세상을 만드는 데 일익을 담당해야 하지 않을까.

(2) 인격체, 사물, 동물

인격체를 사물이나 동물과 비교해 보면, 인간다움의 특성을 구체적으로 알 수 있다. 사물적인 존재는 도구적인 존재이다. 도구는 어떤 목적에 이바지하느냐에 따라, 또 어느 정도 이바지하느냐에 따라 그 가치가 결정되며, 그에 따라 소중히 혹은 가볍게 취급받는다. 쓸모가 없다면 미련 없이 버리고 폐기 처분하더라도 아무 도덕적 문제가 생기지 않는다. 그렇다고 해서 그 도구를 무시하였다고 트집 잡을 사람은 아무도 없다.

동물은 어떠한가? 동물은 사물과 다르게 우리에게 일정한 태도를 요구한다. 동물은 고통과 애정을 경험할 능력이 있으므로 잔인하게 다루거나 불필요하게 고통을 가해서는 안 된다. 이것은 누구나 공감하는 믿음이다. 동물은 특정한 능력, 즉 고통과 애정을 느낄 수 있는 능력이 있으며, 이런 능력은 우리 행동을 제약한다. 어떤 이들은 동물의 권리를 주장하면서 육식을 비도덕적인 식사법으로 평가하기도 한다. 그러나 동물은 인격체와 다르게 주의 주장이 없으며 가치 형성 능력이 없다는 점에서 존중할 대상은 아니다. 인간에게 하듯이 경의 태도를 표해야 하는 것은 아니다.

만약 우리가 고통을 받는 상황에서, 다른 사람이 우리의 처지를 다친 동물을 보살피듯이 연민하고 동정하면서 물질적으로나 경제적인 도움을 제공하는 것에 그친다면 우리 기분은 어떠하겠는가? 맹자의 글에서 걸인이 그러하듯이 오히려 기분 나빠할 수도 있다. 상황이 열악하여 남의 도움을 받을지라도 독립적이고 자존의 존재로 여겨지고 대접받고자 하는 것이 모든 인간의 심정이다. 인간은 동물과 다르게 적극적이고 자유로운 존재로서 가치관을 형성하고 실현할 수 있기 때문이다(양옥경 외, 2004: 19).

(3) 인간의 도덕적 가능성

걸인뿐만 아니라 범죄자라도 최소한의 인격성은 지니고 있어 어떤 권리를 주장한다. 인격성의 수동적인 측면보다 더 중요한 것은 인격성이 지닌 능동적인 측면이다. 인간은 가능성의 존재이다. 물론 동식물도 나름의 가능성을 지니고 있다. 나무는 열매를 맺고 화초는 꽃을 피울 수 있는 가능성, 망아지는 말이 되어 평원을 달리고, 어린 새는 자라나 힘찬 날개로 창공을 날 가능성을 누릴 수 있다. 인간은 이런 신체적 가능성에 더하여 정신적 가능성을 누릴 수 있다.

이러한 것들 중 인간의 가장 중요한 가능성은 무엇일까? 바로 도덕적 가능성이다. 훌륭한 인격체로 성장하여 다른 사람에게 감동을 주고 교화력을 발휘하는 삶을 영위하는 것, 이것이 모든 인간에게 주어진 고귀한 삶의 기회다. 사람들은 신체적 · 지적 · 예술적 재능에서는 차이가 있다. 그러나 인격적 가능성에서는 모두 같다. 마르쿠스 아우렐리우스(Marcus Aurelius)라는 철학자는 헬레니즘(Hellenism)[11] 시대의 로마 황제였다. 그리고 같은 시대를 살았던 에픽테토스(Epictetos, Epictetus)라는 윤리학자는 원래 노예였다. 사회적 지위에서의 이런 엄청난 차이에도 불구하고, 이들은 모두 위대한 스토아(Stoics) 철학자이며 인격자로서 후대에 깊은 감화력을 발휘하였다. 이는 인간이 인격적 가능성에서는 모두 같음을 보여 주는 좋은 예다.

가능성을 실현하고자 하나 현실은 이를 가능하지 못하게 할 수 있다. 현실과 이상 사이에는 항상 괴리가 있기 마련이다. 그리스 신화에서 우리 정신의 본성인 에로스(Eros)의 한쪽 부모는 빈곤과 무지의 여신이었다. 현실을 넘어서 이상을 추구하는 의식, 빈곤과 무지를 극복하고 풍요와 지혜의 삶을 살고자 하는 의식을 당위의식이라고 한다. 이런 의식은 윤리적 관점을 취할 때 요구되는 행위가 있으며, 그런 행위의 수행을 통해 도덕적 가치가 실현될 수 있다는 믿음이다. 인간의 현실은 사실성과 필연성의 세계다. 인간의 당위의식은 이런 현실을 비판하고 가치와 당위의 세계를 실현하고자 한다.

윤리학에서 중요한 사실과 가치, 존재와 당위의 구분은 현실과 이상 간에 이런 거리에서 생겨난다. 그런데 가치나 당위는 가능성을 함의한다. 그렇지만 현실화될 수 없는 가치나 당위는 무의미하다. 꿈의 대상으로서만 존재할 뿐 현실화될 수 없는 이상은

11) 헬레니즘(Hellenism)이라는 용어는 19세기의 위대한 독일 역사가 드로이젠(J. G. Droysen)이 알렉산드로스(Alexandros, 알렉산더)대왕의 동방 정복 이후, 로마의 초대 황제 아우구스투스(Augustus)가 마지막 헬레니즘 왕국인 이집트를 로마의 속주로 만들었던 대략 300년 정도의 시기를 헬레니스무스(Hellenismus), 즉 '그리스화'라고 표현하면서 나타났다. 그러나 헬레니즘 시대가 정확히 언제 시작되었는지에 대해서는 학자마다 약간씩의 차이가 나타난다. 기원전 338년, 337년, 336년, 334년, 330년, 323년이 그 시작점으로 꼽을 수 있는 연도들이다.

우리에게 현실을 극복하게 할 진정한 힘을 제공할 수 없다. 그러므로 가치와 당위에 대한 의식은 스스로 자유롭게 결단하고 의지적으로 실천해서 현실을 변화시킬 수 있다는 가능성에 대한 판단을 내포한다(양옥경 외, 2004: 20-21).

(4) 이성과 자유

과연 인간의 현실은 이런 가능성에 대한 믿음을 지원하는가? 인간은 미래를 스스로 만들어 갈 수 있는 지구상에서 유일한 존재다. 윤리학은 그런 믿음을 전제로 성립하는 학문이다. 인간 밖의 자연세계는 필연 법칙에 따라 인과결정적(因果決定的)으로 움직여 간다. 자연세계에서 과거와 현재는 미래를 결정한다. 그러므로 자연세계에서 과거와 현재 그리고 법칙이 주어지면 미래의 운행은 예측 가능해지며, 이런 예측 가능성이 과학기술을 가능하게 만든 근거가 된다. 자연계와 달리 인간은 자유와 이성을 지닌 존재다. 인간은 이성으로 현실을 비판적으로 평가하고, 나아가 미래를 자신이 원하는 방향으로 숙고할 수 있다. 이러한 평가와 숙고를 거쳐 필연적인 흐름을 거슬러 자유롭게 선택하고 실천할 수 있다. 이성과 자유, 이것이 인간 정신의 본질이며, 인간 삶의 고유한 특성이다.

동물이나 사물의 미래는 결정되어 있다. 이들은 자신의 노력에 따라 미래를 만들어 갈 수 있는 행위 주체(main body of an act)가 아니다. 인간도 동물의 한 종으로 자연적인 존재다. 따라서 필연의 법칙에 지배받는 측면이 있다. 인간 역시 신체적으로 성장했다가 병들고 노화해 언젠가는 죽음을 피할 수 없다. 그럼에도 인간에게는 스스로 창조할 수 있는 영역과 미래를 만들어 갈 수 있는 가능성이 있다. 오직 인간만이 자유를 통해 행위 주체가 될 수 있다. 인간은 타자(他者)에 의해 움직이는 사물과 달리, 행동의 원인을 자신 속에 지닌 존재다.

우리는 흔히 거리의 차(車)를 자동차라고 부른다. 자동차라고 부르는 게 맞는가? 그러나 자동차는 '자동차(自動車)'가 아니다. 왜냐하면 차는 스스로 움직이는 존재가 아니기 때문이다. 차는 운전자가 조종해야만 움직이는 타동적인 존재에 그칠 뿐이다. 자동적이라 할 수 있는, 즉 스스로 움직일 수 있는 유일무이(唯一無二: 오직 하나밖에 없음)한 존재는 인간이다. 인간은 스스로 자신의 가능성을 찾고, 스스로 생의 의미를 찾아나가는 존엄한 존재이다. 이런 믿음은 전문적인 윤리학자들만이 굳게 믿어 지키고 있는 생각이 아니다. 보통 사람들도 일상의 삶에서 전제하는 기본적인 믿음이다. 이런 믿음이 없이는 매일 매일의 삶 자체가 영위될 수 없다. 우리가 일상의 삶에서 사람들의 행위를 칭찬·비난하거나 처벌·포상하는 이유는 무엇인가? 그 행위의 원인이 그 행위 주체의 자유 의지에 있으므로, 그 행위자가 행위의 공과(功過: 공로와 과실)에 대해 책임져야 한다는 판단에서다.

인간은 자신의 삶과 행동을 사실적 관점에서 기술하기도 하지만 윤리적 관점에서 평가하기도 한다. 어떤 사람은 돈을 많이 벌어 부자가 되었고, 어떤 사람은 높은 지위에 올랐으며, 또 어떤 사람은 일류대학교를 나와 누구와 결혼하였고, 어떤 체험을 하였다는 등의 서술은 그 행위 주체에 대한 사실을 기술한 내용이다. 그런데 이런 사실 기술과 별개로 우리는 스스로 자신의 삶과 행동에 대해 사실 기술보다 더 중요한 판단을 내리고 있지 않은가. 이것이 바로 윤리적 평가다. 우리 삶에 대한 가장 중요한 최종 판단은 무엇을 했느냐, 어떤 지위에 올랐느냐 등의 사실 기술이 아니라, 윤리적 관점에서 어떤 삶을 살았느냐에 대한 평가다. 이러한 평가는 윤리적 판단을 통해 표현되며, 행위나 인품, 선과 악, 시(是)와 비(非), 정의와 불의, 의미와 무의미, 가치 있음과 가치 없음 등의 술어를 사용하여 기술된다. 윤리적 관점은 윤리적 판단을 가능하게 하며, 윤리적 판단은 윤리적 개념을 산출한다. 이런 개념은 인간에게만 귀속될 수 있는 인간 고유의 술어다(양옥경 외, 2004: 21-22). 이처럼 우리 인간은 참으로 오묘한 존재다.

Chapter

02

윤리학과 가치이론에 대한 이해

02
Chapter

윤리학과 가치이론에 대한 이해

1. 철학과 윤리학

윤리학(倫理學, Ethics)은 일반적으로 인간의 행위에 관한 여러 가지 도덕적인 가치판단과 규범을 연구하는 학문이며, 도덕 철학(道德哲學, moral philosophy)이라고도 부른다. 영어의 'ethics'는 'ethos', 'moral'은 'mores'라는 희랍어에서 그 근원을 찾을 수 있다. 윤리학에 관한 이론은 처음에 종교적인 교설(敎說)의 형식에서 나타났다. 서양에서나 동양에서나 종교의 모든 경전 가운데에는 신 또는 성인의 교훈으로서의 인간의 도덕적 규범이 포함되어 있다. 그러나 이러한 경전들은 오늘날 우리가 말하는 윤리학에 속한다고 볼 수 없다. 이와는 달리 고대 중국의 유학 등 경전은 오히려 윤리학이었으며, 이것들에 대표된 사상은 그 후의 발전과 더불어 점차로 체계적인 형태를 갖추어 독자적인 윤리학사를 형성하게 되었다.

윤리학은 고대 그리스의 소크라테스에서 시작하고, 플라톤과 아리스토텔레스(Aristoteles)가 체계화하였다고 할 수 있다. 소크라테스는 모든 악은 무지 때문이며 철학의 목표는 덕(arete)을 목표로 하는데, 여기에서 지덕동일설(知德同一說)의 주장도 나오게 되는 것이다. 또한 유덕한 자만이 행복을 누릴 수 있다는 의미에서 복덕동일설(福德同一說)의 주장도 나오게 되는데, 소크라테스에게 지혜와 행복과 덕은 삼위일체가 됨을 알 수 있다. 아리스토텔레스는 선이 행복이요, 또한 그것이 바로 영혼의 활동이라고 하였다. 그는 플라톤이 영혼을 이성적인 부분과 비이성적인 부분으로 나눈 것은 정당하다고 하였다. 그에 따르면 덕에는 예지적인 덕과 윤리적인 덕의 두 가지가 있다.[1] 윤리학설은 덕을 목적으로 보느냐 혹은 수단으로 보느냐에 따라서 두 가지로 분류할 수 있을 것이다.[2]

아리스토텔레스
(BC 384~322)

1) 철학의 한 분과로서 윤리학

우리는 인간을 다양하게 탐구하고 접근할 수 있다. 인간은 우주 안의 그 어떤 존재보다도 복합적인 측면을 지니고 있다. 우리는 인간을 물리적 · 생물학적 · 동물학적 · 의학적 · 심리적 · 정신분석학적 · 사회학적 · 경제적으로 탐구할 수 있다. 그런데 이들 여러 탐구 방식과 접근법은 그 차이에도 불구하고 한 가지 공통점이 있다. 이들 모두 인간의 사실에 대해, 있는 것으로서의 인간 존재에 대해 탐구한다는 점이다. 이 모든 학문은 인간의 물리적 · 동물학적 · 심리적 · 의식적 · 무의식적 사실 등 인간의 사실에 관해 탐구한다.

윤리학은 철학의 한 분과로서 인간과 삶을 탐구 대상으로 한다. 그러나 윤리학은 다른 학문과는 다르게, 즉 '있는 것으로서의' 인간이 아니라 '있어야 할 것으로서의' 인간을 탐구한다. 있어야 할 것을 당위나 가치의 세계라고 한다. 윤리학은 당위나 가치에 관한 학(學)이다. 가치에는 진, 선, 미가 있는데, 이들 중 윤리학은 인간의 삶과 행위에 관한 가치로서 선이나 좋음 등에 관한 학이다.

철학은 존재하는 모든 것을 대상으로 하는 종합학(綜合學)이라는 점에서 여타의 다른 학문과 근본적으로 차이가 있다. 어떻게 철학은 존재하는 모든 것을 학적(學的) 탐구의 대상으로 할 수 있을까? 철학은 인간이 사유(思惟: 개념, 구성, 판단, 추리 등을 행하는 인간의 이성

1) 이것은 각각 영혼의 이성적인 부분과 비이성적인 부분에 해당한다. 예지적인 덕은 배워서 얻을 수 있고, 윤리적인 덕은 습관에서 얻을 수 있다.

2) 대체로 아리스토텔레스는 덕이란 어떤 목적, 다시 말해서 행복에 대한 수단으로 보고 있다. 덕은 행위의 목적에 속해 있다. 인간의 선은 완전한 생활 속에서 덕에 따르는 영혼의 활동이다.

작용)하는 존재, 반성하는 존재이기에 가능한 학문이다. 인간의 사유를 위한 도구나 매체 역할을 하는 것은 개념이다. 인간의 사유, 특히 윤리학을 포함한 철학적 사유를 개념적 사유라 한다. 이처럼 개념적으로 사유할 수 있는 것은 인간이 언어를 사용하며, 언어를 통해 모든 것을 개념화하여 이들을 사유와 탐구의 대상으로 삼기 때문이다.

각 분과 학문은 각각 고유의 대상을 탐구하는 특유의 방법을 지니고 있다. 철학의 방법은 개념적 사유의 방법이며, 이를 통해 전 우주 그리고 인간 자신을 사유와 반성의 대상으로 삼을 수 있다. 윤리학은 인간이 자신의 사실성, 즉 있는 것으로서의 자신의 존재를 반성하여 그를 비판함을 통해, 이미 있는 것이 아니라 있어야 할 것을 추구함으로써 시작된다. 윤리학은 인간 자신의 삶과 행동에 대한 개념적 사유를 통해 반성하며 비판하고, 새로운 차원을 모색하는 실천의 학이다(양옥경 외, 2004: 13-14).

2) 당위의 학으로서 윤리학

앞에서도 살펴보았지만, 각 분과 과학은 물론 철학도 사실에 관한 학이다. 있는 것이나 있었던 것에 관한 학이라 할 수 있다. 많은 학문이 과거나 현재만이 아니라 미래에 있을 것, 있을 것으로 예측되는 것도 역시 탐구의 대상으로 한다. 그러나 이런 종류의 미래는 과거와 현재를 기초로 해서 정립된 법칙을 통해 예측할 수 있다는 점에서 과거와 현재와의 연장선상에 있는 사실성의 세계에 속한다.

윤리학은 이런 점에서 다른 학문과 중요한 차이점을 지닌다. 윤리학은 사실성의 세계가 아니라 가치나 당위성의 세계를 탐구 대상으로 한다. 있는 것, 있을 것, 있을 것으로 예측되는 것이 아니라 있어야 할 것, 마땅히 해야 할 것으로 요청되는 것이 윤리적 사고와 실천이 지향하는 것이다. 인간의 삶과 행동과 사고가 지향해야 할 이런 대상을 좋음, 옳음, 정의, 이상, 의미, 가치 등이라 부른다.

인간은 특이한 존재다. 독일의 철학자 니체(Nietzsche)[3]는 인간을 건너가는 존재라고

3) 니체(Nietzsche)는 "신은 죽었다. 그러므로 이제 우리는 초인(超人)을 소망해야 한다."라고 말했다. 그렇다면 초인이란 어떤 존재일까? 첫째, 초인이란 대지(땅)를 의미한다. 천국의 희망을 말하는 자들에게 귀 기울이지 않고, 지금 이곳에

니체(1844~1900)

규정하였다. 현재에서 미래로, 악에서 선으로, 무지에서 지로, 불완전성에서 완전성으로, 시간성에서 영원성으로, 동물적 상태에서 신적인 상태로, 차안(현세)에서 피안(해탈)으로 이행하기 위해 위험한 외줄타기 곡예를 하는 곡예사라는 것이다. 인간의 학문, 예술, 다양한 사유와 실천의 활동 그리고 윤리학은 이런 노력의 소산이다. 인간의 모든 의도적인 활동은 이렇게 진, 선, 미의 가치를 지향한다는 점에서 윤리적 성격이 있다(양옥경 외, 2004: 14-15).

3) 인간 정신의 지향성

철학자들은 진, 선, 미의 가치를 지향하는 인간 정신의 이런 경향을 지향성이라 하였는데, 플라톤은 일찍이 이를 에로스(eros)라 불렀다. 에로스는 원래 고대 희랍 신의 이름이었으나 관능, 사랑 등을 의미하는 어휘로 전용되었다. 에로스 신은 페니아(Penia)라는 여신과 포로스(Poros)라는 남신의 소생이다. 페니아는 빈곤을 관장하는 신이고, 포로스는 재주와 풍요를 주재하는 신이다. 이들의 소생인 에로스는 빈곤하면서 동시에 풍요한 역설적인 성격을 지닌 존재이다.

어떻게 이런 역설이 가능할까? 어떻게 동시에 상극적인 요소가 한 존재자에 공존할 수 있을까? 에로스는 현재에는 빈곤하지만 그 빈곤을 벗어나려 노력한다는 점에서 풍요로의 가능성을 지닌 존재이다. 현재는 가난하고 헐벗었으나 내일이면 부자가 될 수 있다는 것이다. 미래에 대한 가능성은 현재의 행동과 삶에 영향을 준다는 점에서 현재의 일부다. 인간의 정신은 이런 에로스적 특성을 지닌다는 것이 플라톤의 통찰이다.

인간은 동물이지만 다른 동물, 예컨대 침팬지 등과 달리 현재의 상태에 만족하지

충실한 자다. 둘째, 초인은 신의 죽음을 확신하는 사람이다. 그는 흔히 말하는 유토피아가 환상에 불과하다는 것을 잘 알고 있으며, 그렇기 때문에 이 땅에 순응하는 자다. 셋째, 초인이란 영겁회귀(永劫回歸)의 사상마저 깨달을 수 있는 사람이다. 여기서 영겁회귀(혹은 영원회귀)란 영원한 시간은 원형(圓形)을 이루고, 그 원형 안에서 일체의 사물이 그대로 무한히 되풀이되며, 그와 같은 인식의 발견도 무한히 되풀이됨을 의미한다. 존재의 수레바퀴는 영원히 윤회한다. 모든 것은 무한한 시간 가운데 흘러갔다가 되돌아온다. 바로 이 사상을 깨닫는 자가 초인이다.

않고 더 나은 미래를 위해 노력하고 실천하는 존재이다. 비록 그 미래의 모습에 비추어 현재가 더 참담하고, 나아가 내일을 위한 이상은 쉽게 성취할 수 없는 것이기에 인간은 더욱 고뇌하고 절망한다. 그렇지만 그런 진, 선, 미의 가능성을 지녔다는 점에서 인간은 우월한 위치에 있다.

내일을 꿈꾸며 더 나은, 비단 사회경제적인 측면에서만이 아니라 윤리적 · 미학적 · 지적으로 더 나은 삶을 요구하고 노력하는 것은 모든 일상인의 모습이다. 이처럼 일상인이 끊임없이 개선하려고 노력한다면 그들의 삶은 지향성이나 에로스로부터 추동(推動)되어 있다는 것이 철학자들의 통찰이다. 삶을 개선하려는 노력이 윤리성의 핵심이라고 할 때 윤리의식이란 지극히 일상적인 특성으로 사람들의 마음속에 자리 잡고 있다(양옥경 외, 2004: 15-16).

2. 윤리와 가치

1) 가치와 가치이론

(1) 가치의 이해

가치(價値, Value)란 인간행동에 영향을 주는 어떠한 바람직한 것, 또는 인간의 지적 · 감정적 · 의지적인 욕구를 만족시킬 수 있는 대상이나 그 대상의 성질을 의미한다. 우리의 일상생활에서 필요와 욕구를 충족시킬 수 있는 것은 모두 가치이다. 그런 의미에서 상품은 모두 가치이다. 그러나 이런 경제적 가치 외에 육체적인 쾌적 · 건강도 가치 있는 것이며, 나아가 인간의 정신적 활동에 만족을 주는 가치가 있다. 즉, 논리적 가치와 도덕적 가치, 미적 가치, 종교적 가치로 생각할 수 있다. 물론 가치란 인간을 떠나 실재하는 것이 아니다. 가치를 느껴서 아는 인간의 존재가 있어야 비로소 존재한다.

또한 가치가 생기기 위해서는 대상에 관계하는 자기의 일정한 태도, 즉 평가작용이 예상되며, 그러한 평가작용의 주체인 자기성격에 따라 가치 자체에도 개인적 · 사회적 · 자연적 · 이상적이라는 구별이 생긴다.

철학이 추구하는 논리적 · 도덕적 · 미적 · 종교적 가치 자체는 각 사람의 주관을 넘어 객관적으로 타당하다. 이런 보편타당성을 가진 가치의 객관성을 리케르트(Rickert)는 '타당성(validity)'이라 하고 가치 철학을 수립하였다. 셸러(Scheller)는 실질적 가치윤리학을 전개하여 쾌적 가치보다는 생명 가치가, 생명 가치보다는 정신 가치가 높으며 그중에서 종교적 가치를 최고로 한다는 가치 서열을 주장하였다. 또 칸트는 각 사람의 인간성은 무엇으로도 바꿀 수 없는 내적이며 절대적인 가치를 갖는다고 하여 이 가치를 '존엄'이라 하고, 도덕적 가치를 최고의 가치로 보았다. 이런 보편타당성을 가진 가치의 해명을 중심 문제로 삼는 것을 가치론이라 한다. 가치라는 것이 경험할 수 있는 사물로부터 유래된 것인가, 혹은 개인의 감정이 사물에 가치를 부여하는 것인가 하는 문제는 객관적 가치인가 주관적 가치인가를 논하는 가치론의 중요한 쟁점이다. 실존주의 키에르케고르(Kierkegaard)로부터 출발한 제3의 가능성에서는 가치의 문제에는 객관적인 가치와 주관적인 가치의 상호작용이 혼재되어 있다고 주장한다.

(2) 가치이론

가치이론(Value theory)이란 어떤 행동을 할 때, 개인은 자신의 노력 정도에 따른 결과를 기대하게 되며 그 기대를 실현하기 위하여 어떤 행동을 결정한다는 이론으로, 기대이론(expectancy theory)이라고도 한다. 브룸(Vroom)은 종래의 내용이론이 동기의 복합적인 과정을 설명하기에는 부적절하다고 생각하고 그 대안으로 가치이론을 제안하였다. 가치이론에서 개인은 행동의 결과로 나타날 수 있는 성과에 관한 기대를 가지고 있으며, 사람마다 성과에 대한 선호는 다른 것으로 가정한다.

브룸의 가치이론은 유인가(valence), 수단(instrumentality), 기대(expectancy)의 세 요인으로 구성되며, 그 첫 글자를 따서 VIE 모형이라고도 한다. 기대란 어떤 행동이나 노력의 결과에 따라 나타나는 성과에 관한 신념으로 자기 자신에게 가져올 결과에 대한 기대감이다. 과업을 수행하기 위한 노력은 실제로 성과가 나타날 것이라는 기대로 좌우된다. 성과가 있다고 믿으면 노력을 계속할 것이고 그렇지 않으면 노력을 그만둘 것이다. 기대는 노력과 제1수준의 성과인 과업수행을 연결하며, 그 강도는 노력의 결과 성과가 전혀 없으리라고 믿는 0에서부터 완전한 성과가 있을 것으로 믿는 1까지이다.

수단이란 제1수준의 성과와 제2수준의 성과 간의 관련성을 지각하는 정도를 말한다. 즉, 제1의 성과 또는 과업의 수행은 제2수준의 성과인 보상을 획득하기 위한 수단의 역할을 한다는 것이다. 수단은 제1수준의 성과가 제2수준의 성과를 가져오게 될 것이라는 확률치로서 −1에서 +1까지로 나타난다. 유인가는 제2수준의 성과인 승진, 급료, 인정과 같은 보상에 대한 열망의 강도를 말하는데, 개인의 욕구에 따라 그 중요성과 가치가 달라진다. 어떤 결과를 얻는 것이 좋다고 생각할 때는 +1에서, 결과를 얻지 않는 것이 좋다고 생각할 때는 −1까지로 수량화된다.

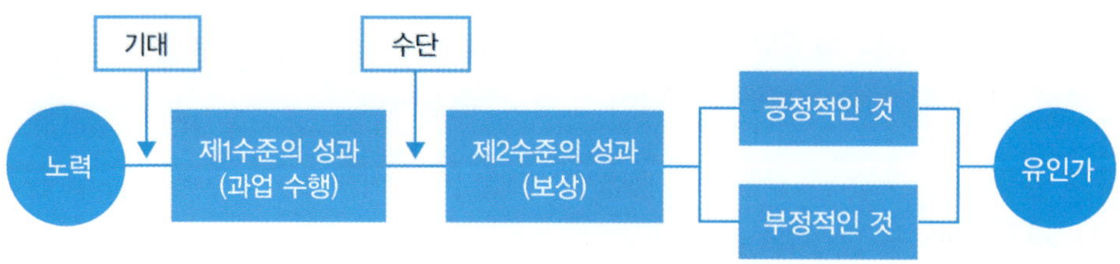

[그림 2-1] 브룸의 가치이론(기대이론)

어떤 사람의 기대, 수단, 유인가가 높으면 그의 동기는 높을 것이다. 그러나 셋의 결합 정도가 처음부터 낮으면 과업 수행을 위한 동기는 나타나지 않을 것이며, 노력을 시작한 다음에도 처음의 기대가 잘못이었음을 알게 되면 역시 동기가 약화될 것이다. 개인의 동기화 정도는 기대, 수단, 유인가의 곱에 의해 수량화할 수 있다. 제1수준의 성과에 대한 개인의 기대는 작업 상황, 타인과의 의사소통, 경험, 자존심, 자신감 등에 영향을 받는다. 수단은 과업 수행과 보상체제의 영향을 받는데, 여기에는 지도성 행위, 급료, 승진에 관한 회사의 정책이 작용한다. 제2수준의 성과인 보상의 중요성은 개인에 따라 달라진다. 즉, 급료, 승진, 인정, 자율성 등에 대한 선호에는 개인차가 존재한다.

2) 사회복지 가치의 중요성과 역할

(1) 사회복지 가치의 중요성

사회복지 윤리에서 가치는 중요한 역할을 한다. 사회복지실천에서 가치의 중요성을 살펴보자. 이에 대해 리머(Reamer, 1999)는 사회복지실천의 목적과 사명의 본질 제시, 사회복지사와 클라이언트, 동료들, 다른 사회구성원들의 관계에 대한 영향, 사회복지사가 사용하는 개입방법의 선택, 사회복지실천에서의 윤리적 딜레마의 해결을 제시한다(심상용, 2016: 83-86, 재인용).

첫째, 사회복지의 핵심 가치는 사회복지실천의 본질적인 목적과 사명이 무엇인지 제시해 준다. 사회복지실천의 핵심 가치는 현재 사회복지사가 중요시하는 신념인 지배적인 패러다임을 반영해 이를 결정화할 것이다(Reid, 1992). 게다가 사회복지실천의 핵심 가치는 사회복지 전문직이 수행하는 실천활동에서 실제적인 지침이 되는 도덕적 원칙을 도출하는 근거다(Timms, 1983). 이 때문에 사회복지의 핵심 가치는 사회복지 전문직이 사회복지실천 활동에서 사회에 대한 집단적인 책임을 표준화해 핵심적으로 제시한 것으로 볼 수 있다(Levy, 1973). 예컨대 현재 사회복지 전문직의 핵심 가치인 서비스 가치는 사회복지사의 클라이언트에 대한 헌신에 관한 전문적 책임성을 압축해 제시한 것으로 볼 수 있다.

둘째, 사회복지사가 중요시하는 가치는 그들이 클라이언트, 동료들, 다른 사회구성원들과 맺는 관계에 영향을 준다(Hamilton, 1940; Younghusband, 1967). 특히, 사회복지사가 어떤 개인이나 집단의 클라이언트를 중요시하는지, 또 사회복지사와 클라이언트가 어떤 관계를 맺을 것인지는 사회복지사가 중요시하는 가치의 영향을 받는다. 예컨대 임상실용주의 관점을 반영하는 서비스의 핵심 가치를 견지한다면 미시적인 개인 및 가족체계가 주된 클라이언트로 중요시될 것이다. 또 서비스 가치가 반영된 온정주의(paternalism)[4)]

와 선행의 의무를 도덕적 원칙으로 삼게 되면, 지식과 전문적 권위를 가진 사회복지사는 욕구와 문제를 가진 클라이언트와 치료적인 전문적 원조관계를 맺게 된다.

셋째, 사회복지사가 중요시하는 가치는 그들이 사용하는 개입방법의 선택에도 결정적인 영향을 끼친다(Varley, 1968; McDermott, 1975). 좀 전에 기술한 바와 같이 사회복지사가 중요시하는 가치는 어떤 개인이나 집단의 클라이언트를 중요시하는지, 또 사회복지사와 클라이언트가 어떤 관계를 맺을 것인지 결정하는 기준이 된다. 이는 곧 사회복지사가 선택하는 개입방법도 그들이 중요시하는 특정한 가치와 밀접한 관련이 있음을 의미하기도 한다. 예컨대 서비스 가치는 미시적인 실천과 치료 모델에 입각한 클라이언트와의 원조관계를 중요시하기 때문에 사회복지사는 상담 등의 치료적 관계와 관련 있는 기술을 선호한다. 반면, 사회정의의 가치는 빈곤문제, 지역문제 등 중범위적이거나 거시적 영역의 실천과 역량강화 모델이나 사회행동 모델에 입각한 원조관계를 중요시하기 때문에 사회조사와 사회행동 등 좀 더 구조적인 측면의 개입을 선호한다.

넷째, 사회복지의 가치는 윤리적 딜레마[5]를 해결하는 데 있어 중요한 역할을 한다. 상충하는 윤리적 의무, 즉 도덕적 원칙은 각기 특정한 가치에서 도출된다. 따라서 윤리적 딜레마에 봉착했을 때 사회복지사는 각각의 윤리적 의무, 즉 도덕적 원칙을 도출한 근거인 가치를 확인해 이 상충하는 가치 중 어느 것을 우선시할 것인가를 결정해야 한다. 이는 리머의 의사결정 모델의 골자(요점)에 해당하는 내용으로, 그는 윤리적 딜레마 상황에서 상충하는 윤리적 의무, 즉 도덕적 원칙을 상충하는 가치의 형태로 정식화하는 절차를 가장 먼저 제시하고, 이어 상충하는 가치 간의 우선순위를 확인하는 절차를 마련한다.

4) 온정주의(Paternalism)란 정부나 조직이 그 종사자에 대하여 가부장적 가족관계의 모델에 따라 보호 · 규제하는 체계를 말한다. 이때 그 관계는 아버지가 자녀에 대해 명령적이고 인자한 관계와 유사하다. 그러한 관계에서는 권력자가 지배를 피지배의 최상의 이익보호라고 주장하여 사회적 · 경제적 · 정치적 불평등을 합법화한다. 온정주의에 대한 반대 주장은, 그 권위의 대상인 집단구성원이 자녀가 아니기 때문에, 온정주의는 정당화되지 않은 권위의 확대라는 것이다. 사람을 어린아이처럼 취급함으로써 피지배자를 부정적으로 본다는 것은 집단의 무능력을 자인하게 하고 지도자로 하여금 부모의 역할을 하도록 강요하게 된다.

5) 윤리적 딜레마란 사회복지사가 지켜야 하는 윤리적 의무, 즉 도덕적 원칙이 서로 충돌하는 상황이 발생해 윤리적으로 올바른 선택을 쉽게 할 수 없는 경우를 말한다.

(2) 사회복지 가치의 역할

그럼 사회복지실천에서 가치는 구체적으로 어떤 역할을 할 수 있을까? 이에 대해서는 가치와 전문적 지식의 관계를 통해 확인할 수 있다(김기덕, 2002). 사회복지실천에서는 가치와 전문적 지식, 두 가지 지적 자원이 영향을 끼치게 된다. 이때 가치란 해당 사회의 사회복지 전문직 혹은 사회복지사가 바람직하다고 생각하는 규범적인 선호체계에 해당하고, 실제적인 윤리적 의무, 즉 도덕적 원칙을 도출하는 근원이자 특정 유형의 클라이언트 선택과 사회복지사가 클라이언트와 관계 맺는 방식, 주로 사용하는 전문적 기술 등을 결정하는 데 지대한 영향을 끼친다. 반면, 전문적 지식은 오랜 전문적 실천 결과 효과가 입증된 이론, 모델 등을 통칭한다(심상용, 2016: 83-86).

사회복지실천 과정에서 가치와 지식은 각기 고유의 역할을 맡으며 성공적인 개입을 위해 서로 보완적인 역할을 한다. 윤리적 딜레마 상황에서, 전문적 지식은 문제의 본질을 명확하게 규명하고 해당 사례에서 효과를 발휘하는 것으로 입증된 다양한 실천 모델을 확인하는 데 결정적 이바지를 한다. 반면, 가치는 전문적 지식을 적용하는 문제의 본질 규명이나 실천 모델 선택과정에서 도덕적으로 올바르고 바람직하다고 생각되는 대안에 대한 선택기준을 제공할 수 있다(Lewis, 1984). 예컨대 서비스 가치와 사회정의 가치는 문제의 본질과 실천 모델 선택에서 서로 다른 기준을 제공해 줄 수 있다.

그런데 고든(Goeden, 1965)에 따르면, 사회복지실천에서는 가치와 전문적 지식의 고유 역할이 서로 뒤바뀌어 거꾸로 되면 다음과 같은 문제를 일으킨다고 하였다(김기덕, 2002, 재인용).

첫째, 전문적 지식을 배제하고 가치만을 고려해 실천지침을 채택하면 그 실천의 결과는 비효과적일 수밖에 없다. 예를 들어, 가정폭력 상황에서 매 맞는 아내를 남편과 격리시켜 긴급보호하는 경우가 있다. 만일 어느 정도 기간이 지난 뒤 아내가 다시 남편과 합치기를 원할 때 어떤 도움을 주어야 하는지가 문제될 수 있다. 이때 현재 상태에서 남편의 폭력성이 근절되고 정상적인 부부관계가 회복될 수 있는지의 문제에 대해 정확한 규명을 하고 나서, 정확한 진단결과에 입각해 효과가 검증된 전문적 지식을 바탕으로 향후 계획을 상의해야 할 것이다. 만일 남편의 폭력성이 여전히 존재해 정상적인 부부관계 회복이 불가능함에도 불구하고 이와 같은 과학적 지식이 결여된 채 클라이언트의 자기결정권을 존중하는 선택을 도울 때, 그 결과 이 아내는 다시 남편의 폭력에 노출되고 부부관계는 오히려 이전보다 더 악화돼 비효과적인 개입이 될 수 있다.

둘째, 도덕적으로 올바르고 바람직한 가치에 대한 선택이 배제된 채 과학적 지식만으로 개입방법을 결정하면 그 결과는 클라이언트의 가치에 부응하지 않아 그들의 삶에 무의미한 결과가 초래될 수 있다. 예컨대 거동이 불편한 노인을 돕기 위해 클라이언트 문제에 대한 사정(査定)[6]에 입각해 개입계획을 수립해야 할 때가 있다. 이때 전문적 지식을 활용한 진단결과, 클라이언트가 생활력이 떨어지고 가족자원과 지역사회 내 지지체계가 취약해 시설보호 조치를 강구하는 것이 효과적인 대책이라고 판단할 수 있다. 그런데 이 클라이언트는 자율성의 의지가 강해 독립생활의 대안을 선호한다면, 전문적 지식을 활용한 사회복지사의 원조계획은 클라이언트의 가치와 부합하지 않게 돼 클라이언트에게는 무의미한 대안이 되고 만다. 결국 이 상황은 문제에 대해 정확히 규명하고 나서 시설보호와 지역사회보호 등 다양한 선택 가능성을 탐색하고, 클라이언트의 가치를 존중하는 대안을 선택하는 조치가 필요한 상황이었다.

6) 사정(Assessment)이란 교육적 의사결정에 필요한 자료를 수집하고 평가하는 과정을 말한다. 사정을 위하여 수집되는 자료는 양적 자료 또는 질적 자료일 수 있다. 양적 또는 수량적 자료를 수집하는 과정을 측정(measurement)이라 하므로 사정이 측정보다 더 포괄적인 용어이다. 사정을 통하여 양적 및 질적인 특성을 파악한 후 가치판단을 통하여 미래 방향을 설정하는 것을 평가(evaluation)라고 한다. 사정에서 어떤 자료가 수집되어야 하는지는 평가에서 내리고자 하는 의사결정의 유형에 따라 달라질 수 있다.

3. 사회복지 전문직의 윤리와 가치

1) 전문직의 개념

전문직(專門職, Profession)은 어떤 특정한 부문에 높은 정도의 전문적인 지식이나 기술을 요하는 직업을 말한다. 사회의 중심적 가치와 관련이 깊은 문제에 대하여 일련의 체계적 지식을 응용하는 직업을 말한다. 전문직은 전문가주의에 도달한 직업이어야 한다.

원래 전문직이라는 용어는 법률가, 의사, 목사 등의 직업을 의미하는 것이었다. 이런 직업은 산업화 이전의 유럽에 있어서는 상업과 육체노동을 필요로 하지 않는 생활의 기회를 부여받은 유일한 직업이었다. 전문직은 어떤 분야의 학문 내지는 과학의 이론 구조에 대한 이해이며, 이런 이해에 부합하는 여러 가지 능력에 기초하여 실천되는 직업이다. 이 이해와 이들의 능력이 인간에게 매우 중요한 모든 실천적 문제에 적용된다. 전문직은 고객에 대한 이타적 서비스에 윤리적 요청이 있다고 지적되고 있다.

2) 사회복지직의 윤리와 가치

전문가로서 사회복지사가 클라이언트를 원조할 때 어떤 생각을 가지며, 문제해결을 어떻게 처리하는 것이 바람직한 것인가를 판단하는 것은 매우 중요하다. 이러한 판단은 여러 가지 가치관을 전제로 하기 때문에 사회복지사는 어떤 판단을 하기에 앞서 다양한 가치체계에 대한 이해가 필요하고, 이를 토대로 바람직한 가치를 선택할 수 있어야 한다. 바람직한 가치의 선택은 옳고 그름을 판단하고 행동할 수 있는 윤리를 필요로 한다. 이러한 사회복지사의 결정과 행동은 직접적으로는 사회복지사의 가치를, 간접적으로는 사회의 가치를 반영하기도 한다. 사회복지는 가치의 집합으로 구성되어 있고, 그 가치를 기반으로 동기화되거나 기능화되기 때문에 사회복지에서 가치는 매우 중요한 의미를 가진다(이효선, 2003: 38-39).

레비(Levy, 1976)는 가치란 사람에 관하여 그리고 사람을 다루는 적절한 방법에 대하여 전문직이 가진 신념이라 했다. 다시 말해 가치는 인간의 본질에 관하여 전문직이 가진 증명되지 않는 신념으로, 이러한 신념은 실무자의 일상적인 활동에 반영되어 전문직의 실천 방향을 제시해 준다. 레비는 윤리를 행동하는 가치로 보고, 이러한 속성을 지닌 가치에 기초해서 사회복지사는 결정을 내리거나 그들의 직업적 활동을 계획하고 그에 대한 평가를 내릴 수 있다.

이처럼 사회복지의 윤리에서 가치문제는 그 안에서 윤리적 원칙이 나오기 때문에 중요하게 다룬다. 이에 리머와 에이브럼슨(Abramson, 1982)은 윤리강령을 사용하여 사회복지에서의 윤리적 기초를 제공하려는 시도를 하였다. 즉, 그들은 윤리강령이 가치갈등을 없애는 데 도움이 될 것이라 믿는 특정한 윤리적 틀에 대하여 연구하였다. 레비는 사회복지 윤리가 사회복지사가 그들의 현장에서 윤리적 문제와 부딪쳤을 때 가이드라인을 제공하는 전문직 기준이 된다고 하여 사회복지에서 윤리의 중요성과 윤리강령의 필요성을 논하였다.

리머는 사회복지 윤리의 필요성에 대하여 다음과 같이 설명하고 있다(이효선, 2003: 38-41, 재인용).

첫째, 전문가 자신의 가치와 클라이언트, 지역주민, 동료전문가, 슈퍼바이저(supervisor) 등 다른 사람들의 가치관 사이에 어떤 공통점과 차이점이 있는가에 관해 체계적으로 확인하기 위하여 필요하다. 이는 전문가의 개인적 가치가 다양한 전문적 판단과 평가 등에 지대한 영향을 미치는 사회적 공인으로서 필요한 경우에는 자신의 가치관을 공개할 수 있어야 한다.

둘째, 윤리적 딜레마를 이해하고 이에 대처할 수 있는 능력을 갖추기 위해 필요하다. 전문가는 딜레마 상황에서 바람직한 윤리적 판단을 내릴 수 있는 사람이어야 한다.

셋째, 다양한 가치 사이의 관계 정의 혹은 순위를 결정하기 위해 필요하다. 윤리를 뒷받침하는 가치나 덕목은 여러 가지가 존재할 뿐만 아니라 경우에 따라서는 '자유와 평등' 같이 두 개 이상의 가치가 상충할 수도 있다. 사회복지에는 중심 가치나 주류 사상이 존재하는 것으로 알려져 있다. 그러나 그것이 무엇인가를 일목요연(一目瞭然)하게 정리하기가 어렵다. 더구나 그것은 사회 특성의 변화에 따라 끊임없이 달라질 수 있다. 따라서 일련의 가치 속에서 질서를 수립할 필요가 생긴다.

넷째, 사회복지의 현행 주류 가치가 얼마나 정당한가를 성찰하고 나아가서 시대적 조류에 맞는 가치를 정립하기 위해 필요하다. 사회복지의 주요 가치는 역사적 맥락 속에서 끊임없이 변화해 왔다. 이는 사회복지 가치의 발전과정에서 사회 변화와 어느 정도의 정치적 고려가 불가피하다는 사실을 뜻한다. 예컨대 자기결정이나 분배적 정의와 같은 사회복지 가치는 자본주의와 민주주의라는 서구의 개인주의적 정치사상에서 영향을 받았다. 따라서 개인주의(이기주의)와 대칭관계에 있는 집합주의(전체주의)로부터 강력한 도전을 받게 된다. 사회복지가 사회적 공인을 유지하려면 그러한 도전에 대해 적절히 대처해야 한다.

다섯째, 사회복지 전문성을 발전시키고 실천방법을 개발하기 위해 필요하다. 사회복지학은 인간을 대상으로 하는 실천학문으로 사회복지의 전문지식을 바탕으로 기술을 계속해서 개발해야 하며, 사회복지 전문가는 그것을 꾸준히 습득하고 연마해야 한다. 지식과 기술의 습득은 쉽게 이루어질 수 있다. 그러나 인간에 대한 근본 이해 없이 지식과 기술의 개발에만 매달리는 것은 모래 위에 집을 짓는 것과 같다. 윤리학은 근본에 관한 학문으로 사회복지 윤리를 이해하면 사회복지 지식과 기술이 자연스럽게 보이게 된다.

Chapter

03

윤리이론에 대한 이해

03
Chapter

윤리이론에 대한 이해

1. 사실과 가치

사실(事實)과 가치(價値)는 어떻게 다른가? 사실은 현실에 존재하고 있는지 없는지를 밝힐 수 있는 것이고, 가치는 사람의 주관·기호 등과 관련된 것으로 과학적으로 존재 여부를 밝힐 수 없는 것이다. 따라서 사실판단은 참과 거짓을 알 수 있으나, 가치판단은 그렇지 못하다. 실제로 존재하는 대상이나 현상에 대하여 경험적으로 검증이 가능한 명제를 사실이라고 한다. 이러한 사실은 검증결과를 다른 사람이 확인하여 객관화가 가능한 것이 특징이다. 반면에 가치는 선악(善惡)이나 정사(正邪: 바른 일과 사악한 일) 등을 판단하는 기준으로 당위적 방향을 제시하는 명제를 말하며, 주관적 평가의식이 개입되며 객관화가 곤란하고 검증이 불가능하다. 모든 사회적 쟁점에는 가치문제와 사실문제가 포함되어 있다. 이 두 가지는 서로 성격이 다르고, 해결방법도 다르기 때문에 명백하게 구분하여야 한다. 일반적으로 가치갈등의 해결은 사실의 증명보다 어렵다. 왜냐하면 사실의 증명은 경험적인 자료에 의하기 때문에 자료만 정확하면 의견의 일치에 이를 수 있지만, 가치갈등의 문제는 눈에 보이지 않는 심리적인 문제이므로 그 해결도 추상적 논의에 의존하는 경우가 많기 때문이다.

그렇다면 사실과 가치를 어떻게 구분할 수 있을까? 사실-가치 구분(Fact-value distinction)

이 뜻하는 의미는 무엇일까? 사실적 단언과 도덕적 단언 간의 구분을 말한다. 도덕적 단언은 논리적으로 사실적 단언으로부터 도출될 수 없다는 주장이다. 어떤 사회학자들은 이러한 구분 용어를 받아들이지만,[1] 다른 어떤 사회학자들은 모든 실제적 목적에서 사실과 이론 양자가 가치를 가지고 있고 그 가치에 영향을 준다는 전제에서, 사회과학의 의미에 대한 이러한 한계를 받아들이는 것을 거부했고, 이것을 거부하는 것은 보증할 수 없는 가치의 '비합리주의'를 받아들이는 것이라고 보고 있다(https://search.naver.com).

1) 사실

사실이란 기본적으로 시간상 · 공간상 실재(實在)하는 것으로 발견되는 존재 또는 사건을 의미한다. 또한 실제적 · 경험적 · 개체적인 것으로 환상, 허구, 가능성, 필연성, 당위성 등과 대립하는 개념으로 받아들여져 왔다. 사실은 실제(實際)로 있었던 일이라는 점에서 환상, 허구와 구분되며 자체의 의도를 갖고 있지 않다는 점에서 '있을 법한 일' 혹은 '있어야 할 일'의 의미를 지니는 '진실(truth)'과 구분된다. 그러나 통상 사실이라 할 때에는 단순한 실제로 있었던 일이 아닌 특정관점에서 의미 있는 사건을 지시하게 된다. 예를 들어, 과학적 사실은 '현상이나 실험을 통해 증명할 수 있는 사건', 법적 사실은 케이스와 관련되어서 일어났다고 추론할 수 있는 행위(act, deed)를 의미한다. 역사적 사실은 '진실이라고, 혹은 실제로 있었다고 알려진 사건(event)'이다. 19세기까지는 '사실의 집적(ranke)[2]'으로 여겨졌으나 현대에 들어오면서 '주관적 기술'이라는 관점이 지배적이 되었다.

사건은 언제나 언어(의미)에 의해 이루어진다. 실재는 인간과 연관을 갖지 않고 무의

1) 중요한 인물로 독일의 사회과학자 막스 베버(Max Weber, 1864~1920)를 들 수 있다.

2) 독일의 역사가인 랑케(Leopold von Ranke, 1795~1886)의 역사 서술방법은 원래의 역사적 자료에 충실하면서 사료의 개념을 어떠한 편견이나 선입견에 사로잡히지 않고 끝까지 객관적으로 저술하였다는 특징이 있다. 그는 원래의 역사적 자료에 충실하면서 사료의 개념을 어떠한 편견이나 선입견에 사로잡히지 않고 끝까지 객관적인 입장에서 역사를 서술해야 한다고 주장하였다. 그는 엄격한 사료 비판과 사실(원사료)에 충실한 있는 그대로의 시술을 강조하였고, 역사가는 그 사실을 알리는 역할만 해야 한다고 주장하였다. 그는 이러한 객관주의로 역사학의 독자적인 연구시야를 개척하여 근대 사학을 확립 · 발전시킨 '근대 역사학의 아버지'라 불린다.

미하게 존재한다. 그러나 우발성으로 어떤 사실이 인간의 시간 속에 들어오게 되고 이것이 일정 정도의 효과(effect)를 발생시킬 때 그것은 사건이 된다. 예컨대 하늘로 부터 공사장에서 벽돌이 떨어졌다고 가정하자. 그런데 그것을 아무도 보지 못했다면 없었던 일이나 마찬가지의 것이 되지만, 마침 지나던 사람의 머리에 떨어졌다면 사건이 된다는 것이다. 우발성은 즉각 필연성으로 전환하게 되며 언어에 의해 실제적 효과를 발생시킨다. 종료된 사건에 대해 의사는 물질(신체)을, 경찰은 관념(인과)을 다룬다.

현대물리학(Modern physics, 양자역학)[3]에서도 사실이란 없다. '객관적 사실'이란 언제나 분석자의 선험적 주관에 의해, 미리 존재하는 관찰 도구에 의해 '분석된 사실'일 뿐이다. 철학에서 인간은 사실을 실재 혹은 물 자체(things itself)로 파악할 수 없다. 있는 그대로의 사실이란 없다. 실재가 관념에 의해서 파악될 수 있을 때, 혹은 언어에 의해 의미를 생산할 수 있을 때에만 그것을 사실이라 할 수 있다. 따라서 인간이 인식한 사실은 이미 사실이 아니다.

2) 가치

일반적인 넓은 의미로 가치는 일상생활에서 필요와 욕구를 충족시킬 수 있는 모든 것을 뜻한다. 즉, 어떤 종류의 '좋음 · 바람직함'을 말한다. 누가 무엇을 바람직하다고 할 것인가는 역사적 · 사회적 조건에 따라 다르고 같은 주체일지라도 변할 수 있다. 이처럼 현대는 종래의 불가침이라고 생각되었던 보편적 가치의 형이상학(形而上學, metaphysics)을 거부하는 경향이 있다. 이러한 여러 가치 간의 갈등을 베버(Weber)는 '신들의 투쟁'이라고 하였으며, 그 다원적인 인식은 정치라는 영역 자체에도 미치고 있다.

정치학의 이론으로서는 선진자본주의 사회에서 정치의 가치실현 수단으로서의 역할을 한정한 달(Dahl)과 가치의 권위적 분배를 묻는 정치체계론을 제시한 이스턴(Easton) 등

3) 현대물리학은 통상적으로 20세기 초에 정립된 상대성이론 및 양자역학, 그리고 이들을 바탕으로 발전한 물리학을 의미한다. 현대물리학과 고전물리학을 구분 짓는 두 요소는 속력과 크기이다. 일상적인 경험의 세계는 고전물리학으로 충분하지만 빛의 속력에 가까운 빠른 속력이 개입된 현상은 상대성이론이 적용되어야 한다. 또한 원자 수준의 미시적인 현상은 양자역학적인 설명이 필요하다.

의 이론이 알려져 있다. 그러나 가치는 종래부터 정치에서 중요한 문제이며 이론적인 초점도 다양하다. 현실의 정치 상황과 관련하여 생각하였을 때, 특히 1980년대 말부터의 냉전 구조의 붕괴와 동유럽의 재편은 가치(가치관)의 붕괴와 재편이기도 하였다. '역사의 종언'으로서 세계사적으로 가치를 일원화하는 이론이 등장한 한편, '문명의 충돌'로서 문명을 구축하면서 그 가치를 부상시켜 종교 또는 문명 간의 대립 격화를 지적하는 이론도 등장하였다.

문학에서 다루는 가치의 문제는 한 작품에 대한 평가(評價)와 밀접한 관련을 맺는다. 문학에서는 작품의 가치를 암시적으로, 혹은 겉으로 완전히 드러나게 하기 위한 활동인 비평이 지속적으로 이루어진다. 따라서 1923년 엘리엇(Eliot)의 '문학 비평가란 진정한 가치판단에 대한 공통된 추구를 하도록 격려되어야 하는 사람'이라는 주장은 가치와 문학 비평활동과의 관계를 잘 보여 주고 있다(https://search.naver.com).

아무튼 가치를 일원화하려는 현대의 인종·종교 분쟁이라는 현상은 반드시 가치 상대주의라고는 할 수 없으며, 오히려 특정 가치에 대한 고집과 원리주의화를 수반한 가치의 다극화를 배경으로 하고 있다고 할 수 있다. 현재 민족주의적인 것에 관한 가치가 드높아지고 활발해지기도 하며, 가치의 대립이 세계 각국에서 발생하기도 한다. 또한 세계 규모의 경제적으로 가치를 통합하는 글로벌화도 발생하는 양극적인 현상도 일어나고 있다. 그리고 현대는 정치학으로서 사실 인식과 가치판단의 엄격한 구별이 요청되기도 하지만, 과학으로서의 정치학에 대한 반성적 도입도 이루어지고 있다. 따라서 정치학에서의 가치나 규범의 위치 부여가 다시 제기되고 있다.

2. 인식론

헤겔(1770~1831)

인식론(認識論, Epistemology)이라는 말은 헤겔(Hegel)[4]의 변증법적 체계에 대항하여 로크·칸트적인 전통으로 되돌아가는 새로운 근본학의 확립을 지향하는 표현으로서 만들어졌다. 인식론이란 철학의 일부분이며 반성적으로 문제의 근원을 밝혀 가는 작업이다. 철학의 한 분야로서 인식론은 인식·지식의 기원, 구조, 범위, 방법 등을 탐구하는 학문을 말한다. 인식론, 곧 '인식에 대한 이론'은 인식에 대한 반성의 결실인데, 인식에 대해서 반성한다는 의미는 인식을 인식이게끔 해 주는 토대, 그것도 참된 인식, 즉 진리를 진리이도록 만들어 주는 의심할 여지없는 확실한 기초를 추궁하고, 어떤 인식이 참이기 위한 조건을 성찰한다는 뜻이다. 여기서 '인식'이라는 말은 '지식'이라는 말과 의미상의 차이는 없으며, 다만 '인식'이라는 명사는 '인식하다'는 동사를 동족어로 가지고 있지만, '지식'은 그렇지 못한 관계로 통상 '인식'이라는 말이 사용되는 것으로 보인다. 그러니까 '인식론' 또는 '인식이론'을 '지식론' 또는 '지식이론'이라고 일컬어도 무방하다.

서양의 그리스도교 사상가에게, 계시에 의거한 초자연적인 진리의 파악과 이성의 행사로 얻어지는 지식과의 경계나 상호관계를 명확히 하는 것이 주요한 사상적 과제가 되었다. 특히, 중세의 인식론적 연구는 신앙과 이상의 조화가 어떻게 가능하느냐는 문제 설정에 의해서 기본적으로 틀이 형성되었다. 근세 이후에는 과학의 현저한 발전이 전통적 사상의 타성적인 안정을 파괴하고, 세계상의 변혁을 촉진하는 동인이 되었다.

4) 헤겔(G. W. F. Hegel, 1770~1831)은 독일 관념론 철학을 완성시킨 근세의 체계적 형이상학자다. 헤겔 철학의 견해는 절대적 관념론이다. 이는 그의 철학이 피히테(Fichte)의 주관적 관념론과 셸링(Schelling)의 객관적 관념론의 모순 대립을 매개하여 통일한 것이며 이 두 입장을 관념론의 웅대한 하나의 철학체계로 종합·완성시킨 것이기 때문이다. 그러므로 헤겔 철학의 원리가 되는 절대자(絶對者)의 개념도 그의 선배들, 특히 셸링의 그것과 근본적으로 다르다. 헤겔의 정치철학에 대한 평가는 늘 격론을 불러일으킨다. 헤겔식 역사 철학의 정치 철학적 귀결이자 인륜적 공동체의 시작을 의미하는 인정투쟁이 최근 각광을 받고 있다는 사실에 대해서는 큰 이견이 없다. 자기실현의 조건으로서 정체성에 대한 관심이 커질수록, 사회적 관계를 통해 구현될 수밖에 없는 개개인의 자유에 대한 더욱 폭넓은 이해가 요구되는 것이다.

인식론적인 문제의 대부분은 과학과 철학 사이의 긴장관계에서 생겨났다. 그러나 그 사이도 지식을 둘러싼 철학적 탐구는 거의 플라톤의 궤도에 따라서 전개되었다고 할 수 있다.

근세 인식론은 합리론, 경험론이라는 2대 조류로 나누어서 고찰하는 것이 관례가 되었는데, 이 두 견해의 대립에는 근세 초기의 정신적 상황이 반영되어 있다. 그 당시 기존의 개념체계나 존재 분류에는 구애받지 않고, 오로지 관찰과 실험으로 경험법칙을 탐구하는 실증적 · 귀납적인 방법이 자연연구의 여러 분야에서 성과를 올리고 있다. 또한 사상을 단순한 인자로 분해해서 여러 인자의 관수적 관계로서 재구성하는 '분석과 종합의 방법'(Galilei)[5]이 새로운 역학적 세계상을 제시하고, 가설연역적 방법의 유효성을 실증했으며, 그에 따라 수학적 해석의 발전도 현저했다(https://search.naver.com).

이러한 정서에 응답해서 합리주의자들은 소수의 명증적(明證的) 원리에서 논리적 귀결을 연역하는 원리에서의 선천적인 인식방법을 중시하고, 수학을 확실한 지식의 전형으로 보았는데, 이 방법으로 인식론을 구성한 철학자로는 데카르트, 말브랑슈(Malebranche), 스피노자(Spinoza), 라이프니츠(Leibniz) 등이 유명하다. 한편, 로크(Locke), 버클리(Berkeley), 흄(Hume) 등 주로 영국의 철학자들이 전개한 경험주의 인식론은 관찰과 실험, 귀납적 일반화 등 귀결에서의 선천적인 방법에 중점을 두고 신념이나 지식을 해석하고, 현실세계에 관한 언명에 대해서는 감각적 명증의 증명을 구하는 것을 원칙으로 하였다.

그러나 오늘날 '과학의 기초형성'이라는 초월론적 인식론의 이념에 그치는 것은 불가능할 것이다. 인식문제를 둘러싼 과학과 철학의 상대관계도 최근 20~30년 사이에 크게 변화하고 있다. 즉, 대뇌생리학이나 유전자공학, 컴퓨터 사이언스의 로봇공학 등 인식에서의 주체와 객체관계의 해석을 크게 좌우하는 지적 개발이 급속히 진전되고 있을

5) 갈릴레이(G. Galilei, 1564~1642)는 1609년에 망원경을 스스로 제작했으며 이를 사용하여 1610년에 목성의 위성, 토성의 띠, 달 표면의 요철, 태양의 흑점 등을 발견하고, 코페르니쿠스(Copernicus)의 지동설에 강력한 근거를 부여하였다. 같은 해에 피렌체 대공(大公)의 초청을 받아 그의 보호 아래 연구에 전념할 수 있게 되었다. 그의 연구에 대한 교회관계자의 비난에 대답하기 위해 스스로 로마에 가서 변명을 시도하였지만, 결국 종교재판에 회부되어 지동설의 포기를 명령받았다(1616). 이후 그는 피렌체에 돌아와 『천문대화(天文對話, Dialogo sopra i due massimi sistemi del mondo』(1632)를 저술하였다. 검열을 받아 그 책을 출판했음에도 불구하고 그는 다시 로마에 소환되어 유폐되었는데(1633), 지동설의 포기를 언약하고 사면되었다. 그때 그는 "그래도 지구는 돈다."는 말을 중얼거렸다고 한다.

때, 그들이 가져오는 지식과 식견은 '사실문제'의 영역에 속한다고 하여서 괄호에 넣고, 오로지 '권리문제'의 고찰을 주로 하는 자폐적 인식론 철학에는 희망의 빛은 보이지 않는다. 그런데 이미 인식과정을 제약하고 있는 역사적 · 사회적 여러 조건에서 유의할 필요가 있는 현상의 특징 이외 요소를 버리고 지식의 영원불변 구조를 묻는 것에 어떤 의의가 있는 것일까? 다시 우리들은 물어야 할 것이다. 영어권 제국에서는 언어분석방법에 의한 인식론, 과학론이 압도적 우세를 차지하는데, 원래 전문 철학자보다도 수학자, 자연과학자의 방법론적이나 기초론적인 반성에서 발전한 이 분석적 인식론은 비교적 과학적 탐구와의 연계를 유지하고 있다. 그러나 과학적 사실보다도 사실을 이야기하는 언어의 틀을 대상으로 한다는 이 학파(學派)의 명분이 전통적 인식론과 마찬가지로 사실문제와 권리문제의 불모인 분단에 결부된다는 일면도 잊어서는 안 된다.

이상과 같은 관찰에 따라 현대 인식론의 종말을 결론짓는다면, 그것은 짧은 생각이나 의견일 것이다. 초월론적인 인식론의 해체와 인식론 그 자체의 소멸은 별도이다. 과학연구의 전문분야와 기술의 고도화, 거대화가 압도적인 정세일수록 인간의 생의 영위에서 과학적 · 기술적인 지식의 의의가 근본적으로 재인식되어야 한다. 플라톤의 대화 편 『카르미데스(Chármĭdes)』가 아름답게 언급한 것처럼, 단순한 '지(知)'가 아니라 '지(知)의 지(知)'를 구하는 것이 인간의 고유한 영위이며, 그것을 가장 자각적, 철저하게 행하는 것이 철학이라는 활동의 본질적인 특징이다. 지적 탐구와 그를 위한 제도에 관한 지식, 즉 인식론은 오히려 오늘날 가장 현실적인 과제를 안고 있다고 할 수 있을 것이다. 과거에 초월론적 철학의 이상을 따른 후설[6]은 말년에 '생활세계의 현상학'에 몰두하여 현상학을 학문으로 정착시켰다. 또한 처음에는 '논리 형식'을 기본개념의 하나로서 인식 언어의 본질 구조를 조명한 비트겐슈타인(Wittgenstein)[7]도 결국 '생활 형식'을 궁극적으로 지지

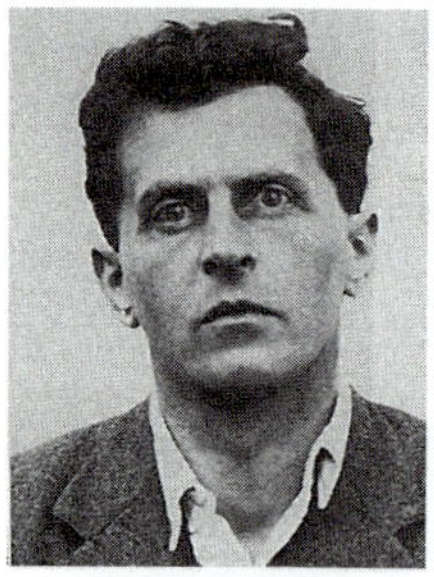
비트겐슈타인
(1889~1951)

6) 후설(E. Husserl, 1859~1938)은 철학을 엄밀히 규정된 과학으로서, 과학적 지식에 관한 순수 논리학을 만들어 내려고 시도하였다. 그는 존재로부터도, 개인으로서의 구체적인 주관으로부터도 분리된 '순수의식'의 탐구를 시도하여 현상학을 제창하였다. 이것은 니콜라이 하르트만의 '비판적 존재론'이나 미국 및 영국의 신실재론에 영향을 주었고 한편으로는 하이데거, 사르트르의 실존주의의 기초가 되었다.

하는 언어 게임의 철학으로 바뀌었다. 물론 우연의 일치는 아니다(https://search.naver.com).

> "만일 어떤 사람이 자기가 며칠 전 미국에서 영국으로 날아갔다고 믿는다면, 나는 그가 그것에 관해 오류를 범할 수는 없다고 믿는다. 어떤 사람이 자기는 지금 책상에 앉아 글을 쓰고 있다고 말하는 경우에도 마찬가지다. 그러나 내가 이런 경우에 오류를 범할 수 없다 하더라도, 내가 마취되어 있을 가능성은 있지 않은가? 내가 마취되어 있다면, 그리고 마취가 내 의식을 앗아가 버린다면, 이제 나는 실제로 말하고 생각하는 것이 아니다. 나는 내가 지금 꿈꾸고 있다고 진지하게 가정할 수 없다. '나는 꿈꾸고 있다'고 꿈을 꾸면서 말하는 사람은, 비록 그가 그때 사람들이 들을 수 있도록 말을 한다 해도 옳지가 않다. 이는 실제로 비가 오는 동안 그가 꿈속에서 '비가 온다'고 말하더라도 그는 옳지 않은 것과 마찬가지이다. 비록 그의 꿈이 억수 같은 빗소리와 실제로 연관되어 있을지라도."
>
> – 비트겐슈타인의 '확실성에 관하여' –

3. 의무론

의무(義務, Pflicht)란 일반적으로 행해야만 할 것, 삼가야만 할 것을 의미한다. 그러나 해야만 한다는 이유에서 행해지는 것을 오직 하고 싶다는 이유에서 행해지는 것과 구별하여 전자에 더 높은 도덕적 가치를 인정하는 것은 칸트도 지적하는 것처럼 상식에 속한다고 말할 수 있다. '의무'를 의미하는 그리스어(δέον, deon)에 어원을 두는 의무주의 윤리학은 비(非)결과주의 윤리학에 해당한다. 즉, 행위의 옳고 그름을 결정하는 것은 이 행위가 좋은 결과를 산출하였는지에 대한 문제와는 전혀 상관이 없다고 주장하는

7) 서양철학사를 통틀어 언어에 대해 가장 철저하게 회의(懷疑, doubt)하고 분석한 철학자, 바로 비트겐슈타인(L. J. J. Wittgenstein, 1889~1951)이다. 그러나 회의와 분석 그 자체가 그의 목적은 아니었다. 지성이 혼돈과 미망에서 벗어나 오로지 삶의 진실과 마주하려는 철학적 고투가 그의 삶이었다. 20세기의 전설적 철학자이자 철학적 전설로 전해 내려오기도 하는 그의 삶은 어떠했는가? 그의 마지막 말은 다음과 같았다고 전해진다. "멋진 삶을 살았노라 전해주시오."

것이다. 행위의 옳음은 올바른 도덕규칙의 준수 여부에 따르는데, 규칙이란 도덕적 의무의 근본적인 요구사항을 만족하는 행위의 규칙을 의미한다.

옳음을 결정하는 법칙에 따라 행동하는 것이 인간의 당연한 의무이고 선이라는 견해가 의무론(義務論, deontology)이다. 의무는 도덕 법칙에 대한 존중, 법칙에 따라 행위를 해야 할 필연성을 의미한다. 그래서 의무론적 윤리설에서 근본적인 문제는 시대나 지역을 초월하여 어디서나 타당한 행위의 법칙이 무엇이냐 하는 것이다. 상황이나 행위의 결과에 도덕적 정당성이 의존하지 않는다고 보는 의무론자의 처지에서 보면, 모든 상황에서 반드시 지켜져야 하는 보편타당하고 예외 없이 유효한 도덕적 규범이 존재한다.

현대 의무주의 윤리학의 대표적인 학자는 영국의 스크루턴(Scruton), 미국의 캄(Kamm), 네이글(Nagel), 스캔런(Scanlon) 등이 있다. 이들은 의무주의를 행위자 – 중심적(agent-centered) 의무주의와 피행위자 – 중심적(patient-centered) 의무주의로 나눈다. 행위자 – 중심적 의무주의는 의무의 개념을 중심으로 행위자의 행위가 의무를 따름으로써 그 어떤 도덕적 흠결도 생기지 않게 하는 것이 목적이라면, 피행위자 – 중심적 의무주의는 권리의 개념을 중심으로 평등권, 생명권과 같은 피행위자의 권리가 침해되지 않도록 하는 것이 목적이다.

목적론으로서의 공리주의가 좋음을 통해 옳음을 규정하고자 하는 이론이라면, 의무론 계열의 이론은 옳음을 좋음과 독립적으로 규정하려고 하는 윤리이론이라고 할 수 있다. 예컨대 보편성을 통해서 도덕법칙을 이끌어 내는 칸트의 정언명법(定言命法, categorical imperative)[8]과 같은 경우가 이러한 의무론의 전형이라고 할 수 있겠다. 그런데 밀(J. S. Mill)의 비판을 원용해 보면, 이러한 의무론적 윤리설은 두 가지 오류를 범하고 있다. 우선, 의무론은 의무 간에 충돌이 발생했을 때, 이를 해결할 장치를 가지고 있지 못하

8) 칸트는 도덕법칙을 기타의 행위원칙과 구별하는 특징을 가언명법(假言明法: …하고자 한다면…해야 하고)이 아니라 정언명법(定言命法: …해야 하고)으로 표현되는 점이라고 보았다. 단언적 명법 혹은 무상명법(無上命法)이라고도 하는 정언명법이란 단적으로 '무엇 무엇을 하여라.'라고 하는 누구에게나 무조건 들어맞는 명령을 일컫는다. 조건적 명령이 '네가 행복을 얻으려면 이렇게 행위를 하여라.'라고 하는 가언명법은 목적 달성을 위한 방법으로서 행위를 명령하는 것이지만, 정언명법은 도덕 법칙의 명령은 방법이나 결과를 위한 것이 아니고 그 자신을 목적으로 하여 지켜야 한다. 이 원래의 도덕 법칙을 표현하는 형식인 정언명법에 칸트는 일정의 내용을 부여하여 도덕의 최고 원리로서 정식화하였다. 몇 가지의 정식이 있지만, 보편성을 가질 수 있는 행동원칙만을 따라 행동할 것, 인격을 단지 수단으로 하지 않고 목적 자체로서 존중할 것을 기본원리로 한다.

다. 그러나 공리주의의 경우라면 최대다수의 최대행복이라는 기준에 따라 행복을 더 많이 산출해내는 의무가 중요한 것으로 생각될 수 있다. 두 번째, 의무론 또한 어떤 식으로든 공리(utility)를 고려하지 않을 수 없다는 것이다. 예를 들어, 정언명법만 하더라도 그 보편성은 보편적으로 어떤 결과(공리)를 원하지 않는다는 보편성이지, 보편성 자체만을 원한다고 볼 수는 없다는 것이 밀의 생각이다.

4. 윤리적 상대주의와 절대주의

윤리는 도덕에 관하여 연구하는 학문이다. 즉, 어떤 행위가 옳은 행위이며, 어떤 결정이 올바른 결정이라고 설명하는 것은 윤리학의 과제가 된다. 이를 위해서는 무엇이 옳고 그른가에 대한 근거를 설명할 수 있어야 한다. 즉, 도덕적 판단이나 행위에 대한 충분한 이유가 규명되어야 하며, 그 규명방법에 따라 윤리학은 일반적으로 기술윤리학(記述倫理學, descriptive ethics)과 규범윤리학(規範倫理學, normative ethics)으로 나눈다(이효선, 2003: 26-33).

기술윤리학은 도덕의 현상에 관한 학문으로, 도덕을 인간이 선택할 수 있다고 보며 절대적 원리를 포기하려는 철학적 견해를 말하고, 이를 윤리적 상대주의(ethical relativism)라고 한다. 규범윤리학은 옳고 그름 또는 의무인지 정의로운 것인지에 대해 주장을 하고, 그에 대한 근거를 제시하는 형식을 취한다. 따라서 행위에 대한 도덕적 평가의 기준을 제시하는 학문이며, 인간의 기본이나 실제 행위의 기준이 되는 규범을 제시하는 것을 목적으로 하는 학문이다. 규범윤리학은 도덕의 본질에 관한 학문으로, 도덕을 인간이 태어나기 전부터 존재한다고 믿으며 선과 악, 옳고 그름 그리고 마땅히 실천해야 할 당위성이라 강조하는 철학적 견해를 말하고, 이를 윤리적 절대주의(ethical absolutism)라고 한다.

1) 윤리적 상대주의

윤리적 상대주의는 도덕이 개인이나 문화에 따라 상대적이라 주장한다. 도덕과 비도덕을 가리는 초문화적 · 초객관적 기준이란 있을 수 없다고 보는 견해로, 어떤 한 사회에서 적용되는 행동규칙은 다른 사회에 있는 사람들에게 적용시킬 수 없다(Taylor, 1975)고 주장한다. 즉, 인간의 같은 행위일지라도 어떤 사람에게는 그것이 도덕적 행위로 인정되지만, 다른 어떤 사람에게는 비도덕적 행위라 생각되는 경우가 있다고 본다. 이러한 관점은 상대적 윤리가 어떤 선천적 원리에 의해서가 아니라 후천적인 집단관습이나 개인의 심리적 선호에서 도덕이 발생했다는 사실에 근거하는 것으로, 개인과 문화적 차이를 감안해 도덕규범의 다원성을 인정한다.

윤리적 상대주의는 개인 혹은 그의 가치에 관련하여 개인이 옳다고 여기는 신념에 주목하며, 한 사회 혹은 개인의 신념이나 관습이 다른 것보다 좋다고 주장할 강제적 근거가 없다(Rhodes, 1991: 45)는 관점이다. 이 세상에는 보편적으로 타당한 도덕 원리는 존재하지 않으며, 모든 도덕 원리가 문화 혹은 개인적 선택에 따라 상대적으로 타당하다는 것이다. 이는 윤리적 상대주의가 심리학적 가치론과 문화상대주의를 근거로 하기 때문에 윤리규범을 인간성에 두고 사회생활과정에서 형성된 산물로 규정한다. 즉, 시대성과 사회성을 강조하여 윤리규범은 관습이 체계화된 것으로, 사회 변화에 따라 변화한다는 것이다. 만일 이 차이를 무시하고 하나의 규범만을 절대적으로 옳은 것으로 강요한다면 이는 결국 도덕적 전제주의의 횡포에 지나지 않는다는 것이다.

테일러(Taylor)는 『윤리학의 원리(Principles of Ethics)』(1975: 14)에서 윤리적 상대주의는 어떠한 규범에도 얽매이지 않으면서 순수한 사실이나 증거를 근거로 하여 모든 문화권에 공통된 도덕적 규범은 없다고 주장한다. 이에 대한 근거는 문화적 다양성과 도덕적 신념으로, 도덕적 신념은 보편타당하게 한 곳에서 출발한 것이 아니라 문화와 시대에 따라 다르다고 주장한다. 이처럼 윤리적 상대주의 견해에서 현대 심리학자 혹은 사회심리학자들은 개인의 가치관이나 도덕적 신념이 모두 똑같은 것이 아니라 그들의 문화적 배경을 반영한다고 주장하면서 이론을 구성해 간다.

윤리적 상대론은 윤리 현실에 관한 주의를 환기시키고 시대 흐름에 적응하여 인간의 개별성과 독자성을 강조하면서 그들을 수용한다는 점에서 바람직하다. 그러나 윤리적 가치가 결정되는 윤리의 본질을 규명하지는 못한다는 비판을 받는다. 윤리적 상대주의자들은 옳고 그름을 경험적이거나 현실적인 사실에 근거하여 귀납적인 방법을 통해 도덕적 가치판단기준을 형성한다는 윤리적 견해로, '사람이 왜 사는가?' 혹은 '다른 사람을 어떻게 취급할 것인가?'의 문제는 그때그때의 기회와 상황에 따라 결정하고 대답하기 때문에 행위의 일관성을 포기하고 아무에게도 그가 반드시 무엇을 해야 한다는 것을 말할 수 없는 상황에 접하게 된다.

이 밖에도 윤리적 상대론에 대한 비판은 다양하게 제시되고 있는데, 그중 하나는 문화가 다르다는 이유로 윤리적으로 옳고 그름을 그들의 잣대로 판단할 수 없다는 것이다. 예컨대 호전적이며 약탈적인 문화를 가진 집단과 평화 애호적인 문화를 가진 집단이 있다고 가정하자. 이때 만약 문화적 상대주의가 윤리적 상대주의를 함축하고 있다고 생각하면, 두 문화 모두가 도덕적으로 올바른 삶을 영위하는 집단이며, 따라서 둘 중 어느 것이 더 나은 집단인가를 가늠할 방법이 없어지게 된다. 그 좋은 예로, 만약 상대주의 가치관을 가진 사람이 민족과 종교를 이유로 수십만 명을 살생한 독일 나치의 삶을 평가할 때 그저 독일 사람들이 유대인을 좋아하지 않는 풍습을 가졌으니 그 문화에 속하지 않는 우리는 그들의 행위가 그르다고 판단해서는 안 된다고 요구한다면 그것이 옳지 않다고 평가할 수 있는 근거가 사라지게 된다. 그런데 오늘날 우리는 과연 독일 나치의 행위를 위와 같이 평가하고 있는가? 우리는 그 행위가 옳지 않았다고 말한다. 이처럼 상대주의 윤리관은 인간의 생명을 다루는 문제에서는 모순을 낳는다. 따라서 인간존엄을 가치로 갖는 사회복지사들은 특별히 신중하게 다루어야 할 문제이다. 그리고 윤리적 상대론에 대한 또 다른 비판은 그들이 가치를 가변적이고 문화마다 각기 다른 차이성이 있는 것으로 받아들이기 때문에 그 문화에 속하지 않는 사람들은 그들과 다른 가치를 비판할 수 없다고 주장하는 데 있다. 그러나 자세히 살펴보면 문화 현상이 다른 것이지 본질인 가치는 변하지 않고 차이가 없는 고정된 것임을 알 수 있다.[9]

현대에 이르러 윤리적 상대론이 크게 드러난 것은 과학기술의 발달로 말미암은 사회 양상과 생활조건의 급격한 변화 때문이라 할 수 있고, 또한 자연과학의 방법을 적용한 경험적 인간학은 인간을 진화의 산물로 보는 동시에 양심까지도 경험에 의하여 변화·발전하는 것으로 보기 때문에 인간의 존엄이나 생명 문제를 다룰 때는 더욱 더 신중을 요하는 이론이라 하겠다.

윤리적 상대주의에는 한 개인의 최대 행복과 최대 선만을 위해 평가하는 윤리적 개인주의, 다수의 인간 공동체 행복과 선을 추구한다는 공리주의 그리고 실용주의가 있다(Purtill, 1976: 9). 윤리적 상대주의는 고대 철학자 프로타고라스(Protagoras)[10]와 같은 소피스트(sophist)에서부터 비롯됐으며, 17세기 이후 콩트(Comte)의 실용주의, 다윈(Darwin)의 진화론 등에 영향을 받아 발전하기 시작했다. 현대에 이르러 윤리적 상대주의의 토대가 된 것은 문화적 상대주의다. 문화적 상대주의는 한 사회의 도덕적 신념이나 규칙 등은 그 사회의 고유한 문화에 따라서 그 정당성이 평가돼야 하며, 모든 문화는 구성요인에 의해 보편화될 수 없는 다양성을 갖는다고 주장한다.

9) 예를 들어, 고대 페르시아제국(Persian Empire) 다리우스 황제가 여행 중에 밝힌 인디언 종족 중 하나인 (시체를 화장하는) 그라시아족과 (시체를 먹는) 칼라시아족의 장례문화를 살펴보면, 화장을 하는 그라시아족의 장례의식은 우리가 화장문화를 접했기 때문에 그리 낯설지 않게 느껴지지만, 시체를 먹는 칼라시아족의 장례의식은 충격을 줄 수 있다. 그러나 그들에게 '왜 장례의식을 그렇게 치르는가?'라는 질문을 해보면 그라시아족이나 칼라시아족 모두 조상들에 대한 공경이라는 신념 때문에 화장을 하거나 시체를 먹는 관습이 생겼다는 것을 알 수 있다. 또한 힌두교도들이 소를 먹지 않고 숭상하는 이유가 그들은 사람이 죽은 후 소의 육체를 빌려 다시 환생한다고 믿기 때문에 소를 먹지 않는다고 한다. 이처럼 위의 장례문화나 힌두교인의 특정한 음식을 먹지 않는 행위는 위와 같은 믿는 그들의 신념문제이지 가치의 문제가 아니라는 것이다. 다시 말하면, 각기 다른 문화 속에서도 똑같이 변치 않는 가치가 있음을 보이는 좋은 사례라 하겠다(이효선, 2003: 30-31).

10) 최초의 소피스트 프로타고라스(Protagoras, BC 485~414 무렵)의 정치 철학은 여러 얼굴을 가지고 있다. 전문가가 아닌 다수에게 정치적 판단을 맡겼다는 점에서는 민주주의자다. 하지만 다수도 설득되어야 할 때가 있다고 본 점에서는 귀족주의자다. 그가 가진 상대주의적 도덕이 지나치게 강조되는 것만 극복된다면, 우리는 그로부터 민주적 심의를 통해 공공선을 찾아가는 집단지성의 일반적 준칙을 발견할 수 있을 것이다.

2) 윤리적 절대주의

윤리적 절대주의는 도덕의 차원과 윤리적 평가, 즉 선과 악, 옳고 그름 그리고 마땅히 실천해야 할 당위성의 성격을 이미 전제한 선천적 원리에서 해결하려는 철학적 견해다. 여기서 '절대적'이란 의심되거나 질문될 수 없는 것으로 적극적인 긍정성과 확실성 및 무조건적인 인정 등으로 해석하여(William, 1975: 5) 초자연적인 존재자의 속성과 그의 의도, 자연법칙, 진리와 허위에 관련된 명제, 법과 도덕에 관련된 명제에 적용시켜 인간생활에 응용된다.

윤리적 절대주의는 시대와 장소를 초월하여 만인에게 보편타당한 어떤 도덕적 규범이 존재한다는 주장으로 대체로 이 견해를 옹호하는 사람들이 제시하는 근거는 보편타당한 삶의 원리는 선천적으로 주어져 있다고 본다. 이 관점에서 인생의 법칙은 도덕과 비도덕을 가리는 객관적 기준이 되고, 시대가 바뀌고 장소가 변하여도 도덕이 도덕으로 남아 있는 이유는 절대적으로 타당한 기준이 있기 때문이다. 그래서 그들의 처지에서 변하는 것은 도덕규범의 현상이지 도덕의 본질이 아니라는 것이다. 만일 이러한 본질적 기준이 없으면 인간은 무엇이 옳고 그른지 판별할 수 없으며, 도덕적 허무주의에 빠지게 된다고 주장하기도 한다.

윤리적 절대주의는 인간행위를 위한 규범이 이미 완성되어 존재하는 것으로 모든 인간에게 예외 없이 적용되어야 한다고 보기 때문에 규범은 인간이 마땅히 추구해야 할 삶의 궁극적 목표이고, 그것을 향해 구체적으로 행동해야 한다는 견해다. 즉, 삶의 궁극적 목적을 인간이 마음대로 정할 수 있는 것이 아니라 이미 선천적으로 주어진 절대적인 것으로 본다. 이처럼 윤리적 절대주의는 인간이 도덕적 법칙을 어떻게 생각하든지 간에 그 법칙에는 모든 사람에게 적용되어야 한다는 도덕적 필연성과 객관성을 내포하고 있다는 견해로, 인간에게는 누구나 지켜야 할 행위 법칙이 주어져 있다는 것이다. 이 법칙은 인간의 편의나 쾌락에 의하여 정해지는 것이 아니라 인간의 의지를 초월하여 미리 주어진 것으로 절대 불변이다. 예를 들면, "거짓말 하지 말라."든지 "다른 사람을 살인하지 말라." 등의 명제는 언제나 참된 것으로 사람들이 반드시 지켜야 한다는 도덕적 당위성과 윤리적 구속력을 가진다. 그뿐만 아니라 인간의 구체적 행위를 이 기준에 따라 평가함을 말한다.

[칼리닌그라드에 있는 칸트 묘석]
여기에 『실천이성비판』의 유명한 구절이 나와 있다. "내 마음을 늘 새롭고 더 한층 감탄과 경외심으로 가득 채우는 두 가지가 있다. 그것은 내 위에 있는 별이 빛나는 하늘과 내 속에 있는 도덕법칙이다."

절대주의 윤리학의 대표적인 사람은 칸트로, 그는 실천이성의 법칙은 언제나 타당한 것으로 무조건 적용되는 지상명령이라 하였다. 이것은 대체로 형이상학적 세계관, 종교적 세계관에 근거를 둔다. 개인의 욕구, 감정, 판단 그 밖의 어떠한 주관적 태도와 관계없이 초경험적 · 초현실적 세계에 근원하는 보편타당한 인생의 목적이나 행동 법칙이 선천적으로 인간에게 주어져 있다고 보는 윤리설이다. 이렇게 윤리적 절대주의는 이미 정해진 고정불변의 도덕률을 강조하는 것으로 선과 악, 옳고 그름도 그 행위의 결과와는 별개로 판단하게 되는 것을 말한다. 여기서 도덕률은 모든 상황에서 절대적으로 적용된다는 것을 전제로 삼는다.

> "사고를 위한 이마는 침착한 유쾌함과 기쁨의 자리였다. 말에는 풍부한 사상이 넘쳐흘렀고 농담과 재치가 장기였다. 알만한 가치가 없는 것에 대해서는 무관심했다. 어떠한 음모나 편견 그리고 명성에 대한 욕망도, 진리를 빛나게 하는 것에서 그가 조금이라도 벗어나도록 유혹하지 못했다. 그는 다른 사람들로 하여금 스스로 생각하도록 부드럽게 강요했다. 내가 최고의 감사와 존경을 다해 부르는 그의 이름은 임마누엘 칸트이다."
>
> – 칸트의 제자 요한 헤르더(J. G. von Herder) –

윤리적 절대주의의 장점은 가치판단이 명료하여 방황하지 않고 도덕적 권위가 확고히 서서 사회질서가 정연하게 유지될 수 있다는 것이다. 반면에 윤리적 절대주의의 제한점은 이와 같은 개념이 관념론적인 관점으로 흐를 수 있다는 것이다. 즉, 절대론을 제시하는 어떤 목적이나 법칙이 모두가 반드시 따라야 할 절대적인 목적이나 법칙이라는 것을 연역적인 방법이나 경험적인 사실에 의거하여 증명할 수 없다는 것이다. 또한 인간의 자유의지(자율적)의 활용과 창조성의 한계를 어느 정도 허락하고 있는지의 문제점을 내포하고 있다. 절대적인 법칙이 있다는 것, 그 자체의 의문과 그 절대적 법칙이 과연 선하고 올바른 것인지의 확신 그리고 그 절대적 법칙이 완전하고 완성된 것인지를 어떻게 알 수 있는가의 인식론적 질문과 형이상학적 의문을 갖게 한다. 그래서 절대론적 목적, 법칙에 대하여 경험적 · 논리적 근거를 파악하기 어렵고, 타당성을 상실한 규범을 요구할 때 인간의 반동심리에 의해 증오감과 위선적 인간을 배출할 염려가 있다는 단점이 있다(이효선, 2003: 26-33).

〈표 3-1〉 윤리적 상대주의와 절대주의 비교

구분	윤리적 상대주의	윤리적 절대주의
대표적 학자	콩트, 다윈, 스펜서	플라톤, 아리스토텔레스, 칸트, 헤겔
윤리적 행위	윤리규범의 필요성을 인정하지 않으며, 인간행위를 상황에 의해서 규정하려는 행위	윤리규범의 필요성을 구속적 · 당위적 입장에서 받아들이는 행위
윤리 원칙	심리 상태에 의한 행위의 결과로서 욕구, 행복, 실용성 등을 중시함	의무의식에 의한 행위의 동기 및 과정으로서 양심, 이성, 신의 등을 중시함
옳은 행위	한 사회의 목표, 구성원들의 욕구 충족에 도움을 주는 행위	보편타당한 절대적 행위의 법칙에 따르는 행위
행위 기준	상대적 · 주관적 · 특수적 · 상황적 기준	절대적 · 객관적 · 보편적 기준
장점	윤리의 현실성, 인간의 사회성, 개별성을 강조, 다른 문화 포용	마음의 평화, 도덕적 권위, 사회질서 유지
단점	공통성과 보편성 부정, 윤리의 성립 근거 미약, 윤리가 권위를 잃게 되며, 도덕적 무정부 상태를 방지할 이론적 근거가 무너질 우려, 윤리를 자의적으로 해석할 가능성	논리적 증명 어려움, 모호성, 자명한 원리로 인정하기 어려움, 자명한 원리 간의 불일치, 상대성의 결여, 권위주의적으로 흐를 경향

출처: 이효선(2003), p. 33.

5. 윤리적 개인주의와 집합주의

개인주의(個人主義, Individualism)란 국가나 사회보다 개인이 어떠한 식으로든 우선한다는 사상을 의미한다. 개체로서의 개인이 사실상 사회보다 선행하여 실재(實在)한다는 주장을 취하기도 하고, 가치 측면에서 또는 권리상 개인을 우선해야 한다는 주장을 취하기도 하는 등 이 말이 의미하는 바는 매우 다의적(多義的)이므로 위의 정의는 가장 일반적인 것이다.

개인주의는 개인을 국가나 사회의 구성요소로 파악하여 이들에 예속되어야 한다고 본 전근대적인 유기체적 국가관과 사회관을 비판하고, 개인 그 자체의 존엄성을 강조하여 개인이 모여 국가와 사회를 구성한다는 원자론적 국가관이나 사회관으로 이동하면서 확립되었다. 따라서 개인주의는 근대 자유주의와 밀접하게 관련된다. 역사적으로 보면 개인주의는 르네상스 이후의 근대 유럽에서 태어난 사상 형태이다(김성옥, 2004: 131). 우선 종교 면에서는 중세적인 교회 중심적 체제에 반대하여 각 개인의 신앙 내면화(內面化)를 주장하고, 로마 가톨릭의 보편주의(普遍主義)에 대항해 개인주의적인 반역을 꾀한 프로테스탄티즘으로서 나타났다(http://www.doopedia.co.kr).

아크로폴리스의 전경
출처: http://www.doopedia.co.kr

개인주의는 개인을 고대 그리스의 도시국가인 폴리스(polis)에 예속되어야 한다고 본 고대의 국가관이나 사회관, 나아가 중세의 교회 중심 체제 아래서 개인을 그 속에 예속시킨 흐름 전반에 대한 거부에서 시작되었다. 그런 의미에서 중세의 교회체제에 개인을 구속시킨 로마 가톨릭의 보편주의에 비판을 제기한 근대 프로테스탄티즘(protestantism)[11]의 종교 개혁운동과도 관련되며, 누구나 노력하면 자신의 것

11) 프로테스탄티즘(Protestantism)이란 16세기 루터, 캘빈을 주축으로 한 개혁자들이 로마 가톨릭교에 반항하여(protest) 이루어진 기독교 사상을 말한다. 여기에는 '오직 신앙(sola fide)'과 '오직 성서(sola scriptura)'라는 2가지 특징이 있다.

이 될 수 있다는 근대의 노동가치설과도 밀접하게 관련된다.

사상사를 거슬러 올라가면 개인주의 사상의 선구는 스토아파(stoics), 에피쿠로스파(epikuros), 그에 회의론자들의 현자(철인)의 개념 중에 발견된다. 그들은 모두 이 세상의 일에 구애받지 않는 것을 현자의 특권으로 보았는데, 이 세상의 일은 집단주의의 가치관에 의해서 통제되어 있다. 현자는 이 세상에 대해서 거리를 두고 이 세상에서 바람직한 것으로 생각되는 사물의 가치를 상대화할 수 있었으며, 그리스도교의 등장과 함께 이 세상의 상대화는 신과의 관계 관점에서 행하여지게 되었다. 한편, 신과의 관계에서 인간은 단독의 개인이며, 이 세상의 집단주의에 의한 구속에서 자유로울 수 있다고 생각되었다. 그러나 현자나 초기 그리스도 교도는 이 세상을 상대화하는 시점을 확보했을 뿐으로, 이 세상에서의 현실적인 영위에 관해서는 집단주의의 구속에 복종했다. 따라서 그들의 태도는 개인주의에서 다른 사람들보다 앞선 형태에 머물렀다.

인간 개개인의 자유와 권리를 중시한 자유주의 전통은 당연히 개인주의를 표방하지 않을 수 없다. 이러한 견해가 강화되면서 국가는 개인의 자유와 재산을 보존해 주는 소극적 기능만 담당하는 수단적 가치에 머물렀다. 이른바 근대 사회계약론에 입각한 최소 정부론의 출현과정도 바로 개인주의의 확립과 연관되어 있다. 맥락은 다르지만, 더는 외부의 강제된 법칙에 지배당하지 않고 오로지 자신이 세운 법칙을 스스로 지키며 사는 자율적 인간을 그린 칸트의 인간관 역시 개인주의의 특징을 강하게 보여 준다.

그러나 개인주의가 이기주의와 혼돈되어서는 안 된다. 개인주의는 비합리적인 방식을 통해서라도 자신의 이익을 추구해야 한다고 보지는 않는다. 자신의 권리와 자유를 공동체 구성원의 합리적 판단과 결정에 입각해서 추구하며, 따라서 공동체주의와 무조건 대립하는 것은 아니다. 전통적 관습과 제도에 입각하여 부당하게 개인을 억압할 수 있는 모든 것에 대해서 비판적 거리를 유지하고자 하는 자유주의는 이 개인주의가 여전히 중요하다고 주장한다.

다른 한편으로, 개인주의는 다른 사람을 위한 희생정신, 다른 사람에 대한 공감의식이 약하다는 면에서 인간사회의 연대성이 지니는 장점을 배제할 위험이 있다는 지적을 받기도 한다. 특히, 우리 사회에서는 개인주의가 비도덕적이고, 비사회적이며, 그래서 이기적이라는 비판까지 받는 경향이 있다. 하지만 우리 사회가 지나치게 의리 지향적이고 연고주의에 기반을 두고 있다는 점을 감안하면, 합리적 개인주의의 발전이 이루어져야 하는 사회라고 할 수 있다.

우리는 지금까지 개인주의 대해 살펴보았다. 이제 이와 반대 개념인 집합주의(集合主義, collectivism)에 대해 살펴본다. 집합주의란 공동 소유나 국가 소유를 옹호하는 정치·경제적 모형 그리고 생산 수단과 분배의 공공통제 혹은 국가통제(공산주의, 사회주의)를 말한다. 또 집합주의는 공동 소유나 국가 소유 그리고 생산 수단의 통제와 분배가 경제조직의 지배적인 양식이 되는 정치체계를 일컫는다.

집합주의 아래 조직의 실질적 형태는 매우 광범위하다. 따라서 어떤 맥락에서 집합주의는 대규모의 집단적 자주관리와 관련될 수 있다. 이 용어는 집단 소유의 사회주의적 혹은 협동적 형태를 언급하기도 하는데, 이것은 구성원이 전적으로 자주 관리하며 어떠한 국가의 지시도 개입되지 않는 경제의 특정한 부문에 한정될 수도 있다.

이제 집합주의의 한 형태인 사회주의에 대해 살펴보자. 사회주의는 인간 개개인의 의사와 자유를 최대한 보장하기보다는 사회 전체의 이익을 중시여기는 이데올로기이다. 사회주의는 인간은 고립되어 홀로 존재할 수 있는 존재가 아니라, 사회 속에서 생활을 영위하면서 공동체를 구성하고 살아가게 되므로 사회공동체의 이익을 우선시하고 따라서 개인의 자유는 제한될 수 있다는 방향을 제시한다.

사회주의에서는 개인의 능력과 인성은 개인의 전유물이 아니라 사회의 토대를 이루는 것으로 이해하고, 사회 속에서의 인간상을 우선시한다. 사회주의는 사회의 이익을 위해 개인의 자유가 제한될 수 있으며, 개인의 자유는 사회 속에서 인정되고 향유될 수 있는 가치로써 시민혁명 이후 등장한 자유주의에 대항하는 논리이다.

사회주의가 등장하게 된 계기는 산업화의 진전으로 등장한 사회적 불평등과 경제가치 배분의 불균형에서 나타났다. 자본가와 노동자들의 극심한 대립은 두 계급 간의 갈등으로 나타났고, 이들의 갈등이 심화되면서 심각한 사회문제가 되었다. 이러한 혼란 속에서 새로운 사회에 대한 대안이 모색되었고, 그중 하나가 사회주의 사회였다.

사회주의 사회에서는 경제적 불균형을 없애기 위해 생산 수단의 공유화와 국가적

통제를 제시했다. 사회문제가 사유재산제에서 발생한다고 보아 생산 수단의 공동 소유 또는 국유화가 이러한 갈등을 종식시킬 수 있는 방법이라고 생각하게 되었다. 따라서 생산 수단을 국가 소유로 하고, 각자가 노동을 통해 실현된 이익을 배분하는 방식을 취함으로써 누구나 평등한 사회를 추구하려는 경향을 보인다. 이로써 사회 불평등의 원인이 되는 경제적 불평등을 없애고, 분배문제의 형평성을 높임으로써 물질적 결핍으로부터 인간을 해방시키고자 한 것이다. 여기에서 사회주의는 재화의 생산보다는 생산된 재화의 가치 배분에 더욱 관심을 두게 되었다.

사회주의가 등장하게 된 것은 고대 그리스의 철학으로 거슬러 올라간다. 아테네의 철학자 플라톤은 국가에서 통치계급의 재산 공유와 국가에 의한 자녀의 공동 양육을 주장하였다. 그리하여 사회가 조화롭고 자신의 역할에 따른 삶을 강조함으로써 이상사회를 주장하게 된다. 중세 그리스도교에서도 사회주의 사상의 일면을 엿볼 수 있다. 그리스도교에서는 공동 노동을 통한 생산과 이를 통한 소박한 삶을 강조하였다.

공산주의가 본격적으로 등장한 것은 산업혁명 이후 자본주의 체제가 완성되고 난 이후이다. 19세기 초부터 영국과 프랑스를 중심으로 사회주의 사상이 등장하게 되는데, 이들을 공상적 사회주의라고 한다. 오웬(Owen), 프리에(Fourier), 생시몽(Saint-Simon)을 주축으로 이루는 이들은 자본주의 경제체제로 태동된 산업사회의 현실을 인정하고 이것을 유토피아의 출발점으로 삼아서 새로운 사회 모습을 구상하고, 사회 운영의 원리를 제시하게 되었다. 하지만 이들의 노력은 구체적인 사회개혁을 목표로 하는 운동과는 거리가 있었고, 그래서 이들을 마르크스는 공상적 사회주의자라고 비판하게 된다.

19세기 초반에 태어난 마르크스는 공산주의를 새로운 사회 이념으로 제시함으로써 현대 사회주의의 신기원을 이루어 낸다. 마르크스는 1848년 공산당 선언을 통해 공산주의 이념을 선전하고, 당시의 사회적 모순과 갈등의 해결은 새로운 사회로부터 시작되어야 한다고 주장함으로써 자본주의의 대항 이데올로기로 사회주의를 제시하게 된다. 마르크스는 자본주의 모순으로부터 대안을 제시한 자신을 스스로 과학적 사회주의라고 일컬었으며, 그의 지지자이자 후원자인 엥겔스(Engels)와 함께 사회주의 사상 전파에 노력을 한다. 마르크스는 소수의 부르주아(bourgeois) 이익을 대변하는 자본주의 사회는 필연적으로 종말을 고할 것이며, 이를 위해서는 무산가의 이익을 대변하는 프롤레타리아(proletariat) 독재가 필요하고, 프롤레타리아는 부르주아에 대한 계급투쟁과 혁명만이 그들을 구원해줄 유일한 길이라고 선전하게 된다. 또 이를 통해 계급이 소멸하게 될 것이며, 그것은 역사적 필연의 한 과정이라고 주장하였다. 사회주의는 사회 전체의 이익이 우선한다는 이데올로기로 공산주의와는 조금 다른 형태이지만, 공산주의 사회가 형성되는 과정에서 발생했던 사회사상이었고, 공산주의 이념의 한 과정으로 이해되고 있다(https://terms.naver.com).

Chapter 04

사회복지의 주요 가치

04
Chapter

사회복지의 주요 가치

1. 휴머니즘과 인권

휴머니즘(Humanism)이란 말은 인본주의 · 인문주의 · 인간주의 등으로 번역되며, 사람을 위주로 하는 사상을 일컫는다. 휴머니즘은 모든 인간행동과 결정의 바탕에 어떤 보편적 인간 본성이 존재한다고 주장하는 인간 중심적 세계관 또는 궁극적으로 인간성의 해방과 옹호를 추구하는 사상이나 심리적 태도를 말한다. 휴머니즘의 어원은 '인간적'이라는 뜻을 지닌 라틴어 '후마누스(humanus)'의 비교급 '후마니오르(humanior)'이다.

휴머니즘의 사상적 기원은 이탈리아의 르네상스 운동이다. 그런데 서양의 역사상 이러한 경향이 가장 강했던 때는 바로 고대 그리스 · 로마 시대였다. 그리고 옛 문화에 대한 관심은 페트라르카(Petrarca)나 보카치오(Boccaccio)와 같은 인본주의 사상가들에 의해 촉발되었다. 이 두 사람은 고전적인 문학작품을 다시 모으고 발굴하는 데 열중했고, 이를 통해 중세의 신학적 영향을 벗어나 인간적인 것을 추구하고자 했다.

역사적으로는 15~16세기 유럽에서 고대의 문예를 부흥시키려는 운동[1]에서 비롯되며, 이후 여러 사상 형태로 등장했으나 인간성 회복과 인간 중시 사상에는 변함이 없다.

1) 중세 이래 신학 중심 학문체계에 반기를 들고 새로운 시대의 학자들 간에 '더욱 인간다운 학예(學藝)를!'이라는 외침을 통해 교회적 권위 아래 질식되어가는 자연스러운 인간성을 회복하려고 하였다.

물론 휴머니즘은 문학에만 한정되지 않고 정신문화의 모든 영역으로 확산되어 갔다. 그 가운데에서 가장 유명한 휴머니즘 사상가로 에라스무스(Erasmus)[2)]를 들 수 있는데, 그는 고대 철학의 진정한 의미를 되살리고자 했다. 또한 동방의 그리스 신학자들이 고전을 연구하기 위해 이탈리아로 모여들었고, 이러한 분위기에서 피렌체(Firenze)에 아카데메이아(Academy, Akademeia)[3)]가 세워지게 되었다. 이곳에서 플라톤이나 플로티노스(Plotinos)의 저서들이 라틴어로 번역되면서 사람들에게 그리스 문화에 대한 향수를 불러일으켰던 것이다.

이와 반대로, 아리스토텔레스 철학은 비판을 받기 시작했다. 즉, 아리스토텔레스 철학과 기독교 교리가 일치한다는 점을 발견하기가 어려워짐으로써 오랫동안 기독교 신앙의 버팀목 역할을 했던 그의 철학도 마침내 종언을 고하게 된 것이다. 또한 이것은 중세를 주름잡았던 스콜라 학파(scholasticism)[4)]의 몰락을 뜻하는 것이기도 했다. 이제 서양 철학은 스콜라 철학의 색안경을 벗고 아무런 편견 없이 그리스 · 로마 철학을 고찰할 수 있게 되었다. 그리고 거기에서 자극을 받은 다음 세대는 새로운 창조적 성과를 얻어낼 수 있었다.

이러한 배경에서 볼 때 휴머니즘은 근세 초기 사상가들이 세계와 인간을 다시 발견한 것이나 마찬가지이며, 나아가 인간의 자기긍정이라고 할 수 있다. 보편적 인간성에 대한 존경과 자아에 대한 사랑은 인류의 자유와 평등, 인간의 존엄성과 더불어 현대 철학의 특징인 자아 사상으로 나타났다. 결국 휴머니즘이란 중세를 지나는 동안 짓눌렸던 '인간성'이 새롭게 조명되고, 이제 신 대신에 인간이 철학의 중심에 서게 되는 출

2) 에라스무스(D. Erasmus, 1466 추정~1536)는 르네상스 시기의 가장 중요한 학자 중 한 사람으로 손꼽히는 인물이다. 세계주의자이자 근대자유주의의 선구자로 손꼽힌다. 그는 네덜란드의 로테르담에서 사생아로 태어나 수도원에서 양육되었으며, 20세에 정식 수도사가 되었다. 카메리 주교의 비서로 일하게 되었고, 그는 사제로서의 의무에서 면제되는 특권을 받기도 했다. 주교의 배려로 파리 대학에 유학하여 공부하고, 고전 라틴문학을 연구했다.

3) 청년 플라톤은 소크라테스의 제자가 되었고, 이 둘의 관계에서 플라토닉 러브라는 말이 생겼다. 그는 '이데아'라는 개념을 구체화했고, '철인 통치론'을 주장하면서 아카데메이아를 열어 학생들을 길렀다. 플라톤은 현대 철학에서 쓰이는 개념과 용어를 정착시켰다.

4) 스콜라 학파란 기독교 교리에 논리적 체계와 철학석 근거를 부여하여 합리적으로 증명하려는 학파를 말한다. 11~15세기에 걸쳐 교회나 수도원에 부속된 학교(schola)의 교사인 스콜라스티쿠스(Scholasticus)가 중심이 되어 연구하고 교수하였으므로 스콜라 학파라고 부른다.

발점이었다.

휴머니즘이라는 것이 풍속 · 습관 · 사상이 자기들과 같은 인간만을 인간다운 인간이라 생각하고, 그 밖의 인간을 모두 인간의 규범에서 벗어난 존재라고 생각하는 것이라면 그야말로 독단적인 사고방식이라 하지 않을 수 없다. 휴머니즘의 본질은 그러한 자기중심주의 · 자국중심주의(自國中心主義)에 있지 않으며 끊임없이 자기를 초월함으로써 자기를 실현해나가는 것이다. 어떤 의미에서는 '휴머니즘 자체를 초월한다.'는 것이 바로 휴머니즘의 본질이라고 말할 수 있다.

이제 인권(人權, human rights)에 대해 살펴보자.[5] 인권이란 무엇인가? 「국가인권위원회법」에서는 인권을 "「대한민국헌법」 및 법률에서 보장하거나 대한민국이 가입 · 비준한 국제인권조약 및 국제관습법에서 인정하는 인간으로서의 존엄과 가치 및 자유와 권리를 말한다(제2조 제1호)."라고 규정하고 있다. 인권은 인간성의 한 영역으로, 시간에 따라 변화되고 진화되기에 이론적으로 완벽하게 규정하기는 어렵다. 따라서 다양한 관점에서 인권을 정의하는 작업이 이루어져 왔다. 인권에 대한 가장 넓은 의미의 정의는 인권이 인간이 내재적으로 갖는 존엄과 가치에서 파생되는 것으로 파악한다.

인권이란 단어를 그대로 풀어보면, 인권은 인간으로서 당연히 가지는 기본적 권리, 즉 인간의 권리다. 그렇다면 모든 권리의 총화가 인권이란 말인가? 한 국가의 헌법과 법률이 정하는 권리와 그 실정법이 채 규정하지 못한 권리까지, 그 모든 것이 인권에 포함되는가? 만약 인권을 그렇게 정의한다면 당장 국가마다 인권의 내용이 달라질 것이다. 그리고 헌법과 법률이 미처 담지 못한 권리는 인권의 과제로 남을 것이다. 물론 실정법의 제도 속에 포함된 권리와 제도 밖에 방치된 권리를 모두 합하면 각 국가의 권리가 같아질 수는 있겠다.

이처럼 인간의 모든 권리를 인권이라 한다면, 인권개념이 너무 포괄적이고 모호해질 것이다. 때문에 인권문제를 논의하고 해결하려는 우리 목표에는 그다지 유용하지 않다. 인권은 인간의 기본적 권리다. 이렇게 인권은 그 범위를 조금 좁혀 말하는 게

5) 인권에 대한 더 구체적인 내용은 이 책 제9장 제1절(인권 지향적 사회복지와 사회복지사의 역할)에서 다루고 있으니 참고하기 바란다.

일반적이다. 하지만 모든 권리 중에 무엇이 기본적인지 혹은 그렇지 않은지를 구별하기란 여전히 어렵다. 이런 문제를 해결하기 위해 인권에는 보통의 권리와 구별하여 특별한 성격을 부여하기도 하는데, 천부성, 자연권성, 불가양성, 절대성과 보편성 등이 그것이다.

천부성이란 인권이 인간의 선천적인 권리라는 의미다. 누가 그것을 일컬어 권리라고 말하기 이전에 이미 권리로 존재하는 것, 그것이 인권이라는 주장이다. 그래서 현실의 법과는 무관한 자연권적인 성격을 띠는 권리라고도 한다. 또한 그렇기 때문에 다른 사람에게 양도하거나 함부로 포기할 수도 없는 권리라는 의미에서 불가양성의 권리라 할 수 있다. 인권 목록에 등재된 권리 사이에는 우선순위나 가치의 차이가 있을 수 없고, 국가와 개인에 따라 인권이 서로 다를 수 없다는 뜻에서 절대성과 보편성을 지닌다.

하지만 이런 거창한 수식어는 인권에 대한 고양된 감정 표현에 불과한 것이 아닌지 의심스럽다. 인권의 본질적 가치를 드높이는 장점은 있지만, 그로 말미암아 인권을 더 추상적이고 현실과 동떨어진 것으로 만들기도 한다. 그리고 구체적으로 따지고 들면, 인권에 부여하려는 이러한 특권적 특성마저도 구분이 힘들다는 사실을 곧 깨닫게 된다. 어떤 권리가 천부적인지 아닌지 아무도 단정할 수 없다.

그뿐만이 아니다. 인권을 인간의 기본적 권리라고 한다면, 인권과 기본권 그리고 기본적 권리는 서로 같은가 다른가? 다르다면 어떻게 다른가? 물론 이 물음에도 명확한 해답은 없다. 다만 중요한 것은 그럼에도 불구하고 인권의 개념은 포기할 수 없다는 것이다.

오늘날 인권은 정치의 수단으로도 쓰이고, 사회운동의 목적으로도 쓰이며, 시민 교육의 과제로도 여겨진다. 그리하여 인권이 현실에서 실현 가능한 구체적 권리인지, 아니면 관념적 이념에 불과한지 그 실체가 불분명할 때가 많다. 그렇지만 인권은 이제 대부분의 국가와 모든 세계인에게 공통의 가치가 되어 있다. 인권이 무엇인지 한마디로 정의하기 어려운 것은 그 개념이 다의적일 뿐만 아니라 역동적이기 때문이다. 인권은 정의하기 이전에 이해하고 실현해야 할 대상인지 모른다.

이처럼 인권에 대한 개념적 정의가 조금씩 다르지만, 인권의 개념과 범주가 발전하는 과정 속에서 보편적으로 동의할 수 있는 인권의 특성이 나타난다. 염형국(2004)은 그 특성을 다음과 같이 제시하고 있다(오윤수 외, 2009, 재인용).

첫째, 인권은 기본적이고 필수적인 권리이다. 즉, 인권은 반드시 있어야 할 인간다움을 지키기 위한 최저선이다.

둘째, 인권은 보편적이다. 즉, 인권은 모든 장소의 모든 사람이 평등하게 가지는 권리다. 따라서 인종, 피부색, 성, 언어, 종교, 출생 혹은 출신, 재산, 지위, 정치적 의견 혹은 사상 등 어떠한 경우라도 차별이 없어야 한다.

셋째, 인권은 법으로 보장되는 권리 이상의 것이다. 즉, 인권은 법에 따라 보장되는 권리에만 국한되지 않는다. 설혹 현행법이 보장하고 있지 않더라도 인간의 존엄성을 보장하는 데 반드시 필요한 권리는 인권으로 보장해야 한다.

넷째, 인권은 정의다. 사회 구성원 모두의 적절한 생활 수준을 유지하기 위해 자원의 재분배와 사회적 약자에 대한 특별한 보호를 마련하는 등 사회정의와 경제정의가 실현되어야 한다.

다섯째, 인권은 사회적 책임이다. 인권이 추구하는 사회적 책임은 차별과 편견으로 말미암아 고통받는 사회적 소수계층의 편에 서서 그들을 지지하고 지원하는 것이다.

"북한 공개처형, 총살형이 최다… 7살 어린이도 목격"

국제인권단체 전환기정의워킹그룹(TJWG)은 북한 인권 침해 실태를 고발하는 보고서 '살해당한 사람들을 위한 매핑(Mapping): 북한 정권의 처형과 암매장'을 10일 발표했다. 북한이탈주민 인터뷰를 토대로 북한 정권에 의한 공개처형 사례를 수집하고, 공개처형이 집행됐거나 시신이 매장됐을 것으로 추정되는 장소 등을 지도로 구현한 것이다. "공개처형 전 피고인들은 '반죽음' 상태로 끌려나왔다. 입엔 재갈이 물려 있었고, 종종 눈가리개도 씌워져 있었다.", "공개처형을 목격했을 때 나이는 7세였다."

TJWG는 북한이탈주민 610명을 접촉한 결과를 토대로, 공개처형이 이루어졌을 가능성이 큰 장소 323곳에 대한 좌표를 확보했다. 공개처형은 주로 강가, 밭, 시장, 언덕, 산비탈, 스포츠경

기장, 학교운동장 등 널찍한 공간에서 이루어지고 있는 것으로 보인다. 단체가 파악한 공개처형 횟수는 총 320건인데, 총살형이 294건(91.90%)으로 가장 많았고 교수형(25건, 7.80%), 유독물질 이용(0.03%)이 뒤를 이었다. 당국이 공개처형을 집행하며 적용한 죄목으로 가장 많이 언급된 것은 구리 · 가축 절도, 인신매매, 살인, 강간, 밀수 등이었고, 때때로 반국가활동, 중국으로의 월경 등도 있었다.

출처: 한국일보(2019. 6. 11.), 신은별 기자(ebshin@hankookilbo.com).

2. 정의와 형평

정의(正義)란 무엇인가? 이성적 존재인 인간이 언제 어디서나 추구하고자 하는 바르고 곧은 것을 정의라고 한다. 정의의 개념은 다양하여 학자에 따라 다르게 정의된다. 소크라테스는 '인간의 선한 본성'을 정의라고 하였고, 아리스토텔레스는 '정의의 본질은 평등, 평균적 정의와 배분적 정의'로 구분하였으며, 고대 로마의 법학자인 울피아누스(Ulpianus)는 '각자에게 그의 몫을 돌리려는 항구적인 의지'라고 규정하였다. 현대 철학자 중에서 정의론을 가장 잘 정립한 사람은 롤스(Rawls)이다. 그는 정의에 관한 다음 두 가지 원칙을 내세웠다. 첫째, 모든 사람이 다른 사람의 자유와 양립할 수 있는 한에서 가장 광범한 자유에 대하여 동등한 권리를 가져야 한다(제1원칙). 둘째, 사회적 · 경제적 불평등은 두 조건, 즉 최소 수혜자에게 최대의 이득이 되고, 공정한 기회 균등의 조건에서 모두에게 개방된 직위와 직책이 결부되도록 하는 조건을 만족시키도록 배정되어야 한다(제2원칙).[6)]

6) 제1원칙은 평등한 '자유의 원칙'이다. 제2원칙의 첫 부분인 '차등의 원칙'은 불평등이 최소 수혜자에게 최대 이득이 돌아가도록 배치되어야 한다는 것이고, 두 번째 부분은 '공정한 기회 균등의 원칙' 아래 직책과 직위가 모든 이에게 개방되어야 한다는 것이다. 차등의 원칙에서는 불평등이 모든 이에게 이득이 될 수 있을 때에만 정당화될 수 있다. 차등의 원칙의 논리적 연장이 '최소 극대화의 원칙'으로서 최소 수혜자에게 최대의 이득이 될 때에만 불평등이 정의로운 것으로

사회의 다양한 규칙은 다양한 가치의 분배와 관련이 있다. 형평성은 다양한 원칙을 유연하게 적용하여 모든 사회의 구성원이 '합당한 자기의 몫'을 갖도록 하는 데 초점을 맞춘다. 한마디로 형평성의 기본 이념은 각자가 '합당한 자기의 몫'을 갖게 하는 것이다. 일반적으로 이를 '정의 관념(idea of justice)'이라 한다(임의영, 2011).

근대에서 중세 그리고 근대에 이르는 일반적 정의 관념은 응분의 몫을 부여하는 것으로 압축된다. '제 것을 갖는 것', '동일한 것은 동일하게 대우하는 것'이 정의 관념의 근간을 이룬다. 그리고 그것은 '응분의 몫을 갖는 것'으로 압축해서 표현될 수 있다. 따라서 응분의 관념은 일반적인 정의 관념의 근간으로 이해될 수 있다. 물론 여기에서 말하는 응분은 형식적이며 추상적인 관념이다. 최근에 정의론 분야에서 응분의 몫이 분배 원리로서 적절한가에 대한 논의가 활발하게 이루어지고 있다.

드워킨(Dworkin)은 법철학자로서 정의의 문제와 관련해서는 주로 '권리' 개념을 따지고 파고들었다. 특히, 그의 권리개념은 '정부에 반하는 것'으로서 자유주의적 개인주의 이념에 충실한 견해를 가지는 것이다. 정부는 개인의 기본적인 권리를 보호해야 하며, 그것을 침해하는 경우 개인의 권리가 우선한다는 것이 기본적인 입장이다. 그리고 이러한 권리 중 가장 근본적인 것은 개인은 정부로부터 '동등한 배려와 존중(equal concern and respect)'을 받을 권리가 있다는 것이다.

'왜 평등이 중요한가(Why Equality)?'라는 물음을 던지고 대답하려는 것은 정의론의 구조를 적절하게 반영한 것이라고 보기 어렵다. 오히려 '어떤 측면에서의 평등이 중요한가(Equality of What)?'라는 물음이 정의론의 구조를 적절하게 반영하는 것으로 볼 수 있다. 사실 사람들의 상태를 비교 평가하는 데 사용할 수 있는 기준은 수없이 많다. 주로 많이 사용하는 소득과 부(富)뿐만 아니라 효용, 권리, 자유, 삶의 질, 후생, 자원 등 기준으로 사용할 수 있는 지표는 매우 다양하다. 일반적으로 정의론은 이러한 다양한 기준 중 어느 하나에 주목한다. 예컨대 롤스나 드워킨은 자원을, 노직(R. Nozick)은 권리를 정

정당화될 수 있다. 그는 제1원칙이 제2원칙보다 우선시되고 제2원칙 안에서는 기회 균등의 원칙이 우선시되어야 한다고 본다. 즉, 부와 소득의 불평등한 분배와 권력의 계층화는 반드시 시민권과 기회 균등을 보장하는 기회 균등의 원칙하에서만 가능하다는 것이다.

의론의 핵심 변수로 설정하여 각 변수의 평등성을 실현하기 위한 원칙을 모색한다. 이것은 평등을 평가하는 관점 — 센의 용어로 '공간(space)' — 이 다양하다는 것을 의미한다. 따라서 특정 공간에서 평등을 확보하게 되면 다른 공간에서는 불평등이 나타날 수밖에 없다.

롤스의 『정의론』은 기본적으로 분배의 문제에 초점을 맞추고 있다. '제 몫을 갖는 것'이 정의로운 것이라는 관념은 정의론 일반을 지배한다. 그러나 정의의 문제는 분배의 원칙을 정하고 그 원칙에 따라 사회적 가치를 분배하는 데 국한된 것이 아니다. 정의 문제는 분배 원칙을 결정하는 데 영향을 미치는 구조적인 요인, 다시 말해서 사회적 의사결정과정에 보이지 않게 영향을 미치는 구조화된 권력관계에 대한 인식 없이는 해결되기 어렵다.

형평성이 갖는 의미는 사회가 정의 원칙을 선택하고 적용하는 과정에서 과연 그것이 일반적인 정의 관념을 실현하는 데 합당한 것인가를 지속적으로 질문하게 한다는 데 있다. 형평성은 정의 원칙이 하나일 수밖에 없다는 생각을 거부한다. 이미 지적한 것처럼 인간은 불완전하기 때문에 완벽한 정의 원칙을 구상한다는 것은 불가능하다. 따라서 정의 원칙에 대한 지속적인 문제 제기와 고민은 불가피하다. 형평성은 이러한 불가피한 측면을 전제로 작동하는 이념이라 하겠다. 롤스의 정의론에 대한 비판을 통해서 다양한 정의론이 등장하게 된 이유는 이처럼 형평의 감각이 작동했기 때문이다. 이러한 의미 아래 형평성의 관점에서 보면 아무런 맥락 없이 어떤 원칙이 다른 원칙보다 우월하다고 말하는 것은 무의미하다. 다양한 맥락 안에서 원칙은 비교되고 평가될 수 있는 것이다(임의영, 2011).

형평과 정의 원칙은 우리들이 일반적으로 가진 정의 관념을 실현하기 위한 실천이념이다. 그런데 우리나라에서는 돈과 권력이 법보다 우선한다? 유전무죄 무전유죄(有錢無罪 無錢有罪, One law for the rich and another for the poor)! 돈이 있으면 있는 죄는 없앨 수 있고, 돈이 없으면 없는 죄도 만들 수 있다. 이 말은 울퉁불퉁한 세상을 향해 던지는 돌멩이가 아니라 우리가 충실히 따라야 하는 일종의 종교적 신념이 되고 말았다. 우리나라에서 이러한 전도현상을 확인하는 것은 그리 어려운 일이 아니다. 단지 '오늘'의 신문을 읽거나 방송을 청취하기만 하면 된다.

우리나라에서 돈과 권력이 법보다 우선한다는 생각이 일종의 '신념'이 되기까지 정부는 무엇을 했는가? 우리나라에서는 정부 수립에서 지금까지 권위주의적 정권이 상당 기간 통치했다. 그리고 '절대 권력은 절대 부패한다.'는 액튼(Acton)의 경고처럼, 사회 전반에 부정과 부패가 구조화됐다. 구조화된 부정과 부패는 돈과 권력은 말할 것도 없고, 그 밖의 사회적 가치의 정의로운 분배에 치명적인 영향을 미치고 있다. 바로 정부가 이러한 불편한 진실의 중심에 서 있는 것이다.

우리나라에서 부정과 부패의 문제나 규범의 문제 그리고 여성, 노동자, 장애인, 가난한 자 등과 같은 사회적 약자들의 문제에 대한 연구가 다른 문제에 대한 연구와 비교할 때 매우 취약한 이유는 무엇일까? 이러한 문제를 해결하기 위해 적극적인 조치를 취하지 않거나 실패한 정부 그리고 문제해결을 위한 논리를 제시하지 않거나 제시하는 데 실패한 지식인들은 오히려 이러한 문제로 말미암아 고통당하는 사람들을 억압하는 데 이용될 수도 있다.

3. 다양성과 차이

다양성(多樣性, Diversity)이란 모양, 빛깔, 형태, 양식 따위가 여러 가지로 많은 특성을 뜻한다. 다시 말하면, 나이, 종교, 성, 인종, 윤리적 배경과 같은 사람들의 개인적 특성의 차이를 나타내는 말이다. 여기서 차이(差異, difference)는 사물을 서로 구별 짓는 다른 점, 즉 어떤 사물이 다른 사물과 직접 공통되는 성질이 있든지 없든지 관계없이 그 한 사물의 특징을 이루는 독자적인 성질을 말한다. 같은 유(類) 개념에 속하는 여러 개념에서의 종차(種差)도 차이에 속한다. 사람들은 모두 생김새나 말투, 행동이 다르다. 겉으로 드러나는 신체적 차이뿐 아니라 성격, 재능, 종교, 문화, 정치적 의견도 모두 다르다. 이렇게 사람들이 서로를 구별할 수 있는 특성을 차이라고 한다. 이처럼 우리가 사는 사회는 모든 것이 서로 다른 다양한 사람들로 이루어진다. 차이는 단지 사물의 다름을 가리키는 말이지만 일정한 조건하에서 그것은 대립 · 모순으로 변한다. 예를 들면, 이층 주택과 고층빌딩은 그것만으로는 차이를 이루지만 낮은 주택의 남쪽 가까이에 고층 빌딩을 세운다면 일조권 등을 둘러싸고 둘 사이에 대립 · 모순이 출현할 수도 있다.

그렇다면 차별(差別, discrimination)이란 무엇이고, 차이와 어떻게 다를까? 차별이란 합당한 이유 없이 차이를 근거로 불이익을 주는 것을 말한다. 예컨대 남녀 차별, 장애인 차별, 학력 차별, 외국인 차별, 인종 차별 같은 것이다. 일에 대한 능력과 상관없이 여성은 남성보다 고용이나 승진, 해고 부분에서 불리한 대우를 받는다. 이런 것이 남녀 차별이다. 장애인 차별이란 신체의 모양이 다를 뿐인데, 능력과 상관없이 고용이나 임금에서 불리한 대우를 받는다. 나머지 차별도 마찬가지다. 일의 성격과는 상관없는 학력이나 국적, 피부색을 기준으로 임금을 더 적게 지급하는 것도 차별이다.

차별의 기준은 사회와 시대에 따라 변화한다. 봉건제도하에서는 사회가 신분에 의한 서열로 구성되어 있기 때문에 서열 간의 상호관계가 매우 차별적이었다. 그러나 근대 민주국가가 성립한 후에도 이질적인 소수집단에 대한 차별은 여전히 존재한다. 단, 차별당하고 있는 집단이 동일하다고 해도 근대 이전과 현대는 사회적 의미가 다르다고 할 수 있다. 예를 들면, 근대 인도에는 카스트(caste)제도[7]가 법적

7) 수천 년간 인도인의 생활규율 역할을 해 온 카스트(caste)제도는 현재 법적으로 폐지되었으며 근대화 및 교육의 영향으로 점차 약화되고 있다. 그러나 아직도 많은 인도인들의 일상생활에 큰 영향을 미치는 사회관습으로 존재하고 있다.

으로 폐지되어 있다. 그러나 현실적으로 종전의 불가촉천민(不可觸賤民, untouchable)은 종래의 풍속이나 질서 아래 차별받고 있다. 다른 문화적 배경을 가진 사람들이 생활하는 현장에서는 구체적인 경제적 격차나 사회적 차별이 발생한다. 그러한 이해를 수반한 차별은 대립을 낳는다. 문화인류학에서는 인간이 문화를 갖는 이상 그 주변에 부정적 가치를 갖는 것을 만드는 것은 필연적이며 그것에 대한 차별도 사라지지 않는다는 설도 있다.

우리 사회에는 다르다는 이유로 누구나 누려야 할 권리를 누리지 못하는 사람들이 있다. 힘이 없어 약자의 위치에 있는 소수자들에 대한 차별이 아직도 많이 남아 있다. 소수자는 인종, 문화, 종교적 배경으로 말미암은 편견이나 차별로 인간이라면 누구나 당연히 누려야 하는 인권마저도 침해당하는 경우가 많다. 장애인은 편의시설을 이용할 때 어려움을 겪고, 다문화가정의 어린이는 피부색이 다르다고 따돌림을 당하기도 한다. 북한이탈주민은 직장을 구할 때 차별을 받고 외국인 근로자는 임금과 근로 조건, 성별에 따른 차별을 받기도 한다.

다름을 인정하고 그 차이를 배려하는 시설이나 정책, 제도를 마련하는 것이 '차이 존중'이다. 지하철역마다 이동이 불편한 장애인을 위한 리프트를 설치하거나 보도육교에 노약자와 휠체어, 유모차 이용자를 위한 엘리베이터를 설치하는 것, 출입구 가까운 쪽에 장애인 전용 주차장을 배치하는 것, 건물에 장애인 전용 엘리베이터를 설치하는 것이 비장애인과 장애인의 차이를 인정하고 장애인을 배려한 시설과 제도이다. 수능을 볼 때 시각장애인이나 약시 및 뇌성마비 수험생의 시험시간은 다른 수험생보다 길게 배정한다. 이것도 차이를 배려하는 것이다. 이런 시설과 제도를 두고 비장애인을 차별하는 것이라고 생각하지는 않는다. 하지만 차별은 차이 존중과 분명히 다르다.

차별의 사례를 몇 가지 더 살펴보자. 신입사원을 채용할 때 일의 성격과 상관없는 키나 몸무게와 같은 '용모'를 평가 항목에 넣는 것은 차별이다. 왜냐하면, 합당한 이유

카스트제도는 아리안족이 인도를 정복한 후 소수집단인 지배계급이 피지배계급에 동화되는 것을 방지하기 위한 목적에서 출발한 것으로 알려져 있다. 피부색 또는 직업에 따라 승려계급인 브라만(brahman), 군인 · 통치계급인 크샤트리아(ksatriya), 상인계급인 바이샤(vaisya) 및 천민계급인 수드라(sudra)로 크게 나누어지며, 이 안에는 다시 수많은 하위카스트(subcaste)가 있다. 최하층 계급으로는 불가촉천민(不可觸賤民, untouchable)이 있다.

없이 생김새를 가지고 부당한 대우를 하는 것이기 때문이다. 나이 역시 차이가 아닌 차별의 이유가 되는 경우가 있다. 일정한 나이가 넘으면 공무원 시험 등에 응시하지 못하는 것은 차별이다. 같은 시간에 같은 일을 했는데, 청소년이라는 이유로 성인보다 적은 임금을 준다면 이것도 합당한 이유 없이 나이를 가지고 불이익을 준 차별에 해당한다.

우리 인간은 나와 다른 낯선 것을 경계하는 습관이 있다. 의도하지 않는데도 무심코 '우리'와 '우리가 아닌 것'을 구분하고 경계를 나눈다. 이렇게 구분 짓는 습관이 차별의 시작이 될 수 있다. 자신과 다른 것을 구분해 '우리' 안에 포함되지 않는 것을 두려워하기도 하고 무시하고 깔보기도 한다. 피부색이 너무 까맣다고, 목소리가 이상하다고, 사투리를 쓴다고 다른 사람을 놀린 적이 있는가? 우리가 놀림감으로 생각하는 그것들은 사실 자신의 의지와는 상관없이 갖게 된 것이 대부분이다. 차이를 낯설게 보고 경계하고 차별하는 것은 옳지 않다. 왜냐하면, 사람들은 모두 다른 모습을 지녔지만 모두 똑같이 소중하기 때문이다.

만약 무지개가 한 가지 색이었다면 비 온 뒤 무지개를 보고 느끼는 감동이 어떠했을까? 아마 감동이 거의 없거나 훨씬 덜했을 것이다. 어쩌면 무지개라는 이름조차도 없었을지 모른다. 무지개가 여러 색깔을 가지고 있듯 사람들도 저마다 다른 특성을 지닌다. 사람마다 차이가 생기는 것은 당연하다. 사회 여러 분야에서 서로 다른 사람들이 각자가 지닌 장점과 특성을 살려서 활동한다면 사회는 훨씬 발전할 것이다.

그러나 차별이 법률이나 규정에 의해 합리화되어 있는 경우도 있다. 미국에서는 1960년대에 공민권 운동이 활발하게 일기 전까지 흑인에 대한 법적인 차별이 존재하였다. 남아프리카공화국에도 아파르트헤이트(Apartheid)[8]에 의한 인종차별이 정책으로서 실행되었다. 일본에서도 근대까지 성별이나 수입에 따라 참정권이 제한되는 등의 차별이 있었지만 전후의 보통선거 실현으로 이러한 차별은 사라지게 되었다. 이러한 경향

8) 백인우월주의에 근거한 아파르트헤이트(Apartheid)는 1948년 수립된 국민당 정부 수립 이후 국민을 반투(순수한 아프리카 흑인)와 유색인(혼혈 인종) 및 백인으로 구분하는 1950년의 주민등록법으로 시행되었다. 아파르트헤이트는 1990~1991년 클레르크 대통령이 인종차별적인 여러 법률을 대부분 폐지하고, 결국 아프리카민족회의(ANC)의 의장이었던 넬슨 만델라가 1994년 5월에 처음으로 실시된 자유 총선거에서 최초의 흑인 대통령으로 뽑히면서 철폐되었다.

은 1948년의 「세계인권선언」이나 「국제인권규약」, 「여성차별철폐조약」 등으로 사라지게 되었지만 여전히 각종 차별은 다양한 사회에 남아 있으며 많은 문제를 일으키고 있다.

이러한 차별개념은 직접 차별과 간접 차별로 구분된다. 직접 차별은 차별 사유를 직접적인 이유로 하여 이루어지며, 차별의 원인을 중시한다. 사업주가 채용 또는 근로조건에 대해 중립적 기준을 비교 대상 집단에게 동일하게 적용해도, 그 조건을 충족시킬 수 있는 특정 집단이 다른 집단과 비교해서 상대적으로 현저히 적고, 그로 말미암아 특정 집단에 '불리한 결과'를 초래하며, 그 기준이 정당한 것임을 증명할 수 없는 경우에는 이를 간접 차별로 본다. 직접 차별에 대한 규제만으로는 차별을 가져오는 근본적인 원인, 즉 편견과 관습의 변화를 개선할 수 없어 실질적인 평등을 달성하기 어렵다. 외형상으로는 차별로 보기 어려우나 소수집단에게 불리한 결과를 가져오는 기준이나 근로조건의 격차는 과거부터 누적된 차별적인 고용관행, 절차 또는 평가에서 비롯된 것으로서 그 자체만으로 차별이 될 수 있다.

『성경』에서도 각 개인에 대한 인격적 차별을 금하고 있다. 특히, 재판은 하나님께 속해 있기 때문에 외모를 보지 말고 차별 없이 해야 한다고 가르친다. 또 하나님의 의는 유대인이나 이방인 모두에게 결코 차별이 없으며, 예수 그리스도를 통한 구원에도 차별이 없다고 선언한다. 관련 구절을 소개하면 다음과 같다(신 1:17; 행 15:9; 롬 3:22; 롬 10:12).

> "재판은 하나님께 속한 것이니, 재판을 할 때에는 어느 한쪽 말만을 들으면 안 되오. 말할 기회는 세력이 있는 사람에게나 없는 사람에게나 똑같이 주어야 하오. 어떤 사람 앞에서도 두려워하지 마시오. 그리고 당신들이 판단하기 어려운 것이 있거든, 나에게로 가져 오시오. 내가 들어 보겠소(신명기 1:17).", "하나님께서는 그들의 믿음을 보셔서, 그들의 마음을 깨끗하게 하시고, 우리와 그들 사이에, 아무런 차별을 두지 않으셨습니다(사도행전 15:9).", "그런데 하나님의 의는 예수 그리스도를 믿는 믿음을 통하여 오는 것인데, 모든 믿는 사람에게 미칩니다. 거기에는 아무 차별이 없습니다(로마서 3:22).", "유대 사람이나, 그리스 사람이나, 차별이 없습니다. 그는 모

든 사람에게 똑같이 주님이 되어 주시고, 그를 부르는 모든 사람에게 풍성한 은혜를 내려주십니다(로마서 10:12)."

4. 연대와 통합

연대는 여럿이 함께 무슨 일을 하거나 함께 책임을 지는 것을 말하고, 통합(統合)은 여러 요소가 조직되어 하나의 전체를 이루는 것을 말한다. 연대성(連帶性, Solidarity)은 사회복지가 지향하는 사회적 통합을 이루는 요건이므로 자세히 살펴보아야 한다. 연대성 혹은 사회적 연대는 사회적 관계의 일종으로 사회나 집단에서 보이는 통합 혹은 통합의 종류나 정도를 의미한다. 전근대사회에서 연대란 주로 혈족 관계나 공통된 이해관계를 기반으로 하는 사람들 간에 형성되는 관계를 의미하였다. 그러나 사회가 복잡해지면서 연대는 혈족이나 이익공동체의 상징에서 벗어나 '사회적 연대'라는 의미로 발전하게 되었다(Jary, 1995).

뒤르켐(1858~1917)

연대성은 상당히 모호한 개념으로 이해하는 것에 그치기 때문에 조금 더 자세히 설명할 필요가 있다. 연대성 개념을 사회학적으로 정교하게 만든 뒤르켐(Durkheim)[9]이다. 그는 사회를 결속시키고 무질서에 빠지지 않게 하는 사회적·도덕적 연대에 관심이 많았다. 연대는 개인이 사회 집단에 성공적으로 통합되고 일련의 공유된 가치와 관습에 의해 규제될 때 유지될 수 있

9) 에밀 뒤르켐(E. Durkheim, 1858~1917)은 프랑스의 사회학자이며 근대 사회학의 거장 중 한 사람이다. 그는 1870년 프랑코-프러시아 전쟁에서 프랑스의 상실된 지방 중 하나인 알사스의 에삐날에서 태어났다. 오래된 랍비의 가문에서 태어났으며, 랍비가 되기 위한 공부를 하기도 하였다. 그러나 10대 소년시절에는 자기 가문의 이러한 전통을 거부하고 무신론자가 되었다. 이때 이후로 종교에 대한 그의 필생의 관심은 신학적이기보다는 학문적인 것이었다. 그는 종교교육에만 불만을 느낀 것이 아니라 일반 인문교육, 특히 문학과 미학적인 문제를 강조하는 전통에 불만을 품고 있었다. 그리고 사회생활을 이끌어 가는 데 필요한 도덕원리와 과학적 방법을 갈구하였다. 또한 철학 분야에서 전통적인 학문적 경력을 쌓아 가기를 거부하고, 그 대신 과학적 훈련을 받으려고 노력하였다.

다. 그의 첫 주요 저작인 『사회분업론(The Division of Labor in Society)』(1983)에서 산업사회의 발달로 새로운 형태의 연대(solidarity)가 출현했다고 분석하고, 대조되는 두 가지 유형의 연대[기계적(mechanical)연대와 유기적(organic)연대]를 제시하여 양자와 노동 분업의 관련성을 부각시켰다.

뒤르켐에 따르면, 전통 사회는 구성원 대부분이 비슷한 직종에 종사하는 낮은 노동분업(勞動分業, division of labor)[10] 상태에 있어 그 문화는 기계적 연대라고 부를 수 있다. 기계적 연대는 의견 일치나 믿음의 유사성을 바탕으로 하는데, 산업화와 도시화가 노동분업의 증가를 가져와서 연대가 깨지게 되었다. 산업사회에서 직무의 전문화와 사회적 분화의 증가로 말미암아 사회 구성원은 경제적으로 상호의존하고, 다른 사람의 이바지에 중요하다는 사실을 인식하게 되는 유기적 연대를 통해 사회통합을 유지하게 되었다. 그러나 사회 변화의 과정은 너무 급속하고 강력해서 주요한 사회적 문제를 낳게 되었지만, 이에 대한 대안을 제시하지도 못한 채 전통적인 삶의 방식, 도덕, 종교적 신념, 일상적 행동 유형 등에 파괴적 영향을 미쳤다. 뒤르켐은 이러한 불안정한 상태를 아노미(anomie)와 연결시켰다(Giddens, 2006; 김미숙 외 역, 2009).

사회복지는 이러한 사회 해체에 대응하여 인간다운 삶을 영위할 수 있는 공간으로서 사회 공동체를 재구성하고자 하는 노력이다. 사회복지가 추구하는 연대성은 '제도화된 연대성'을 통해 인간 삶의 하부토대이자 생활공간인 경제 · 사회적 구조가 급진적으로 변화할 때 만들어지는 변화의 부작용에 대한 대처를 하고자 한다(윤성호 외, 2016: 62-64).

10) 노동분업(勞動分業, divi ion of labor)이란 서로 다른 사람에 의하여 수행되는 과정의 분할 또는 취업의 부분을 말한다. 이 용어는 정확하고 과학적인 의미를 가지고 있는 것은 아니지만 전문화(specialization)와 혼동되어서는 안 된다. 전문화는 사회적 · 경제적 · 생물학적인 여러 현상을 서술하는 데 쓰이고, 개인 · 집단 · 기업 · 사회제도 등의 전문적인 특징을 나타내는 데도 쓰이지만, 노동분업은 대개 개인과 집단에 할당된 특수한 과제 및 그 사회 · 경제적인 결과에 관심이 있다. 사회 · 경제적인 조직에서 분업의 중요성이 애덤 스미스(A. Smith)의 『국부론』에 의하여 주장된 것은 유명한 일이며, 에밀 뒤르켐은 사회진화에서의 노동분업의 중요성을 설득력 있게 주장하였다. 최근에는 전자공업의 발달과 함께 기계에 의한 분업이 노동자들의 태도 및 사회발전에 미치는 영향에 대해 사회과학자들이 관심을 모으고 있다.

아노미란 무엇인가?

아노미의 어원은 무법 · 무질서의 상태, 신의(神意)나 법의 무시를 뜻하는 그리스어 아노미아(anomia)로서, 중세 이후 사용되지 않다가, 뒤르켐이 『사회분업론』(1893)과 『자살론』(1897)을 통하여 근대사회학에 부활시켰다. 문자적으로는 무규범을 뜻하지만, 더 일반적으로는 적절한 규범에 대하여 실질적인 불일치가 존재하는 사회의 상태를 말한다. 뒤르켐과 머튼(Merton)은 아노미에 관한 두 가지의 주된 접근방식을 발전시켰다. 뒤르켐은 근대사회에서의 아노미를 기계적 연대에서 유기적 연대로 불완전하게 이동한 데에서 야기되는 것이라고 보았다. 사회에서의 분업은 이러한 분업의 도덕적 기초보다 더 빨리 진전된다. 따라서 사회의 어떤 측면들은 부적절하게 규제되고, 따라서 아노미가 발생한다. 뒤르켐은 아노미를 현대사회의 많은 질병 혹은 병리적인 것과 관련시킨다.

그의 『자살론』에서 말하는 아노미적 자살은, 행할 가치가 있고 추구할 만한 가치가 있다고 생각되는 규범 없이 내던져서 표류하게 되면 사람들은 자살을 한다. 사회가 더욱 원자화될수록 자살률은 증가한다. 사회에서 침체기나 경제적 경기가 좋아질 때 자살은 증가한다. 왜냐하면, 이 두 경우에 사람들은 그들의 오래된 기준이 거의 소용없어지는 새로운 상황에 처하기 때문이다. 삶의 목적이 없어질수록 자살이 더욱 증가한다. 이 이론 속에 사람들의 행복과 사회질서는 사회에 의한 강한 규제와 가치합의에 의존하고 있다는 뒤르껭의 '보수적' 신념이 깔려 있다. 이것이 없이는 인간성은 '무한한 욕망의 질병'에 걸리게 된다. 이것은 (자본주의적) 사회구조가 인간욕구를 좌절시킨다는 소외에 대한 '급진적' 이론과 반대의 입장이다. 그러나 두 이론 모두 확인될 수 없는 핵심적인 인간본성이론에 의존하고 있다.

5. 자유와 평등 및 공평

자유(自由, Freedom)는 인간다운 삶의 향유를 위한 가장 기본적인 가치다. 자유의 사전적 의미는 '외부적인 구속이나 무엇에 얽매이지 아니하고 자기 마음대로 할 수 있는 상태' 혹은 '법률의 범위 안에서 남에게 구속되지 아니하고 자기 마음대로 하는 행위'를 말한다. 자유는 생명과 바꿀 만큼 중요한 가치로 인정되고 있으나, 한편으로 자유를 향유하는 데에는 큰 용기가 필요하다. 인간은 기본적으로 어디에 소속되고자 하는 욕구가 있기 때문에 스스로 자유를 제한하더라도 이러한 통제를 원하기도 한다.

자유는 여러 뜻을 가진 개념이지만, 일반적으로는 무엇을 하는 데에, 장애 · 구속 · 강제 등의 방해 조건이 없는 것을 말한다. 자유는 '~로부터의 자유'이다. 이에 대해 '~할 자유'는 그 무엇(가령 결혼)을 명시하고, 그것에 대한 방해 조건이 없는 것을 가리킨다. '~로부터의 자유'와 '~할 자유'는 불가분의 양면을 이루고 있다. 행위의 목적과 조건에 의해 자유는 다양한 의미를 가진다. 그것들을 명시하지 않는 한 자유라는 개념은 공허하다. 오늘날 자유는 '~으로부터 벗어남'이라는 소극적 의미 외에 '스스로에서 비롯함'이라는 원래의 적극적인 뜻 아래에 '자기 하고 싶은 대로 함'이라는 의미와 함께 '자신이 세운 법칙에 자신을 종속시킴 = 자율적임'이라는 의미를 가진다.

사르트르(Sartre)[11]는 자유는 형벌에 가까우며 결속을 참자유라고 하였고, 밀[12]은 그

11) 노벨문학상을 거절한 레지스탕스 사르트르(J. P. Sartre, 1905~1980)는 프랑스의 현대 철학자, 작가, 실존주의사상의 대표자 중 하나다. 사르트르 사상의 전반적인 내용은 그의 주저 『존재와 무』에서 전개되고 있는데, 여기에서 그는 인간 의식의 현상학적 분석으로부터 출발한다. 그에게서 의식이란 항상 "어떤 것에 대한 의식(conscience de quelque

의 저서 『자유론』에서 다음과 같이 설파하였다(윤성호 외, 2016: 56).

> "인간 사회에서는 누구든 – 개인이든 집단이든 – 다른 사람의 행동의 자유를 침해할 수 있는 경우에는 오직 한 가지, 자기보호(self-protection)를 위해 필요할 때뿐이다. 다른 사람에게 해를 끼치는 것을 막기 위한 목적이라면, 당사자의 의지에 반해 권력이 사용되는 것도 정당하다고 할 수 있다. 이 유일한 경우를 제외하고 문명사회에서 시민의 자유를 침해하는 그 어떤 정치권력의 행사도 정당화될 수 없다."

구속이 될 수 있는 것은 유한(有限)한 존재로서의 인간이다. 그 전제에 입각한다면, 비록 구속되지 않은 상태라 하더라도, 모든 장애에서 해방됨을 뜻하는 것은 아니다. 장애는 또 터부(禁忌)라고 환언하여도 무방하겠으나, 터부에는 성(性)에 관한 것에서부터 절도나 살생과 같은 것까지도 포함된다. 인간의 자유는, 터부를 초월하는 것은 아니다. 그러나 터부는 역사적 · 사회적으로 변화한다.

사상(思想) · 언론 · 표현의 자유에서 사회주의사회보다는 시민사회가 훨씬 윤택한 쪽에 놓여 있으며 이것은 당연한 일일 것이다. 그것은 사회주의사회는 가장 긴 역사라고 하여도 불과 반세기의 역사밖에 가지고 있지 않지만, 시민사회는 수세기의 체험을 쌓아왔기 때문이다. 고용관계(雇用關係) · 노동시간 · 복지시설 등에서는 전자(前者)가 우월하다고 말해왔으나, 현재는 북유럽에서 찾아볼 수 있는 복지국가의 성립으로 사회주의국가의 경제적 자유도 빛을 잃고 있다. 사회주의국가의 경우 최후의 장점은 전쟁으로부터의 자유를 보장한다는 점에 있다고 말해 왔으나, 이것도 중 · 소대립이나 대국주의(大國主義)가 아무 거리낌 없이 제멋대로 행동하는 등으로 보아 이념이야 어쨌든 현상적(現象的)으로는 불투명한 것이다.

---

chose)"이다. 다시 말해 의식은 자기의 존립을 위해 항상 어떤 대상을 필요로 한다. 그런데 그 대상에의 의식에 관한 의식을 위해서는 또 하나의 의식을 상정하지 않을 수 없는데, 이것이 '전(前)반성적 의식(präreflexive cogito)' 또는 '순수의식'이다.

12) 밀(J. S. Mill, 1806~1873)의 정치사상은 오랫동안 자유주의자들로부터 홀대를 받았다. 그러나 그는 누구보다 개인의 자율성을 중시했던 자유주의자였다. 그는 모든 형태의 전제를 경멸했던 정치 철학자였으며, 소수의 의견이 청취될 수 있도록 민주주의를 수정하고자 했던 정치가였다. 한마디로, 그는 자유주의의 또 다른 가능성을 찾고자 했던 사상가였다.

인간의 자유에 관해서는, 과학기술의 비약적 발전 및 생물로서의 한계라는 점에서도 고찰할 필요가 있다. 과학적 기술의 발전은 인간을 각종 노동으로부터 해방시켜 주고 있음에는 틀림없겠으나 또 다른 생명체를 인위적으로 만들어 내고 있다는 점에 대해서 생각해볼 일이다. 그 경우 인간은 현재 고민하고 있는 모든 사회적 장애를 극복할 수는 있겠지만, 인간의 생명 그 자체는 몇백 년 동안 연장할 수는 없을 것이다. 이 사실은 무엇을 의미하는 것일까? 장차 우주개발이 발전하면 인간은 태양계의 여러 혹성(惑星)을 왕복할 수 있게 될지도 모르지만, 태양계를 넘어서 은하계(銀河系) 우주의 끝까지는 가지 못할 것이다.

평등(平等, Equality)이란 신분 · 성별 · 재산 · 종족 등에 관계없이 인간의 기본적인 가치는 모두 동등하다는 뜻이다. 즉, 누구나 인간을 동등하게 대하는 것이다. 인간은 누구나 천부인권을 소지하는 자로써 권리적 측면에서 대등하고, 차별적 대우를 받지 말아야 한다는 사회구성의 원리이다. 근대 이전의 사회에는 인간의 능력을 제한하는 불합리한 신분제도가 존재하였고, 여기에서는 자신의 출생과 더불어 신분이 결정되고, 이에 따라 자신의 역할이 결정되어 개인이 가지는 능력을 펼치지 못하고, 신분에 따라 억압된 생활을 강요당하게 되었다. 18세기의 핵심적 가치 중 한 가지로써 평등은 이러한 불합리를 걷어내고 사람 모두가 자신의 능력에 따라 생활을 영위할 수 있도록 요구하고 있다.

평등의 개념은 동일성(同一性)과 공정성(公正性)으로 구분 해석될 수 있다. 동일성과 같은 의미로 해석할 때, 이것은 인간을 대우하는 기본적인 양식을 지칭한다. 즉, 인간은 빈 · 부 · 귀 · 천의 차이 없이 누구나 동일하게 태어났으며, 따라서 그들의 대우에 있어서 차별이 있을 수 없다. 동일성에 따르면, 평등이란 동질적(同質的)인 면을 고려하여 동일하게 대우하는 것이다. 그러나 동질성은 범주(category)에 의해 달리 규정될 수 있으며, 궁극적으로 어떤 인간도 다른 사람과 완전히 동일할 수 없으므로 동일성에 의한 정의는 평등의 근거 혹은 기준을 소극적으로 제시할 뿐이다.

평등을 공정성으로 파악할 때는, ① 평등을 전제한 규정과 실천은 정당한 규칙에 따른 것이어야 하며, ② 그 규칙은 대상의 특성을 정확히 파악하여 그것의 적절성(適切

性)에 비추어 적용되어야 한다. 즉, 공정성은 어떤 결과가 평등하냐의 문제에 관한 것이 아니고, 어떤 과정이 평등을 만족시키느냐에 관한 것이다.

평등에는 세 가지의 주요한 형태, 즉 기회의 평등(equality of opportunity), 조건의 평등(equality of condition, 비례적 평등), 결과의 평등(equality of outcome, 산술적 평등)이 있다. 이에 대해 간략히 살펴보면 다음과 같다.

- 기회의 평등: 관련되어 있는 사회집단 간의 제도나 사회적 위치에 접근할 평등의 조항, 즉 남녀 공히, 모든 계급 출신의 학생들이 대학에 입학할 수 있는 평등과 같은 것이다.
- 조건의 평등: 모든 관련되어 있는 사회집단의 삶의 조건에서의 평등, 즉 소득의 평등과 같은 것이다. 조건의 평등을 수반하지 않고 기회의 평등을 극대화하는 것은 불가능하다. 서로 다른 능력을 가진 개인에 의해 획득된 다양한 특혜를 즐기는 기회의 평등의 옹호자들은 성공을 거둔 한 세대에 의해 다음 세대로 전달할 수 있는 물질적 · 문화적 이점을 무시한다. 조건의 불평등은 기회의 평등을 방해한다. 모든 사람이 같은 지점에서 출발하는 것은 아니기 때문이다.
- 결과의 평등: 궁극적인 평등의 시발점으로서, 불평등을 변혁하기 위해 다양한 사회집단에 서로 다른 정책이나 과정을 적용하는 것을 말한다. 예를 들면, 교육이나 직업적 선발에서 여성이나 흑인 혹은 도시 내의 빈민에게 유리하게 차별대우하는 것은 조건의 불평등을 상쇄하는 것을 의미하는데, 그렇지 않으면 기회의 평등이 무의미해질 것이다. 사회적 평등은 무계급성과 동의어가 아니다. 계급의 정의는 다양하지만 계급의 철폐가 그 자체로서 모든 사회적 불평등을 제거하는 것은 아니라는 것이 받아들여지고 있다.

『성경』에서 말하는 결과의 평등(?): 포도원의 품꾼들

하늘나라는 자기 포도원에서 일할 일꾼을 고용하려고 이른 아침에 집을 나선 어떤 포도원 주인과 같다. 그는 품삯을 하루에 한 데나리온으로 일꾼들과 합의하고, 그들을 자기 포도원으로 보냈다. 그리고서 아홉 시쯤에 나가서 보니, 사람들이 장터에 빈둥거리며 서 있었다. 그는 그들에게 말하기를 "여러분도 포도원에 가서 일을 하시오. 적당한 품삯을 주겠소." 하였다. 그래서 그들이 일을 하러 떠났다. 주인이 다시 열두 시와 오후 세 시쯤에 나가서 그렇게 하였다. 오후 다섯 시쯤에 주인이 또 나가보니, 아직도 빈둥거리고 있는 사람들이 있어서, 그들에게 "왜 당신들은 온종일 이렇게 하는 일 없이 빈둥거리고 있소?" 하고 물었다. 그들이 그에게 대답하기를 "아무도 우리에게 일을 시켜주지 않아서, 이러고 있습니다." 하였다. 그래서 그는 "당신들도 포도원에 가서 일을 하시오." 하고 말하였다. 저녁이 되니, 포도원 주인이 자기 관리인에게 말하기를 "일꾼들을 불러, 맨 나중에 온 사람부터 시작하여, 맨 먼저 온 사람들에게까지, 품삯을 치르시오." 하였다. 오후 다섯 시쯤부터 일을 한 일꾼들이 와서, 한 데나리온씩을 받았다. 그런데 맨 처음에 와서 일을 한 사람들은, 은근히 좀 더 받으려니 하고 생각하였는데, 그들도 한 데나리온씩을 받았다. 그들은 받고 나서, 주인에게 투덜거리며 말하였다. "마지막에 온 이 사람들은 한 시간밖에 일하지 않았는데도, 찌는 더위 속에서 온종일 수고한 우리들과 똑같이 대우하였습니다." 그러자 주인이 그들 가운데 한 사람에게 말하기를 "이보시오, 나는 당신을 부당하게 대한 것이 아니오. 당신은 나와 한 데나리온으로 합의하지 않았소? 당신의 품삯이나 받아 가지고 돌아가시오. 당신에게 주는 것과 꼭 같이 이 마지막 사람에게 주는 것이 내 뜻이오. 내 것을 가지고 내 뜻대로 할 수 없다는 말이오? 내가 후하기 때문에, 그것이 당신 눈에 거슬리오?" 하였다. 이와 같이 꼴찌들이 첫째가 되고, 첫째들이 꼴찌가 될 것이다(마태복음 20:1-16).

이처럼 평등의 의미는 단순하다고 볼 수도 있지만 이를 현실화하기에는 상당히 복잡하다. 같은 평등을 추구하고 있는 것처럼 보이지만 평등에 대한 정치 · 경제적 견해와 철학적 이해에 따라 결과론적으로 상당한 차이를 나타낸다. 그럼에도 불구하고 평등과 자유에 대한 철학은 근대사회를 지탱하는 가치가 되었다. 평등의 확장은 자유의 확장과 궤를 같이한다. 근대 민주주의 사회의 발생과 진보를 위해 자유와 평등은 핵심적인 가치였으며, 두 가지는 서로 상충한다고 보는 견해도 있었으나, 현재는 수레의 두 바퀴와 같이 서로 보완하는 관계로 본다(윤성호 외, 2016: 61).

공평(公平, Equity)의 사전적 뜻은 어느 쪽으로도 치우치지 않고 고름을 말한다. 원래 공평은 법적 용어로 한자로는 공평무사(公平無私)의 줄임말로 쓰이지만, 정치·경제학적 용어로서 공평은 공정(公正)과 비슷한 의미로 사용된다. 공평의 개념은 두 가지, 즉 수평적 공평(horizontal equity)과 수직적 공평(vertical equity)이 있다. 이에 대해 간략히 살펴보면 다음과 같다.

- 수평적 공평: 같은 것을 같게 취급하는 것을 말한다. 수평적 공평은 모든 사람이 인간의 존엄과 인격 면에서 동등하기 때문에 기계적으로 동일하게 취급되어야 한다고 주장하는 경우를 말한다.
- 수직적 공평: 서로 다른 사람은 서로 다르게 취급하는 것을 말한다. 수직적 공평은 사람이 인간의 존엄과 인격 면에서 동등하지만, 능력 등 다른 측면에서 차이가 있는 경우 불평등하게 취급할 것을 주장하는 경우를 말한다.

수평적 공평은 결과의 평등개념과 맥을 같이하고, 수직적 공평이 현재 사회복지계에서 통용되는 개념(조건의 평등, 비례적 평등)에 가깝다. 수직적 공평은 평등과 달리 개인의 욕구, 노력, 능력, 이바지에 따라 사회적 자원이 다르게 분배되는 것을 말한다. 즉, 일한 만큼 보상을 받는 공평한 처우(fare treatment)를 말한다. 수직적 공평은 결과의 평등과 달리 공평한 불평등(equitable inequality)은 항상 존재한다고 보기 때문에 상대적인 불평등을 어느 정도 인정한다. 사실상 결과의 평등의 비현실성을 고려한다면 자본주의 사회에서 실질적으로 가장 널리 사용되는 개념이 수직적 공평이다. 1834년 영국 「신구빈법」의 주요 원칙 중 하나인 '열등처우의 원칙(principle the less eligibility, 처우제한의 원칙)'[13]이 수직적 공평의 개념을 사회복지제도에 적용한 사례라 볼 수 있다.

13) 본래는 1834년 영국의 '구빈법 조사위원회보고서'에 수록된 「신구빈법」의 운영원칙 중 하나이며, 구제받는 빈민의 생활수준을 임금노동자의 층보다 낮게 책정하는 것이 당연하다는 이론이다. 이에 기인하여 복지서비스의 이용자에 대한 처우는 엄격하게 제한하는 것이 당연하며 그렇지 않을 때 그들의 의존심을 조장시킨다는 것을 나타내는 말로 오늘날에도 쓰인다.

『성경』에서 말하는 공평(justice, honesty)은 한쪽으로 기울어지지 않고 공정함(judgement)을 뜻한다. 원래는 '저울로 무게를 달다'는 뜻에서 유래한 말로서, 천칭(天秤) 한쪽의 추와 다른 한쪽의 물건 무게가 똑같이 일치하는 상태(equality)를 가리킨다. 이처럼 한쪽으로 치우침이 없고 항상 공정하며 올바른 것은 거룩하신 하나님의 성품 중 한 면으로서, 하나님의 백성이 추구해야 할 삶의 태도이기도 하다(레19:36; 욥31:6; 시17:2; 겔 18:25, 29; 33:17-20; 요 5:18; 롬 8:32; 빌 2:6).

> "너희는 바른 저울과 바른 추와 바른 에바와 바른 힌을 사용하여라. 내가 바로 너희를 이집트 땅에서 이끌어 낸 주 너희의 하나님이다(레위기 19:36).", "하나님이 내 정직한 저울로 달아 보신다면, 내게 흠이 없음을 아실 것이다(욥기 31:6).", "주님, 친히 '너는 죄가 없다'고 판결하여 주십시오. 주님의 눈으로 공평하게 살펴보아 주십시오(시편 17:2).", "그런데 너희는, 내가 일을 처리하는 방법이 공평하지 못하다는 말을 하는구나. 이스라엘 족속아, 너희는 잘 들어라. 내가 일하는 방법이 어찌 공평하지 않느냐? 너희가 하는 행실이 오히려 공평하지 않은 것이 아니냐? 그런데도 이스라엘 족속은, 내가 일하는 방법이 공평하지 않다는 말을 하는구나. 이스라엘 족속아, 내가 일하는 방법이 어찌 공평하지 않느냐? 너희가 하는 행실이 오히려 공평하지 않은 것이 아니냐?(에스겔 18:25, 29).", "그런데도 네 민족 모두가 '주님께서는 하시는 일이 공평하지 못하다!'하고 말한다. 그러나 공평하지 못한 것은 오히려 너희가 하는 일이다. 의인이 의로운 행실을 버리고 돌아서서 악한 일을 하면, 그것 때문에 그는 죽을 것이다. 그러나 악인도 자신이 저지른 죄악에서 떠나, 돌이켜 법과 의를 따라서 살면, 그것 때문에 그는 살 것이다. 그런데도 너희는 '주님께서 하시는 일이 공평하지 못하다'하고 말한다. 이스라엘 족속아, 나는 너희 각 사람이 한 일에 따라서 너희를 심판하겠다(에스겔 33:17-20).", "유대 사람들은 이 말씀 때문에 더욱더 예수를 죽이려고 하였다. 그것은, 예수께서 안식을 범하셨을 뿐만 아니라, 하나님을 자기 아버지라고 불러서, 자기를 하나님과 동등한 위치에 놓으셨기 때문이다(요한복음 5:18).", "그리고 너희는 진리를 알게 될 것이며, 진리가 너희를 자유롭게 할 것이다(로마서 8:32).", "그는 하나님의 모습을 지니셨으나, 하나님과 동등함을 당연하게 생각하지 않으시고(빌립보서 2:6)"

Chapter

05

사회복지 전문직과 윤리

05
Chapter

사회복지 전문직과 윤리

1. 사회복지 전문직 논쟁

일반적으로 전문직은 사회적 목표 실현을 위해 사회로부터 특정한 권한을 위임받기 때문에 사회적으로 통제력을 가진 직업으로 이해된다(우국희 외, 2013). 전문직 집단은 사회적 목표 실현을 위해 정부로부터 독점 혹은 준(准)독점적인 지위를 부여받기 때문에 정부와 특수한 관계를 맺는다. 독점적 혹은 준독점적인 지위를 향유하기 때문에 전문직 집단은 정부의 간섭보다 자율규제가 우선시되어 상당한 재량권을 행사한다. 전문화된 지식과 능력을 바탕으로 전문직 집단은 국민의 생명, 건강, 삶의 질과 관련해 비전문가가 제공할 수 없는 전문적인 서비스를 배타적으로 제공한다(정연재, 2007).

현대에 와서는 의미가 다양해졌으나, 전통적인 의미의 전문직 종사자라 하면 박사 또는 그에 준하는 학력을 갖춘 자로 대학교수, 의료인, 성직자, 법조인 등을 가리키는 말이다. 흔히 고위직이라는 말과 비슷한 의미로 사용되곤 하는데, 이는 일반적으로 전문직 종사자들은 수입이나 명예에 있어서 높은 성취를 얻는 경우가 많기 때문이다. 전문적 요건으로 구성되어 국가나 협회 등의 큰 단체에서 주관하는 별도의 선발과정을 거친다. 이에 따라 초·중등학교의 교원은 교육 전문직으로 인정될 수 있다. 또 전문직에 준한 기술을 가진 사람은 장인(master)이라고 하였다. 이는 오랜 기간 숙련되어야 가능한 기술을 습득한, 전문직에 상응한 경력과 명예를 가진 사람을 일컫는 말이다.

따라서 사회로부터 권한을 위임받은 전문직의 활동은 고도의 윤리성을 바탕으로 선행(善行) 및 헌신의 의무와 공익성을 지향할 것을 요청받는다. 이처럼 사회적 목표 실현을 위해 사회로부터 권한 위임과 독점 혹은 준독점적 지위 확보, 전문화된 지식과 능력과 재량권 보유, 배타적인 서비스 제공, 윤리적 책무성 등을 바탕으로 전문직 집단은 소득 기회와 독점적인 직업적 위세를 보장받는다.

바버(Barber, 1963)는 전문직의 내적 속성상 구비해야 하는 요소로 체계화된 지식, 사회적 이익의 추구, 윤리강령 및 자율적 규제, 보상체계를 제시했다. 칼-손더스(Carr-Saunders, 1982)는 특별한 기술과 훈련, 최소한의 보수, 전문가 단체의 구성, 윤리강령의 존재, 전문적 지위 획득을 위한 최소한의 자격 등을 전문직의 내적 속성을 반영하는 구성요소로 제시하였다. 그린우드(Greenwood, 1957)는 전문직의 내적 속성에는 조직된 이론체계의 존재, 전문적 권위의 부여, 지역사회로부터 인정, 윤리강령의 존재, 전문직업적인 가치규범의 문화 등의 구비요소를 갖추고 있다고 했다. 홀(Hall, 1968)은 전문직의 내적 속성의 구성요소를 구조적 · 태도적 · 조직적 측면으로 나누어 설명했다. 그에 따르면, 구조적 측면에서의 요소는 전임직업, 교육기관의 설립, 전문직 종사단체, 윤리강령이다. 태도적 측면에서의 요소는 주된 관련 있는 전문조직의 활용, 공공서비스를 제공하는 신념, 자기규제에 대한 신조(信條: 굳게 믿어 지키고 있는 생각), 전문직 업무에 대한 소명의식, 자율성 등이다. 조직적 측면에서의 요소는 권위에 대한 위계질서, 분업화, 규칙, 전문화된 절차, 개인에 차별을 두지 않는 일반화, 기술적 능력이다(양옥경 외, 2004: 117-142).

사회복지 전문직의 개념이나 성립 조건에 관한 연구를 정리해 보면 다음의 7가지 조건이 유출된다. 즉, 고도의 이론적 체계, 전달 가능한 기술, 공(公)이익과 복지 목적, 전문직 단체의 조직화, 전문직으로서의 자율성과 그것을 지시하는 윤리강령, 전문직으로서의 하위문화 그리고 최종적으로 필요한 학력 · 시험 등으로 증명된 능력, 자격과 그에 대한 사회적 승인이다. 그러나 아직까지는 이와 같은 엄밀한 의미로서의 사회복지 전문직은 아직 성립되기 어렵고 자격의 법적 근거도 직종에서 차이가 있다(이철수, 2008).

자원봉사자들의 비전문적인 활동이었던 우애방문원(friendly visitor)[1] 시절 이후 사회복지사들은 직업적 전문화의 역사를 걸어 왔다. 그 과정에서 사회복지직이 전문직인가는 계속 논란의 대상이 되어 왔다. 그 시초는 의사인 플렉스너(Flexner, 1915)가 사회복지직이 전문직이 되기 어렵다며 제기한 논쟁으로 말미암아 촉발된, 이른바 플렉스너 신드롬(Flexner syndrome)에서 찾을 수 있다. 그는 사회복지직이 독자적인 과학적 지식과 이론 및 모델이 부족하고, 영역이 너무 넓어 체계적인 이론을 발전시키기 어려우며, 전문성 있는 교육도 어렵기 때문에 전문직이 되기 어렵다고 진단하였다.

이렇게 진단한 사회복지 전문직 평가기준으로 플렉스너는 다음 여섯 가지를 제시하였다. ① 광범위한 개인의 책임성을 기초로 한 지적인 활동일 것, ② 과학적 지식을 통해 이론을 이끌어 낼 것, ③ 이론은 실질적이고 명확한 결론을 이끌어 낼 것, ④ 고도로 전문화된 교육훈련을 통해 지식과 기술을 이전할 수 있을 것, ⑤ 활동, 의무, 책임을 규정하는 전문가조직을 구성할 것, ⑥ 이타적인 지향을 갖고 사회적 목적 달성을 위해 노력할 것이다.

이에 자극받아 사회복지계는 전문직의 정체성을 확립하기 위해 본격적인 작업에 착수했다. 1921년에 미국사회복지사협회(American Association of Social Workers: AASW)[2]를 설립했다. 또한 전문가를 양성하기 위한 사회복지 전문학교를 설립하였다(우국희 외, 2013). 사회복지실천 현장에서는 업무영역을 좁혀 정신의학에 기반을 둔 미시적인 치료 모델에 집중함으로써 전문적인 지식을 갖추는 데 체계적인 노력을 기울였다. 반면, 미시적인 치료 모델 위주로 전문직을 추구하던 당시에는 사회개혁이나 공공복지부문은 실천영역에서 배제하려는 풍조가 생겨났다(고수현, 2005). 그 결과 오늘날에 이르러 사회복지계는 어느 정도 전문직의 기반을 갖춘 것으로 평가받고 있다.

---

1) 영국과 미국에서 19세기 말경부터 20세기 초에 이르기까지 자선조직협회(Charity Organization Society: COS)의 활동은 빈곤자에 대한 개별방문지도로서 그것에 종사한 사람이 우애방문원(friendly visitor)이다. 우애방문원은 그 당시 독지가들로 이루어져 무보수로 활동했다가 그후 유급의 사회사업가가 되었다. 이러한 활동 중에 여러 가지 과학의 지식을 도입하여 그것이 오늘날 케이스워크(case work)로 발전하였다. 우애방문의 단계에서는 과학적 치료보다도 우애의 정신에 기초를 둔 생활지도가 중시되었다.

2) 1955년 미국사회복지사협회(AASW)를 중심으로 다섯 개의 분야별, 기능별 전문직단체가 통합하여 단일 사회복지 전문직단체로 미국사회복지사협회(National Association of Social Workers: NASW)가 설립되었다.

현실적으로 사회복지사의 전문직 수준은 다음과 같이 평가된다. 그린우드는 사회복지직을 전문직으로 볼 수 있다고 평가했다. 그는 사회복지직은 체계적인 이론, 전문적 권위, 사회적 승인, 윤리강령, 전문직업적 문화 등을 갖추었기 때문이라고 했다. 토렌(Toren, 1969)도 사회복지직이 전문직에 해당한다고 보았다. 미국에서 정신의료사회복지사는 다른 분야와 비교할 때 상대적으로 전문성을 높게 인정받고 있다(심상용, 2016: 128-130).

2. 사회복지 전문직의 윤리적 책임과 한계

사회복지 전문직의 윤리적 실천에서 사회복지사의 판단과 업무 수행으로 이루어지는 사회복지실천이 책임 있는 윤리적 실천이 되어야 한다. 사회복지사는 최대 봉사의 의무와 비밀보장의 의무가 있다. 사회복지사는 클라이언트에게 최대로 봉사해야 하며, 업무 수행의 과정에서 알게 된 다른 사람의 비밀을 누설해서는 안 된다.

사회복지실천은 개인에 대한 존중과 개인적 서비스를 제공해야 한다. 사회복지 대상이 개별 인간, 집단, 가족, 지역사회 등 다양하다. 그러나 전체 중의 한 개인이 아니라 한 사람 한 사람으로 독특성과 개인적인 욕구와 특성을 존중해야 한다. 사회복지사도 사람인지라 꺼리는 클라이언트가 있을 수도 있다. 혹시라도 싫어하는 사람이나 과거의 경험으로 역전이가 발생할 수 있는 클라이언트라 할지라도 인간적으로 존중해주고, 그의 욕구가 무엇인지 편견을 갖지 않고 서비스를 제공해야 한다.

사회복지사는 클라이언트 스스로 문제를 결정하고 판단할 수 있도록 조력해야 하고, 클라이언트의 결정에 대해서 절대적으로 존중해 주어야 한다. 사회복지사는 클라이언트의 자기의사 결정권, 비밀보장의 원칙, 사생활 존중의 원칙, 고지에 입각한 동의, 권익 옹호를 최우선 가치로 삼고, 클라이언트에게 최상의 서비스를 제공할 책임이 있다.

클라이언트의 상황이나 문제에 대해 최대한 존중해주고 혹시라도 혼자 결정할 수 없을 때에는 슈퍼바이저나 전문가와의 상담을 병행하여야 한다.

예컨대 클라이언트의 권익 옹호에 대해 살펴보자. 여기서 클라이언트가 한 개인이 아니라 단체 혹은 그룹일 때 어떤 클라이언트의 권익을 최우선으로 옹호해야 할지 판단의 기로에서 윤리적 딜레마에 빠질 수도 있다. 예를 들어, 부모의 재산을 상속받으려는 두 아들이 싸워서 법적 전문가의 도움 없이 상담 요청을 했다고 하자. 두 아들 중 누구의 권익을 위해 힘을 써줘야 할지, 클라이언트 중에 인간적으로 더 안 됐거나 마음이 더 가는 사람의 권익을 옹호해 줘야 할지, 아니면 아무런 말을 하지 못하고 있는 여자 자매의 편에 서줘야 할지 판단은 사회복지사의 몫일 것이다.

사회복지사는 전문가로서 전문성 개발을 위해 노력해야 할 책임이 있다. 측은지심을 바탕으로 하는 인간적인 서비스를 넘어서서 클라이언트에게 최상의 서비스를 제공하기 위해 자신의 지식과 기술을 최대한 발휘해야 한다. 불법체류자가 클라이언트로 왔다면 법조 관련이나 이민법 관련 지식을 쌓음으로써 클라이언트에 맞는 서비스를 제공해야 한다. 이렇게 보면 사회복지사는 클라이언트가 어떤 분야에 한정되어 있지 않기 때문에 다양한 분야에서 기본적인 지식은 갖추고 있어야 한다.

사회복지사의 경제적 이득에 대한 태도는 클라이언트의 지불 능력에 상관없이 서비스를 제공해야 하며, 이를 이유로 차별대우를 해서는 안 된다. 사회복지사는 필요한 경우에 제공된 서비스에 대해 공정하고 합리적으로 이용료를 책정해야 한다. 사회복지사는 업무와 관련하여 정당하지 않은 방법으로 경제적 이득을 취하여서는 안 된다. 사회복지사도 한 인간이기에 자신이 경제적으로 어려운 환경에 처할 때 경제적 이득면에서 윤리적으로 갈등을 겪게 될 수도 있다. 지불 능력에 따라 차별대우를 해서는 안 된다고 하지만, 그 서비스 건(件)을 수락하고 싶지 않을 수도 있다. 또한 사회복지 관련 예산을 받기 위한 방법으로 자신의 정보와 정당하지 않은 방법으로 경제적 이득을 취하지 않아야 한다.

사회복지사는 전문가로서의 품위와 자질을 유지하고, 자신이 맡은 업무에 대해 책임을 져야 한다. 자신이 맡은 클라이언트의 종교, 인종, 성, 연령, 국적, 결혼상태, 성 취향, 경제적 지위, 정치적 신념, 정신 · 신체적 장애 등의 이유로 차별대우를 하지 않아야 한다. 예컨대 퀴어(queer, 성소수자: 레즈비언, 게이, 바이섹슈얼, 트랜스젠더, 인터섹스, 무성애자 등) 클라이언트라 할지라도 편견을 갖지 않고 그들을 존중해야 한다.

3. 전문가 윤리에 대한 교육

그렇다면 전문가 윤리에 대한 별도의 교육이 필요할까? 아니면 필요하지 않을까? 이에 대해 전문가 윤리는 교육의 대상이 아니라는 전통적인 주장이 제기되어 왔다. 그 이유는 실천과정에서 경험이 축적되면, 사회복지사는 개별적으로 실천 지혜(practice wisdom)를 갖추어 임기응변(臨機應變)[3]식으로 해결해 나갈 수 있기 때문에 별도의 교육이 필요하지 않다는 것이다. 결국 전문가 윤리의 교육에 대한 필요성을 부정하는 데에는 전문적 윤리의 중요성과 실효성에 대해 회의적인 시각이 반영되어 있다. 이들의 주된 주장은 다음과 같다(Lowenberg & Dolgoff, 1996).

전문적 능력만으로 충분하고 윤리적 문제는 전문성과는 관계가 없다. 사례는 각기 독특하기 때문에 일관된 지침을 마련하기가 쉽지 않다. 사회복지는 과학적인 이론과 모델을 추구하기 때문에 가치중립적이다. 철학자들은 어떤 명제에 대해 일관된 견해를 갖지 못해 윤리적 문제해결의 지적 자원을 제공받기 어렵다. 옳음의 기준은 다양한 인종적 · 문화적 집단에 따라 상대적이기 때문에 객관적인 기준을 마련하기 어렵다. 실천적 이슈의 경우 대개는 신속한 해결을 필요로 하기 때문에 윤리적 분석을 할 시간적 여유가 없다. 사회복지사는 주어진 상황에서 무엇이 옳은지 본능과 직감, 즉 직관적

3) 임기응변(臨機應變)이란 '어떤 일을 당하여 적절하게 반응하고 변통하다'라는 뜻으로, 그때그때의 형편에 따라 알맞게 일을 처리하는 것을 비유하는 말이다. 수기응변(隨機應變) 또는 줄여서 응변(應變)이라고도 한다. 보통 어떤 인물에 대하여 임기응변이 뛰어나다고 평하는 말로 흔히 사용된다. 『진서(晉書)』의 〈손초전(孫楚傳)〉에는 손초를 평하여 "나라와 백성을 다스리는 방책이 뛰어났고, 임기응변이 무궁하였다(廟算之勝, 應變無窮)"라고 하였다.

으로 판단할 수 있기 때문에 별도로 윤리적 지침을 마련할 필요가 없다. 윤리강령은 사회복지사에게 표준적인 행동을 강조하게 되므로 개별 클라이언트 이익을 위한 사회복지사의 자기결정 원칙에 위반될 수 있다. 윤리강령을 운영해 실천 오류에 대한 지적이 늘어나 이를 회피하기 위해 방어적으로 대처하다 보면, 사회복지사의 역량을 낭비해 소모적인 결과가 초래된다(심상용, 2016: 126-128).

그러나 이러한 주장은 설득력이 부족하다는 주장이 많다. 사회복지 전문직의 실천활동은 윤리적인 측면과 과학적인 측면 모두를 포함하고 있다. 규범윤리학의 지적 자원을 활용해 윤리적 의사결정의 절차를 확립한다면 윤리적 문제해결에 도움이 될 수 있다. 문화적 상대주의가 윤리적 상대주의를 지지하는 논거가 될 수 없으며, 다양한 사회에 독특한 형태로 존재하는 도덕규범은 인간과 사회에 보편적으로 적용되는 보편적인 도덕성, 즉 윤리적 보편주의를 반영한다. 윤리적 의사결정은 본질적으로 객관화가 가능한 이성적인 작업이고, 짧은 시간 훌륭하게 윤리적 의사결정 절차를 수행할 수 있으며, 윤리강령은 각 상황의 독특성을 반영할 수 있도록 일반화된 수준에서 기술된다. 윤리강령을 제정하고 이를 이행하려는 노력은 사회복지 전문직이 윤리적 민감성을 고양하는 데 이바지한다.

이에 미국사회복지교육협의회(CSWE, 1992)는 사회복지 전문직 과정에 다음과 같은 사회복지 윤리와 가치관에 대해 교육해야 한다고 강조한다(고수현, 2015: 48-49, 재인용).

- 사회복지사의 전문적 원조관계는 클라이언트의 개인적 가치와 존엄성을 바탕으로 해야 하고 상호참여, 수용, 비밀보장의 실천과 함께 책임성 있게 갈등을 조정할 수 있는 능력을 갖추어야 한다.
- 사회복지사는 클라이언트의 자기결정 권리와 원조과정에서의 참여 권리를 존중해야 한다.
- 사회복지사는 클라이언트체계가 필요한 자원을 획득할 수 있도록 도와야 한다.
- 사회복지사는 인간적인 사회제도를 위한 개혁을 위해 노력해야 한다.
- 사회복지사는 다양한 민족과 인종의 각기 독특한 특성에 대해 존중하고 수용해

야 한다.

- 사회복지사는 자신의 윤리적 실천, 삶의 질, 지식과 기술의 발전을 위해 끊임없이 노력해야 한다.

이것은 사회복지교육과정에서 학생들이 그들 개인의 가치에 대해 인식하고, 그들의 가치와 상충하는, 그리고 윤리와 상충하는 딜레마를 명료화할 수 있는 능력을 교육받아야 한다는 의미다. 아울러 인간행동과 사회환경 문제를 포괄하는 사회복지학의 특성상 점차 확장되고 있는 사회복지 전문영역에서도 윤리적 가치 결정을 할 수 있는 교육 프로그램은 더욱 확대되어야 한다.

나아가 로웬버그와 돌고프(Lowenberg & Dolgoff, 1996)는 전문가 윤리교육의 목적에 대해 다음과 같은 여섯 가지를 제시한다(심상용, 2016: 127-128, 재인용).

- 전문적 실천상의 윤리적 이슈에 대한 인식을 확대하고 윤리적 민감성을 갖추는 것이다.
- 상충하는 주장 각각의 장점과 한계를 신중히 조사하고 밝히는 것이다.
- 실천 상황에 내재한 윤리적 원칙을 인식하는 것이다.
- 윤리적 의사결정의 복잡성을 충분히 이해하는 것이다.
- 윤리적 원칙을 실천에 적용하는 능력과 신중한 추론을 통해 결론을 도출하는 역량을 키우는 것이다.
- 자신의 개인적 가치를 명확히 객관화하고, 사회복지 전문직으로서 자신이 수행한 윤리적 의사결정을 반성적으로 평가하는 능력을 키우는 것이다.

4. 윤리적 민감성과 사회복지사의 문화적 역량

민감성(敏感性, Sensitivity)이란 자극을 쉽게 받아들이고, 이로 말미암아 흥분하기 쉬운 상태 또는 성질을 말한다. 감각 연구 분야 등에서 감수성이 높다는 것과 같은 뜻으로 쓰이는 일이 있으나, 원래 감수성 그 자체와는 구별되는 용어이다. 예컨대 감정에 관해서 민감성이라고 할 경우는 사소한 자극이나 사건으로 상처를 받고, 쉽게 흥분하는 성질을 가리킨다.

윤리적 민감성이란 어떠한 윤리적 문제에 대해서 얼마나 민감하게 느낄 수 있느냐의 정도를 가리킨다. 예컨대 우리가 지금 조선 후기에 살고 있다고 하자. 이때 누군가가 여성들의 권익을 이야기하면서 여성도 사회 진출을 해야 한다고 주장한다면, 아마 다른 사람들로부터 제정신이 아닌 사람 취급을 받거나, 의금부에 끌려갈 것이다. 그리고 그 소식을 들은 조선의 모든 국민은 그것이 당연한 것이라 받아들일 것이다. 그런데 지금 시대에서는 어떠한가? 현대에서 누군가가 여성들의 권익을 주장하고 여성의 사회 진출을 주장한다면? 아마도 다른 사람들은 그를 페미니스트(feminist) 혹은 여성인권운동가라고 부를 것이다.

사회복지실천의 핵심적 가치인 평등을 실천하기 위해서는 편견과 차별을 받는 소수 인종, 여성, 성적 소수자, 장애인 등의 사회적 소수자 집단에 대한 다양성의 존중 및 수용이 필수적으로 선행되어야 한다. 사회복지사는 사회적 소수자인 클라이언트 문화와 사회복지사 자신의 문화적 차이 및 언어적 차이를 인식하고, 클라이언트 문화에 대한 충분한 지식을 갖추어야 한다(Sue, 2006). 즉, 사회복지사가 다양한 가치와 배경을 가진 클라이언트에게 적절한 서비스를 제공하고, 이들의 권익을 보호하기 위한 사회적 · 정치적 행동을 실천하기 위해서는 문화적 역량(力量, competency)을 갖추고 있어야 한다(김기덕 외, 2017: 277-286; 이순민, 2016: 186-189).

여기서 역량은 어떤 일을 해낼 수 있는 힘을 말한다. 즉, 역량은 특정한 상황이나 직무에서 준거에 따른 효과적이고 우수한 수행의 원인이 되는 개인의 내재적인 특성으로, 개인이 성공적인 수행을 위하여 개별적으로 결합해서 사용하는 어떤 특징이다. 여기에는 지식, 기능, 사고 유형, 정신자세, 사고방식 등이 포함된다. 문화적 역량은 개인과 가족, 지역사회의 가치를 인식 및 확신하고 존중하며 각각의 존엄성을 보호 및 보존하는 방식으로, 모든 문화와 언어, 계층, 인종, 민족 배경, 종교 그리고 기타 다양한 요인을 가진 사람들에게 개인과 체계가 효과적이고 정중하게 반응하는 과정이다(NASW, 2001). 다문화 및 사회적 다양성이 표출되는 오늘날, 문화적 역량은 사회복지의 기본가치인 인간의 존엄성과 사회정의를 추구하는 사회복지사의 주요한 실천기술이다.

미국사회복지사협회 윤리강령(NASW, 2008)에서는 사회복지사가 클라이언트에게 갖는 윤리적 책임으로서 다음과 같은 문화적 역량과 사회 다양성을 제시하고 있다(이순민, 2016: 187, 재인용).

- 사회복지사는 모든 문화 안에 존재하는 강점을 인지하면서, 문화 및 인간행동과 사회에서 문화의 기능을 이해해야 한다.
- 사회복지사는 클라이언트 문화에 대한 기본 지식을 가지고 있어야만 하며, 클라이언트 문화와 문화적 집단 및 사람들 사이의 차이에 대해 민감한 서비스를 제공하는 역량을 보일 수 있어야 한다.
- 사회복지사는 인종과 민족, 출신국, 피부색, 성별, 성적 지향, 성 정체성 또는 표현, 연령, 결혼상태, 정치적 신념, 종교, 이민 신분, 정신적·신체적 장애에 대한 고려와 함께 사회적 다양성과 차별의 본질에 대한 이해를 추구하고, 이에 대한 교육을 받아야 한다.

사회복지사 및 기관과 같은 어떤 체계가 문화적 역량을 갖기 위해서는 ① 다양성을 존중해야 하며, ② 문화적 자기 인식을 할 수 있는 능력이 있어야 하고, ③ 다양한 문화가 상호작용할 때 고유의 역할을 의식하며, ④ 문화적 지식을 제도화하고, 그리고 ⑤ 다양한 문화 간의 다양성뿐만 아니라 문화 내부의 다양성에 대한 이해를 반영한 프로그램과 서비스를 개발해야 한다(NASW, 2001).

미국사회복지사협회에서는 사회복지실천에서 문화적 역량과 관련하여 10가지 기준, 즉 ① 윤리와 가치, ② 자기인식, ③ 다문화 지식, ④ 다문화 실천기술, ⑤ 서비스 전달, ⑥ 임파워먼트(empowerment)[4]와 옹호, ⑦ 다양한 업무활동, ⑧ 전문적 교육, ⑨ 언어 다양성, 그리고 ⑩ 다문화 리더십을 제시하였다(NASW, 2001; 이순민, 2016: 188, 재인용).

사회복지사는 반드시 문화적 · 사회적 다양성에 대해 계속해서 전문적인 교육을 받아야 한다. 그리하여 클라이언트의 다양성을 수용하는 개방적인 태도를 갖추어야 한다. 또한 사회복지사는 자신의 문화적 역량을 키우기 위해 다른 소수집단 문화를 경험하여야 한다. 이를 위해 사회복지사는 다양한 문화적 기회를 갖도록 노력하여야 한다(이경은 · 김도희, 2012: 130-148).

5. 윤리강령에 대한 이해

윤리강령(倫理綱領, Code of ethics)이란 한 단체가 직업상으로 지켜야 할 기본적인 윤리적 덕목이나 권고를 압축해서 제시해 놓은 것을 말한다. 다르게 말하면, 윤리강령이란 일정한 조직 혹은 단체가 외부적으로 공적인 사회적 책임을 인식하고 이를 바탕으로 구성원들의 의식혁신을 통하여 조직의 투명성을 제고하고, 윤리적 소명을 다하기 위하여 사회와 직장 및 나아가 사적인 생활영역에 이르기까지 스스로 준수하여야 할 자세와 실천규범을 정립하는 것을 일컫는다.

윤리강령에서 제시하는 윤리는 두 종류의 것을 포함한다. 하나는 자신과 자신이 종사하거나 봉사하고 있는 대상과 관련된 윤리이고, 다른 하나는 사회 전체가 직무나

4) 임파워먼트(Empowerment)는 '주다'라는 의미를 가진 'em'과 권력이란 의미의 'power'가 결합된 용어로서, 실무자들의 업무 수행 능력을 높이고 관리자들이 지니고 있는 권한을 실무자에게 이양해 실무자의 책임범위를 확대함으로써 그들의 능력 및 창의력을 최대한 발휘하도록 하는 방법을 뜻한다. 자신이 담당하는 일에 대해 스스로 의사결정권을 갖게 해 사명감을 높임으로써 환경 변화에 신속하게 대응할 수 있는 기반이 된다. 최근 고객 니즈(needs)에 대한 신속한 대응과 함께 구성원이 직접 의사결정에 참여하여 현장에서 개선 · 변혁이 신속 정확하게 이루어지기 위해서 활용도가 높아지고 있다.

그 일에 종사하고 있는 사람에게 요구하는 윤리이다. 공무원과 같이 국가에 봉사하는 직업이나 의료나 법률 분야와 같은 고도의 지적 혹은 기술적인 전문성을 요하는 직업은 다른 일반 직업보다 높은 수준의 직업윤리를 요구하고 있으므로 반드시 윤리강령을 포함하고 있어야 한다. 사회복지직도 전문직으로서 남달리 직업 윤리를 강조하고 있다. 따라서 나라마다 사회복지사 윤리강령을 규정하고 있다.

그러나 윤리강령 자체만으로는 그 지향하는 목적이나 내용이 단체의 구성원들에게 법률적 의무를 부과하거나 새로운 규제를 가하여 구성원들을 통제하려는 것이라고 볼 수 없다. 이처럼 윤리강령이 본질적으로 강제적인 규범력을 가지는 것이 아니고 구성원들의 자발적인 실천의지에 의존할 수밖에 없는 것이므로, 윤리강령의 시행에서 그 실천의지를 대내 · 외적으로 나타내기 위하여 구성원들로부터 당해 서약서를 제출받았고, 서약서 서두에는 구성원들이 윤리강령을 준수할 것을 약속하고 그 실천을 다짐하는 내용이 들어 있다.

1) 사회복지사 윤리강령의 역사

윤리강령은 전문직의 지위를 규정하는 중요한 요소 중 하나로 인정된다. 전문가 윤리강령은 해당 직역(職役: 직분에 따라 하는 일)이 전문가로서 사회적 책무를 이행하고 표준적인 윤리적 실천을 지향할 수 있는가를 가늠하기 때문에 전문직으로서 갖추어야 할 중요한 구성요소다. 이에 여러 직업군이 자신들의 직업을 전문적으로 발전시키고자 윤리강령을 채택하려는 노력을 기울려 왔다.

처음으로 윤리강령을 만든 직업군은 의사였다. 이미 기원전에 히포크라테스(Hippocrates)[5]는 히포크라테스 선서를 통해 그리스 모든 의사에게 의사 – 의사 간의 관

5) 히포크라테스(Hippocrates, BC 460?~BC 377?)는 그리스의 의학자로 '의사의 아버지'라 부른다. 인체의 생리나 병리를 체액론에 근거하여 사고했고 '병을 낫게 하는 것은 자연이다'는 설을 치료 원칙의 기초로 삼았다. "의사 한 사람이 사망하자마자 '의학의 아버지'라고 불릴 정도로 유례없는 명성을 누리게 되었기 때문에, 히포크라테스주의의 역사적 자취를 효과적으로 간략하게 살펴보기는 어려울 정도가 되었다. 2000년이 넘는 세월 동안 히포크라테스는 철학 사상에 아리스토텔레스가 영향을 끼쳤듯이 의학 사상에 영향을 끼쳐 왔다. 어쩌다가 도전을 받기도 했지만, 그보다는 더욱 많은 칭송을 들었으며, 또한 사용 의도에 따라 더욱더 빈번하게 왜곡되기도 하면서, 히포크라테스 총서는 고대에서 시작하여

계와 의사 - 환자 간의 관계에서의 전문적이고 윤리적인 행위에 대해 서약을 하도록 요구했다. 영국에서는 1803년에 퍼시블(Percival)이라는 의사가 최초로 윤리강령을 작성했다고 한다. 미국에서는 미국의학협회(AMA)가 1847년에 최초로 윤리강령을 제정·공표하였다(Lowenberg & Dolgoff, 1996, 서미경 외 역, 2015).

▌히포크라테스 선서▐

이제 의업에 종사할 허락을 받음에,
나의 생애를 인류 봉사에 바칠 것을 엄숙히 서약하노라.
나의 은사에 대하여 존경과 감사를 드리겠노라.
나의 양심과 위엄으로써 의술을 베풀겠노라.
나는 환자의 건강과 생명을 첫째로 생각하겠노라.
나는 환자가 알려준 모든 내정의 비밀을 지키겠노라.
나는 의업의 고귀한 전통과 명예를 유지하겠노라.
나는 동업자를 형제처럼 여기겠노라.
나는 인종, 종교, 국적, 정당 정파 또는 사회적 지위 여하를 초월하여 오직 환자에 대한 나의 의무를 지키겠노라.
나는 인간의 생명을 수태된 때로부터 지상의 것으로 존중하겠노라.
나는 비록 위협을 당할지라도 나의 지식을 인도에 어긋나게 쓰지 않겠노라.
이상의 서약을 나는 나의 자유의사로 나의 명예를 받들어 하노라.

The Oath of Hippocrates

I SWEAR by Apollo the physician, and Aesculapius, and Health, and All-heal, and all the gods and goddesses, that, according to my ability and judgment, I will keep this Oath and this stipulation — to reckon him who taught me this Art equally dear to me as my parents, to share my substance with him, and relieve his necessities if required; to look upon his offspring in the same footing as my own brothers, and to teach them this art, if they shall wish to learn it, without fee or stipulation; and that by precept, lecture, and every other mode of instruction, I will impart a knowledge of the Art to my own sons, and those of my teachers, and to disciples bound by a stipulation and oath according to the law of medicine, but to none others. ¶ I will follow that system of regimen which, according to my ability and judgment, I consider for the benefit of my patients, and abstain from whatever is deleterious and mischievous. I will give no deadly medicine to any one if asked, nor suggest any such counsel; and in like manner I will not give to a woman a pessary to produce abortion. With purity and with holiness I will pass my life and practise my Art. ¶ I will not cut persons labouring under the stone, but will leave this to be done by men who are practitioners of this work. Into whatever houses I enter, I will go into them for the benefit of the sick, and will abstain from every voluntary act of mischief and corruption; and, further, from the seduction of females or males, of freemen and slaves. ¶ Whatever, in connexion with my professional practice, or not in connexion with it, I see or hear, in the life of men, which ought not to be spoken of abroad, I will not divulge, as reckoning that all such should be kept secret. While I continue to keep this Oath unviolated, may it be granted to me to enjoy life and the practise of the art, respected by all men, in all times! But should I trespass and violate this Oath, may the reverse be my lot!

From The Genuine Works of Hippocrates translated from the Greek by Francis Adams, Surgeon, volume 2, London, 1849

지금 사용되는 왼쪽의 선서는 고대 그리스어로 작성된 원본이 아니라 1948년에 세계의사협회에서 제정한 일종의 수정판인 '제네바 선언'임

미국은 사회복지직의 전문직화를 위한 노력과 함께 사회복지사 윤리강령 제정을 위한 노력도 하였다. 최초로 리치몬드(Richmond)는 1920년 사회복지사 윤리강령 초안을 마련했다. 분산되어 있던 사회복지사협회 중 가장 큰 조직이었던 미국사회복지사협회

19세기에 이르기까지 서양 의학에서 공인된 권위를 지니고 있었다." -자크 주아나-

(AASW)가 1947년 공시적으로 윤리강령을 채택하였다. 1955년 모든 사회복지협회가 통합해 현재의 미국사회복지사협회(NASW)가 설립되었다. 미국사회복지사협회(NASW)는 수년간의 노력 끝에 1960년 최초의 윤리강령을 채택하였다. 그러나 당시의 윤리강령은 추상적이고 윤리적 딜레마를 다룰 수 있는 유용성이 부족하였으며 사회복지사나 기관에 대한 불만을 다룰 처리절차도 미비하다는 지적을 받아 왔다.

이러한 문제를 보완해 1979년 새로운 윤리강령이 채택되어 1980년부터 시행되었다. 새로운 윤리강령도 1990년과 1993년 일부 내용이 개정되었다. 그러나 이때까지도 윤리강령이 윤리적 딜레마를 다룰 수 있는 유용성이 부족하다는 한계를 완전하게 극복하지 못했다. 이에 1993년 미국사회복지사협회 대표자회의는 1996년 대표자회의에 제출할 완전히 새로운 윤리강령을 설계할 윤리강령 개정위원회 설치 결의안을 채택하였다. 그리하여 1996년 기존의 윤리강령을 대폭 개정한 새로운 윤리강령이 채택되어 오늘에 이르고 있다(Reamer, 1999). 2008년에는 문화적 적응력과 사회적 다양성, 존경, 차별, 사회적 · 정치적 행동 조항에 성별 인식과 표현이 추가되었다(이순민, 2012).

우리나라에서는 1965년 개별사회사업가협회가 창립총회를 개최하고 활동을 시작했다. 1967년 한국사회사업가협회(현 한국사회복지사협회)가 창설되었으며, 같은 해 사회단체로 인가받은 한국사회사업가협회는 제1회 전국사회사업가대회를 개최하였다. 한국사회사업가협회는 1972년 국제사회복지사연맹(IFSW) 회원으로 가입하였고, 1977년 사단법인으로 등록하였다. 1985년 7월 사단법인 한국사회복지사협회로 명칭을 변경하였고, 1996년부터 사회복지사를 위한 법정단체로 활동하고 있다.

한국사회사업가협회는 1972년 사회사업가 윤리강령의 필요성을 인식하고 기초위원회를 발족하면서 준비작업을 시작했고, 1973년 2월 총회에서 윤리강령 제정을 결의했으나 결실을 보지는 못했다. 1878년 8월 윤리강령 제정을 위한 준비위원회를 개최했고, 1982년 1월 한국사회사업가협회 총회에서 윤리강령을 채택하기에 이르렀다. 2005년 윤리강령 개정의 필요성이 제기되어 2009년부터 윤리강령 개정을 위해 논의를 거듭하고 있으나 아직까지 결실을 보지 못하고 있다(김기덕 외, 2012).

지금까지 살펴본 것처럼, 사회복지 전문직의 윤리강령 역사는 짧은 편이다. 그 이유는 중세시대 이래 종교적 자선이 사회복지활동의 전사(前史)에 해당했기 때문이다. 자선조직협회 시절에도 우애방문원의 활동은 비전문적인 자선활동으로서 자원봉사활동의 일환이었다. 이처럼 사회복지계의 윤리강령 역사가 그리 길지 않은 것은 오랫동안 사회복지활동이 전문적이 아니라 단편적인 자선활동이었기 때문이며 또한 전문직업적 활동이 아니라 비전문적인 자원봉사활동이 주를 이루었기 때문이기도 하다(심상용, 2016: 130-132).

2) 사회복지사 윤리강령의 역할

미국사회복지사협회(NASW)에서는 사회복지사 윤리강령의 목적을 다음과 같이 제시하고 있다(심상용, 2016: 133-134).

① 윤리강령은 사회복지실천의 사명의 기반이 되는 핵심가치를 확인한다.
② 윤리강령은 사회복지 전문직의 핵심가치를 반영하는 광범위한 윤리적 원칙을 개괄하며, 사회복지실천의 지침으로 사용되어야 할 일련의 구체적인 윤리기준을 확인한다.
③ 윤리강령은 전문직 의무에 갈등이나 윤리적 불확실성이 발생할 때 사회복지사가 적절히 고려해야 할 사항을 확인해 볼 수 있도록 기획되었다.
④ 윤리강령은 일반 대중이 사회복지 전문직을 신뢰할 수 있도록 윤리기준을 제공한다.
⑤ 윤리강령은 사회복지 분야에 새롭게 들어올 사회복지실천가에게 사회복지실천의 가치, 윤리적 원칙, 윤리기준을 사회화시킨다.
⑥ 윤리강령은 사회복지사가 비윤리적 행위에 관여하고 있는지를 사정하기 위해 사회복지 전문직이 사용할 수 있는 기준을 명확히 표명한다. 미국사회복지사협회는 회원에 대해 제기된 윤리적 고충 신고를 판결하기 위한 공식 절차를 두고 있다.

사회복지사 윤리강령의 기능에 대해 여러 학자가 다양한 견해를 제시하고 있다. 그러나 여기서는 로웬버거와 돌고프, 리머가 제시한 내용을 간략히 소개한다. 로웬버그와 돌고프는 사회복지사 윤리강령의 기능에 대해 다음과 같이 제시하고 있다. ① 사회복지사들에게 윤리적 이슈뿐만 아니라 윤리적 딜레마에 대한 지침을 보호한다. ② 정직하지 않고 무능력한 사회복지사들로부터 많은 사람을 보호한다. ③ 정부 통제로부터 사회복지 전문직을 보호한다. 사회복지 전문직의 자기규제는 정부의 규제보다 우선한다. ④ 사회복지 전문직의 내부 갈등으로부터 초래되는 자기파멸을 예방해 사회복지사가 조화롭게 일하도록 돕는다. ⑤ 소송으로부터 사회복지사를 보호한다. 윤리강령을 따르는 사회복지사가 실천 오류(malpractice, 전문직종에서의 위법 행위)로 말미암아 제기된 소송에서 어느 정도 보호받도록 한다. 리머는 사회복지사 윤리강령의 기능에 대해 다음과 같이 제시하고 있다. ① 실천현장에서 윤리적 딜레마에 대한 일반적인 원칙과 지침을 제공한다. ② 비윤리적 행위를 처벌하는 데 도움이 되고 표준이 되는 규범적 기준을 제공한다. ③ 실무자와 수련생 간의 의사소통을 가능하게 한다.

3) 한국사회복지사협회 윤리강령

다시 말하지만, 윤리강령은 전문직 성립의 조건으로 전문직 단체가 그 중핵적인 가치관을 명문화해서 스스로가 향할 자아상, 자기의 책무, 최소한의 행동준칙 등을 들어 자기규제의 기준을 제시한 것이다. 그 기능으로서는 가치지향적 기능, 교육·개발적 기능, 관리적 기능, 제재적 기능을 들 수 있다. 한국사회복지사협회(KASW)에서는 1973년 2월 사회복지사 윤리강령의 초안 제정을 결의하였고, 1982년 1월 15일 윤리강령을 제정하였다. 이후 1988년 3월 26일 제1차, 1992년 10월 22일 제2차, 2001년 12월 15일 제3차 개정하여 현재에 이르고 있다. 사회복지사 윤리강령은 사회복지사협회 회원인 사회복지사가 준수하도록 하는 것을 말한다. 현재의 사회복지사 윤리강령은 전문에 사회복지의 이념과 사회복지사의 사명을 밝히고, 이를 달성하기 위해 사회복지사가 준수해야 할 준칙을 6개의 조문으로 명시하고 있다. 시행 중인 대한민국 사회복지사 윤리강령(전문 및 윤리기준)은 다음과 같다(www.welfare.net).

전문

사회복지사는 인본주의 · 평등주의 사상에 기초하여, 모든 인간의 존엄성과 가치를 존중하고 천부의 자유권과 생존권의 보장활동에 헌신한다. 특히, 사회적 · 경제적 약자들의 편에 서서 사회정의와 평등 · 자유와 민주주의 가치를 실현하는 데 앞장선다. 또한 도움을 필요로 하는 사람들의 사회적 지위와 기능을 향상시키기 위해 저들과 함께 일하며, 사회제도 개선과 관련된 제반 활동에 주도적으로 참여한다. 사회복지사는 개인의 주체성과 자기결정권을 보장하는 데 최선을 다하고, 어떠한 여건에서도 개인이 부당하게 희생되는 일이 없도록 한다. 이러한 사명을 실천하기 위하여 전문적 지식과 기술을 개발하고, 사회적 가치를 실현하는 전문가로서의 능력과 품위를 유지하기 위해 노력한다. 이에 우리는 클라이언트 · 동료 · 기관, 그리고 지역사회 및 전체 사회와 관련된 사회복지사의 행위와 활동을 판단 · 평가하며 인도하는 윤리기준을 다음과 같이 선언하고 이를 준수할 것을 다짐한다.

윤리기준

Ⅰ. 사회복지사의 기본적 윤리기준

1. 전문가로서의 자세

1) 사회복지사는 전문가로서의 품위와 자질을 유지하고, 자신이 맡고 있는 업무에 대해 책임을 진다.
2) 사회복지사는 클라이언트의 종교 · 인종 · 성 · 연령 · 국적 · 결혼상태 · 성 취향 · 경제적 지위 · 정치적 신념 · 정신, 신체적 장애 · 기타 개인적 선호, 특징, 조건, 지위를 이유로 차별대우를 하지 않는다.
3) 사회복지사는 전문가로서 성실하고 공정하게 업무를 수행하며, 이 과정에서 어떠한 부당한 압력에도 타협하지 않는다.
4) 사회복지사는 사회정의 실현과 클라이언트의 복지 증진에 헌신하며, 이를 위한 환경 조성을 국가와 사회에 요구해야 한다.

5) 사회복지사는 전문적 가치와 판단에 따라 업무를 수행함에 있어, 기관 내외로부터 부당한 간섭이나 압력을 받지 않는다.
6) 사회복지사는 자신의 이익을 위해 사회복지 전문직의 가치와 권위를 훼손해서는 안 된다.
7) 사회복지사는 한국사회복지사협회 등 전문가단체 활동에 적극 참여하여, 사회정의 실현과 사회복지사의 권익옹호를 위해 노력해야 한다.

2. 전문성 개발을 위한 노력

1) 사회복지사는 클라이언트에게 최상의 서비스를 제공하기 위해, 지식과 기술을 개발하는 데 최선을 다하며 이를 활용하고 전파할 책임이 있다.
2) 클라이언트를 대상으로 연구하는 사회복지사는 저들의 권리를 보장하기 위해, 자발적이고 고지된 동의를 얻어야 한다.
3) 연구과정에서 얻은 정보는 비밀보장의 원칙에서 다루어져야 하고, 이 과정에서 클라이언트는 신체적 · 정신적 불편이나 위험 · 위해 등으로부터 보호되어야 한다.
4) 사회복지사는 전문성을 개발하기 위해 노력하되, 이를 이유로 서비스의 제공을 소홀히 해서는 안 된다.
5) 사회복지사는 한국사회복지사협회 등이 실시하는 제반교육에 적극 참여하여야 한다.

3. 경제적 이득에 대한 태도

1) 사회복지사는 클라이언트의 지불능력에 상관없이 서비스를 제공해야 하며, 이를 이유로 차별대우를 해서는 안 된다.
2) 사회복지사는 필요한 경우에 제공된 서비스에 대해, 공정하고 합리적으로 이용료를 책정해야 한다.
3) 사회복지사는 업무와 관련하여 정당하지 않은 방법으로 경제적 이득을 취하여서는 안 된다.

II. 사회복지사의 클라이언트에 대한 윤리기준

1. 클라이언트와의 관계

1) 사회복지사는 클라이언트의 권익옹호를 최우선의 가치로 삼고 행동한다.
2) 사회복지사는 클라이언트에 대하여 인간으로서의 존엄성을 존중해야 하며, 전문적 기술과 능력을 최대한 발휘한다.

3) 사회복지사는 클라이언트가 자기결정권을 최대한 행사할 수 있도록 도와야 하며, 저들의 이익을 최대한 대변해야 한다.
4) 사회복지사는 클라이언트의 사생활을 존중하고 보호하며, 직무 수행과정에서 얻은 정보에 대해 철저하게 비밀을 유지해야 한다.
5) 사회복지사는 클라이언트가 받는 서비스의 범위와 내용에 대해, 정확하고 충분한 정보를 제공함으로써 알 권리를 인정하고 존중해야 한다.
6) 사회복지사는 문서 · 사진 · 컴퓨터 파일 등의 형태로 된 클라이언트의 정보에 대해 비밀보장의 한계 · 정보를 얻어야 하는 목적 및 활용에 대해 구체적으로 알려야 하며, 정보 공개 시에는 동의를 얻어야 한다.
7) 사회복지사는 개인적 이익을 위해 클라이언트와의 전문적 관계를 이용하여서는 안 된다.
8) 사회복지사는 어떠한 상황에서도 클라이언트와 부적절한 성적 관계를 가져서는 안 된다.
9) 사회복지사는 사회복지 증진을 위한 환경조성에 클라이언트를 동반자로 인정하고 함께 일해야 한다.

2. 동료의 클라이언트와의 관계

1) 사회복지사는 적법하고도 적절한 논의 없이 동료, 혹은 다른 기관의 클라이언트와 전문적 관계를 맺어서는 안 된다.
2) 사회복지사는 긴급한 사정으로 인해 동료의 클라이언트를 맡게 된 경우, 자신의 의뢰인처럼 관심을 갖고 서비스를 제공한다.

Ⅲ. 사회복지사의 동료에 대한 윤리기준

1. 동료

1) 사회복지사는 존중과 신뢰로서 동료를 대하며, 전문가로서의 지위와 인격을 훼손하는 언행을 하지 않는다.
2) 사회복지사는 사회복지 전문직의 이익과 권익을 증진시키기 위해 동료와 협력해야 한다.
3) 사회복지사는 동료의 윤리적이고 전문적인 행위를 촉진시켜야 하며, 이에 반하는 경우에는 제반 법률규정이나 윤리기준에 따라 대처해야 한다.
4) 사회복지사가 전문적인 판단과 실천이 미흡하여 문제를 야기시켰을 때에는, 적절한 조

치를 취하여 클라이언트의 이익을 보호해야 한다.

5) 사회복지사는 전문직 내 다른 구성원이 행한 비윤리적 행위에 대해, 제반 법률규정이나 윤리기준에 따라 조치를 취해야 한다.

6) 사회복지사는 동료 및 타 전문직 동료의 직무 가치와 내용을 인정 · 이해하며, 상호 간에 민주적인 직무관계를 이루도록 노력해야 한다.

2. 슈퍼바이저

1) 슈퍼바이저는 개인적인 이익의 추구를 위해 자신의 지위를 이용해서는 안 된다.
2) 슈퍼바이저는 전문적 기준에 의해 공정하게 책임을 수행하며, 사회복지사 · 수련생 및 실습생에 대한 평가는 저들과 공유해야 한다.
3) 사회복지사는 슈퍼바이저의 전문적 지도와 조언을 존중해야 하며, 슈퍼바이저는 사회복지사의 전문적 업무수행을 도와야 한다.
4) 슈퍼바이저는 사회복지사 · 수련생 및 실습생에 대해 인격적 · 성적으로 수치심을 주는 행위를 해서는 안 된다.

Ⅳ. 사회복지사의 사회에 대한 윤리기준

1) 사회복지사는 인권존중과 인간평등을 위해 헌신해야 하며, 사회적 약자를 옹호하고 대변하는 일을 주도해야 한다.
2) 사회복지사는 필요한 사회서비스를 개발하기 위한 사회정책의 수립 · 발전 · 입법 · 집행에 적극적으로 참여하고 지원해야 한다.
3) 사회복지사는 사회환경을 개선하고 사회정의를 증진시키기 위한 사회정책의 수립 · 발전 · 입법 · 집행을 요구하고 옹호해야 한다.
4) 사회복지사는 자신이 일하는 지역사회의 문제를 이해하고, 그것을 해결하는 일에 적극적으로 참여해야 한다.

Ⅴ. 사회복지사의 기관에 대한 윤리기준

1) 사회복지사는 기관의 정책과 사업 목표의 달성, 서비스의 효율성과 효과성의 증진을 위해 노력함으로써, 클라이언트에게 이익이 되도록 해야 한다.
2) 사회복지사는 기관의 부당한 정책이나 요구에 대하여, 전문직의 가치와 지식을 근거로

이에 대응하고 즉시 사회복지윤리위원회에 보고해야 한다.

3) 사회복지사는 소속기관 활동에 적극 참여함으로써, 기관의 성장발전을 위해 노력해야 한다.

Ⅵ. 사회복지윤리위원회의 구성과 운영

1) 한국사회복지사협회는 사회복지윤리위원회를 구성하여, 사회복지윤리실천의 질적인 향상을 도모하여야 한다.
2) 사회복지윤리위원회는 윤리강령을 위배하거나 침해하는 행위를 접수받아, 공식적인 절차를 통해 대처하여야 한다.
3) 사회복지사는 한국사회복지사협회의 윤리적 권고와 결정을 존중하여야 한다.

Chapter

06

윤리적 갈등과 의사결정

06
Chapter

윤리적 갈등과 의사결정

1. 가치와 윤리적 갈등

한 개인은 하나의 가치만을 가지고 있을까? 한 개인은 한 가지 가치만을 가진 게 아니다. 각 사람은 개인적 가치, 사회적 가치, 전문가의 가치, 문화적 가치, 종교적 가치 등 여러 가지 가치를 가진다. 같은 상황에서도 서로 다른 가치에 따라 전혀 다른 결정을 내릴 수 있으며, 결정을 내리는 과정에서도 가치 간에 갈등을 빚을 때가 있다. 어떤 사회적 조건이 바람직하지 못하다는 것을 알고 문제가 제기되면, 대책이 논의되고 정책결정이 이루어진다. 이 단계에서 경제 · 정치 · 종교 · 인종적인 이유 등으로 개인 혹은 집단 간 가치 갈등이 일어나게 되는데, 이것이 바로 사회문제가 된다. 사회변동은 가치의 변동을 수반하고, 결과적으로 가치관에 혼란을 가져온다. 이러한 갈등은 일탈행동을 저지르기도 한다.

▍가치 갈등 상황(價値葛藤狀況, Value conflict situation) ▍

가치 갈등 상황이란 가치판단 혹은 도덕적 판단을 해야 할 사태를 뜻한다. 도덕적 판단을 해야 하는 사태에는 한 가지 가치만 관련되어 있는 것이 아니라 여러 가지 가치가 관련되어 있으며, 도덕적 판단은 그중의 하나를 선택하는 행위이다. 콜버그(Kohlberg)가 도덕적 발달단계를 확인하는 데 사용한 '도덕적 딜레마 이야기'는 가치 갈등 상황의 전형적인 예이다. 학생들로 하여금 가치 갈등 상황에서 그 갈등을 해결하는 데 동원되는 개념과 사고(思考)방법을 습득하도록 하는 방안이 전통적 도덕교육에 대한 하나의 대안(代案)으로 널리 받아들여지고 있다.

개인적 가치는 자신이 속한 가족, 문화, 종교, 사회의 가치에서 비롯되는 것으로, 각 개인의 환경에 따라 다르게 형성될 수 있다. 예컨대 게이(gay),[1] 레즈비언(lesbian)[2]이 자신의 성 정체성을 바꾸려고 노력하면 변화 가능하다고 보는 가치, 또는 성 정체성은 타고난 것이므로 바꿀 수 없다는 가치는 문화 · 종교적 가치에 강한 영향을 받고 달라질 수 있다.[3] 이러한 성 정체성에 대한 개인의 가치는 사회적 가치에 큰 영향을 받는다. 사회적 가치는 사회의 일반화된 정서적 공감대를 반영하며, 개인적 가치에 영향을

1) 게이(Gay)란 남녀 동성애자(同性愛者)를 긍정적으로 일컫는 말로, 주로 남성 동성애자를 지칭한다. 게이라는 말은 영어이며 '즐거운, 유쾌한, 기쁜, 행복한' 등의 사전적 의미를 가지고 있다. 주로 1960년대 서양에서 여성인권운동, 흑인인권운동과 더불어 동성애자의 인권운동이 활발하게 일어나면서 게이라는 용어가 새롭게 사용되었다. 게이는 남녀 동성애자를 아울러 일컫는 말이지만, 최근 들어서는 주로 남성 동성애자를 지칭하는 말로 쓰인다. 우리나라에서는 보통 게이는 남성 동성애자를, 레즈비언은 여성 동성애자를 나타내는 말로 구분되어 쓰인다. 동성애자 스스로 자신의 정체성을 긍정적, 적극적으로 수용한 결과 나타난 말인 호모섹슈얼리티(homosexuality) 등의 정신분석학적 용어와는 구별된다.

2) 레즈비언(Lesbian)이라는 말은 그리스 에게 해(Aegean Sea)의 레스보스(Lesbos) 섬에서 유래하였다. 고대 그리스의 여류 시인 사포(Sappho)는 동성애자였다는 설이 있는데, 그녀의 거주지는 레스보스 섬이었다. 즉, 레즈비언이라는 말은 레스보스 섬의 사포와 같은 사람들이라는 뜻에서 유래되어, 점차 여성 동성애자를 칭하는 말로 사용되기 시작했다. 사포의 이름에서 유래된 사피즘(sapphism)도 여자의 동성애를 가리키는 말로 사용된다. 레즈비언 사이에서도 옷차림이나 성격, 좋아하는 여성의 스타일에 따라 부치(butch) · 펨(femme) 등으로 구분하여 부르기도 한다.

3) 동성애자(Homosexual), 양성애자(bisexual), 성전환자(transgender, transsexual) 등 성적 소수자 전체를 퀴어(queer)라는 용어로 표현한다. 이성애자를 일반적이라고 보는 사회를 비판하는 취지에서 동성애자들은 자신들을 역설적으로 이반(二般 또는 異般)이라고 부르기도 한다. 한편, 퀴어와 비슷한 개념으로 LGBT가 있는데, 이 역시 레즈비언과 게이, 양성애자(bisexual), 트랜스젠더(transgender)의 앞글자를 딴 것으로 성소수자를 의미한다. 여기에 본래의 LGBT에서 인터섹스(intersex)를 포함한 LGBTI, LGBT에서 무성애자(asexual), 인터섹스(intersex), 자신의 성 정체성에 의문을 가진 사람들(questioner)을 더한 LGBTAIQ 등도 있다.

[성소수자의 상징, 무지개 깃발]

미치고 시대의 변화에 따라 변화한다. 게이, 레즈비언, 트랜스젠더(transgender, 성전환자)에 대한 사회적 인식과 가치는 40여 년 전과 비교했을 때 큰 변화가 있다. 이와 같은 사회적 가치는 역사적으로 형성되며, 경험에서 비롯된다고 할 수 있다(이순민, 2016: 28-29).

사회복지실천 과정에서 사회복지사는 개인적 가치, 사회적 가치 이외에도 전문가의 가치에 영향을 받는다. 전문가의 가치는 사회복지 전문가로서의 실천활동과 관련되어 요구되는 가치다. 전문적 가치를 통해 다른 전문직과 차별화된 사회복지사로서의 자기정체성을 확보할 수 있으며, 전문직으로서의 책임과 의무 여부를 평가할 수 있는 근거가 마련된다. 사회복지사는 개인적 가치와 전문가의 가치 간에 충돌이 있을 때 전문가로서의 실천활동에 윤리적 갈등이 생길 수 있다. 예컨대 사회복지사는 자신의 성 정체성에 의문을 가진 클라이언트를 대할 때 개인적 가치로는 게이나 레즈비언에 대한 부정적인 인식을 가지고 있을 수 있다. 하지만 사회복지 전문가의 가치로서는 클라이언트의 다양성을 인정하고, 클라이언트 스스로 자신의 성 정체성을 결정하도록 자기결정권을 존중해 주어야 한다. 이처럼 전문가의 가치, 개인적 가치, 클라이언트의 가치 등이 일치하지 않을 때 다양한 윤리적 딜레마가 나타날 수 있으며, 이를 해결하기 위해 윤리적 결정을 내려야 할 필요성이 생긴다.

사회복지사는 자신의 개인적 가치와 클라이언트의 문화·종교적 가치 혹은 윤리적·도덕적 신념 사이에서 갈등이 있을 수 있다는 가능성을 인식하고 있어야 한다. 사회복지사가 중요하게 생각하는 가치를 클라이언트가 중요시하지 않거나, 그 반대 상황이 일어날 수도 있기 때문이다. 사회복지사는 윤리적 갈등 상황에서 클라이언트의 가치를 존중함과 동시에 윤리적인 사회복지실천을 하는 데 필요한 윤리적 의사결정을 어떻게 내릴 수 있느냐에 대해 생각해야 한다.

사례 6-1 **10대 임신과 낙태 관련 갈등 상황**

김 선생은 청소년상담센터에 근무하는 사회복지사다. 그는 최근 17세의 여자 고등학생인 미연이와 그녀의 어머니를 담당하게 되었다. 김 선생은 지난해에 미연이가 남자친구에 대한 의견 차이로 어머니와 여러 차례 다툼이 있었다는 것을 알고 있다. 당시 미연이의 남자친구는 고등학교를 중퇴하고 주유소에서 숙박을 해결하며 일하는 상황이었고, 미연이는 남자친구와 가까워지면서 학교 성적이 갑자기 떨어졌다. 그러다가 미연이가 임신을 하게 되면서 가족 간의 갈등은 더 심해졌다. 이런 위기 상황에서 가족치료가 필요하게 되었다. 미연이는 학교를 중퇴하고 남자친구와 거처를 마련하고 그곳에서 아이를 출산하기를 원했다. 그리고 18세가 되는 내년에 결혼할 계획이라고 했다. 미연이 어머니는 매우 보수적인 가치관을 가진 분으로, 독실한 로마 가톨릭 교인이다. 그래서 평소 혼전임신이나 낙태가 바람직한 일이 아니라고 생각해 왔다. 그럼에도 불구하고 어머니는 미연이가 학업을 계속하고 남자친구와의 관계를 정리하기 위해서는 낙태가 유일한 해결방법이라고 생각했다. 어머니는 미연이가 결혼하기에는 너무 어린 나이고, 반드시 학업을 계속해야 한다고 보았다. 하지만 종교적인 가치관에 따라 낙태에 대해서는 다소 불편한 감정을 가지고 있다. 미연이는 자신의 가족에 대한 관계보다는 남자친구와 아이를 낳는 일이 가장 가치 있는 일이라 생각하고 있다. 사회복지사는 자신도 지난 5년 동안 임신을 위해 병원 등에서 진료를 받으며 노력해 왔고, 평소에 낙태는 절대로 허용할 수 없는 일이라고 생각해 왔다. 김 선생은 사회복지사로서 10대인 클라이언트의 자기결정권을 존중해야 할 것인지, 아니면 이 결정이 해가 될 수 있으므로 보호자인 어머니의 결정에 따라야 할지가 고민이다.

출처: 이순민(2016), p. 30.

〈사례 6-1〉에서 낙태에 관련된 사회복지사의 개인적 가치, 전문가로서의 가치, 클라이언트인 미연이와 어머니의 가치가 모두 다름을 알 수 있다. 그렇다면 각각의 가치는 결정과정과 결정방법에 어떻게 영향을 미치게 될까? 과연 사회복지사가 가치중립을 지키는 것이 가능할까? 그리고 사회복지사의 개인적 가치가 클라이언트에게 영향을 주지 않도록 하는 것이 가능할까? 여러분의 생각은 어떠한가?

사회복지사는 자신과 비슷한 가치나 신념을 가진 클라이언트를 만나기도 하지만, 많이 다른 가치체계를 가진 클라이언트와 함께 일을 하기도 한다. 이때 사회복지사는 자기 자신의 가치에 따라 클라이언트의 가치나 신념을 비판해서는 안 된다. 사회복지사는 클라이언트의 행위나 가치관에 대해서도 비심판적인 태도를 보여야 하며, 있는 그대로의 클라이언트를 수용하여야 한다. 또 사회복지사는 클라이언트의 가치관이 자신의 가치관과 현저히 다르다고 해도 클라이언트의 가치관을 인정하고 허용할 수 있어야 한다. 왜냐하면, 그렇게 하지 않으면 클라이언트와 상호작용하는 데 있어 방해가 될 수 있기 때문이다. 또한 상황에 따라 사회복지사 자신의 솔직한 관점을 내보이고 사회복지사의 생각을 적절히 표현함으로써 클라이언트에게 조언자로서의 역할을 해 줄 수도 있다. 하지만 사회복지사는 클라이언트에게 자신의 가치관을 수용하도록 요구해서는 안 되며, 클라이언트의 눈높이에 맞추어 클라이언트의 가치관을 수용할 수 있어야 한다.

그렇다면 사회복지사가 자신과 비슷한 가치를 가진 클라이언트만을 만나는 것이 서비스 제공이나 관계 형성에서 더 좋은 것인가? 비슷한 가치, 신념, 경험 등을 가진 사회복지사는 클라이언트를 이해하는 데 좀 더 도움이 될 수 있다. 그러나 현실적으로 비슷한 가치를 가진 사회복지사와 클라이언트가 같이 일하게 될 수 있는 확률은 매우 낮다.

실제로 많은 경우 사회복지사 자신은 겪어 보지 못했던 다양한 인생경험, 신념 및 가치를 가진 클라이언트와 함께 일하게 된다. 사회복지사는 클라이언트의 독특한 자질을 인정하고 이해하며, 클라이언트를 있는 그대로 수용할 수 있는 능력을 필수적으로 갖추어야 한다. 그렇다고 사회복지사가 클라이언트의 가치체계와 비슷해야 할 필요는 없다. 오히려 클라이언트와 다른 가치체계 때문에 클라이언트가 처한 상황과 문제를 다른 관점으로 분석하고 이해할 수 있다는 점에서 이점이라고 할 수 있다.

사회복지사와 클라이언트 간에 도저히 좁힐 수 없는 가치 갈등이 있고, 이 갈등이 전문적 관계나 효과적인 사회복지실천에도 영향을 미친다면 가치 갈등에 대해 다시 생각해 보아야 한다. 사회복지사는 클라이언트와의 가치 갈등을 어떻게 풀어 나갈 수 있을 것인지에 대해 고민하여야 한다. 사회복지사가 클라이언트와의 가치 갈등을 풀어 나갈 자신이 있으면 그 사례를 담당하고, 그렇지 않으면 다른 전문가에게 의뢰하여야 한다. 자신이 담당하고 있는 클라이언트를 다른 전문가에게 의뢰하는 것은 책임 회피가 아니다. 사회복지사 자신이 해결할 수 없는 일에 대한 도움을 다른 곳에 구하는 것이므로 사회복지사의 클라이언트에 대한 윤리적 의무다. 그러기 위해서는 우선 사회복지사 자신의 가치체계와 신념이 클라이언트와 어떻게 다른지를 분석하고 이해하는 자기인식과정을 꼭 거쳐야 한다(이순민, 2016: 29-31).

2. 윤리적 의사결정의 특성

1) 윤리적 딜레마

여러분에게 도덕적 견해를 묻는 아주 유명한 질문을 하나 던져 보겠다. 당신은 브레이크가 고장 난 기차의 기관사다. 기차는 선로에서 작업하고 있는 인부 5명을 향해 맹렬히 달리고 있다. 그대로 달리면 인부 5명을 해치게 된다. 마침 당신 앞에는 선로를 변경할 수 있는 스위치가 있다. 그 스위치를 누르면 인부 5명을 살릴 수 있지만, 또 다른 선로에 있는 인부 1명을 해칠 수밖에 없다. 그렇다면 당신은 스위치를 누를 것인가? 이 질문을 묻는 설문조사에서 89%의 사람들이 스위치를 누르겠다고 답했다.

이번엔 질문을 바꿔보자. 당신은 기관사가 아니라 그 상황을 지켜보고 있는 구경꾼이다. 마침 당신 앞에는 덩치가 큰 사람이 있다. 이 사람을 선로에 떠밀면 기차를 멈출 수가 있지만, 그 사람이 죽게 된다. 그 대신 인부 5명을 살릴 수가 있다. 당신이라면 덩치 큰 사람을 밀겠는가? 이 질문을 받은 사람들은 앞선 질문 때문에 고민에 빠진다. 다시 말해, 윤리적 딜레마(ethical dilemmas) 상황에 봉착하게 된다.

두 질문은 『정의란 무엇인가(Justice: What's the Right Thing to Do?)』의 저자 샌델(Sandel)[4]이 자주 인용하여 널리 알려진 일명 트롤리 딜레마(Trolley dilemma)[5]다. 결론적으로 말하자면 두 번째 질문에 대다수의 사람(78%)은 밀지 않겠다고 답했다. '최대 다수의 최대 행복'이라는 공리주의적 관점에서 보자면 두 질문에 대한 사람들의 반응은 모순이다. 우리는 다수를 위해 소수가 희생해야 한다고 생각하지만, 동시에 다수를 위한 명분이 소수를 희생시켜서는 안 된다고 생각하는 이율배반적인 존재가 된다. 과연 그럴까?

두 가지 트롤리 문제에서 발견된 딜레마를 살펴보자. 두 가지 트롤리 문제는 모두 '소수를 희생해서 다수를 구할 것인가'를 묻는 것처럼 보인다. 하지만 응답자들은 두 가지 문제에 대해 서로 다른 판단을 한다는 것을 알 수 있다. 언뜻 비슷해 보이는 문제에 왜 많은 응답자는 다르게 반응하는 것일까?

첫 번째 트롤리 문제에서는 5명의 인부를 죽게 내버려 두지 않는 것에 초점이 맞추어지지만, 두 번째 트롤리 문제에서는 1명의 뚱뚱한 사람을 죽이는 것에 초점이 맞추어

4) 유태인 가정에서 태어난 마이클 샌델(M. J. Sandel, 1953~)은 27세의 최연소 나이로 하버드대 교수가 되었다. 그는 29세이던 1982년 자유주의 이론의 대가인 존 롤스를 비판한 『자유주의와 정의의 한계』를 발표하면서 세계적인 명성을 얻기 시작하였다. 특히, 그가 하버드대에서 지난 20년간 해 온 '정의' 강의는 1만 명이 넘는 학생들이 수강해 하버드 역사상 가장 많은 학생이 청강한 강좌 중 하나로 꼽힌다. 샌델 교수에 따르면 정의를 판단하는 세 가지 기준은 행복, 자유, 미덕이다. 샌델은 저서인 『정의란 무엇인가(Justice: What's the Right Thing to Do?)』로 국내에 정의 열풍을 일으키며 큰 인기를 얻었고, 2005년과 2010년에 방한해 강연을 한 바 있다. 이어 샌델은 2012년 출간된 『돈으로 살 수 없는 것들』에 대해 강의하기 위해 4박 5일 일정으로 한국을 방문, 6월 1일 연세대학교 노천극장에서 강연을 열기도 하였다.

5) 윤리학 분야의 사고실험으로, 다섯 사람을 구하기 위해 한 사람을 죽이는 것이 도덕적으로 허용 가능한지에 대한 질문이다. 영국의 철학자 풋(P. Foot)과 미국의 철학자 톰슨(J. J. Thomson)이 고안한 윤리적 딜레마를 말한다.

져 있기 때문이다. 첫 번째 트롤리 문제에서는 5명의 생명을 위협하는 트롤리를 1명에게 나눌 수 있는 것처럼 보이지만, 두 번째 트롤리 문제에서는 뚱뚱한 사람의 권리를 침해하여 5명의 생명을 구하는 것처럼 보이기 때문이다.

왜 트롤리 딜레마가 생기는지에 관한 명확한 이유는 없다. 다만 위의 두 딜레마 상황에서 활성화된 뇌 부위가 다른 점을 보았을 때 다음과 같은 가능성이 제기된다. 즉, 딜레마 상황에서 윤리적 결정을 할 때는 옳고 그름의 판단과는 별개로 뇌의 이성적 판단 중추와 정서적 판단 중추 중 활성화된 쪽을 선택할 가능성이 있다는 것이다([그림 6-1] 참조).[6)]

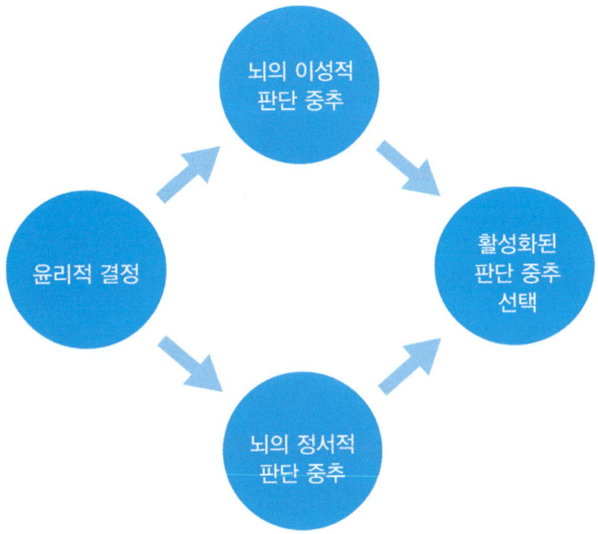

[그림 6-1] 윤리적 결정 ⇨ 활성화된 판단 중추

6) 진화심리학자 하우저(M. Hauser)는 트롤리 딜레마를 바탕으로 통계 심리실험을 했는데, 그는 도덕적 판단은 이성의 결과이므로 실험 참가자들의 나이와 문화에 따라 답이 다를 것이라고 보았다. 그러나 실험결과 참가자들의 인종, 나이, 학력, 종교, 문화적 차이를 막론하고 트롤리 사례에 대해서 85%의 참가자가 도덕적으로 허용할 수 있다고 답했다. 그러나 육교 사례에 대해서는 12%의 참가자들만이 몸집이 큰 사람을 떨어뜨리는 것을 도덕적으로 허용할 수 있다고 답했다. 실험결과에 대해 하우저는 한 사람의 목숨을 희생해 다섯 사람의 목숨을 구하는 것은 두 사례 모두 같지만, 목적을 위해 수단과 방법을 정당화해서는 안 된다는 도덕 가치로 말미암아 이러한 차이가 발생한다고 보았다.

어떤 윤리적인 의무를 위해 다른 윤리적 의무를 보류해야 하는 윤리적 딜레마 상황에 직면하여, 사회복지사는 최선의 윤리적 선택을 해야 한다. 사회복지사는 윤리적 딜레마가 일어나는 갈등 상황에서 '과연 클라이언트에게 최선은 무엇인가? 무엇이 윤리적으로 올바른 선택인가? 어떤 윤리적 의무가 최소한의 손실을 가져올 것인가? 실천과오를 일으킬 부분은 없는가?' 등과 같은 질문을 하는 것은 필요한 과정이다.

이처럼 윤리적 의사결정은 클라이언트에 대한 실천가의 책임이 따르는 것이기 때문에 신중하게 접근해야 한다. 만일 결정이 잘못되었을 때는 클라이언트의 삶을 위해하거나 부정적인 결과를 초래할 수 있고, 심지어 돌이킬 수 없는 실천상의 과오가 일어날 수 있다(김기덕 외, 2017: 156).

따라서 김기덕 등(2017: 157)은 사회복지사가 윤리적 딜레마 상황에서 다음 사항을 고려하면서 윤리적 의사결정을 하도록 조언하고 있다.

- 현재 직면한 윤리적 딜레마와 관련된 사회복지사 자신의 가치가 무엇인지를 아는 것이 중요하다.
- 윤리적 결정에 관련되는 사회의 가치, 전문가의 가치가 무엇인지를 확인하는 것이 필요하다.
- 의사결정을 위해 가능한 대안이 무엇인지, 어떤 것을 선택하는 것이 가장 최선인지, 그 선택을 통해 이익을 받는 사람과 불이익을 받는 사람이 누구인지, 클라이언트의 권리가 최대한 보장이 되는지를 파악해야 한다.
- 실천가가 취하고자 하는 대안이 효율성과 효과성의 측면에서 최선인지, 그러면서 윤리적인 것인지를 확인해야 한다.

2) 윤리적 의사결정과 관련된 체계

윤리적 딜레마에 처했을 때 사회복지사는 조직의 여러 관련 체계로부터 도움을 받을 수 있다. 동료와 논의할 수 있고 슈퍼바이저나 상위 책임자로부터 지도를 받을 수 있다. 조직 외적으로는 보수교육을 통해 윤리적 의사결정의 역량을 강화할 수 있으며, 윤리적인 사안과 관련된 관계자로부터 자문을 받을 수 있다. 그리고 기관의 윤리적인 문제를 처리하는 체계를 이용하여 다룰 수 있을 뿐 아니라, 클라이언트의 권리에 관한 규정이나 강령 등을 참조할 수 있다. 더 나아가 한국사회복지사협회의 윤리위원회 혹은 윤리적 이슈를 다루는 관련 전문가로부터 자문을 받는 것이 유리하다(김기덕 외, 2017: 157-158).

윤리적 의사결정을 위해서 사회복지사는 자신이 속한 업무환경의 다양한 체계와 관계할 수 있다. 이때 사안에 따라서 단일 혹은 소수의 체계를 활용할 수도 있다. 그러나 최선의 결정을 위해서 할 수만 있다면 단일 체계보다는 여러 체계를 검토하는 것이 유리하다. 그 과정에서 윤리적 의사결정의 결과가 각 체계 간에 다를 경우 다른 상위체계의 도움을 받아야 한다. 바람직한 윤리적 의사결정은 여러 체계의 공통 견해를 채택하는 것이다.

김기덕 등(2017: 158-160)이 제시한 윤리적 의사결정에 도움이 되는 다양한 체계를 살펴보면 다음과 같다.

(1) 동료 검토

윤리적 딜레마가 발생했을 때 동료들과 해당 사안에 대해 논의할 수 있다. 그러나 동료는 대개 책임체계와 경험, 지식 수준에서 수평적 관계에 있는 체계라는 점이 한계이기도 하다. 다시 말해서, 윤리적인 딜레마 상황에서 다양한 관점을 공유하면서 최선의 방향을 함께 검토하는 것에는 도움이 될 수 있지만, 동료와의 검토 내용에 대해서는 상위체계의 재검토가 필요하다.

(2) 슈퍼비전체계

슈퍼바이저는 슈퍼비전을 통해 슈퍼바이저의 비윤리적인 실천을 감독하며, 슈퍼바이저가 윤리적인 실천을 수행하도록 지도 · 감독해야 할 책임이 있다(Reamer, 2001; 김기덕 외, 2017: 158, 재인용). 슈퍼비전은 사회복지사가 공식적인 채널을 통해 윤리적 의사결정을 지원하는 기능을 한다. 슈퍼바이저는 슈퍼바이지의 실천과정 전반에 대해서 모니터링을 하고 필요하면 자문을 제공해야 하는 윤리적 책임이 윤리강령에 제시되어 있다. 따라서 슈퍼바이저는 슈퍼바이지의 업무상 윤리적 이슈와 관련된 지도책임이 있다(NASW, 2008; 김기덕 외, 2017: 159, 재인용). 아울러 슈퍼바이저는 슈퍼바이지의 비윤리적 실천에 대해서도 즉각 개입을 하여 실천상의 과오를 방지하여야 할 의무가 있다.

(3) 윤리적 의사결정을 위한 교육체계

윤리적 민감성을 북돋우고 윤리적 의사결정을 위한 역량 강화를 위해 교육체계를 활용하는 것은 중요하다. 교육을 통해 윤리적 의사결정 역량을 증진하는 것은 단시간에 가능하지 않다. 따라서 즉각적으로 활용하기에는 제한점이 있다. 그러나 윤리적 사안에 대한 검토, 토론, 사례 분석 등 윤리적 민감성을 증진하고 대안을 도출하기 위한 지속적인 학습과 교육을 통해 윤리적 의사결정과 관련 역량을 증진할 수 있다.

(4) 클라이언트를 위한 권리규정

윤리적 의사결정에서 다루는 많은 사안이 취약한 클라이언트의 권리와 관련된 것일 수 있다. 따라서 의사결정과정에서 클라이언트의 권리를 보호하고 증진하기 위한 규정을 참고하여 그 규정에 준해 결정하는 것이 요구된다. 클라이언트의 권익 · 권리와 관련된 규정은 이미 제시된 것(「유엔세계인권선언문」, 「아동권리장전」, 「국가인권위원회법」, 「장애인차별금지 및 권리구제 등에 관한 법률」 등)을 참조할 수도 있으나, 각 기관에서 클라이언트의 권리장전을 구비하고 그것에 기초하여 윤리적 의사결정의 지침으로 활용할 수 있다.

(5) 전문가 집단

윤리적인 교착상태에서 관계기관의 윤리위원회나 한국사회복지사협회 윤리위원회의 도움을 받을 수 있다. 사회복지사가 소속된 기관에 윤리위원회가 구성되어 있으면 윤리적 사안에 대한 신속한 대응이 가능할 수 있다. 만일 기관이나 지역사회에 윤리위원회가 구성되어 있지 않은 경우나 기관의 윤리위원회에서 충분한 대안이 제시되지 않을 때는 한국사회복지사협회 윤리위원회의 자문을 통해 도움을 받을 수 있다.

(6) 판례집 활용

윤리적 의사결정 교착상태에 빠진 사회복지사는 윤리적 의사결정 판례집으로부터 도움을 받을 수 있다. 그런데 우리나라는 아직 윤리적 의사결정과 관련된 판례집이 없기 때문에 당장 판례집을 활용할 수가 없다. 그러나 앞으로 윤리적 의사결정 판례집이 준비되면 좋은 지침이 될 것으로 기대한다.

3) 윤리적 의사결정의 특성

김기덕(2005)은 윤리적 의사결정의 특성을 다음과 같은 여덟 가지로 제시하고 있다(김기덕 외, 2017: 160-163, 재인용).

첫째, 윤리적 의사결정은 기본적으로 이성적인 작업이다. 사회복지사는 클라이언트에게 최선의 실천을 지향하기 위해 노력한다. 그 과정에서 다양한 정보를 종합적으로 분석하면서 클라이언트의 문제를 완화하기 위해 어떤 방법의 원조가 가장 적합한지, 원조과정에서 비윤리적인 실천을 어떻게 피할 수 있는지 등을 판단한다. 그리하여 비합리적이고 무계획적이며 비윤리적인 요소를 최소화하게 된다.

둘째, 윤리적인 의사결정은 순간적인 판단이 아니라 일련의 단계로 이루어지는 합리적인 과정이다. 물론 합리성에 있어 제한적인 합리성이 작용할지라도 누가 클라이언트인지, 클라이언트의 문제가 무엇인지, 클라이언트를 원조하기 위한 최선의 방법은 무엇인지, 가치의 상충으로 말미암은 윤리적인 교착상태에서 어떤 규칙과 원칙을 적용해야 하는지 등 클라이언트의 원조와 관련된 모든 사항에 대해 합리적이고 체계적인 과정을 통해서 의사결정을 한다.

셋째, 윤리적 의사결정과정에는 이성적 · 합리적 요인과 함께 심리적 요인도 영향을 미친다. 의사결정이 이성적이고 합리적인 과정을 거치지만, 그 과정에서 일어나는 정서적이고 심리적인 요인을 배제한 상태의 의사결정은 클라이언트에게 불만족한 결정이 될 수 있다. 클라이언트에게 이로운 의사결정이라 하더라도 클라이언트가 그 결정에 대해서 주관적으로 불만족하고 불편하게 인식하는 경우에는 그 결정은 결코 만족스러운 결정이 아니다. 객관적 사실만큼 중요한 것은 그 사실에 대해서 클라이언트가 어떻게 인식하고 있느냐이다.

넷째, 윤리적 의사결정은 기본적으로 다양한 가치 사이에서 이루어지는 하나의 절충이다. 실천과정에서 명백하게 옳거나 명백하게 그른 것 중에 선택하는 경우에는 전혀 고민하지 않아도 된다. 그러나 윤리적 딜레마 대부분은 서로 양립할 수 없는 두 상황의 가치를 인정하나, 그중 하나를 선택해야 하기 때문에 일어나는 현상이다. 절대적으로 옳거나 절대적으로 그른 상황이라면 타협하지 않아도 된다. 그러나 윤리적 딜레마는 간단명료한 상황이 아니므로 윤리적 교착상태에서 어떤 가치를 지향할 것인지, 어떤 선택이 누구에게 불리하고, 그 결정으로 누가 유리한지 등에 대해 종합적으로 분석하면서 결정의 우선순위를 정하여 선택하게 된다.

다섯째, 윤리적 의사결정과정에는 '절차(process)'와 '원칙(principle)'이라는 두 가지 핵심요소가 반영되어야 한다. 윤리적 교착상태에서 우선순위를 정하기 위해서는 절차와 원칙이 요구된다. 윤리적인 딜레마를 해결하기 위해서 우선순위를 확인하고 합리적인 절차를 거쳐 결정하기 위한 조직화된 과정이 요구된다. 또한 가치와 연관된 우선순위를 판단하기 위한 기준이 필요하다. 의사결정을 위한 절차와 원칙은 분리되기보다는 원칙하에 절차를 밟게 되는 유기적인 관계다.

여섯째, 윤리적 의사결정이라고 해서 사례의 윤리적 측면만을 고찰하는 것이 아니다. 의사결정을 할 때 사회복지사는 과학적인 근거만을 활용하는 것은 아니다. 의사결정과 관련된 사회복지사의 실천경험, 직관, 상황적 요소 등 비합리적인 요소가 관여될 수 있다. "사회복지는 과학과 예술의 결합"이라는 표현과 같은 맥락에서 이해될 수 있다. 의사결정과 관련된 정서적이고 심리적인 것을 계량화하여 명확한 의사결정을 지향하는 것은 쉬운 작업이 아니다. 무엇이 최선이고 그 상황에서 무엇이 옳은가를 지향하는 것은 과학적이고 합리적으로 설명되지 않는 실천적인 요소가 결합되는 것이다.

일곱째, 사회복지 분야에서 이루어지는 윤리적 결정이 합리적·체계적인 기준과 절차에 의한 것이라 해도 그 과정에는 필연적으로 의사결정자가 가지는 자유재량요소가 있다. 윤리적 의사결정에는 자료수집과 분석, 어떤 이론에 근거하여 개입할 것인지에 대한 고려, 어떤 실천방법을 지향하며 누구를 과정에 포함시킬 것인지와 관련하여 많은 재량권이 있다. 이러한 재량은 전문가의 재량일 수 있다. 그러나 이 재량권의 결과에 따라서 의사결정결과가 달라질 수 있다면, 그 실천이 과연 윤리적이라고 말할 수 있는가? 따라서 이러한 문제에 대응하기 위해 윤리적 의사결정론이 있다.

여덟째, 윤리적 의사결정과정은 한 명의 의사결정자가 독단적으로 진행하는 것이 아니라, 이러한 결정에 영향을 미칠 수 있고 또 영향을 받을 수 있는 모든 당사자가 전체적으로 참가한 결과다. 윤리적 의사결정이 이성적이며 합리적인 작업과정을 거치기 때문에 의사결정과 관련된 여러 체계가 관여하게 된다. 여기서 여러 체계는 클라이언트, 클라이언트와 관련된 체계, 담당 사회복지사, 슈퍼바이저, 관련 체계의 다양한 전문가 등을 말한다. 물론 여러 체계가 참여하는 것이 윤리적 의사결정을 지향한다고 단언할 수는 없다. 의사결정과정에는 다양한 상황이 연출될 개연성이 항상 존재한다. 가족구성원 중 독단적이고 가부장적인 아버지 의견이 더 반영될 수 있으며, 여러 전문가의 다양한 관점을 수용하기 위한 과정으로 최선책보다 차선책이 드러날 수도 있다. 따라서 이 과정에서 요구되는 것이 윤리적 의사결정과 관련된 민주적인 의사결정 정서다. 민주적인 의사결정은 단지 다수결을 의미하는 것이 아니라, 의사결정체계에 관여된 사람들이 억압적이지 않은 상황에서 의사결정과정에 참여하는 것을 말한다.

3. 윤리적 의사결정 모델

사회복지는 인간의 다양한 문제를 돕기 위한 사회적 수단이다. 따라서 사회복지사가 실천현장에서 클라이언트의 문제에 접근하고 해결하기 위해서는 다양한 방법론과 이론 등을 동원해야 한다. 그러나 사회복지사는 그 다양한 방법론과 이론을 동원하기 이전에 윤리적 가치기준을 갖추고 있어야 한다. 사회복지실천현장에서 가치나 윤리적 관점이 상충될 때 바람직한 결정을 내리기 위해서 사회복지사는 윤리적 판단을 하여야 한다. 일반적으로 현장에서 윤리적 갈등문제에 대한 의사결정이란 사회복지사가 선택할 수 있는 다양한 개입 행위의 대안 가운데 가장 윤리적인 것과 관련하여 판단하고 결정을 내리는 윤리적 선택 행위를 의미한다(Reamer, 1999). 윤리적 의사결정 모델을 제시한 학자로는 콩그레스(Congress), 돌고프, 로웬버그, 매티슨(Mattison), 리머 등이 있다.[7] 그러나 여기서는 PR 커뮤니케이션(public relations communication)을 소개한다.

전통적으로 윤리이론은 규범주의(deontology)와 공리주의(teleology)로 나뉜다. 규범주의는 어떤 바람직한 과정과 상태를 규정하고 그것을 따라야 한다고 주장한다. 하지만 공리주의는 결과의 효용성이 더 중요한 윤리기준이 된다. 흔히 이야기하는 절대 다수의 절대 행복이 공리주의의 원칙이 된다. PR 커뮤니케이션에서는 규범주의와 공리주의 원리가 모두 응용되고 있다고 보아야 한다. 우수이론, 균형이론 등에서 보이는 쌍방향 균형 모델을 통한 커뮤니케이션 과정의 윤리는 규범주의로 분류될 수 있고, 상황결정이론 등에서 보이는 조직 태도에 대한 결과론적인 해석은 공리주의 원칙을 따르고 있다고 할 수 있다.

최근 PR 커뮤니케이션 윤리이론은 기본원칙을 설정하는 추상단계에서 벗어나서 실제 커뮤니케이션 과정에서 적용될 수 있는 윤리 실행 모델을 개발하는 방향으로 빠르게 발전하고 있다. 또한 민주적인 공론의 장 논의와 연결 지어 커뮤니케이션의 역할을

7) 이들이 제시한 의사결정 모델에 대해서는 『사회복지 윤리와 철학』(고수현, 2015: 89-101; 김기덕 외, 2017: 163-182; 서미경 외, 2015: 137-146; 심상용, 2016: 217-245; 윤성호 외, 2016: 127-139; 이순민, 2016: 70-83; 오혜경, 2005: 135-154), 『사회복지 윤리와 철학의 이해』(이효선, 2003: 167-193) 등을 참조하기 바란다.

제고하는 방법을 함께 모색하고 있다. 윤리적인 의사결정 실행 모델도 그러한 노력의 통합적인 산물이라고 할 수 있다. 윤리적인 의사결정 실행 모델은 칸트의 도덕률과 정언명령(categorical imperative)에 기반을 두고 있으며, 세 가지 실행단계로 이루어져 있다. 모델의 세 가지 실행단계는 ① 자율성의 결정, ② 정언명령에 따른 질문하기, ③ 윤리 고려 삼각형 모델의 적용을 말한다(김영욱, 2013).

PR 커뮤니케이션이 사회적으로 선한 일을 한다는 것은 어떤 것일까? 보웬(Bowen, 2010)은 PR 커뮤니케이션 활동과 관련한 윤리적인 논의를 집대성해 ① 협력을 통한 의사결정, ② 청취와 공감, ③ 사회 가치와 의미의 실현, ④ 공중과의 대화와 반응성, ⑤ 경쟁과 갈등의 관리, ⑥ 사회 책임성, ⑦ 권력으로부터 자율성 등을 PR 커뮤니케이션이 사회적으로 선한 일을 하는 것과 관련된 요소라고 보았다. 하지만 이러한 선과 윤리의 문제는 PR 커뮤니케이션의 역할과 관련지어 언제나 논란거리가 되어 왔다.

또한 퍼블리시티(publicity) 모델이 PR 커뮤니케이션의 원류로 잘못 설정됨에 따라 비윤리적인 커뮤니케이션 행위에 대한 원죄의식이 PR 커뮤니케이션 학자와 실무자 사이에는 아직 남아 있다. 따라서 처음 PR4 모델의 개발 이후 우수이론 등 주류이론의 발전은 PR 커뮤니케이션의 윤리규범을 만들기 위한 치열한 노력이었다고 해도 과언이 아니다.

하지만 윤리에 대한 생각이 모두 같은 것은 아니다. 예를 들어, 우수이론과 상황결정이론을 놓고 보더라도, 우수이론은 커뮤니케이션 과정에서 언제나 쌍방향 균형 모델을 지켜 나가는 것이 윤리적이라고 보았지만, 상황결정이론은 사회 전체의 처지에서 실용적인 편익을 가져올 수 있다면 그것이 윤리적이라는 견해를 보인다. 과정의 윤리와 결과론적인 실용윤리를 강조한다는 측면에서 두 이론에는 차이가 있다. 하지만 상대방을 고려하고 상호이해관계를 조정해 나간다는 의미에서 본다면 윤리적인 지향이 비슷한 측면도 발견된다. 윤리의 문제를 다르게 보는 이유는 윤리에 대한 철학적인 기반이 다르기 때문이다. 따라서 윤리에 대한 철학적인 기반이 PR 커뮤니케이션 이론과 어떻게 연결되어 있는가를 살피는 것은 중요한 문제다.

윤리적인 실행 모델은 일정한 기준을 세워 주고 그것을 실행할 수 있는 실행 원칙을 적용하는 방향으로 개발된다. PR 커뮤니케이션에서 많이 인용되는 커뮤니케이션 윤리 기준은 하버마스(Habermas)의 담론윤리다. 담론윤리는 커뮤니케이션을 통한 합의를 중요시하는데, 이 과정에서 이해 가능성, 진실성, 성실성, 정당성의 원칙이 지켜져야 한다고 보았다(김영욱, 2012). 이 외에도 칸트의 도덕률, 롤스의 도덕 의무 등이 윤리기준으로 내세워졌다.

하지만 이러한 기준을 설정해도 이것을 실제로 실행하기 위한 모델로 연결하는 작업은 어렵다. 사례연구를 통해서 실제로 기준이 지켜진 사례와 지켜지지 않은 사례를 비교하고 그것을 현재의 사안에 적용하는 방법이 논의되기도 했지만, 결국 윤리문제는 개인의 의사결정에 달려 있기 때문에 이를 고려한 구체적인 모델의 개발이 필요해진다.

개인의 윤리적인 의사결정에 많이 인용되는 포터상자 모델은 ① 상황의 정의, ② 사안과 관련된 가치의 탐색, ③ 자신이 고수하는 원칙의 설정, ④ 다양한 주요 공중 중에서 자신의 원칙을 적용할 공중의 선정 등 의사결정과정을 거치는 것이 필요하다고 했다(McElreath, 1996; 김영옥, 2013, 재인용). 관련된 가치의 탐색과 적용 원칙의 결정 등은 개인의 윤리 가치가 반영된다. 하지만 포터상자 모델은 개인의 윤리적인 의사결정을 이루는 과정은 설명했지만, 실제적으로 규범적인 윤리 원칙을 개인의 윤리적인 의사결정과 연결하는 방법을 보여 주지는 못한다.

다른 실행 모델로서 SMART 윤리 실행 모델은 ① 사회적인 가치와 의미 설정, ② 상호 호혜적인 관계 고려, ③ 목표 달성을 통한 편익의 상정, ④ 수사학적인 전략 설정, ⑤ 전술 사용 등의 단계를 제시했다(Heath & Coombs, 2006; 김영옥, 2013, 재인용). 하지만 SMART 모델도 가치에서 전술로 이어지는 과정을 보여 줄 뿐 구체적인 기준을 설정하지는 않았다.

이런 측면에서 최근에 개발된 윤리적인 의사결정 실행 모델(a practical model for ethical decision making)은 구체적인 윤리의 규범기준을 설정하고 이것을 실제 PR 커뮤니케이션 실행과정에서 어떻게 응용할 수 있는지를 보여 주는 좀 더 통합적인 실행 모델이라고 할 수 있다. 윤리적인 의사결정 실행 모델은 칸트의 도덕률과 정언명령에 기반하고 있다(Bowen, 2004; 김영옥, 2013, 재인용). 윤리적인 의사결정 실행 모델은 세 단계로 이루어져 있다. 세 가지 단계는 ① 자율성의 결정, ② 정언명령에 따른 질문하기, ③ 윤리 고려 삼각형 모델(Ethical Consideration Triangle)의 적용을 말한다(Bowen, 2005; 김영옥, 2013, 재인용).

자율성의 결정은 윤리적인 의사결정을 위한 규범성 측면의 기초를 이룬다. 윤리를 실행하는 주체가 독립적이고 자율적인 도덕 판단을 할 수 없다면 윤리적인 의사결정은 의미를 상실한다. 여기서 자율성은 좁은 의미에서 자신의 이익을 확보할 수 있느냐의 수준이 아니라 보편적인 의미에서 도덕적인 결정을 할 수 있는 자유를 의미한다.

자율성 테스트는 구체적으로 윤리적인 의사결정자에게 어떠한 외압도 없이 자신의 순수한 이성에 의해 행동하고 있는가를 묻는다. 주로 세 가지 질문, 즉 정치적인 영향력, 금전적인 영향력, 자신의 이익에 대한 관심 여부를 묻는 질문으로 구성된다. 이러한 테스트를 통과했을 때 윤리적인 딜레마를 물어 보는 단계로 넘어가게 된다. 만약 자율성 테스트를 통과하지 못한다면 윤리적인 의사결정은 다른 사람에게 넘어가야 한다. 예를 들어, 권위적인 조직의 수장이 모든 의사결정을 담당하는 경우라면, 조직의 구성원은 자율성 테스트를 통과할 수 없기 때문에 이런 경우는 윤리적인 의사결정을 조직의 수장에게 넘겨야 한다.

둘째 단계는 정언명령을 기준으로 한 테스트다. 정언명령은 보편성을 기본으로 가역의 원칙(principle of reversibility)에 기초하고 있다. 가역의 원칙은 자신이 내린 윤리적인 의사결정이 내가 상대방의 입장이 되어서도 만족할 수 있는가를 스스로 물어 보는 것이다. 칸트는 윤리적인 의사결정은 도덕적인 의무에서 비롯되어야 한다고 보았다. 윤리적인 의사결정자는 합리적이고 자율적인 의지를 가지고, 모든 사람들에게 적용될 수 있도록 보편타당하며, 상대방의 입장에서도 받아들일 수 있는 결정을 해야 한다. 그것이 보편타당한 도덕적인 의무를 수행하는 것이다.

이러한 정언명령 기준을 테스트하기 위해서는 주로 보편성, 가역성, 자율성을 물어 보는 세 가지 질문을 하게 된다. 그것은 ① "내가 지금 하려고 하는 행위가 모든 사람이 비슷한 상황에서 같은 행위를 하도록 도덕적인 의무를 지울 수 있는가?", ② "내가 상대방의 입장이라면 이러한 결정을 수용할 수 있는가?", ③ "이와 비슷한 윤리적인 쟁점을 이전에 직면한 적이 있는가?" 등이다. 이 같은 질문을 통과하면 윤리 고려 삼각형 모델 단계로 넘어가게 된다.

셋째 단계인 윤리 고려 삼각형 모델 단계는 정언명령 테스트를 통해 도덕적인 딜레마를 해소한 다음, 정언명령을 더욱 구체적으로 공중을 고려한 상태에서 적용해 보는 단계다. 윤리 고려 삼각형 모델은 정언명령의 세 가지 구성요소인 도덕적 의무(duty), 선한 의도(intention), 다른 사람에 대한 존엄성(dignity and respect)을 기준점으로 삼아 자신, 공중, 사회, 이해관계자, 조직에 각각 적용해 정언명령의 수행 여부를 점검해 보는 것이다. 이 단계에서 각 공중에게 물어보는 의무, 의도, 존엄성 질문은, ① "나는 옳은 일을 하고 있는가?", ② "나는 도덕적으로 선한 의지를 가지고 진행하고 있는가?", ③ "나는 상대방에 대한 존엄과 존경을 가지고 있는가?" 등을 말한다(김영옥, 2013).

Chapter

07

클라이언트의 권리와 관련된 윤리적 쟁점

07
Chapter

클라이언트의 권리와 관련된 윤리적 쟁점

1. 자기결정과 온정적 개입주의

1) 자기결정의 원칙과 자율성

자기결정(Self-determination)이란 개인이 무엇을 하고, 그것을 어떠한 방법으로 할 것인가를 선택하고자 하는 욕구를 말한다. 개인은 자기 스스로의 행동에 책임을 지고자 하며, 다른 사람으로부터 강요당하는 외적 통제에서 오는 압력과 항상 다투고 있다. 그리고 때로는 이 같은 굴레에 얽매이지 않으려고 '도움'까지도 사양한다. 이 욕구는 외적 보상이나 억압보다도 개인이 행동을 결정하고자 하며 개인이 원하는 것을 갖고자 하는 바람이다.

자기결정은 사회복지 윤리 중 한 가지로서 클라이언트의 권리와 요구를 인식하고 그들이 스스로 선택하고 결정할 수 있도록 하는 원칙이다. 이 원칙은 사회복지사의 도움이 클라이언트가 활용할 수 있는 자원이 무엇이고, 무엇을 선택할 수 있는지, 그들이 할 수 있는 선택의 범위가 어떤 것인지를 알게 하는 것이다. 즉, 클라이언트가 지역사회와 자신의 퍼스낼리티(personality)[1)]에서 활용할 수 있는 적당한 자원을 발견·활용할

1) 퍼스낼리티(Personality)는 개인의 행동에서 모든 비환경적 요소를 집합적으로 지칭하는 데 사용되는 편리한 포괄적 용어로, 특정의 심리적 과정을 말하는 것은 아니고 개인의 발달과정에서 개인의 정체성이 지속적으로 인식될 수 있는

수 있도록 원조함으로써 자기 스스로 나아갈 방향을 결정하려는 클라이언트의 자기결정 권리는 적극적 · 건설적 결정을 내릴 수 있는 클라이언트의 능력 및 법률이나 도덕의 테두리 또는 사회 간 기능의 테두리에 따라 제한을 받게 된다.

이처럼 자기결정권은 사회복지사와 클라이언트의 전문적 관계성을 돕는 중요한 요소 중의 하나다. 그러나 사회복지실천 과정에서는 언제나 한계가 많다. 펄만(Perlman, 1965)은 자기결정이 전문적 관계 형성에 매우 중요하지만, 10분의 9는 망상이라고 하였다(Loewenberg & Dolgoff, 1996, 서미경 외 역, 2000: 138, 재인용). 왜냐하면, 클라이언트 중 일부는 충분히 상황을 이해하고도 최선을 선택하지 않고, 또 다른 클라이언트는 인지기능 장애로 대안을 평가할 능력이 부족하여 최선을 선택하지 못하기 때문이다. 더욱이 오늘날 전문직의 전문성과 역량에 근거한 개입 효과성 혹은 효율성을 강조하는 실천 흐름에서 '완전한 클라이언트의 자기결정 보장'은 현실적으로 기대하기 어렵다(Rothman et al., 1996). 즉, 자기결정 능력이 부족한 클라이언트의 결정권을 보장하는 전제 조건으로는 개입결과를 장담할 수 없다는 것이다. 특히, 다음과 같은 경우 사회복지사는 클라이언트의 자기결정을 보장하기 어렵다(서미경 외, 2015: 150).

- 심각한 문제로 도움이 절실함에도 불구하고 거절할 때
- 스스로 목숨을 끊기로 마음을 먹고 실행하려고 할 때
- 지적 수준이 현저히 낮은 지적장애인이 아이를 출산하겠다고 할 때
- 미성년자임에도 불구하고 사랑하기 때문에 성인과 성적 관계를 갖겠다고 할 때
- 전신마비로 고통받고 있는 환자가 안락사를 강하게 요구할 때

점을 고려하여 사용되는 용어이다. 보통 인격, 성격으로도 번역될 때가 있으나 성격은 엄격한 의미에서는 퍼스낼리티에서 지능, 기질을 뺀 의지적인 면만을 뜻한다. 이것은 일반적으로 인격으로 통용되고 있으나 성격과 동의어로 사용되고 있다. 퍼스낼리티의 정의는 학자에 따라 강조하는 것이 각기 다르지만, 최근에는 퍼스낼리티를 여러 특성이 서로 역동적 관계를 맺고 있는 구조로서 이것을 환경의 장에서 이해하려고 하고 있다. 즉, 퍼스낼리티란 생활공간 내에서 개체가 존재하는 양식, 행동양식을 뜻하며 다른 사람과는 다른 특징적인 것을 말한다. 그리고 퍼스낼리티의 형성은 유아기의 경험이 대단히 중요한 것으로 강조되고 있다.

미국사회복지사협회(NASW) 윤리강령(윤리기준 1.02. 자기결정권)에서도 "사회복지사는 자신의 전문적 판단으로, 클라이언트의 행동이나 잠재적 행동이 그들 자신이나 다른 사람들에게 심각하고 예상 가능하며 급박한 위험을 일으킬 때에는 클라이언트의 자기결정권을 제한할 수 있다."고 규정하고 있다. 또한 비샴과 차일드리스(Beauchamp & Childress, 1994: 124)는 자기결정에 대한 지나친 강조는 사회적 관계의 상호성, 의존성의 중요성을 큰 관심 없이 대강 보아 넘길 우려가 있다고 비판한다. 〈사례 7-1〉이 바로 이런 경우다. 이 사례에서 정신장애인의 자기결정권을 존중한다면 노부모의 보호 부담과 혹시 있을 수도 있는 대중의 안전을 담보하기 어렵다. 이때 여러분이라면 어떻게 하겠는가?

사례 7-1 **치료를 강하게 거부하는 정신장애인**

치료를 계속하지 않으면 증상이 악화될 것으로 예상되는 정신장애인은 치료를 강하게 거부하고 있다. 그를 돌보는 노부모는 이미 지칠 대로 지친 상황이다. 노부모는 적극적 치료를 통한 증상 조절이 우선이라며 입원을 원하지만 정신장애인 아들은 이를 강력히 거부한다. 담당의사는 지금 당장은 위험한 증상이 없으나 치료하지 않으면 증상이 악화될 수 있음을 우려하고 있다. 노부모는 과거 아들이 다니던 지역사회 정신건강증진센터의 사회복지사를 찾아가 의논하였다. 사회복지사는 정신장애인의 자기결정권을 보호해야 하는가? 아니면 가족의 안녕과 부담 경감을 우선 고려해야 하는가? 지금 당장은 아니지만 치료를 받지 않아 증상이 악화되어 만에 하나 있을 위험으로부터 대중을 보호할 의무도 고려해야 하는가?

출처: 서미경 외(2015), p. 151.

자기결정의 원칙을 지켜서 보장되는 것은 클라이언트의 자율성(自律性, autonomy)[2)]이

2) 에릭 번(E. Berne)이 교류 분석(TA)에서 상담목표로 제시한 개념으로, 상담자와 내담자가 함께 작업해서 자각(awareness), 자발성, 친밀을 발달시키고 회복한 개념을 자율성(autonomy)이라고 한다. 자각이란 유아가 있는 그대로 자각하고 수용하듯이 있는 그대로 보고 듣고 느끼고 맛보는 능력을 말한다. 자발성이란 세 가지(A, C, P) 자아상태 모두에서 자유롭게 반응할 수 있다는 것을 말한다. 친밀(intimacy)이란 다른 사람들과 욕구와 감정을 개방적으로 나누는 것을 말한다. 여기서 교류 분석(Transactional analysis)은 미국의 정신과 의사 에릭 번이 창안한 인본주의적 인간관에 기반을 둔 성격이론

다. 자율성은 외부의 어떤 권위나 제재의 개입 없이 자기결정으로 생각하거나 행동하는 것을 말한다. 칸트는 의지의 자율성은 의지 그 자체의 법칙을 의미하는 정언적 명령(定言的命令)[3]에 따르는 것이며, 이성적 의지 밖에 있는 권위나 목적에 따르는 것을 타율성(heteronomy)이라고 하였다. 말하자면, 자신의 행위를 지배하는 원리 · 규범 · 규칙을 자신이 선택 · 결정하여 그것을 실행하는 자유가 곧 자율성이다.

따라서 '자율성을 가진 사람'은 자발적으로 사고하여 자신의 계획에 맞게 선택하고 행동하는 사람을 의미한다. 그리고 '자율성이 낮은 사람'은 자신의 계획에 맞게 생각하지 못하거나 다른 사람에게 결정을 맡기는 사람을 의미한다. 일반적으로 자율적으로 행동한다는 것은 자발적으로 생각하고, 충분히 이해하며, 다른 사람의 간섭 없이 행동하는 것을 의미한다(Beauchamp & Childress, 1994: 120-121).

에이브럼슨(Abramson, 1989; 서미경 외, 2015: 151-152, 재인용)은 개인의 행동이 자율성에 근거한 것인지 아닌지를 판단하는 기준을 다음과 같은 네 가지로 제시하였다.

① 누구로부터의 강요나 압력이 없는 자발적 행동이어야 한다.
② 개인의 가치나 삶의 계획 등과 일관성 있는 행동이어야 한다.
③ 각 대안의 결과, 내용, 필요한 정보를 충분히 이해한 행동이어야 한다.
④ 행동의 근거가 되는 가치가 사회적으로 수용 가능한 것이어야 한다.

그런데 문제는 이 중 네 번째 기준이 모호하다. 자율적 행동이 수용 가능한 가치에 근거해야 한다는 것은 수용 가능하지 않은 가치에 의한 행동은 자율적 결정이라 하여도 인정할 수 없다는 것이다. 예를 들어, 앞의 예에서 '스스로 죽기로 결정한 경우'나 '안락사를 원하는 경우'는 사회복지사 처지에서 수용 가능한 가치라 할 수 없다. 그러나

인 동시에, 개인의 성장과 변화를 위한 체계적인 상담이론이자 기법을 말한다.

3) 정언적 명령을 단언적 명령, 무상명령(無上命令)이라고도 해석한다. 칸트가 말한 도덕법칙, 가언적 명령(假言的 命令)과 대립되는 개념이다. 행위를 일으키는 의지결정에 부여된 명령에서, 가언적 명령이란 조건이 따르는 명령으로 어떤 행위의 목적에 대한 수단으로서 해야 하는 것을 가리킨다. '어떤 목적을 달성하려면 이러 이러한 행위를 하여야 한다.'라는 형식을 취한다. 도덕적 행위란 칸트에 의하면, 행위의 결과라든가 목적과는 무관하게 행위 그 자체의 도덕적 가치에 따르는 것이기 때문에 조건이 따르지 않는 명령, 즉 정언적 명령(categorical imperative)이다.

사회복지사 처지에서 수용 가능하지 않다고 하여 클라이언트의 결정을 제한할 수 있는지가 딜레마로 남는다. 중요한 것은 누구의 처지에서 수용 가능해야 하느냐이다. 클라이언트에게 수용 가능한 가치가 사회복지사에게 수용 가능하지 않을 수 있고, 반대로 클라이언트에게 수용 가능하지 않은 가치가 사회복지사에게 수용 가능할 수도 있다(서미경 외, 2015: 152).

2) 온정적 개입주의

온정주의(Paternalism)란 노동자와 자본가의 관계(고용관계)를 가족적인 관계, 즉 부자의 은애의 정으로 해결되는 것으로 보는 설이다. 영국에서는 산업혁명 시대에 인도적 친권주의의 이름으로 이 온정주의가 제창되었다. 1874년에 성립한 「공장법」은 사회개량가 애슐리 경[Ashler, 후일 섀프츠베리(Shaftesbury) 백작][4]의 온정주의에 의한 것이다. 그러나 오늘날에는 신분적인 예속 아래 자본가가 노동자를 복종하게 만드는 봉건적 고용제도나 또는 그와 같은 고용정책으로 해석되고 있다. 즉, 온정주의는 온정이라는 미명 아래 노동자를 현혹시켜 근로능률을 올리려고 하는 것에 불과하다는 것이다.

온정주의는 정부나 조직이 그 종사자에 대하여 가부장적 가족관계의 모델에 따라 보호·규제하는 체계를 말한다. 이때 그 관계는 아버지가 자녀에 대해 명령적이고 인자한 관계와 유사하다. 그러한 관계에서는 권력자(지배자)가 지배를 피지배에 대한 최상의 이익보호라고 주장하여 사회적·경제적·정치적 불평등을 합법화한다. 온정주의에 대한 반대 주장은, 그 권위의 대상인 집단구성원이 자녀가 아니기 때문에 온정주의는 정당화되지 않은 권위의 확대라는 것이다. 사람을 어린아이처럼 취급함으로써 피지배자를 부정적으로 본다는 것은 집단의 무능력을 자인하게 하고 지도자로 하여금 부모의 역할을 하도록 강요하게 된다. 온정주의의 또 다른 예는 제3세계의 사람들에 대한 제1

4) 애슐리 경(C. A. Ashler, 1801~1885, 후일 섀프츠베리(Shaftesbury) 백작)은 영국의 정치가·인도주의자로, 산업혁명과 함께 급변한 노동자계급의 생활상태에 깊은 관심을 가지고 인도주의적 견지에서 노동자 대우 개선에 노력했다. 일련의 노동입법 제정과 구빈학교의 설립, 복음운동에도 힘을 기울였다.

세계의 태도에서 보이고, 일반인에 대한 관료주의적 태도에서도 나온다. 가부장이라는 말은 온정주의라는 말에 대한 함축성에서 유래한 것인데, 가정에서 아버지의 권위를 더욱 구체적으로 말하는 것이다. 이 권위는 어린이뿐만 아니라 부인에게도 확대된다.

클라이언트의 자기결정권 존중이 실천되기 어려운 이유는 도움이 필요한 사람에게 개입해야 할 사회복지사의 의무와 상충하기 때문이다. 도움이 절박한 상황임에도 불구하고 도움을 거부하거나 혹은 자기결정 능력에 한계가 있는 클라이언트에게 사회복지사의 의무로 그의 삶에 개입하는 것이 온정적 개입주의이다. 온정주의는 그 어원이 'parents(부모)'에 있다. 부모가 자녀를 사랑하는 마음 혹은 자녀가 잘되기 바라는 마음으로 그들의 삶에 관여하듯 클라이언트의 삶에 개입하는 것을 의미한다. 따라서 비합리적이고 결정 능력에 한계가 있는 사람에 한해 긍정적인 결과를 향상시키기 위해 그들의 자율성을 제한하며 행해지는 간섭은 온정주의로 정당화된다는 것이다(Wertheimer, 1993; 서미경 외, 2015: 153, 재인용).

비샴과 차일드리스(1994: 274)는 온정주의를 "의도적으로 다른 사람의 선호와 행동을 제한하는 것으로, 제한하는 이유가 제한당하는 사람의 위험을 피하고 이득을 추구하기 위하는 것으로 정당화되어야 한다."고 하였다. 여기서는 해로운 결과를 최소화하고, 선을 최대화한다는 두 가지 원칙이 준수되어야 한다.

- 위험을 최소화하는 위해(危害) 회피 원칙
- 이득을 최대화하는 이득 추구 원칙

그러나 클라이언트에게 이득이 되는 결정이 다른 사람에게 위험이 되거나 혹은 그 반대인 경우가 있다. 예를 들어, 앞에서 소개한 〈사례 7-1〉과 같이 정신장애인의 자율성 보장을 통한 이득 추구가 보호자 처지에서는 위해가 될 수 있다. 반대로 강제입원을 통한 보호 제공자의 이득 추구는 정신장애인의 자율성을 제한하는 위해가 될 수 있다. 물론 치료를 통해 증상이 완화되고 장기적으로 회복에 이바지한다면 강제입원이 정신장애인에게 이득이 될 수도 있겠지만, 이러한 장기적 이득은 확실하지 않다. 오히려 강제입원으로 말미암아 정신장애인의 자존감이 손상되고, 치료진과의 관계가 불편해지며, 가족관계가 손상되는 위험이 초래될 수 있다. 이런 상황에서 온정주의 두 원칙이 준수되기 위해서는 클라이언트 처지에서 위험을 피하고, 그가 치러야 할 대가(cost)보다 얻는 이득이 많아야 한다.

사례 7-2 **클라이언트의 연인이 된 방문간호사**

클라이언트는 75세로 5년 전 부인과 사별하고 혼자 살면서 건강이 악화되어 방문간호서비스를 받고 있다. 방문간호사는 55세로 클라이언트와 많은 대화를 나누었다. 시간이 지나면서 이제 두 사람은 친구를 넘어 연인이 되었다. 방문간호사가 클라이언트의 아파트로 이사하고 그들은 곧 결혼할 것이라고 친지들에게 밝혔다. 클라이언트 자녀들은 매우 당황하여 아버지의 판단능력이 손상됐으므로 결혼을 인정할 수 없다며, 그를 노인시설로 보내겠다고 한다. 노인시설에 보내야 할지를 판단하기 위해 사회복지사는 클라이언트를 만났다. 그는 매우 쇠약했고, 대화도 거의 되지 않았다. 그러나 그 와중에도 그는 노인시설에 가지 않을 것이며, 방문간호사와도 헤어지지 않겠다고 분명하게 말했다. 현재 그의 건강상태는 방문간호사의 도움만 있다면 충분히 집에서도 생활할 수 있는 상태다. 자, 이제 사회복지사는 어떤 판단을 내려야 하는가?

출처: 로웬버그와 돌고프(1996), 서미경 외 역(2000), pp. 121-122; 이순민(2016), p. 115.

〈사례 7-2〉에서 신체적 기능이 쇠약하고, 연세가 많다고 하여 능력이 없다고 말할 수 있는가? 정신장애가 있다는 이유만으로 능력이 없다고 전제할 수 있는가? 일반적으로 나이가 어리거나 인지기능에 손상이 있는 경우, 그리고 심각한 장애가 있어 판단력이 의심되는 경우 무능력을 가정한다. 그러나 '완전 무능력'이나 '완전 능력'을 구분하는 것은 쉬울 수 있겠지만, 클라이언트 대부분은 완전 무능력도 아니고 완전 능력도 아닌 중간 어느 지점에 위치해 있어 능력 평가는 대단히 어렵다(서미경 외, 2015: 155-156).

위험성에 대한 기준도 마찬가지다. 얼마나 위험해야 위험하다고 할 수 있는가? 총과 칼 등의 흉기로 다른 사람의 생명을 위협하는 수준에서부터 화내고 짜증내는 언어적 폭력 수준까지 폭력의 수준은 매우 다양하다. 어느 수준부터 위험하다고 해야 하는지 획일적인 지침을 제공하는 것은 대단히 어렵다. 또한 클라이언트의 위험성이 현재의 위험성인지, 아니면 미래에 예측되는 위험성인지에 따라 판단이 달라진다. 앞에서 살펴본 〈사례 7-1〉처럼 현재는 위험하지 않지만 앞으로 위험할 가능성을 예측하여 자율성을 제한하는 것이 가능한 것인가? 문제의 핵심은 이때 미래의 위험성을 얼마나 정확하게 예측할 수 있는지가 관건이다. 자해의 기준은 더 모호하다. 클라이언트가 자신을 해치는 결정을 내리는 것이 그의 자율성을 제한하는 기준이 될 수 있는지가 분명하지 않다. 예컨대 사회복지급여를 받는 것이 자존심이 상해 난방이 안 되는 방에서 하루 한 끼만 먹으며 지내겠다는 것은 자율성을 제한할 정도의 자해인가? 자살할 정도가 되어야만 온정적 개입주의가 필요한 자해의 위험성인가? 여러분은 어떻게 생각하는가?

일반적으로 온정적 개입주의가 정당화되기 위해서는 다음과 같은 세 가지 전제가 필요하다. 그러나 전제조건을 만족시키기는 매우 어렵다. 그럼에도 불구하고 사회복지 실천현장에서는 확실하지 않은 '이득'을 근거로 온정적 개입주의를 쉽게 정당화하고 있다. 따라서 온정적 개입주의를 통한 자율성 훼손을 최소화하기 위해서는 이득 추구, 위해 회피 모두 클라이언트 처지에서 정당화되어야 하고, 무능력, 위험성, 효과의 전제를 검증하고자 하는 의사결정자의 의지가 중요하다.

① 무능력에 대한 전제

클라이언트의 결정 능력이 부족하여 자신에게 최선이 되는 바를 선택하지 못한다는 전제다. 즉, 인지 능력, 지능, 정신적 문제, 나이 등의 한계로 스스로 중요한 결정을 내리지 못한다는 것이 입증되어야 온정적 개입주의가 정당화된다.

② 위험성에 대한 전제

클라이언트의 자기결정이 자신이나 다른 사람에게 위험한 경우 본인이나 다른 사람의 안전을 위해 그들의 자율성을 제한하는 것은 정당하다는 것이다.

③ 효과에 대한 전제

일시적인 온정적 개입주의가 클라이언트의 삶에 긍정적인 효과를 보장한다면 자율성 제한이 정당하다는 것이다.

이러한 전제는 일견 매우 명확한 기준인 것처럼 보이지만, 각 전제를 검증하는 것이 매우 어렵다. 먼저, 무능력 전제와 관련되어 얼마나 인지기능이 제한되면 무능력하다고 말할 수 있는지, 혹은 얼마나 지능이 낮거나 나이가 어려야 무능력하다고 말할 수 있는지 분명한 기준을 제시하기 어렵다. 〈사례 7-2〉가 이러한 무능력 전제가 얼마나 검증하기 어려운지를 확인시켜 준다.

앞에서 제시한 세 가지 전제, 즉 무능력, 위험성, 효과에 대한 전제 중에서 효과에 대한 전제가 가장 입증하기 어렵다. 이는 온정적 개입주의가 단기적으로, 혹은 장기적으로 긍정적인 결과를 초래할 것을 입증해야 한다. 그러나 사회복지 개입의 결과를 분명히 예측하는 것은 거의 불가능하다. 의료적 처치와 달리 사회복지 개입은 다양한 변수에 따라 영향을 받게 되고, 효과를 예측하기 어려울 뿐만 아니라 효과에 대한 합의도 어려운 영역이다. 즉, 클라이언트의 처지에서 긍정적 효과인지? 임상적 측면의 효과인지? 예컨대 강제 입원된 정신장애인의 증상이 호전됐을 때 사회복지사와 가족의 처지에서는 긍정적 효과라 평가할 것이다. 하지만 정신장애인 당사자에게 강제입원은 끔찍한 경험이었고, 자신의 삶에 지울 수 없는 매우 부정적인 결과를 남겼다고 평가할 수 있다(서미경 외, 2015: 153-156).

2. 가치중립과 가치 부여

가치중립(價値中立, Value neutrality)은 어떠한 특정 가치관이나 태도에 치우치지 않는 것을 의미한다. 가치 개입은 연구의 전후 과정에서 작용하는 연구자의 가치 연관성을 의미한다. 사회 과학자는 경험적 연구에 앞서 어떤 주제를 연구하고, 무엇을 연구 대상으로 삼을 것인지 선택해야 하는데, 이 과정에서 어떤 주제가 더 중요하고 덜 중요한지에 대한 가치 판단을 내리게 된다. 하지만 가치 개입은 일반적으로 말하는 가치 판단과는 다르다는 점에 주목해야 한다. 가치 개입은 어떤 사건을 찬양한다든지 비난하는 것이 아니라, 연구자의 학문적 관심에 토대를 이루며 연구 주제를 결정하는 것을 말한다. 가치 개입은 연구결과의 활용에서도 작용한다. 예를 들어, 사회 과학자는 빈민 보호를 위한 정책적 대안을 객관적으로 선택하고, 선택한 결과를 객관적으로 연구할 수 있다. 하지만 여러 정책 대안 중에서 어느 하나를 선택하는 문제는 궁극적으로 과학의 영역에서 벗어난 것으로 연구자의 정치적 가치와 경제적 이해관계에 달려 있다. 일단 연구 주제와 대상이 선정된 이후의 연구과정에서 연구자의 가치는 배제되어야 하는데, 이를 가치중립이라 한다.

가치중립이란 개인의 선(good)은 다른 사람의 선과 비교될 필요가 없고, 그것이 어떤 내용이든 각자의 선 기념이 우선한다는 원칙이다(Beckwin & Peppin, 2000). 즉, 인간은 누구나 다른 사람으로부터 영향을 받지 않고 자신의 가치로 의사결정을 할 수 있다는 것이다. 그러기 위해서는 모든 사람의 개인적 가치가 존중되어야 한다. 사회복지와 같은 전문직 역시 전문성을 이유로 클라이언트의 문제해결에 자신의 가치를 부여해서는 안 된다. 이것이 가치중립의 원칙이다. 그렇다고 하여 클라이언트의 모든 행동에 대해서 가치 판단을 하지 말라는 것은 아니다. 특정 문제나 행동이 부적절할 때 가치 판단(부적절하다는)을 하여야 한다. 예를 들어, 가족에게 폭력을 행사하는 클라이언트가 있다고 하자. 이때 그의 행동에 대한 아무런 판단을 하지 않은 채 폭력행동의 변화를 목표로 설정할 수는 없다. 따라서 가치중립의 원칙을 준수한다고 하여 모든 행동을 '허용'하라는 것은 아니다. 가치중립과 허용은 다른 개념이다(서미경 외, 2015: 160).

로웬버그와 돌고프(Loewenberg & Dolgoff, 1996, 서미경 외 역, 2000: 150, 재인용)는 오늘날과 같은 다원적 사회에서 옳고 그름을 절대적 기준으로 판단할 수 없다고 주장하였다. 나에게 옳은 가치가 다른 사람에게 옳지 않을 수 있고, 오늘 옳은 것이 내일 옳지 않을 수 있으므로 가장 과학적인 사회복지를 실천하는 길은 가치중립의 원칙을 지키는 것이라는 주장이다. 따라서 사회복지실천의 기본원칙으로 '비판단적 태도'의 중요성이 강조돼 왔고, 로저스(Rogers) 역시 '비지시적 기법'을 주요 상담 원칙으로 제시하였다. 그러나 가치중립이 현실적으로 가능한 대안인지에 대해서는 많은 의문이 제기된다. 자, 이제 여러분에게 다음과 같이 질문한다. 〈사례 7-3〉에서 사회복지사에게 가치중립이 가능한가?

사례 7-3 **낙태를 반대하는 사회복지사의 종교적 신념**

사회복지사(여성)는 독실한 로마 가톨릭(성당) 신자로, 평소 태아도 한 생명이라 생각하여 낙태에 강력히 반대한다. 클라이언트는 남편과 이혼을 원하고 있고 현재 이혼 소송 중이다. 그런 와중에 그녀는 자신이 임신했다는 사실을 알게 됐고, 이 사실이 남편에게 알려지면 이혼에 동의하지 않을 것을 우려하였다. 따라서 클라이언트는 사회복지사에게 남편 몰래 유산시킬 수 있도록 도와달라고 요구하였다. 사회복지사는 자신의 개인적 가치에 반하는 클라이언트의 요구를 들어주어야 하는가? 아니면 도와줄 수 없음을 분명하게 밝혀야 하는가?

출처: 서미경 외(2015), p. 161.

사회복지사는 '태아도 한 생명이므로 낙태는 살인'이라는 자신의 개인적 가치에 반하는 클라이언트의 낙태 결정을 존중하여 그녀를 도울 수 있는가? 만약 가치중립의 원칙을 지켜 그녀를 돕기로 하였다면, 사회복지사는 낙태하고자 하는 클라이언트에게 진심 어린 공감을 할 수 있을까? 만약 사회복지사가 낙태도 살인이므로 해서는 안 된다고 클라이언트를 설득한다면, 이것은 가치중립의 원칙을 위배하는 것이다. 결국 사회복지사가 선택할 수 있는 대안은 자신의 가치에 반하는 낙태를 돕거나, 아니면 클라이언트와 비슷한 가치를 가진 다른 사회복지사에게 사례를 넘기는 것이다. 사회복지사는 이 상황을 클라이언트에게 어떻게 설명해야 하는가? 만약 당신이 사회복지사라면 클라이언트에게 어떻게 설명할 것인가?

사례 7-4 **동성애 커플 상담**

부부 상담을 전문으로 하는 사회복지사는 처음으로 동성애 커플을 상담하게 되었다. 동성애 커플은 10년 동안 같은 직장에서 일하고 한 집에 살면서 어느 부부 못지않게 애정이 깊었다. 그러던 중 한 명에게 이성 애인이 생겨 상대방에게 헤어질 것을 통보하였다. 상대방은 깊은 상실감을 느끼고 절망하여 사회복지사를 찾아왔다. 사회복지사는 평소 동성애를 받아들이지 못했고, 따라서 이성 애인이 생긴 동성애자의 선택이 옳다고 생각한다. 과연 사회복지사는 이별 통보를 받은 동성애자를 충분히 공감하며 필요한 서비스를 적절하게 할 수 있을까? 그렇지 못하다면 어떤 대안을 선택해야 하는가?

출처: 서미경 외(2015), p. 161.

〈사례 7-4〉 역시 사회복지사의 개인적 가치에 맞지 않는 클라이언트에게 가치중립의 원칙을 지키면서 개입할 수 있을까? 동성애를 수용하지 못하는 사회복지사가 동성 커플로부터 이별 통보를 받은 클라이언트를 이해하고 공감하며 그의 상실감을 다루어 줄 수 있을까? "성적 취향에 따라 클라이언트를 차별해서는 안 된다."는 윤리강령에 따라 이들 커플을 배우자의 외도로 고통받는 이성 커플과 같은 관점에서 개입할 수 있는가? 커플 상담 대부분이 그러하듯이 두 사람 간 갈등과 오해를 풀고, 의사소통 능력을 향상시켜 관계를 회복하는 것을 목표로 삼을 수 있는가? 실제 사회복지사는 이 두 사람이 헤어져 각자 이성 연인을 만나는 것이 옳다고 생각하는데, 이런 생각을 가지면서 가치와 반하는 개입목표를 설정하는 것이 과연 효과적 개입이 될 수 있을까?

앞의 두 사례와 같은 상황에서 엄격한 가치중립 실천을 요구하는 것은 사회복지사를 인간이 아닌 로봇으로 보는 것이다. 인간적 교류와 공감 없는 기계적 개입은 효과성을 담보할 수 없을 뿐만 아니라 위험할 수도 있다. 그렇다면 이러한 가치 차이로 말미암아 중립을 지키기 어려울 때 어떤 대안이 있는가? 가급적 가치중립의 원칙을 지키려고 노력해도 어렵다면, 클라이언트와 비슷한 가치를 가진 다른 사회복지사에게 이전해야 한다. 중요한 것은 이때 클라이언트의 가치를 비난하지 않고, 이러한 이전이 클라이언트의 가치를 존중하기 위한 조치임을 분명히 해야 한다.

펠레그리노(Pellegrino)는 가치중립의 원칙은, 클라이언트의 가치 못지않게 전문직의 가치도 중요하다는 사실을 큰 관심 없이 대강 보아 넘긴 것이라고 주장하였다. 그는 민주자유주의 사회에서 어느 누구도 개인적·종교적 가치에 반하는 활동을 할 필요가 없으며, 가치중립의 원칙을 거부한다고 하여 클라이언트의 자율성을 훼손하는 것은 아니라고 하였다. 클라이언트의 가치를 존중하는 것처럼 사회복지사의 개인적 가치도 존중받아야 한다고 하였다. 따라서 사회복지사는 자신의 가치를 분명히 하여 클라이언트가 자신에게 계속 도움을 요청할 것인지, 아니면 다른 사회복지사를 찾아갈지 결정하도록 도와야 한다는 것이다(서미경 외, 2015: 162).

가치중립을 실천하기 어려운 이유가 반드시 클라이언트와 사회복지사의 가치 차이 때문만은 아니다. 모든 인간관계와 마찬가지로 전문적 관계 역시 인간적 상호성에 기인한 것인데, 서로에게 가치를 전혀 부여하지 않은 채 상호작용하는 것이 현실적으로 불가능하기 때문이다. 로저스의 비지시적 기법에 대한 논란에서 일부 연구자들(Murray, 1956; Truax, 1966)은 치료자가 자신의 견해에 동의하는 클라이언트에게 알게 모르게 보상하고, 동의하지 않는 클라이언트에게 제재를 가하는 것으로 나타났다(Loewenberg & Dolgoff, 1996, 서미경 외 역, 2000: 151, 재인용).

로스만 등(Rothman et al., 1996)은 35명의 사회복지사를 대상으로 모의 사례를 제시하고, 그 사례에 어떻게 개입할지를 면담하였다. 그들의 돕는 역할을 최소한의 지시적 개입에서 최대한의 지시적 개입까지 다음과 같이 네 가지 수준으로 분류하였다.

① **사고**(Reflective) **수준**: 문제해결에 관한 방향 제시 없이 문제를 탐색하고 사색하는 역할
② **제안**(Suggestive) **수준**: 해결방법의 방향을 제안하거나 자신의 선호를 알려주는 역할
③ **지시**(Prescriptive) **수준**: 문제해결에 필요하다고 생각하는 구체적인 방법을 제시하는 역할
④ **확정**(Determinative) **수준**: 클라이언트를 위해서 독립적으로 직접 결정하고 행동하는 역할

연구결과, 사회복지사 대부분은 중간 두 수준(② 제안 수준과 ③ 지시 수준)의 역할을 수행하고 양극의 역할(① 사고 수준과 ④ 확정 수준)은 상대적으로 적게 수행하는 것으로 나타났다. 결론적으로, '확정 수준'만큼이나 '사고 수준'의 가치중립의 원칙이 현실적으로 실천되지 못한다는 것이다. 특히, 법적 요청이 있거나, 자신 · 다른 사람의 안전과 복지의 위험이 있다고 판단될 때 지시적 개입 수준은 점점 높아진다. 따라서 개입의 객관성을 유지하고 클라이언트의 가치를 보호한다는 차원에서 가치중립은 중요한 윤리 원칙임이 분명하다. 그러나 현실적으로 이를 실천하는 것은 매우 어렵다. 그뿐만 아니라 근본적으로 이것이 바람직한지에 대해서도 논란의 여지가 있다(서미경 외, 2015: 160-163).

3. 비밀보장과 알 권리 및 고지된 동의

1) 비밀보장

(1) 비밀보장의 개념

일반적으로 비밀보장(confidentiality)의 의미는 동의 없이 해당 정보를 밝히지 않겠다는 약속을 일컫는다. 비밀보장은 기업 또는 기관에서 외부 유출이 금지된 내용의 업무를 다루는 근로자 또는 관계자에게 요구된다. 예컨대 병원이나 상담소, 보험회사 및 은행 등에서 고객의 개인 정보와 관련된 사항을 외부로 유출하지 않아야 하는 경우다. 최근에는 개인정보 유출 및 기업의 기밀 유출 등이 사회적으로 큰 문제로 드러나 이와 관련한 비밀보장이 더욱 중요하게 여겨지고 있다.

사회복지에서 비밀보장이란 사회복지사나 다른 영역의 전문가가 클라이언트의 동의 없이 클라이언트에 대한 정보를 밝혀서는 안 된다는 사회복지사 윤리항목 중의 하나이다. 정보에는 클라이언트의 신분을 나타내어 기록된 신상에 관한 일, 클라이언트에 대한 전문적 견해 및 기록에서 얻어진 자료 등이 포함된다(Barker, 2003: 90). 미국의 어떤 법원에서는 폭력의 위험, 범죄의 위탁, 아동학대가 의심될 때 등의 경우에는 클라이언트의 정보를 지방판사에게 밝혀야만 한다고 규정하기도 한다.

이러한 비밀보장 원칙의 윤리적 근거는 사생활보호의 권리에 따라 도출되었으며, 클라이언트와 사회복지사 간 매우 중요한 약속이다. 만약 비밀보장의 준수와 보장이 없다면 클라이언트는 자신의 문제를 해결하기 위해 사회복지사에게 있는 그대로 솔직하게 다 털어놓으려 하지 않을 것이다. 비밀보장이 확보되지 않으면 클라이언트는 사회복지사를 신뢰하지 않을 것이다. 따라서 자신의 문제를 해결할 목적으로 사생활과 관련된 내용을 솔직하게 개방하는 데 주저할 수밖에 없다. 클라이언트는 제한된 이야기를 하거나 더 나아가 도움을 요청하는 것 자체를 주저할 수도 있다. 또한 이미 진행 중인 클라이언트와 사회복지사 간 실천관계에서도 비밀보장이 확보되지 않으면 전문적 관계 자체를 위협하여 문제해결이나 클라이언트의 변화를 기대하기 어려울 수 있는 등 결과적으로 사회복지 존재 자체를 위협하는 결과를 가져올 수 있다(김기덕 외, 2017: 240-241).

비밀보장의 원칙은 오랫동안 사회복지사가 준수해야 할 가장 중요한 가치로 여겨졌다. 그러나 이러한 비밀보장의 준수와는 별도로 클라이언트가 제공한 모든 정보가 정직하고 정확하지 않을 수 있다는 점도 큰 관심 없이 대강 보아 넘겨서는 안 된다. 아울러 비밀보장 자체가 클라이언트와 사회복지사 간 신뢰관계 형성의 중요한 요소이긴 하지만, 신뢰관계의 전부로 파악해서도 안 된다.

한편, 로웬버그 등(2005)은 개인이 누리는 특권에 대한 보호는 공공에 대한 위험이 시작되는 곳에서 끝난다고 설명하고 있다. 공공에 대한 위험이 일어날 때 사회복지사가 개별 클라이언트 정보에 대한 비밀보장을 보증할 수 없는 상황이 발생하게 된다. 따라서 사회복지사는 클라이언트의 비밀을 보장하기 어려운 상황을 슬기롭게 극복할 수 있는 윤리적 민감성을 길러야 한다(김기덕 외, 2017: 241).

(2) 비밀보장의 원칙

비밀보장의 원칙과 관련된 윤리적 선택에서 검토해야 할 점에 대해 살펴보자. 클라이언트의 모든 정보는 비밀보장이 되어야 하는가? 만약 비밀보장이 제한되어야 한다면 이에 해당하는 경우로는 첫째, 사회복지사는 클라이언트의 사적 정보에 대한 비밀보장을 해야 하지만 정보내용이 자신과 다른 사람에게 위해할 위험이 있을 때에는 경고에 대한 책임이 있다. 둘째, 사회복지사는 클라이언트에 대한 정보를 다른 전문직이나 동료와 공유해야 할 경우가 있다. 이때 반드시 어떤 정보를 누구에게, 어떤 이유로 공개하는지에 대해 클라이언트로부터 고지된 동의를 받아야 한다. 셋째, 실정법으로 요구될 때에는 클라이언트의 동의 없이도 정보가 공개될 수 있다.

반면, 특정정보에 관해서는 정보출처자의 동의가 없으면 법정에서 그것을 밝히지 않아도 되는 비밀유지특권(privileged communication)이 있다. 그러나 이러한 특권이 적용되지 않는 경우는 다음과 같다(Loewenberg & Dolgoff, 1996). ① 클라이언트가 위험에 빠져 있거나 자신이나 다른 사람을 해치고자 할 때, ② 자살 혹은 클라이언트의 생명을 위협하는 다른 심각한 위험이 있을 때, ③ 아동학대나 방임이 심각하게 의심될 때, ④ 법원으로부터 위임받아 획득한 정보일 때, ⑤ 법원이 특정 사회복지사에게 평가를 부탁했을 때, ⑥ 클라이언트가 범죄를 계획할 때, ⑦ 정신적 · 심리적 장애 때문에 클라이언트가 입원이 필요하다고 결정한 때, ⑧ 클라이언트가 사회복지사를 실천오류로 고소했을 때, ⑨ 아동의 이익을 최우선으로 고려해야 하는 아동보호 사례일 때, ⑩ 클라이언트가 이미 법정에서 비밀정보를 밝혔을 때, ⑪ 클라이언트가 사회복지사를 해치겠다고 위협할 때, 그리고 ⑫ 사회복지사가 제공한 전문적 서비스에 대한 비용을 받기 위해 법원명령이 필요할 때이다.

비밀보장의 대상이 되는 정보의 범위는 사회복지사와 클라이언트 사이의 언어적 의사소통 내용만이 아니라, 비언어적 의사소통 내용과 그에 대한 사회복지사의 전문적 판단까지 포함한다. 비밀보장의 의무기한은 사례가 종결되거나 클라이언트가 사망한 후에도 지속될 수 있으며, 비밀보장의 의무는 항상 절대적인 것이 아니며 상황에 따라서 다른 가치가 우선시되는 상황이 있을 수 있다. 또한 비밀보장의 의무는 특정한 상황에서 법에 의해 해지될 수 있다(Collingridge et al., 2001).

한편, 클라이언트에 관한 정보가 많을수록 비밀보장을 해야 하는 정보도 많게 된다면, 사회복지사가 굳이 애써 많은 정보를 획득해야 할 필요가 있을까? 여기서 클라이언트에 관해서 수집되는 정보는 분량이 핵심이 아니라 필요한 정보의 정확한 수집이 관건이다. 불필요한 클라이언트의 사생활과 관련된 과도한 정보 수집은 오히려 윤리적으로 전문성의 원칙에 위배된다고 볼 수 있다. 따라서 클라이언트가 사회복지사에게 의뢰한 문제와 무관한 클라이언트에 관한 민감한 정보 수집은 바람직하지 않다(김기덕 외, 2017: 244-245).

사례 7-5 **정보공개에 대한 동의**

오 씨는 부부간의 불화로 정신적으로 힘든 나머지 불면 및 식욕 부진 등의 증상을 호소하다 몇 차례 정신과 상담을 받았다. 그런데 어느 날 오 씨는 경찰청에서 정신과 진료로 말미암은 '운전면허 수시 적성검사 통보서'를 받았다. 이에 대해 오 씨는 진료 사실이 유출됨으로 말미암아 자신의 사생활이 침해되었다고 여겼다.

출처: www.humanrights.go.kr

〈사례 7-5〉는 클라이언트 동의 없이 그의 정보가 다른 기관으로 전달된 경우다. 사회복지사는 어떤 개인이나 기관으로부터 클라이언트에 관한 정보를 요청받을 수 있다. 이럴 때 사회복지사는 정보공개의 이유와 상황을 클라이언트에게 충분히 설명해야 하며, 클라이언트로부터 정보공개에 대한 동의를 받아야 한다. 그런 후에 윤리적 절차에 따라 정보를 공개해야 한다. 정보를 공개할 때는 사례기록을 전부 공개하기보다 최소한의 필요한 정보로 한정해야 한다. 그리고 정보공개에 대한 동의를 했더라도 이후에 취소할 수 있는 방법이나 정보공개에 대한 동의가 소멸되는 시점 등에 대해서도 충분히 설명해야 한다.

(3) 비밀보장의 제한과 한계

최근 정보통신의 발전과 정보의 전산화로 말미암아 클라이언트 정보의 비밀보장이 현실적으로 어렵거나 위협받게 될 가능성이 많아졌다. 왜냐하면, 클라이언트에 대한 개별 정보가 사회복지통합전산망, 정신보건정보시스템 등과 같은 전산망을 통해 공유되고 보관되기 때문에 클라이언트의 개인정보에 대한 접근성이 쉬워지고, 공개적으로 유포될 위험성도 높아졌다. 또한 이메일이나 공용 팩스, 전화, 소셜 네트워크 서비스(SNS)[5] 등을 통해 클라이언트의 개인정보가 유출될 위험성도 높다. 한편, 결혼이주여성이나 이주노동자들의 경우 통역서비스를 제공하는 제삼자에게 클라이언트의 정보가 노출될 수밖에 없다. 따라서 클라이언트의 개인정보를 취급할 때 이전보다 보안에 더욱 민감하게 대응해야 할 환경이다(김기덕 외, 2017: 245-246).

다나 보이드(1977~)

이제 한 사건을 살펴보자. 살해 희생자가 된 타라소프(Tarasoff)에게 사전 경고를 하지 않은 상담자에게 법적 책임이 있음을 판결한 사례이다. 미국 캘리포니아 법정에서 진행된 타라소프 사건은 상담자의 경고 의무에 관한 윤리적 책임을 강조하는 계기가 되었다. 상담내용에 대한 비밀보장의 예외 상황을 확인시켜 준 사건이다. 1969년 8월 캘리포니아 버클리대학 학생상담센터에서 상담을 받고 있던 포다르(Poddar)라는 학생이 어느 날 상담자였던 무어(Moore)에게 자신의 여자 친구인 타라소프를 살해할 계획에 대해 말한 것에서 시작되었다.

상담자는 캠퍼스 경찰에게 이 사실을 통보하여 포다르를 위험인물로 지목해 병원에 입원시키고 감시해 달라고 요청했다. 캠퍼스 경찰은 포다르를 구금한 후 심문했지만, 그에게서 별다른 위협적인 징후를 발견하지 못했다는 이유로 그를 석방했다. 상담자는 캠퍼스 경찰의 책임자에게 협조를 요청하는 공식적인 편지를 발송했다. 그 후 상담자의 슈퍼바이저는 상담자에게 그 편지를 되돌려 받을 것, 편지와 상담사례기록을 파기할 것, 그리고 더는 이 상담사례에 관여하지 말 것 등을 요구했다. 이러한 과정 중에 의도된 희생자, 즉 타라소프와 그녀의 가족에게는 아무런 사전경고가 주어지지 않았고, 결국 약 2개월 후 포다르는 타라소프를 살해했다.

타라소프의 부모는 학생상담센터가 의도된 희생자에게 위협을 알리지 않았다는 이유로 캘리포니아대학 이사회를 상대로 소송을 제기했고, 일차적으로 지방법원에서 기

5) 특정한 관심이나 활동을 공유하는 사람들 사이의 관계망을 구축해 주는 온라인 서비스인 SNS(Social Network Service 혹은 Social Network Site)는 최근 페이스북(facebook)과 트위터(twitter) 등의 폭발적 성장에 따라 사회적 · 학문적인 관심의 대상으로 부상했다. SNS는 컴퓨터 네트워크의 역사와 같이 할 만큼 역사가 오래되었지만, 현대적인 SNS는 1990년대 이후 월드와이드웹 발전의 산물이다. 신상 정보의 공개, 관계망의 구축과 공개, 의견이나 정보의 게시, 모바일 지원 등의 기능을 갖는 SNS는 서비스마다 독특한 특징을 가지고 있으며, 따라서 관점에 따라 각기 다른 측면에 주목한다. SNS는 사회적 파급력만큼 많은 문제를 제기하며 논란의 중심에 서 있다. SNS를 이론적인 관점에서 정의한 대표적 학자는 다나 보이드(Danah M. Boyd, 1977~)다.

각되었다. 그러나 타라소프의 부모는 항소했고, 마침내 1976년 캘리포니아 주 대법원은 타라소프 부모의 항소를 수용하여 상담자가 의도된 희생자에게 사전 경고하지 않은 것은 무책임한 행동이었다는 판결을 내렸다. 즉, 내담자가 제3자에게 해를 끼치는 상황이 예견될 경우 상담자는 이 사실을 제삼자에게 알릴 의무가 있다는 것이다.

상담자 대부분은 내담자가 상담 중에 말한 내용에 대한 비밀유지가 반드시 지켜져야 한다는 사실에 동의하지만, 타라소프 사건처럼 예외의 경우가 있다는 사실도 인정한다. 일반적으로 내담자가 한 말을 보호해 주는 것은 상담관계에서 매우 중요하며 상담자가 지켜야 할 중요한 윤리강령 중의 하나다. 그러나 비밀보장의 한계에 대해서도 상담 초기에 내담자에게 명료하게 알려 주는 것이 필요하다.

경고 의무는 잠재적인 희생자나 희생자와 관련된 사람에게 경고하거나, 경찰에 알리거나, 사법체계의 수행절차를 밟거나, 위협의 본질에 대한 정신건강감정을 하는 것 등 예상되는 피해자를 폭력이나 살해로부터 보호할 수 있는 합리적인 조치를 취하는 것을 의미한다. 클라이언트가 다른 사람을 해치겠다고 위협할 때 비밀유지로 말미암아 다른 사람이 위험에 직면할 수 있기 때문에, 긴급한 위험으로부터 사람의 생명을 구하는 것이 비밀보장보다 더 우선적인 윤리 원칙이다. 그러므로 제삼자의 생명보호를 위해 비밀보장의 원칙이 제한될 수 있다.

(4) 사회복지실천에서의 비밀보장지침

사회복지실천에서의 비밀보장지침을 이순민(2016: 100-103)은 다음과 같은 아홉 가지로 정리하여 제시하고 있다.

첫째, 과학기술의 발전으로 전화 · 이메일 · 팩스 등을 통한 정보 유출과 기록 · 녹음 · 컴퓨터를 사용한 정보 보관방법에 대한 주의가 필요하다. 사회복지서비스를 받는 클라이언트에 관한 정보가 행정전산망을 통해 쉽게 접근될 수 있고, 클라이언트에 관한 개인정보가 공개적으로 유포될 수 있다는 점에서 그에 대한 정보 보안의 중요성이 드러나고 있다. 이에 각 데이터베이스나 파일에 암호를 걸어 놓고 암호를 수시로 변경하는 등의 보안조치가 필요하다.

그뿐만 아니라 사회복지사의 부주의로 이메일이나 공용팩스, 전화 자동응답기 및 컴퓨터를 이용하여 주고받은 클라이언트의 정보가 유출되는 경우도 발생할 수 있다. 이에 대해 각별히 주의해야 하며, 사회복지기관 차원에서의 비밀보장 관련 조치와 절차를 만들어야 한다.

둘째, 사례와 관련된 대화를 공개된 장소에서 하지 않도록 한다. 사회복지사는 특정 사례나 특정 클라이언트에 관한 대화를 복도, 엘리베이터, 화장실, 식당 등과 같은 공개된 장소에서는 하지 않도록 주의해야 한다. 특히, 클라이언트의 신분을 확인할 수 있는 개인정보를 대화 도중에 밝혀서는 안 된다. 물론 자문, 슈퍼비전, 교육 목적 등으로 사례가 공개될 수 있다. 이런 경우에는 클라이언트의 개인신상 정보를 변경하거나 가명을 사용함으로써 클라이언트의 신분이 밝혀지는 것을 막아야 한다.

셋째, 사회복지실천 초기에 클라이언트에게 비밀보장의 권리와 한계에 대해서 분명하고 구체적으로 알려 주어야 한다. 클라이언트와의 관계에서 비밀보장의 중요성, 비밀보장 관련 법 조항, 비밀보장을 위한 시설·기관 차원의 조치와 절차, 정보공개와 관련된 사회복지사의 법적 의무사항, 클라이언트의 비밀보장이 제한받는 경우, 교육을 목적으로 정보가 공유되는 경우, 정보공개 시 클라이언트에게 동의받는 절차 등에 대해 클라이언트에게 설명해야 한다.

넷째, 정보를 공개할 때에는 윤리적 절차를 밟아야 한다. 클라이언트에 관한 정보를 공개하고자 할 때에는 그에게 공개의 이유와 상황을 충분히 설명함으로써 이를 납득시켜야 하며, 정보공개의 절차 또한 윤리적으로 정당해야 한다. 정보공개에 대한 클라이언트의 동의를 얻고자 노력해야 하며, 클라이언트에게 정보공개와 관련된 정보를 충분히 제공해야 한다. 정보가 누구에게 공개될 것인지, 어떤 목적으로 어디에 사용될 것인지, 다른 사람들에게도 회람될 것인지, 어느 정도 범위로 공개될 것인지, 정보공개에 동의했더라도 이를 취소할 수 있는지 등에 대해 충분히 설명해야 한다(강진령 외, 2007; 손현동, 2007).

다섯째, 미성년자인 클라이언트와의 상담에 대해 그의 부모가 정보 제공을 요구할 때 클라이언트가 직접 그의 부모에게 정보를 이야기할 것인지, 사회복지사가 말할 것인지를 논의해야 한다. 클라이언트가 정보 제공을 허락하지 않으면 비밀유출이 사회복지사와 클라이언트 간 관계에 미칠 수 있는 부정적 영향에 대해 부모가 납득할 수 있도록 설명해야 한다.

그런데 클라이언트와의 상담내용을 부모에게 알리는 것이 클라이언트의 이익을 위해 필요하다고 판단되어 부득이하게 알려야 할 경우에 어떻게 하여야 할까? 클라이언트에게 부모가 상담내용을 알아야 하는 타당성을 정당하게 설명하고, 그가 반대하더라도 부모에게 알릴 것임을 사전에 이야기해야 한다. 이때 부모에게는 꼭 알아야 할 필요성이 있는 최소한의 정보만을 제공해야 한다(강진령 외, 2007; 손현동, 2007). 즉, 부모가 미성년자인 클라이언트에 대한 법적인 책임을 지니기 때문에 부모는 클라이언트에 관한 정보를 제공받을 필요가 있으며, 상담이나 개입에서도 부모의 승인을 받을 필요가 있음을 고려해야 한다. 그렇더라도 클라이언트의 비밀보장 권리도 최대한 존중하도록 노력해야 한다.

여섯째, 학교행정가나 교사로부터 학생(클라이언트)과의 상담내용을 공개하라는 요청을 받은 경우에는 클라이언트에게 사전 동의를 통해 미리 알리는 절차를 거쳐야 한다. 이때 전반적인 상담 진행과정에 대해서만 알리고 자세한 내용에 대해서는 알리지 않는 것이 바람직하다(강진령 외, 2007; 손현동, 2007). 클라이언트의 동의를 받지 않은 상태에서 부득이하게 상담내용을 공개해야 할 때는 최소한의 핵심적인 정보만 공개해야 한다.

학교폭력과 관련하여 정보공개가 요청됐을 때는 「학교폭력예방 및 대책에 관한 법률」에 자치위원회의 회의는 공개하지 않도록 규정되어 있다. 그러나 피해학생 · 가해학생 또는 그 보호자가 회의록의 열람 · 복사 등 회의록 공개를 신청한 때에는 학생과 그 가족의 성명, 주민등록번호 및 주소, 위원의 성명 등 개인정보에 관한 사항을 제외하고 공개하도록 되어 있음을 염두에 두어야 한다(제21조 제3항). 「학교폭력예방 및 대책에 관한 법률」 제21조 제1항에 따른 「학교폭력예방 및 대책에 관한 법률 시행령」에서는 학교폭력의 예방 및 대책과 관련된 업무를 수행하거나 수행하였던 자는 그 직무로 인하여 알게 된 비밀 또는 가해학생 · 피해학생 및 신고자 · 고발자와 관련된 다음의 자료를 누설하여서는 안 된다고 규정하고 있다(시행령 제33조). 학교폭력 피해학생과 가해학생 개인 및 가족의 성명, 주민등록번호 및 주소 등 개인정보에 관한 사항, 학교폭력 피해학생과 가해학생에 대한 심의·의결과 관련된 개인별 발언내용, 그 밖에 외부로 누설될 경우 분쟁당사자 간에 논란을 일으킬 우려가 있음이 명백한 사항이다.

일곱째, 법원이 클라이언트 동의 없이 사적인 정보를 밝힐 것을 요구할 때에는 클라이언트와의 관계를 해칠 수 있기 때문에 정보를 요구하지 말 것을 법원에 요청해야 한다. 그러나 요청이 받아들여지지 않아 꼭 정보를 공개할 수밖에 없을 때에는 면담 일시, 장소, 주된 호소 등 최소한의 기본적인 것만을 밝힌다(강진령 외, 2007; 손현동, 2007). 또한 법원의 요청에 대해 클라이언트와 의논해야 하며, 이때 어느 정도의 정보를 제공하는 것이 적절할지에 대해서도 논의해야 한다.

한편, 클라이언트가 상담확인서 및 사회복지서비스를 받았다는 것을 확인하는 서류를 요청하는 경우에는 용도(법원, 검찰, 경찰, 학교제출용 등)를 확인하고 나서 서비스를 받은 기간, 회기 및 주된 호소에 관해 간략히 작성한다.

여덟째, 집단을 대상으로 사회복지실천이 이루어질 때 비밀보장과 비밀보장의 제한에 대한 세심한 주의가 필요하다. 사회복지사가 두 명 이상의 사람에게 서비스를 제공하는 경우 사회복지실천의 초기단계에서 집단 내 클라이언트와 사회복지사가 나눈 대화는 비밀보장의 원칙에 따라 보호받음을 설명해야 한다. 집단 구성원과 비밀보장에 관한 문제를 토의하는 것이 필요하며, 집단 구성원이 아닌 사람들과는 구성원에 관한 정보를 공유하지 않는다는 비밀보장의 규범을 만들어야 한다. 그럼에도 불구하고 집단 내 모든 정보가 반드시 비밀로 지켜질 수 없는 경우도 있음을 집단 구성원들에게 알리고, 비밀보장이 제한받는 경우에 대해서는 동의받는 절차를 거쳐야 한다. 집단 사례기록서를 공개해야 할 때는 필요한 부분을 요약 정리해서 보여 준다든지, 기록의 특정 부분만 남기고 지우는 방법을 통해 비밀유출을 최소화할 수 있다.

아홉째, 가족을 대상으로 사회복지실천이 이루어질 때 사회복지사는 가족에게 비밀보장의 제한에 관해 설명하고 동의받는 일을 확실히 해야 한다. 가족을 대상으로 상담을 할 경우 모든 가족 구성원이 함께하는 가족상담은 좋지만, 모든 구성원이 참여하는 것이 결코 쉽지 않다. 그렇기 때문에 구성원의 필요에 따라 선택적으로 상담하거나 개별상담하기도 한다. 이때 한 가족 구성원이 다른 구성원에게 알리고 싶지 않은 비밀을 사회복지사에게 털어놓는 경우 사회복지사는 이를 다른 구성원에게 알려야 할지에 대한 윤리적 갈등을 겪을 수 있다.

개입 초기에 사회복지사는 가족 구성원에게 클라이언트의 비밀보장에 관한 설명을 하면서 가족 중 한 사람이 자신의 정보를 가족에게 알리고 싶지 않은 경우에 대해서도 충분히 논의해 보아야 한다. 그뿐만 아니라 가족 구성원과의 논의 후에 비밀보장의 원칙을 설정해야 하며, 각 구성원에게 이 원칙에 대해 충분히 고지되었으며, 이에 동의했음을 확인해야 한다.

2) 클라이언트의 알 권리

(1) 알 권리의 개념

알 권리(Right to know)란 국민 개개인이 모든 종류의 정보와 사상을 방해받지 않고 요구하고, 또한 그것을 받을 권리를 말한다. 여기서 정보란 좁게는 국정(國政)에 관한 정보를 말하나 넓게는 민간기업, 특히 매스미디어(mass media) 산업 혹은 매스커뮤니케이션(mass communication) 산업 · 군사산업 · 공해산업 등에 관한 정보까지를 모두 포함한다. 즉, 정보의 자유를 뜻하는 것으로 구체적으로는 매스커뮤니케이션에서 전달자의 활동 자유를 요구하는 권리, 국민 각자가 국정에 관한 정보를 요구하는 권리다(https://terms.naver.com).[6]

이러한 알 권리를 법으로 처음 규정한 것은 「서독헌법」에서였는데, 알 권리를 "일반적으로 접근할 수 있는 정보원으로부터 자유로이 정보를 얻을 수 있는 권리"라고 규정했다. 그리고 1948년 UN이 채택한 「세계인권선언」 제19조에서도 알 권리에 대한 언급이 있었으나, 그 후 다시 1966년 채택하고 1967년에 발표한 「국제인권규약」 제19조에

6) 알 권리라는 용어는 1945년 미국 AP통신사의 선부이사인 쿠퍼(Cooper)가 뉴욕의 한 강연에서 "시민은 완진하고 징획하게 제시되는 뉴스에 접할 권리를 가지고 있다. 알 권리에 대한 존중이 없이는 어느 한 국가나 또 세계적으로나 정치적 자유란 있을 수 없다."고 제창하면서 처음 사용되었다.

서 알 권리란 곧 "모든 정보와 사상을 구하고 받는 권리"로 정의하게 되었으며, 이 권리가 유행어처럼 사용되기 시작했다.[7] 그러나 다른 기본권과 마찬가지로 헌법상 정보의 자유가 인정된다고 하여 무조건 절대적으로 보장되는 것이 아니라 국가안전보장, 질서유지 또는 공공복리를 위하여 법률로서 제한이 가능하다.

「대한민국헌법」에서는 알 권리에 관한 명문 규정을 두고 있지 않아 그 헌법적 근거에 관한 다툼이 있다. 그러나 알 권리의 구현을 목적으로 제정된 「공공기관의 정보공개에 관한 법률」에서 "공공기관이 보유·관리하는 정보에 대한 국민의 공개 청구 및 공공기관의 공개 의무에 관하여 필요한 사항을 정함으로써 국민의 알권리를 보장하고 국정(國政)에 대한 국민의 참여와 국정 운영의 투명성을 확보함을 목적으로 한다(제1조)." 라고 규정하여 알 권리를 명시하고 있다. 다만 「공공기관의 정보공개에 관한 법률」은 알 권리를 포괄하는 총체적 법률이 아니라 알 권리로부터 파생하는 권리를 실현하는 절차를 규율하는 법률이다. 이 점에서 입법 목적 또한 개념과 내용을 정확히 반영한 것은 아니라고 본다(https://terms.naver.com). 그래서 알 권리의 개념 정의에 관한 다양한 주장이 있을 수밖에 없다.

(2) 사회복지실천현장에서 클라이언트의 알 권리

클라이언트 정보에 대한 비밀보장의 원칙은 비교적 절대적인 가치로 오랫동안 중요하게 인정되었다. 그런데 상대적으로 클라이언트의 알 권리는 제한적으로 인정되어 왔다. 사회복지실천현장에서 클라이언트의 알 권리는 고지된 동의 형태로 구체적으로 실천된다고 할 수 있다(김기덕 외, 2017: 224-226).

클라이언트가 자율성을 발휘하여 자기결정을 하기 위해서는 자신에게 최선의 방법을 결정하기 위한 모든 적절한 대안에 대해서 충분히 알고 있어야 한다. 이는 어떤 결정이나 선택을 위해서 필요한 정보가 충분히 제공되어야 함을 의미한다. 이러한 알

7) 1971년의 베트남 기밀문서 사건은 미국 정부의 〈뉴욕타임스〉, 〈워싱턴 포스트〉에 대한 게재 중지 청구를 법원이 기각함으로써 알 권리의 사회적 확립에 큰 역할을 담당하였다. 이후 여러 국가에서 알 권리의 보장을 위한 법률이 제정되기 시작했으나 아직도 많은 국가에서는 이와 같은 법의 제정을 기피하여 알 권리가 제대로 보장받지 못하고 있다.

권리는 클라이언트가 받는 서비스에 대해서도 적용된다. 즉, 어떠한 서비스를 받게 되는지, 어떤 치료나 프로그램에 참여하게 되는지, 서비스에 참여하면서 일어날 수 있는 일과 나타날 결과와 부작용, 서비스를 거부할 권리 등에 대해서 클라이언트는 알 권리가 있다.

이때 특별히 유의할 점은 클라이언트가 이해할 수 있는 클라이언트 언어로 설명해야 한다. 가능한 전문용어를 사용하지 않으며, 클라이언트의 눈높이에 맞는 설명으로 알 권리를 보장해야 한다. 클라이언트는 전문가가 제공하는 정보에 별다른 주의를 기울이지 않는 경향이 있다. 그러므로 충분한 설명뿐만 아니라 클라이언트가 정확하게 이해하였는지에 대한 확인을 하여야 한다.

충분한 정보 제공을 통해 클라이언트는 고지된 동의를 하고 자기결정을 하게 된다. 그런데 동의가 자발적이지 않았다거나(예컨대 강요로 어쩔 수 없이 한 결정이거나, 겉으로 드러난 강요가 아니라 하더라도 강요의 힘이 작용하였다든지) 혹은 현재 대안이 없는 상황이라면 결코 고지된 동의라고 볼 수 없다.

의식 수준의 향상 및 정보의 다양화 등으로 말미암아 사회복지서비스를 받는 클라이언트는 과거와 달리 사회복지서비스를 정당한 권리로서 받아들이고 있다. 아울러 최근 그 선택과 방법의 결정에 이르기까지 자신의 권리를 행사하고자 하는 주도적인 주체로 자리매김하고 있다. 따라서 클라이언트의 알 권리는 강조되고 점차 확대되고 있다.

알 권리에 대해서는 찬성과 반대 견해가 양립하고 있다. 알 권리를 반대하는 쪽에서는 많은 정보공개로 불필요한 논쟁이 발생하고, 이로 말미암아 행정 비용과 시간 낭비 등이 생긴다고 주장한다. 또한 정보가 공개될 것을 알 경우 공개 대상이 되는 정보의 기록과 문서를 최소화하게 되어 결국에는 클라이언트의 알 권리가 실제로 신장되지 않을 것이라고 말한다. 반면, 찬성하는 쪽에서는 국민의 자기결정권이 보장되기 위해서는 알 권리 존중이 전제되어야 한다고 주장한다.

클라이언트에게 충분한 알 권리를 제공한다는 점은 클라이언트의 자기결정 및 고지된 동의와 맥락을 같이한다. 즉, 클라이언트가 바람직한 결정을 하기 위해서는 자신의 상황에 대한 충분한 정보가 제공받고 알 권리가 확보됐을 때 가능하다. 또한 고지된 동의도 마찬가지로 제공하는 서비스에 대한 충분한 내용이 자세하게 설명된 후에 진행된다. 예컨대 환자가 자신의 진단과 병의 진행 예후 등에 관해 진실을 들을 경우 알 권리가 충족되어 치료를 잘 견디고 좋은 결과를 가져오는 데 도움이 된다. 우울, 불안과 두려움이 줄고 고통이 감소하며, 신체적 · 정서적 · 사회적 기능과 전반적인 삶의 질이 더 좋아진다. 충분한 정보를 제공받은 환자일수록 협조적이고 회복이 빠르며, 의사결정에 참여한 환자일수록 의료진의 지시에 더 잘 따라서 결국 좋은 결과로 나타난다(Sakellari, 2003; 안선화 외, 2009, 재인용). 한편, 사회복지 기록에서 클라이언트에 대한 개인정보의 기록이 정확하게 기록되어 있는지 알 수 있는 권리와, 더불어 잘못 기록되어 있는 클라이언트 자신의 정보에 대한 수정 · 정정 기회도 보장되어야 한다(김기덕 외, 2017: 224-226).

(3) 클라이언트의 알 권리 제한

클라이언트의 알 권리도 제한할 수밖에 없는 상황이 발생하기도 한다. 상황에 따라 클라이언트를 위해서, 혹은 부정적인 결과를 피하기 위해 알고 있는 정보 제공을 유보하거나, 혹은 선의의 거짓말을 하는 것이 더 바람직한 경우도 있다. 이때 사회복지사는 이해당사자 및 관련 사람들의 권리와 복지를 객관적으로 평가하여야 한다. 그래서 누구의 권리와 안녕이 가장 우선시되어야 하는지, 알 권리가 제한될 때 누구의 권리와 이익이 가장 침해를 많이 받게 되는지 충분히 평가하여야 한다. 그런 후에 클라이언트의 알 권리를 제한하는 결정을 내려야 한다(Reamer, 1999; 김기덕 외, 2017: 227, 재인용).

지금까지 사회복지실천현장에서 클라이언트의 알 권리 및 이의 제한에 대해 살펴보았다. 이와 관련 몇 가지 사례(김기덕 외, 2017: 227-234)를 분석해 보자. 그렇게 함으로써 클라이언트의 알 권리에 대한 이해가 더 깊어질 것이다.

사례 7-6 **딸의 조현병 진단을 당사자에게 숨기려는 가족들**

22세의 대학 3학년인 클라이언트는 조현병으로 입원치료를 받았으며, 퇴원 후 재활치료를 위해 주치의로부터 사회복귀시설 '품'에 의뢰되었다. 부모님이 시설에 방문하여 이용절차를 밟는 중이다. 그런데 가족들은 클라이언트가 평소 자존심 강하고 주변을 많이 의식하는 성격으로 볼 때 자신이 조현병임을 알게 되면 심한 충격을 받고 어떤 일을 저지를지 모른다고 생각한다. 그래서 가족들은 매우 불안해하며 클라이언트의 병명을 알리지 말도록 요청한다. 가족들은 클라이언트에게 특별한 병명을 말하지 않고 몸이 아파서 잠시 요양하는 것으로 둘러댔다고 한다.

출처: 김기덕 외(2017), p. 229.

〈사례 7-6〉에서 클라이언트에게 병명을 알려줄 경우 어떠한 문제가 발생할 것인가? 반대로 병명을 계속 숨기고 다른 병명으로 거짓말을 할 경우 어떠한 문제가 발생할 수 있을까? 이 사례는 클라이언트의 알 권리와 비밀보장의 원칙이 충동하는 경우다. 알리는 과정과 절차를 어떻게 진행해야 하는지, 가족들의 반대를 어떻게 설득해야 하는지, 클라이언트에게 정확한 진단을 알려주기 위해 고려해야 할 전제는 무엇인지에 대한 다면적인 검토가 선행되어야 한다.

클라이언트의 병명을 비밀에 부치려는 보호자들의 처지를 공감하고, 그랬을 경우 이후 발생할 수 있는 여러 가지 바람직하지 못한 일에 충분히 논의할 기회를 제공해야 한다. 또한 당사자의 알 권리를 제한할 경우 생기는 유리한 점과 불리한 점에 대해서 충분히 논의하고 설득해야 한다. 이때 자기결정권과 고지된 동의 등을 위협할 수 있음을 인식해야 한다.

앞에서 말하였지만, 〈사례 7-6〉은 알 권리의 제한 여부를 판단하기보다는 언제 사실대로 알릴 것인지에 대한 시점을 정하는 것이 더욱 중요하게 고려되어야 한다. 적절한 시점의 판단을 위해서 클라이언트의 정서 상태, 평소 질환에 대해서 가진 생각, 현재 상황을 어떻게 이해하고 있는지에 대한 파악 및 가족이 어디까지 클라이언트의 이익을 대변할 수 있는지, 숨겨진 이해관계는 없는지 등을 충분히 검토해야 한다. 그러고 나서 적절한 시점에 클라이언트에게 정확한 병명을 알려줘야 한다.

사례 7-7 미성년자에 대한 부모나 후견인의 알 권리

16세인 클라이언트는 사회봉사명령으로 복지관에서 자원봉사 및 청소년 사회봉사 프로그램에 참여 중이다. 청소년복지팀 담당 사회복지사는 클라이언트가 친구들과 몇 차례에 걸쳐서 환각성분이 포함된 감기약을 환각제로 사용하였다는 사실을 우연히 알게 되었다. 이로 말미암아 몇 차례 구토증상이 있었다. 부모님은 몸이 아픈 것으로 생각하고 병원에 가보도록 진료비를 주셨다. 의사선생님은 감기약 오남용 위험을 설명하시고 부모님을 모시고 오라고 하셨다. 클라이언트는 사회복지사에게 부모님에게는 비밀로 해 달라고 간곡히 부탁했다. 호기심으로 해본 일이고 앞으로는 절대로 하지 않겠다고 약속했다. 그런데 2주일 후 사회복지사가 클라이언트의 어머니와 상담 중 클라이언트가 최근 행동이 좀 이상하다고 걱정하였다. 어디가 아픈지 자꾸 토하고 감기가 잘 낫지 않는지 감기약을 계속 먹고 있다며 걱정하셨다. 어머니는 선생님께는 아이가 모든 것을 잘 털어 놓고 이야기하는 편이니 자신이 모르는 사실이 있다면 숨기지 말고 알려달라고 했다.

출처: 김기덕 외(2017), pp. 231-232.

〈사례 7-7〉에서 법적으로 미성년자인 16세 청소년의 판단을 자기결정으로 보고 비밀보장을 해야 하는가? 아니면 보호자인 어머니의 알 권리를 존중해야 하는가? 누구의 이익이 우선되어야 하는가? 즉, 이 사실을 알리는 것은 누구에게 이익이 되는가? 클라이언트인가, 어머니인가? 이 사례는 클라이언트의 비밀보장과 어머니의 알 권리가 상충되는 사례다. 미성년자인 클라이언트의 경우 의사결정능력, 고지된 동의, 비밀보장의 원칙 적용이 어려울 경우가 많다. 또한 미성년자의 부모나 보호자, 후견인은 미성년자에 대해서 책임을 지는 사람들이다. 따라서 미성년자에게 일어나는 상황에 대해서,

특히 위해가 되는 상황에 대해서 알아야 할 권리와 보호해야 할 책임과 의무가 있다. 〈사례 7-7〉은 한 번 비밀보장의 기회를 제공했으나 클라이언트가 약속을 지키지 않은 문제도 함께 관련되어 있다.

그러나 클라이언트의 자기결정을 나이만 가지고 판단하여서는 안 된다. 미성년자이기 때문에 비밀보장을 요청한 사안에 대해서 무조건 부모에게 알려서는 안 된다. 무엇보다 비밀보장을 요청한 사안의 내용과 비밀보장 여부에 따른 후속적인 영향 등에 대한 고려가 필수적이다. 또한 개인적 차이나 상황에 대한 고려, 보호자의 상황 등을 고려해서 판단해야 한다. 그러나 이러한 알 권리 문제가 클라이언트의 건강과 생명에 관련된 사항이라면 관리감독의 책임이 있는 보호자에게 알아야 할 권리가 주어져야 한다. 사회복지사는 사실을 알리는 것에 대해서 클라이언트와 논의하여 클라이언트가 직접 부모에게 알리도록 조언 · 격려해야 한다.

사례 7-8 **17세 클라이언트의 출산 결정 및 부모에게 비밀을 부탁**

17세 클라이언트는 남자친구와의 관계에서 임신을 한 상태에서 앞으로 벌어질 상황이 두려워 가출하였다. 그러다가 현재는 임신 5개월 상태에서 미혼모시설 입소를 위해 방문하였다. 클라이언트는 부모님이 아시면 가만히 계시지 않을 것이고, 아이의 출산을 강하게 거부하실 것이라고 했다. 그래서 사회복지사에게 부모님에게는 절대 비밀로 해달라고 간곡히 부탁했다.

출처: 김기덕 외(2017), p. 233.

〈사례 7-8〉에서 법적으로 미성년자인 16세 청소년의 판단을 자기결정으로 보고 비밀보장을 해야 하는가? 한창 학교에 다녀야 할 고등학교 2학년이 출산을 하는 것에 대해 주변에서는 무어라고 할까? 부모의 동의 없이 자녀를 출산한다면 이후 어떠한 문제가 발생할 수 있는가? 지금이라도 부모에게 출산계획을 알릴 때 발생할 수 있는 문제는 무엇인가? 〈사례 7-8〉은 미성년자의 자녀출산에 관한 자기결정 및 보호자인 부모에 대한 비밀보장의 원칙과 미성년자에게 보호 의무와 책임, 권리가 있는 보호자의 알 권리가 상충하는 사례다. 출산 여부에 대한 결정보다는 출산 후 아이 양육, 미혼모로서의 삶, 장래계획 등 앞으로 발생할 수 있는 문제에 대해서 클라이언트가 합리적인 검토 · 판단을 할 수 있도록 도와야 한다(김기덕 외, 2017: 227-234).

3) 고지된 동의

사회복지실천현장에서 클라이언트의 고지된 동의는 알 권리와 연결되어 이해되어 왔다. 그래서 고지된 동의에 대해서는 앞서 살펴본 클라이언트의 알 권리에서도 다루었다. 따라서 다소 중복될 수도 있겠지만, 여기서 정리하는 차원에서 고지된 동의에 대해 다시 한번 살펴본다.

고지된 동의는 사회복지실천 과정에서 클라이언트에게 서비스를 제공하고자 할 때, 사회복지사는 클라이언트에게 서비스나 선택에 대한 충분한 정보를 전달해야 하며, 클라이언트는 이를 충분히 이해한 상태에서 동의해야 한다는 것을 의미한다. 그리고 클라이언트의 동의 없이 사회복지사는 클라이언트와 관련된 정보 공개, 서비스 개입 등을 해서는 안 된다. 고지된 동의, 혹은 사전 동의과정은 클라이언트를 스스로 결정권을 행사할 수 있는 존엄성을 가진 인간으로 본다. 클라이언트에게 사회복지실천에 관련한 충분한 정보를 제공함으로써 그가 사회복지실천 과정에 자발적으로 참여하고, 사회복지사에게 협력하는 데 많은 영향을 준다. 클라이언트에게 사회복지실천에 관해 사회복지사에게 질문할 권리가 있음을 알리고, 녹음이나 비디오 녹화 등을 하기 전에 반드시 클라이언트의 동의를 받아야만 하는 것도 고지된 동의에 해당된다(고향자 · 현선미, 2008; 서미경, 1998; 이순민, 2016: 111-116).

고지된 동의는 사회복지실천의 특정 단계에서만 이루어지는 것이 아니다. 단계마다 필요에 따라 계속해서 이루어져야 한다(고향자 · 현선미, 2008; 서미경, 1998). 실천이 시작되는 단계에서는 클라이언트에게 실천의 목적과 방법 등에 대한 필요한 정보를 설명해야 하며, 이에 대한 동의를 받아야 한다. 무엇보다 클라이언트가 동의한 사항에 대해서 충분히 이해하는지를 확인해야 한다. 사회복지사는 제공하는 사회복지서비스의 한계에 대해 클라이언트에게 말하는 것을 꺼려할 수도 있다. 그러나 클라이언트가 반드시 서비스의 한계를 인지하고 서비스에 대한 잘못된 기대나 예측을 하지 않도록 도와야 한다. 계약과정에서는 서비스의 목적, 서비스와 관련된 위험, 비용을 지불하는 제삼자의 요구로 말미암은 서비스 제한, 관련된 비용, 적절한 다른 방안, 다른 시설 혹은 기관으로 의뢰하는 일에 동의하는 클라이언트의 권리 혹은 동의를 포기할 수 있는 권리, 동의에 따라 포함할 수 있는 치료기간을 계획하는 것 등을 알려야 한다.

클라이언트에게 고지된 동의를 얻기 위해서는 지식, 자발성, 능력, 적절한 동의방식이 전제되어야 한다. 전제 조건이 충족되었을 경우에만 클라이언트가 충분한 정보를 가지고 자발적으로 동의했음을 인정할 수 있다. 이러한 전제 조건 각각에 대해 간략히 살펴본다(고향자 · 현선미, 2008; 서미경, 1998; 이순민, 2016: 113-115).

첫째, 지식은 클라이언트가 고지된 동의를 하기 위해 사회복지실천 개입의 종류나 방법, 서비스를 받는 도중이나 그 결과로 일어날 수 있는 일, 동의를 하지 않을 때 어떻게 되는지에 대해 충분한 정보가 제공되어야 한다는 전제 조건이다. 사회복지실천 과정에서 여러 가지 개입 대안 중에 하나를 선택할 때, 이 개입에 동의하는 것이 더 좋은 것인지 나쁜 것인지를 클라이언트가 알아야 한다. 하지만 너무 많은 정보를 제공하였을 때는 클라이언트가 어느 것이 중요한 정보인지를 구분하지 못할 뿐만 아니라, 사회복지사가 제공하는 정보에 별다른 주의를 기울이지 않게 될 수도 있다. 따라서 클라이언트가 너무 많은 정보에 압도당하지 않으면서, 고지된 동의를 위해 어느 정도의 정보를 제공해야 할지를 결정하는 것이 중요하다.

둘째, 자발성은 자유로운 상태에서, 강제성 없이 고지된 동의가 이루어질 때 의미가 있다는 전제조건이다. 교도소나 정신병원처럼 클라이언트에게 전혀 자유가 없거나 상당히 제한된 상황에서는 자발적 동의를 구하기가 어렵다. 법원 명령에 따라 강제적으로 상담을 받는 경우나 정신병원에서 강제치료를 받는 경우가 이에 해당한다. 하지만 강제성이 없는 경우라도 클라이언트가 사회복지사에게 맹목적 · 무조건적으로 동의하거나, 이를 거부하면 생길지도 모를 불이익의 걱정으로 동의하게 될 수도 있다. 고지된 동의를 얻을 때 사회복지사는 클라이언트에게 강제성이 없으며 동의를 거부해도 어떤 불이익도 없음을 강조해야 한다.

셋째, 능력은 고지된 동의를 하는 클라이언트가 동의할 수 있는 능력이 충분할 때 이를 전제하는 조건이다. 그러나 클라이언트가 고지된 동의를 할 만큼의 능력이 충분하지 못한 경우도 있다. 미성년자인 아동·청소년, 노인, 정서장애나 정신지체를 가진 사람의 경우가 이에 해당한다. 하지만 클라이언트가 결정할 수 있는 능력이 있는지를 판단할 수 있는 객관적인 기준이 없기 때문에 이를 사정하기가 어렵다. 아동의 나이가 어느 정도 이상이어야 동의를 결정할 능력이 있는지, 나이가 많은 노인을 어떤 기준으로 사리판단을 할 수 있다고 말할 수 있는지를 사회복지사가 주관적으로 판단해야 한다.

앞에서 살펴본 〈사례 7-2〉에서 클라이언트를 요양시설에 보내는 것은 매우 중요한 결정이다. 따라서 당사자의 동의 없이 요양시설에 보내어서는 안 된다. 클라이언트는 고지된 동의 필요성을 무시할 수 있는 전제 조건에 해당되는가? 클라이언트가 고지된 동의를 할 수 없는 무능력자임을 어떻게 판단할 수 있는가?

넷째, 적절한 동의방식은 고지된 동의를 하는 전제 조건이 된다. 클라이언트가 동의 의사를 비언어적으로 표현(고개를 끄덕이는 등)할 수도 있고, 구두 혹은 서면으로 직접적인 동의의사를 표현할 수도 있다. 이처럼 동의의사를 나타내는 방법은 다양하다. 사회복지사는 클라이언트가 동의에 대한 표현을 비언어적으로 했을 때, 이를 해석하는 데 주의를 기울려야 한다. 특히, 클라이언트가 침묵을 하거나 적극적으로 거부의사를 밝히지 않을 때, 이를 동의로 받아들이지 않도록 조심해야 한다. 과거에 고지된 동의를 했다고 해서 클라이언트가 현재나 미래에도 계속 동의하는 것은 아니기 때문이다. 따라서 동의는 사안마다 계속해서 확인하여야 한다.

Chapter

08

전문가의 역할과 관련된 윤리적 쟁점

08
Chapter

전문가의 역할과 관련된 윤리적 쟁점

1. 전문적 관계와 다중관계

1) 사회복지의 전문적 관계

사회복지실천에서 사회복지사와 클라이언트의 관계는 의도적 목적성, 시간 제한성, 클라이언트에 대한 헌신성, 권위성, 통제성 등의 특징을 가지는 전문적 관계라고 할 수 있다(엄명용 외, 2000). 전문적 도움을 제공하는 사회복지사는 클라이언트와의 관계에서 명확한 경계(境界, boundary)를 유지하여야 하며, 클라이언트의 이익을 최우선시하여야 한다. 경계는 관계에서 편안함을 가질 수 있는 한계로, 한 개인의 신체적 · 심리적으로 필요한 공간과 다른 사람의 공간 간의 구분을 말한다(Whitfield, 1993).

특히, 사회복지사는 클라이언트가 이용당하지 않도록 보호하여야 하고, 클라이언트에게 헌신하는 관계는 사회복지실천에서 가장 중요한 특징이다. 전문적 관계는 클라이언트 처지에서 클라이언트의 이익을 위해 이루어져야 한다. 하지만 사회복지실천 과정에서 클라이언트의 이익이 최우선으로 다루어지기 어려운 상황이 발생할 수 있다. 이때 사회복지사는 클라이언트의 이익, 사회복지사의 이익, 기관의 이익이 상충할 경우 어느 이익을 우선적으로 해야 할지 윤리적 딜레마에 빠진다.

사회복지사는 전문적 관계에서 클라이언트를 위해 자신의 능력 범위 안에서 최대한 헌신하여야 할 의무가 있다(김상균 외, 2002). 헌신 의무에 관련하여, 다중관계(多重關係, multiple relationship)[1]와 같이 전문적 판단을 저해하거나 불공정한 판단을 가져올 이해관계의 갈등이 초래하는 것을 피해야 한다. 하지만 사회복지사는 종종 클라이언트와 전문적 관계 이외의 다른 관계를 갖는 다중관계 상황에 처하게 되며, 이로 말미암아 윤리적 갈등을 겪게 되기도 한다. 또한 사회복지사는 전문적 관계에서 서비스 비용에 관련한 윤리적 갈등을 겪을 수도 있다(이순민, 2016: 145). 이에 대한 상세한 내용은 이후의 절에서 다루고 있다.

2) 전문적 관계의 경계와 다중관계

앞서 말했지만, 사회복지실천에서 클라이언트와 사회복지사의 관계는 사적인 관계가 아니다. 전문적 관계다. 전문적 관계에서는 경계와 원칙을 유지하는 것이 필요하다. 따라서 사회복지사와 클라이언트의 전문적 관계에서도 마찬가지다. 하지만 신체적 접촉, 개인적인 정보 공유, 전문적 관계의 종료 시기 결정 등에 관련하여 사회복지사의 전문적인 관계의 경계를 확실히 구분 짓는 것은 간단한 일이 아니다. 불명확한 전문적 관계의 경계를 가질 때 사회복지사는 전문적 관계 이외에도 클라이언트와 또 다른 관계를 형성하는 다중관계와 같은 윤리적 갈등 상황을 겪을 수 있다(이순민, 2016: 156).

다중관계는 상호관계를 정립하지 못했거나 비윤리적일 수도 있는데, 상담자는 내담자의 상담효과에 영향을 미칠 수 있는 다중관계를 피해야 한다. 그 이유는 다음과 같다. 첫째, 상담자가 그들에게 호감과 인정을 받고 싶은 욕구 혹은 친밀한 관계를 깨뜨리는 것을 걱정하여 내담자를 변화시키는 데 필요한 직면을 하지 못할 가능성이 있다. 둘째, 다중관계 때문에 상담자가 객관성을 잃어 전문가로서의 정확한 판단을 내리기

1) 다중관계(多重關係, Multiple relationship)란 집단 참여 목적과는 다른 형태로 형성되는 관계를 일컫는다. 다중관계는 집단 상담자와 집단 구성원의 집단 상담을 위한 관계 이외의 목적으로 이루어진다. 즉, 집단 상담자와 집단 구성원이라는 관계 이외에 설정된 관계로, 집단 구성원들이 집단에 전적으로 참여하는 데 방해가 되거나 집단 상담자의 객관성 유지와 전문적 판단에 손상을 줄 수 있는 관계를 말한다. 종전에는 이중관계(二重關係, dual relationship)라는 용어를 사용했지만, 이는 이차적인 관계의 복잡성을 충분히 설명하지 못한다는 한계로 더는 윤리강령에서 사용되지 않고, 다중관계는 비전문적인 관계라는 용어와 병행하여 사용된다.

힘들 수 있다. 셋째, 다중관계 내에서 권력의 차이로 상담자가 내담자를 착취할 위험과 내담자가 자기표현을 하지 못하거나 자신을 보호할 수 없는 처지에 놓일 수 있다.

따라서 사회복지사는 클라이언트와의 다중관계가 상담효과에 영향을 줄 수 있다고 판단되면 클라이언트를 다른 사회복지사에게 의뢰해야 한다. 다중관계는 사회복지사가 클라이언트와 명확한 경계를 유지하지 못하고 친밀한 관계를 맺거나 성적인 접촉을 가지는 것을 포함한다. 집단상담자는 다중관계에 포함된 이들을 자신의 집단에 참여시키지 않아야 하며, 집단을 진행하는 동안에는 집단상담을 위한 관계 이외에 다른 관계를 맺지 않아야 한다. 즉, 집단상담자는 집단이 진행되는 기간에 참가자들에게 전문가로서의 역할과 힘을 이용하여 다중관계를 형성해서는 안 된다.

미국에서 사회복지사를 대상으로 한 연구(Storm-Gottfried, 1999)에서 사회복지사와 클라이언트 사이의 경계를 제대로 지키지 못한 것이 전체 윤리적 위반행위의 29.1%를 차지했으며, 그중 72.7%가 성적인 다중관계로 말미암은 위반인 것으로 나타났다. 또 다른 연구에서도 성적인 다중관계가 사회복지실천에서 두 번째로 가장 자주 일어나는 비윤리적 행위로 나타나고 있다(이순민, 2016: 156, 재인용).

한국상담학회(KCA)[2] 윤리강령(제11조)에는 "① 상담자는 내담자와의 친밀한 관계를 인식하고, 내담자에 대한 존중감을 유지하며 내담자를 이용하여 상담자 개인의 필요를 충족하고자 하는 활동 및 행동을 하지 않는다. ② 상담자는 객관성과 전문적인 판단에 영향을 미칠 수 있는 다중관계를 피해야 한다. 상담자가 내담자를 지도하거나 평가를 해야 하는 경우라면 그 내담자를 다른 전문가에게 의뢰한다. 단, 내담자의 복지를 위해 상담자와 내담자가 사전 동의를 한 경우와 그에 대한 자문이나 감독이 병행될 때는, 상담관계를 맺을 수도 있다. ③ 상담자는 특별한 경우를 제외하고는, 내담자와 상담실 밖에서 사적인 관계를 맺지 않는다. ④ 상담자는 내담자와의 관계에서 상담료 이외의

2) 한국상담학회는 상담을 연구하는 학자와 상담 실무에 종사하는 상담전문가들의 모임으로서, 한국 상담의 발전, 학문적인 정체성의 확립, 회원의 권익보호, 회원 간의 정보교류를 목적으로 2000년에 설립되었다. 1976년에 설립된 대학상담학회와 1978년에 '금요 모임'으로 시작되어 계속 명칭을 변경하면서 발전한 '한국집단상담학회', 1995년에 설립한 '한국진로상담학회' 등이 통합된 것이다. 한국상담학회는 13개 분과학회(대학, 집단, 진로, 학교, 아동청소년, 초월영성, 부부·가족, NLP, 군, 교정, 심리치료, 기업, 중독)와 8개 지역학회가 있다.

어떠한 금전적 · 물질적 거래관계도 맺지 않는다."라고 다중관계에 관하여 규정하고 있다.

또한 한국상담심리학회(KCPA)[3] 윤리강령(4. 가.)에도 "① 상담심리사는 객관성과 전문적인 판단에 영향을 미칠 수 있는 다중관계는 피해야 한다. 가까운 친구나 친인척, 지인 등 사적인 관계가 있는 사람을 내담자로 받아들이면 다중관계가 되므로, 다른 전문가에게 의뢰하여 도움을 준다. 의도하지 않게 다중관계가 시작된 경우에도 적절한 조치를 취해야 한다. ② 상담심리사는 상담할 때에 내담자와 상담 이외의 다른 관계가 있다면, 특히 자신이 내담자의 상사이거나 지도교수 혹은 평가를 해야 하는 입장에 놓인 경우라면 그 내담자를 다른 전문가에게 의뢰한다. ③ 상담심리사는 내담자와 상담실 밖에서 연애관계나 기타 사적인 관계(소셜미디어나 다른 매체를 통한 관계 포함)를 맺거나 유지하지 않는다. ④ 상담심리사는 내담자와의 관계에서 상담료 이외의 어떠한 금전적 · 물질적 거래를 해서는 안 된다. ⑤ 상담심리사는 내담자의 선물로 인해 발생할 수 있는 문제를 숙고해야 한다. 선물의 수령 여부를 결정함에 있어서 상담관계에 미치는 영향, 선물의 의미, 내담자와 상담자의 동기, 현행법 위반 여부 등을 신중하게 고려해야 한다."라고 다중관계에 관하여 규정하고 있다.

(1) 다중관계의 유형

다중관계의 대표적인 예로는 부모, 자녀 등의 가족이나 친척과 같은 혈연관계, 친구나 동창생 같은 사회적 관계, 고용자와 피고용자, 사업자와 구매자 같은 사업적 관계 등을 들 수 있다. 다중관계는 크게 경계 건너기(boundary crossing)와 경계 위반(violations crossing)으로 구분할 수 있다(이순민, 2016: 157).

첫째, 경계 건너기는 사회복지사가 클라이언트나 동료 사회복지사와 의도적으로 착

3) 한국상담심리학회는 상담심리학 및 심리치료에 관한 제반 학술연구, 국민의 심리적 건강 증진을 위한 활동, 이를 수행할 수 있는 상담심리사의 양성 및 회원의 자질 향상과 회원 상호 간의 친목 도모를 목적으로 1974년 한국심리학회 산하 임상 및 상담심리분과회로 설립되었다. 그리고 1987년 임상심리학회에서 분리되어 한국심리학회 산하 상담심리 및 심리치료학회로 설립되었다. 몇 번의 명칭 변경 이후, 2003년에 한국상담심리학회가 되어 지금까지 이어져 오고 있다.

취, 기만, 조정, 강압적이지 않은 의미에서의 다중관계를 갖는 것을 말한다(Reamer, 2003). 경계 건너기는 이해할 수 있는 특별한 상황에서 클라이언트에게 해를 주지 않는 선에서, 일반적으로 받아들일 수 있는 행동의 기준을 어기는 것이다. 예컨대 자살할 염려가 있는 클라이언트에게 사회복지사의 휴대폰(혹은 집) 번호를 알려 주는 것이나, 외투를 살 돈이 없는 클라이언트에게 사회복지사가 겨울 외투를 사 주는 것은 전문적 관계의 경계를 넘는 일이지만, 이는 정당화될 수 있는 일이다(Davidson, 2005). 개인적 · 사회적 · 사업적 · 부과적인 재정관계와 같이 성(sex)과 관련되지 않은 다중관계는 경계 건너기에 해당된다(Valentich & Gripton, 1992). 이러한 다중관계는 전문적인 관계에서의 권력 차이 혹은 혼란스러운 역할 때문에 문제가 될 가능성이 많으며, 클라이언트 · 상황 · 위반사항에 따라 전문적 관계를 방해하는 걸림돌이 될 수 있다(Kitchener, 2000).

둘째, 경계 위반은 사회복지사가 클라이언트나 동료 사회복지사와 의도적으로 착취, 기만, 조정, 강압적인 다중관계를 갖는 것을 말한다(Reamer, 2003). 경계 위반은 사회복지사가 클라이언트와의 관계를 이용하여 개인적 필요를 충족하는 것으로, 좀 더 심각한 다중관계이므로 절대로 정당화될 수 없다. 특히, 클라이언트와 성적인 관계를 맺는 성적 다중관계는 심각한 경계 위반이다.

다시 말하지만, 다중관계는 사회복지실천에서의 전문적 관계에 악영향을 미친다. 사회복지사는 다중관계로 말미암아 클라이언트와의 관계에서 객관성을 잃기 쉬우며, 클라이언트의 어떤 문제에 대해 부정확한 사정(assessment)을 하거나, 사회복지사로서 소진될 수 있다(Davidson, 2005). 이로 말미암아 사회복지사는 클라이언트에게 필요한 적절한 전문적 서비스를 제공하지 못할 수 있으며, 클라이언트와 사회복지사 간의 전문적 관계 형성이 어려울 수 있다. 다시 말해, 전문직의 성실성의 손상 및 클라이언트의 서비스 접근성에도 부정적인 영향을 줄 수 있다.

사회복지사와 클라이언트의 관계는 권력적으로 소위 갑을관계(甲乙關係)이다. 을(乙)의 위치인 클라이언트는 도움을 받는 처지이고, 갑(甲)의 위치인 사회복지사는 전문가로서 도움을 주기 때문에 클라이언트가 전문가인 사회복지사에게 의존하는 관계가 되기 쉽다. 이러한 권력의 불균형 때문에 경계 위반을 했을 때 클라이언트가 불이익을 당하기가 쉽다. 예컨대 사회복지사와 클라이언트 간에 성적 관계가 맺어졌을 때 클라이언트는 사회복지사에 대한 의존성이 더욱 높아진다. 그리하여 삶을 스스로 직면하고 헤쳐 나가려는 클라이언트의 자기결정권 능력에도 영향을 미칠 수 있다. 그러다가 사회복지사와의 사적인 관계가 나빠졌을 때 클라이언트는 쉽게 상처받고 더욱 취약해질 수 있다.

이처럼 경계의 불명확성 및 다중관계가 전문적 관계에 나쁜 영향을 미치기 때문에 사회복지실천에서는 다중관계를 엄격하게 금하고 있다. 한국사회복지사협회 윤리강령에서 사회복지사는 어떤 상황에서도 클라이언트와 부적절한 성적 관계를 가져서는 안 된다고 규정하고 있다. 미국사회복지사협회 윤리강령에서는 현재 혹은 이전의 클라이언트와의 다중관계에 대해 다음과 같이 상세한 규정을 두고 있다(이순민, 2016: 157-160).

- 사회복지사와 현재 및 이전의 클라이언트와의 성적 행위나 성적 접촉 금지
- 클라이언트를 이용하거나 클라이언트에게 잠재적 해를 입힐 수 있는 상황에서 클라이언트의 친척 혹은 클라이언트와 친밀한 대인관계를 맺고 있는 사람과의 성적 행위나 성적 접촉 금지
- 이전에 자신과 성적 관계를 가진 적이 있는 사람에게 임상적 서비스 제공 금지
- 클라이언트에 대한 성희롱 금지
- 이용을 당하거나 잠재적 해를 입을 위험이 있는 현재나 이전의 클라이언트와 사회복지사와의 이중 혹은 다중관계를 금지

전문적 관계의 특성상 클라이언트는 사회복지사에게 의존하기 쉽다. 그러나 이러한 의존을 개인의 이익, 성적·사회적·금전적 이유로 착취하는 것은 있을 수 없는 일이다. 이러한 행동은 사회복지실천에 미치는 영향을 따지기 이전에 비윤리적이고 비전문적이다. 사회복지사는 어떤 상황에서도 클라이언트와의 성적 행동 및 다중관계를 가져서는 결코 안 된다. 이미 전문적 관계가 종결된 클라이언트와의 관계라 하더라도 다중관계에 대한 윤리적 책임은 피할 수 없다.

〈표 8-1〉 유형별 다중관계 여부의 확인

유형	확인 항목
성(性)적	• 현재 진행 중인 클라이언트와 데이트하기 • 현재 진행 중인 클라이언트와 키스 • 현재 진행 중인 클라이언트와 성관계 • 이전의 종결된 클라이언트와 데이트하기 • 이전의 종결된 클라이언트와 키스 • 이전의 종결된 클라이언트와 성관계
대가성	• 도와준 대가로 클라이언트의 직업과 관련된 서비스를 받음(세차나 미용 등) • 클라이언트에게 기관의 행사에 참여하도록 요청하기 • 기관의 행사비를 조달하기 위해 클라이언트에게 스폰서나 기부금을 요청하기
개인적	• 클라이언트의 개인적 행사에 초대받고 참석하기 • 사회복지사의 개인적 행사에 클라이언트를 초대하기 • 현재 진행 중인 클라이언트와 사적으로 만나기(함께 식사나 영화관람 등) • 이전의 종결된 클라이언트와 사적으로 만나기(함께 식사나 영화관람 등) • 클라이언트에게 개인 연락처를 알려주기 • 클라이언트가 운영하는 상점을 단골로 이용하기 • 클라이언트가 친척이라서 전문적인 도움주기

출처: 장영진 외(2012); 이순민(2016), p. 159(재인용)를 저자가 현실 및 어법에 맞게 일부 수정.

(2) 사회복지실천에서 전문적 관계에 대한 지침

사회복지실천에서 전문적 관계인 사회복지사와 클라이언트 간의 지침을 살펴보면 다음과 같다(이순민, 2016: 160-163; Corey et al., 1998; Davidson, 2005; Richmond, 2010).

첫째, 사회복지사는 정기적으로 클라이언트와의 관계를 동료 사회복지사와 논의함으로써 자신이 전문적 관계의 경계를 잘 유지하고 있는지 확인해 볼 수 있다. 사회복지사는 클라이언트의 최대 이익뿐만 아니라, 자신을 위해서도 클라이언트와의 관계에 대한 다른 사람의 관점을 들어 보는 것이 바람직하다(Davidson, 2005).

둘째, 사회복지사는 정신적 · 심리적으로 약해져 있을 때 경계 위반이 일어나기 쉬우므로, 자신의 정서적인 욕구를 잘 살펴보아야 한다. 사회복지사 자신의 욕구를 간과하다 보면, 클라이언트의 욕구를 못 보고 넘어갈 수 있는 경향이 높아지며, 사회복지사와 클라이언트 간의 경계를 위반할 확률도 높아진다.

데이비슨(Davidson, 2005)은 사회복지사와 클라이언트 간의 경계 혼돈이 오는 신호를 다음과 같이 제시하고 있다.

- 사회복지사의 중립성이 점진적으로 사라진다.
- 특정 클라이언트에게 다른 클라이언트에 대한 정보를 누설한다.
- 사회복지사 자신에 대한 정보를 거리낌 없이 누설한다.
- 특정 클라이언트의 선택에 대해 매우 분노하거나 슬퍼한다.
- 직장에 있지 않을 때에도 특정 클라이언트에 대한 생각을 과도하게 한다.
- 특정 클라이언트의 행동을 변화시키기 위해 이례적으로 많은 투자를 한다.
- 클라이언트의 사회복지사에 대한 의존도를 증진시킨다.
- 클라이언트를 유익한 지지체계와 분리되도록 조장한다.
- 특정 클라이언트와 직접 만나거나 전화를 하는 데 보통보다 많은 시간을 보낸다.
- 하루 일과가 끝나면 클라이언트와 만나 시간을 더 보내려고 한다.
- 클라이언트를 일반적이지 않은 장소에서 만나거나 클라이언트의 집에서 만난다.
- 청구비용에 대해 지나치게 관대하다.
- 클라이언트와 서로 선물을 주고받는다.
- 클라이언트의 좋은 특성과 자신의 배우자의 덜 좋은 특성을 비교한다.
- 클라이언트에 대한 공상을 한다.
- 특정 클라이언트의 다음 면접을 기다린다.
- 특정 클라이언트와의 약속이 있을 때 무슨 옷을 입을지 고민한다.
- 클라이언트의 하루하루 삶의 세부사항을 지시한다.
- 클라이언트 삶의 어떤 결정을 위해서는 사회복지사가 전문가라고 생각한다.
- 클라이언트의 자기주장을 용납하지 않는다.
- 클라이언트에 대해 질투한다.
- 클라이언드와의 괸계에 대헤 묻으면 방어적이 된다.
- 클라이언트와 신체적 접촉이 시작된다.

셋째, 사회복지사는 클라이언트와 다중관계의 문제점을 잘 인식하고, 클라이언트와의 관계에서 한계나 경계를 설정해야 한다. 사회복지사는 다중관계에 대한 충분한 지식을 갖고 가능하면 다중관계의 가능성이 있는 상황을 만들지 않아야 한다. 또 사회복지사는 클라이언트에게 불리할 수 있는 행동을 미연에 방지해야 한다. 또한 어떠한 상황에서도 클라이언트와 성적 행동을 해서는 안 된다. 그리고 법적인 처벌 가능성이 있으므로, 사회복지사는 관계가 종결된 이전 클라이언트와의 성적 행동도 조심해야 한다.

원칙적으로 다중관계를 금기시하고는 있지만, 사회복지실천현장에서는 실제로 사회복지사와 클라이언트 간에 전문적 관계 이외의 친밀한 관계가 형성되기도 한다. 예를 들어, 상담을 하는 청소년 클라이언트에게 사회복지사가 떡볶이를 사주거나 영화를 보여 줄 때가 있다. 이러한 다중관계가 발생할 때에는 다음과 같은 일반적 규칙을 따르는 것이 좋다(Corey et al., 1998; 박외숙 · 고향자, 2007, 재인용).

- 출발에서부터 건강한 경계를 마련하라.
- 클라이언트에게 정보를 제공한 상태에서 동의를 확실하게 구하라. 그리고 클라이언트와 잠재적인 위험과 다중관계의 불이익에 대하여 이야기하라.
- 클라이언트와 미리 예견하지 못한 문제와 앞으로 일어날 갈등에 대하여 언제라도 이야기할 태도를 갖추어라.
- 해결을 위해서, 어떤 딜레마이든지 간에 다른 전문가들에게 자문을 구하라.
- 다중관계가 특별히 문제가 되거나 해로움의 위험 수준이 높을 때는 슈퍼비전을 받으라.
- 치료일지에 모든 다중관계 상황을 기록하라.
- 다중관계에 관여하는 사회복지사 자신의 동기를 검토하라.
- 필요하면, 클라이언트를 다른 전문가에게 의뢰하라.

규칙을 따르면, 클라이언트와 사회복지사 모두에게 유리하다. 또한 클라이언트에게 해를 입힐 가능성이 줄어들고(혹시라도 발생할 수 있는), 사회복지사의 추후 법적인 처벌도 피할 수 있는 안전망이 될 수 있다.

넷째, 사회복지사는 클라이언트와의 전문적 관계에 악영향을 미치고, 경계위반을 일으킬 수 있는 역전이(逆轉移, countertransference)[4]가 일어나지 않도록 항상 주의해야 한다. 역전이로 말미암아 사회복지사는 과거에 경험한 관계에서 파생된 감정으로 클라이언트에 대한 잘못된 인식을 갖게 되고, 따라서 클라이언트와의 긍정적인 전문적 관계를 갖는 것이 어려울 수 있다. 역전이는 사회복지사의 객관성을 잃게 할 수 있고, 클라이언트를 부정확하게 사정할 수 있으며, 사회복지사의 경계를 위반할 가능성도 높다.

예컨대 사회복지사가 부모를 비롯한 권위적인 인물에 대해 가진 무의식적 감정이 클라이언트를 통해 역전이를 일으킬 가능성도 있다. 적대적이거나 권위적인 클라이언트를 대할 때, 사회복지사는 클라이언트를 효과적으로 도울 수 없을 것이라고 예측하는 경우가 있다. 이러한 반응은 사회복지사가 성장과정에서 경험한 부모 혹은 권위적인 인물과의 해결하지 못한 무의식적 갈등으로 발생하며, 사회복지사는 그 원인을 인식하지 못할 수 있다. 젊은 사회복지사는 노인 클라이언트를 치료하는 과정에서 역전이를 경험할 수 있다. 연로한 클라이언트가 사회복지사에게 자신의 자녀에 대한 감정을 투사하면, 사회복지사는 클라이언트의 전이에 영향을 받아 사랑스러운 자녀가 되고 싶었던 자신의 무의식적인 소망을 투사하는 역전이 반응을 보이게 된다.

다섯째, 사회복지사는 클라이언트에 대한 자기노출의 한계를 정해 놓아야 한다. 어떤 클라이언트는 사회복지사가 자신의 관점이나 처지를 이해하기 위해서는 자신과 비슷한 가치, 경험 등을 가지고 있어야 한다고 생각하고, 이를 확인하려 하기도 한다. 이 외에도 클라이언트는 단순한 호기심에서, 사회복지사로서의 자질이 있거나 자신에게 도움이 될 수 있는 능력이 있는지 알고 싶어서, 혹은 사회복지사와 사적인 친분을

4) 상담에서 역전이 문제가 언급되기 시작한 것은 프로이트(Freud, 1910)에 의해서이며, 그는 내담자가 상담자의 무의식에 끼치는 영향 때문에 상담자에게 일어나는 반응을 역전이(countertransference)라고 했다. 클라이언트가 자신에게 중요한 인물의 이미지를 분석가에게 투사하는 '전이'에 대한 사회복지사의 무의식적 반응으로, 사회복지사의 갈등(conflict)이 반영되어 클라이언트를 대하는 사회복지사의 사고, 감정, 행동 등에 영향을 미치는 것을 역전이라고 한다. 역전이는 치료과정에서 중립성과 공감적 이해를 감소시키는 등 분석을 방해하는 요소로 작용하지만, 클라이언트의 무의식을 이해하는 데 중요한 단서로 활용할 수 있다.

쌓기 위해서 사회복지사의 개인적 신상에 대해 질문하기도 한다. 예를 들어, 독실한 기도교인인 클라이언트가 사회복지사의 종교가 무엇인지를 묻거나, 부부갈등으로 어려움을 겪는 클라이언트가 사회복지사의 결혼 여부를 궁금해 하기도 한다.

이처럼 클라이언트가 사회복지사에게 개인적인 질문을 할 때 어떻게 해야 할까? 사회복지사가 어느 정도의 사적 정보를 노출해야 전문적 관계의 경계를 지키는 것일까? 이에 대해 사회복지사는 갈등할 수 있다. 그런데 이에 대처하는 방법에는 정답이 있을 수 없다. 사회복지사는 "네, 결혼했어요.", "개인적으로 교회를 다니지는 않지만, 주위에서 다니시는 분이 많아 기독교 문화나 교리에 대해서 어느 정도는 알고 있어요."와 같이 간단하면서도 직접적으로 대답할 수도 있다. 또는 "제가 도와 드릴 수 없을까봐 좀 걱정되시나요?", "제가 결혼했는지의 여부가 저와 같이 일하는 데 중요한가요?"라며 질문의 의미에 대해 물어볼 수 있다. 어느 방식으로 대처를 하든지, 사회복지사는 클라이언트에게 사적인 개인정보를 노출하면서 개인적인 위험이나 전문적인 관계의 경계를 혼란스럽게 해서는 안 된다. 또한 사회복지사는 자신의 사적인 정보 노출이 클라이언트와의 관계에 어떤 영향을 미치는지에 대해 생각해 보아야 한다. 예컨대 어떤 클라이언트가 자신이 동성연애자인지가 확실치 않아서 자신의 성적 정체성에 대해 갈등하고 있다면, 동성연애자이지만 아직 직장에서는 이를 밝히지 않은 사회복지사의 경우 자신의 성적 정체성을 밝혀야 할지 고민할 수 있다. 이런 경우에 사회복지사는 자신의 성적 정체성을 밝혔을 때 나타날 수 있는 장단점을 모두 고려해 보아야 한다. 분명한 사실은 사회복지사는 클라이언트의 이익을 최우선으로 생각하면서 결정을 내려야 한다(Richmond, 2010; 이순민, 2016: 163, 재인용).

2. 충실성의 상충

충실성(忠實性, Loyalty)이란 특정한 인간이나 집단 혹은 신념에 자기를 바치고 지조를 굽히지 않는 일을 일컫는다. 사회복지사의 충실성은 '사회정의 실현과 클라이언트의 복지증진'에 있다. 일반적으로 취약계층인 클라이언트의 복지를 증진하는 것이 사회정의를 실현하는 것이라고 한다면, 사회복지사가 하는 모든 활동이 클라이언트와 사회에 대한 충실성을 실현하는 것이라 할 수 있다. 이외에도 기관(혹은 조직)에 소속된 사회복지사는 소속 기관에 대한 충실성이 요구된다. 즉, 기관의 정책과 절차를 준수하고, 기관 서비스의 효율성과 효과성 증진에 이바지해야 한다.

그러나 문제는 클라이언트와 기관에 대한 충실성이 서로 상충할 때 발생한다. 즉, 클라이언트의 복지가 기관의 서비스 효율성과 상충하게 되면 사회복지사는 어느 한쪽의 충실성을 선택해야 하고, 이는 다른 한쪽에 대한 충실성을 위반하는 결과가 된다. 또한 클라이언트의 이익이 사회복지사의 개인적 복지와 상충될 때 역시 마찬가지로 딜레마가 발생한다. 예컨대 사회복지사가 자신의 복지를 희생하고, 계속해서 클라이언트에게 이타주의적 헌신을 하게 되면, 이는 결국 사회복지서비스의 전문성이 심각하게 훼손되는 결과가 된다(서미경 외, 2015: 190-195; 이순민, 2016: 146-152).

1) 클라이언트의 이익과 사회복지사의 의무 상충

사회복지사는 언제나 클라이언트의 이익을 최우선해야 하지만 동시에 사회복지사 자신의 권익을 옹호하는 것 역시 전문성을 유지하는 데 매우 중요하다. 사회복지사의 권익을 옹호하는 것이 전문성을 개발·유지하고 향상하는 중요한 수단이므로, 결과적으로 이것이 클라이언트의 이익을 보장하게 된다. 즉, 사회복지사의 복지가 보장되어야 전문성 개발에 더 많은 에너지를 투입하게 되고, 이는 결국 클라이언트에게 더욱 질 좋은 서비스를 제공하게 된다. 그러나 사회복지사의 복지가 언제나 클라이언트의 이익과 함께 하는 것은 아니다.

사례 8-1 사회복지사의 파업

장애인복지관에 근무하는 사회복지사 대표는 법인과 갈등을 겪고 있다. 법인이 사회복지사들의 시간 외 수당을 지급하지 않을 뿐더러 정당한 휴가 사용을 허락하지 않고 있다. 이와 관련하여 법인 대표와 여러 번 대화하였으나 이견을 좁히지 못했다. 결국 사회복지사 대표는 파업만이 문제를 해결할 유일한 방법이라고 생각하고 있다. 그러나 이 복지관은 주간보호 프로그램과 작업장을 운영하고 있어 사회복지사들이 파업을 했을 때 이 서비스를 받는 장애인들은 심각한 피해를 입게 된다. 최대한 법인과 대화하기 위한 노력을 했음에도 불구하고 합의되지 않으면 사회복지사들은 파업을 통해 자신들의 정당한 권리를 확보해야 하는가? 아니면 어떠한 상황에서도 클라이언트의 이익을 최우선해야 하는 전문직의 의무를 다해야 하는가?

출처: 서미경 외(2015), p. 193.

〈사례 8-1〉에서 딜레마는 법인의 불법적인 행동에 대항하기 위한 방법이 파업밖에 없다면, 주간보호서비스를 받는 클라이언트들의 심각한 피해에도 불구하고 파업을 해야 하느냐의 문제이다. 휴먼서비스를 제공하는 전문직의 파업은 그 정당성이나 합법성과는 상관없이 대중으로부터 비난받는 경향이 있다. 의료전문직의 파업에 대해서도 매체 대부분은 파업 사유에 대한 언급 없이 '환자들의 생명을 담보로 한 파업'이라며 비난한다. 사회복지사도 '근로자로서의 정당한 권리'를 요구할 수 있고, 이를 위해 사회적 행동을 감행할 수 있다. 파업을 통해 전문직의 정당한 권리 확보가 장기적으로 더 효과적인 서비스 제공을 약속하게 된다. 그러나 이러한 것이 주간보호 프로그램과 작업장을 이용하는 장애인들의 불편함보다 크다고 확신할 수 있는가? 또한 이득이 더 크다고 하더라도 정당화될 수 있는가? 즉, 파업기간 주간보호 프로그램이 운영되지 않아 낮 동안 돌봐줄 사람이 없어 방치되는 장애인들의 불이익이 사회복지사가 얻게 될 이익보다 적다는 이유로 무시되어도 괜찮은가?

이에 대해 여러분은 어떻게 생각하는가? 가장 좋은 방법은 어떻게 하든 계속해서 법인과 대화하여 합의점을 찾아내는 것이다. 그러나 이것이 가능하지 않다면, 클라이언트와 그 가족에게 파업을 알리고, 방치되는 장애인들에게 가능한 대안을 제시하여 피해가 최소화되도록 해야 한다. 필요하다면 최소한의 인원을 업무에 투입하여 방치되는 장애인들에 대한 기본적인 서비스라도 제공되도록 노력해야 한다(서미경 외, 2015: 194).

신변 안전과 같은 절체절명의 순간뿐만이 아니라, 사소한 개인적 이익과 사회복지사의 의무 사이에서도 윤리적 갈등은 발생할 수 있다. 모처럼의 가족행사 중에 클라이언트가 도움을 요청하는 응급전화를 걸어 왔다면, 사회복지사는 어떻게 해야 하는가? 가족행사를 중단하고 클라이언트에게 달려가야 하는가? 아니면 가족행사에 계속 남아야 하는가? 클라이언트의 이익과 사회복지사의 이익 사이에서 윤리적 갈등을 겪을 때 사회복지사는 언제나 클라이언트의 이익을 위한 선택을 해야 하는지, 아니면 선택의 결과나 상황에 따라 클라이언트의 이익에 헌신하는 윤리적 의무를 위반해야 하는지 고민하게 된다.

그렇다면 위와 같은 상황이 여러분에게 닥쳤다면 어떻게 하겠는가? 정답은 무엇일까? 그러나 아쉽게도 이에 대한 정답은 있을 수가 없다. 왜냐하면, 사회복지사 개인의 가치와 우선순위에 따라 윤리적 결정이 달라지기 때문이다. 가령 어떤 사회복지사가 윤리적 절대주의라면 결과가 어떻든 상관없이 전문가는 항상 클라이언트의 이익에 우선하는 윤리적 의무를 수행해야 한다고 주장할 것이다. 반대로 윤리적 상대주의자인 또 다른 사회복지사라면 결과가 어떻게 되느냐에 따라 윤리적 의무가 달라질 수 있다고 말할 것이다. 왜냐하면, 클라이언트의 이익을 선택한 결과가 한 사람의 일방적인 희생과 복지의 포기라는 부정적인 결과가 나온다면, 윤리적 상대주의 처지에서 본다면 비윤리적이기 때문이다.[5)]

5) 윤리적 상대주의 사회복지사의 견해는 사회복지사가 포기하는 희생 비용과 클라이언트가 얻는 이익을 비교하여 더 유리하다고 판단되는 선택을 하는 것이 윤리적 결정이다.

사례 8-2 **사회복지사의 결혼기념일에 걸려온 전화**

오늘 사회복지사는 20주년 결혼기념일이다. 사회복지사는 이날을 위해 몇 달 전부터 가족과 저녁식사 약속을 하였고 레스토랑도 예약해둔 상태다. 퇴근 직전 상담 회기 중인 클라이언트로부터 긴급한 전화가 왔다. 클라이언트는 최근 남편의 폭력으로부터 도망쳐 쉼터에 머물고 있다. 그런데 오늘 남편이 쉼터를 알아내 연락이 왔다고 하면서 몹시 불안해하고 있다. 클라이언트는 긴급히 상담이 필요하다며 아르바이트가 끝나고 2시간 뒤 만나달라고 요청한다. 사회복지사는 클라이언트의 상황이 매우 긴급하다는 것을 잘 알고 있다. 그래서 당직 사회복지사와의 상담을 예약해 주겠다고 하였으나, 클라이언트는 울면서 사회복지사와의 면담을 강하게 요구하였다. 사회복지사는 가족과의 중대한 약속을 어기고 클라이언트를 만나야 하는가?

출처: 서미경 외(2015), p. 194-195.

〈사례 8-2〉에서 사회복지사의 사적인 생활보다 클라이언트의 이익이 우선되어야 하는가? 흔히 사회복지사는 다른 전문직보다 더 많은 사명감을 가지고 일해야 하는 직업으로 생각한다. 이 사명감이 사생활보다 클라이언트에 대한 책임감이 더 중요하다는 것을 의미한다면, 사회복지사는 가족과의 약속을 취소하고 클라이언트를 도와야 한다. 그런데 사회복지사가 일하는 곳이 가정폭력상담소이기에 이런 상황은 자주 발생한다. 그래서 매일 당직 사회복지사가 근무하고 있다. 대안이 전혀 없다면 모르겠지만, 대안이 있는데도 사회복지사의 사적 약속을 포기해야 하는가? 아니면 가족식사와 같은 취소할 수 있는 약속임에도 불구하고 남편으로부터 생명의 위협을 받는 클라이언트의 절박한 상황을 무시해야 하는가?

사회복지사의 윤리적 원칙에서 본다면, 클라이언트의 생명보호 원칙이 사회복지사의 사생활보호나 삶의 질 원칙보다 우선한다. 따라서 클라이언트의 생명보호를 위해 사회복지사의 사생활보호는 뒤로 미루어져야 한다. 가정폭력 대부분은 생명보호와 연결되는 문제다. 그러므로 이 기관의 모든 사회복지사는 자신의 삶의 질 혹은 사생활보호보다 언제나 클라이언트를 우선해야 할 책임이 있다. 이는 사회복지사의 소진을 가져오고, 이러한 업무 스트레스는 서비스 질을 현저히 떨어뜨린다. 그리하여 결국 클라이언트에게 불이익을 초래할 수 있다. 따라서 가능한 대안은 당직 사회복지사를 통해 응급 상황을 해결하고 나서 근무시간에 우선적으로 클라이언트에게 서비스를 제공하는 것이다. 그러나 이것은 클라이언트가 원하는 것이 아니다. 이런 대안을 선택했을 때 사회복지사는 비윤리적 실천이라는 비난을 피할 수 있을까? 만약 당직 사회복지사가 응급 상황을 제대로 해결하지 못했다면 어떻게 해야 할까(서미경 외, 2015: 195).

사례 8-3 **사회복지사의 장애인 아들 부탁**

사회복지사는 클라이언트와 아동양육 및 부부관계에 관한 상담을 해왔다. 그러던 중 마침 클라이언트가 어떤 장애인시설의 후원회장이라는 사실을 알게 되었다. 사회복지사에게는 정신지체 1급인 아들이 있는데, 아들을 보호시설에 입소시키려 했으나 적절한 시설이 없어 그렇게 하지 못하였다. 클라이언트가 후원하는 장애인 보호시설은 시설 및 프로그램이 좋기로 유명한 곳이다. 사회복지사는 클라이언트에게 자신의 아들 이야기를 하고 도움을 요청할 것인지 고민하기 시작했다.

출처: 이순민(2016), p. 147.

〈사례 8-3〉은 사회복지사가 개인적 이익을 위해 클라이언트와의 전문적 관계를 이용하려는 예다. 사회복지사의 전문적 도움을 받고 있는 클라이언트의 처지에서 사회복지사의 간곡한 부탁을 들어주지 않기는 매우 어려울 것이다. 왜냐하면, 사회복지사의 부탁을 거절했을 때 클라이언트에게 불이익이 돌아올지도 모른다고 생각할 수 있기 때문이다. 클라이언트가 흔쾌히 사회복지사의 부탁을 들어주더라도, 클라이언트는 전문적 관계에서의 역할에 혼란이 올 수도 있다. 전문적 관계에서의 사회복지사는 전문성에서 오는 권위성을 가져야 하는데, 클라이언트가 사회복지사의 부탁을 들어줌으로써 오히려 클라이언트의 위치가 사회복지사보다 높아질 수 있다. 결과적으로 클라이언트의 효과적인 서비스를 받을 권리가 침해된 것이며, 사회복지사와 클라이언트의 전문적 관계와 사회복지사의 전문성에 나쁜 영향을 미칠 수 있다. 이러한 이유로 한국사회복지사 윤리강령에서는 사회복지사는 개인적 이익을 위해 클라이언트와의 전문적 관계를 이용해서는 안 된다고 명시하고 있다.

하지만 개인적 이득이 아닌 자기 보존과 생존의 문제라면 사회복지사는 클라이언트의 이익을 우선순위로 하기 어려울 수 있다. 사회복지사의 안전이 위협받았을 때에도 클라이언트의 이익을 최우선으로 행동할 수 있을까? 사회복지사와 클라이언트 간에 폭력이나 위협이 연루되는 상황에서는 클라이언트를 우선하는 원칙에 예외가 있을 수 없다. 이러한 경우에는 생명보호 원칙이 우선하며, 사회복지사는 위험한 상황에서는 일단 그 상황을 벗어나도록 해야 한다. 사회복지사는 사회복지실천 과정에서 혹시 있을 수도 있는 위험 상황에 대처할 수 있도록 대비하여야 한다. 특히, 클라이언트를 대상으로 가정방문과 같은 클라이언트와 관련된, 혹은 업무와 관련된 외부활동에서는 사회복지사의 안정성이 보장되어야 한다.

2013년 국가인권위원회(김종해 외, 2013)의 '사회복지사 인권 상황 실태조사'에 따르면, 클라이언트로부터 폭언을 경험한 사회복지사가 조사에 참여한 2,605명 중 28.9%나 되며, 신체적 폭행을 당한 적이 있는 사회복지사도 8.7%로 나타났다. 또한 사회복지사의 6.4%가 성추행을 경험한 것으로 나타났다. 그러나 대다수 사회복지사가 여성인 데다 사회복지사가 일대일로 클라이언트를 만나는 경우가 있어 실제 피해는 더 많을 것으로 추정한다.

양옥경 등(2007)은 사회복지사의 위험 상황에 대비하여 사회복지사가 주로 일하는 ① 사무실에서, ② 지역사회에서, ③ 클라이언트의 가정을 방문했을 때, 그리고 ④ 분노·저항·공격적인 클라이언트와 일할 때의 안전지침을 다음과 같이 제시하고 있다(이순민, 2016: 149-151, 재인용).

(1) 사무실에서의 안전지침

- 기관의 안전정책을 엄격하게 따를 것
- 잠재적 위험 확인을 위해 클라이언트를 만나기 전에 가능한 한 모든 클라이언트의 사례기록을 검토·숙지할 것
- 폭력 전과가 있거나 위협을 줄 수 있는 행동을 보이는 클라이언트와 일할 때는 다른 직원의 동행을 요청할 것
- 무기로 사용될 수 있는 모든 물건(펜, 스테이플러, 가위, 자 등)을 책상에서 치울 것.
- 동료의 도움을 요청할 것
- 도움을 줄 수 있는 적절한 자리에 동료가 없다면, 도움을 받고자 할 때 다른 직원에게 내부 약속에 따른 신호를 보낼 수 있는 체계를 구축할 것
- 책상은 문과 가까운 위치에 배치할 것
- 안전을 책임지는 사람들(보안책임자, 경비원 등)과 유기적 협조체계를 구축할 것
- 귀중품은 잠금장치 등이 있어 안전이 보장되는 곳에 둘 것
- 퇴근할 때는 꼭 사무실 문을 잠글 것

(2) 지역사회에서의 안전지침

- 가정방문을 가기 전에 기관에 보관 중인 사례기록을 재검토할 것
- 방문하려는 클라이언트의 주소, 예상되는 노선, 기관 도착시간과 함께 방문 스케줄을 기관의 동료에게 알릴 것. 위험 가능성이 의심되면 동료에게 가정방문 중 자신에게 확인 전화를 하도록 부탁할 것
- 가능하면 다른 직원과 동행할 것
- 가정방문에 꼭 필요한 자료만 가지고 가고, 귀중품은 기관이나 가정에 남겨 둘 것
- 가능하면 오전에 가정방문 일정을 잡거나 공공장소에서 만날 것
- 클라이언트에게 신분을 증명할 수 있는 것을 뚜렷하게 보여 줄 것
- 복장은 기관의 다른 직원들을 따를 것

- 자신의 통찰력을 잘 듣고 믿을 것. 상황이 불편한 것 같고, 문제가 생길 가능성이 느껴지면 약속을 다시 하거나 다른 조치를 취할 것

(3) 클라이언트의 가정을 방문했을 때의 안전지침

- 자가 운전하여 가정방문을 나간다면, 자동차의 모든 문을 잠그고 바지주머니 등 쉽게 찾을 수 있는 곳에 자동차 열쇠를 보관하며, 불필요한 물건은 트렁크에 보관할 것
- 방문하는 집에 있는 동물에 주의하고, 끈이 풀린 동물에 대해서는 클라이언트에게 도움을 요청할 것
- 집에 들어가려고 할 때 모르는 사람들 사이로 걸어가는 것을 피할 것
- 집에 있는 사람들에 주목하고, 그들이 누구인지 클라이언트에게 물어볼 것. 그 집에 다른 사람들이 있는 게 불편하다면, 그 사람들이 집을 나가도록 클라이언트에게 요청할 것. 이는 논의할 정보의 비밀이 지켜질 수 있도록 하는 것임을 클라이언트에게 설명할 것
- 집에 들어가면 모든 것에 주목할 것
- 무기가 종종 보관되는 침실이나 부엌에서는 클라이언트와 이야기하는 것을 피할 것
- 무기나 마약 등이 보이면 집에서 즉시 나올 것
- 방문 후 서류업무를 마치기를 원하면 다른 장소로 이동할 것. 가정방문 후 클라이언트의 집 앞에 주차하여 그곳에 머물러 있지 말 것. 방문과 관련된 어떤 위험도 문서화할 것

(4) 분노 · 저항 · 공격적인 클라이언트와 일할 때의 안전지침

- 조용하고 침착하며 단호한 자세를 유지할 것. 놀람, 적의, 고통, 방어 등의 반응을 보이지 말 것. 클라이언트에게 간결하고 직접적인 문장으로 말할 것

- 클라이언트에게 긍정적 선택을 제공할 것
- 클라이언트를 환기시키고, 진정시키며, 생각할 시간을 갖도록 상호작용 속도를 늦출 것
- 클라이언트와 신체접촉을 하지 말 것
- 클라이언트에게 충분한 개인적 공간을 주기 위해 둘 사이의 공간을 충분히 확보할 것
- 클라이언트를 앉히도록 모든 노력을 강구할 것. 앉히는 것이 불가능하다면 둘 사이의 공간을 충분히 두고, 기동할 수 있는 공간을 확보한 후 가능한 클라이언트에게서 멀리 떨어질 것
- 공격을 받으면 최소한의 힘을 쓸 것. 클라이언트를 억제하거나 본인이 풀려나기 위해 필요한 힘만을 사용하고, 도움을 얻기 위해 다른 곳으로 이동할 것

한국사회복지사협회 윤리강령에 따르면, 사회복지사는 클라이언트의 권익옹호를 최우선의 가치로 삼고 행동해야 한다. 그러나 사회복지사와 클라이언트 간에 갈등관계가 있을 때에는 이를 어떻게 대처해야 할지에 대해 여러 윤리적 문제가 얽혀 있다. 클라이언트와 사회복지사 간 갈등이 깊어져 더는 같이 일할 수 없는 경우가 있을 수 있다. 이럴 때에는 클라이언트의 복지를 최우선으로 해야 하는 사회복지사의 의무를 강조하여 사태를 처리해야 하며, 시설 운영에 이익이 되는 바람직한 방향으로 타협 · 조정해 나가야 한다. 하지만 갈등이 일정 수준을 넘어서서 사회복지사와 클라이언트 간에 폭력이나 위협이 연루되는 상황에서는 클라이언트의 이익만을 생각하기에는 어려운 점이 있다. 즉, 사회복지사가 클라이언트와의 관계에서 자신의 안전과 인권을 지키기 위해서는 평소에 적절한 행동 · 안전계획을 세워야 한다(이순민, 2016: 151-152).

2) 클라이언트의 이익과 기관에 대한 충성 상충

어느 윤리강령이든 사회복지사에게 클라이언트의 복지와 최대 이익을 위해 일해야

하는 의무와 동시에, 기관의 정책과 절차를 준수하고 기관의 사업목표 달성에 충성해야 할 의무를 요구한다. 물론 사회복지기관의 목표가 대부분 클라이언트의 최대 이익을 보호하고, 그들에게 효율적 서비스를 제공하는 것이므로 클라이언트에게 좋은 것이 기관에도 좋은 것이다. 그러나 언제나 이것이 일치하지는 않는다. 즉, 양립할 수 없는 양자의 이익을 동시에 추구해야 하는 이중매개인(double agent)의 역할을 할 때 윤리적 딜레마가 발생한다. 대표적인 것이 〈사례 8-4〉와 같은 상황이다.

사례 8-4 너무 많은 보호비용이 드는 클라이언트

클라이언트는 84세로 현재 주간보호 프로그램에 참여하고 있다. 경미한 건망증을 보이고 자기관리를 잘 못하고 있지만, 증상이 심각한 정도는 아니다. 그녀는 성격상 요구사항이 많고, 짜증이 심해 그녀를 돌보는 직원들의 불만이 많다. 클라이언트로 말미암아 힘들어 하던 직원들은 사례회의에서 그녀를 돌보는 일에 너무 많은 인력과 시간이 소요되어 다른 클라이언트를 제대로 돌볼 수 없다고 불만을 토로하였다. 기관장은 그녀를 노인시설로 의뢰하는 것이 좋겠다고 판단하여 사회복지사에 알아보도록 하였다. 사회복지사는 클라이언트 상황이 노인시설에 갈 정도는 아니라고 생각한다. 의뢰할 노인시설에서는 클라이언트의 건강 상태를 질문하고 있다. 사회복지사는 어떻게 대답하여야 하는가?

출처: 로웬버그와 돌고프(1996), 서미경 외 역(2000), p. 23.

〈사례 8-4〉에서 클라이언트에게는 계속해서 서비스가 필요하지만 노인시설에 보낼 정도의 상태는 아니다. 따라서 기관장의 말대로 클라이언트를 노인시설에 보내기 위해서는 그녀의 증상을 좀 더 과장되게 전하여야 한다. 이는 전문가의 매우 중요한 가치인 정직성을 위반하는 것이다. 그것도 클라이언트의 이익과 상충하는 방향을 위반하게 된다. 그러나 클라이언트로 말미암아 다른 클라이언트에게 주어져야 할 서비스 시간과 비용이 줄어들고, 직원들의 스트레스가 심각한 상황을 고려하면, 클라이언트 한 사람으로 파급되는 피해가 너무 크다. 윤리적 상대주의적 관점에서 보면, 클라이언트를 노인시설에 보내면 다른 어르신들에게 더 많은 서비스를 할 수 있고, 직원들의 스트레스가 줄어들어 서비스 효율성을 높일 수 있으므로 정당하다. 철학적 근거를 굳이 활용하지 않아도 직원들의 업무 스트레스가 가중되고, 기관의 비효율성이 초래되는 상황에서도 한 클라이언트의 복지에 헌신해야 하는가? 그렇다고 직원들의 스트레스와 기관의 서비스 비효율성 문제를 다른 방식으로 해결하려는 어떠한 노력도 해보지 않고 클라이언트를 노인시설에 보내는 것으로 문제를 해결하는 것이 정당한가? 이처럼 기관에서 다루기 어려운 클라이언트를 내보내고 다루기 쉬운 클라이언트만 들어오게 하는 것이 사회복지기관의 정당한 운영방침이라고 말할 수 있는가?

가장 좋은 방법은 클라이언트와 직접 의논하여 대안을 찾는 것이다. 그녀의 인지기능 장애가 그리 심하지 않으므로 자기결정권을 최대한 존중하여 해결 대안을 찾거나, 혹은 더 적합한 기관으로의 의뢰를 생각해 볼 수 있다. 물론 다루기 어려운 클라이언트에게 서비스를 제공하는 직원들의 역량을 강화하고, 기관의 운영방침에 대해 터놓고 논의하는 기회를 가져야 한다(서미경 외, 2015: 191–193).

3. 전문직 의무와 서비스 비용

사회복지실천은 전통적인 박애활동 및 자선의 형태에서부터 시작되어 전문화 · 체계화되어 왔다(엄명용 외, 2000). 박애 · 자선 · 봉사의 가치는 아직도 사회복지실천의 근간을 이루고 있지만, 사회복지직은 전문적 지식과 기술이 요구되는 직종이다. 따라서 제공하는 서비스에 합당한 비용을 받는 것이 정당하다. 하지만 클라이언트의 이익을 최우선으로 하면서도 클라이언트에게 서비스 비용을 청구해야 하는 상황은 사회복지사와 클라이언트 간에 갈등요소가 될 수 있다. 서비스 비용은 사회복지사나 사회복지기관의 수입과 연관되기 때문에 민감한 사항이다. 클라이언트의 경제적 상황은 사회복지사의 사회복지실천 결정에 영향을 미치며, 반대로 사회복지사의 경제적 상황이나 비용에 대한 태도도 실천 개입에 영향을 준다(Wolfson, 1999; 이순민, 2016: 164, 재인용).

한국사회복지사협회 윤리강령(Ⅰ. 사회복지사의 기본적 윤리기준, 3. 경제적 이득에 대한 태도)에서는 서비스 비용과 관련하여 다음과 같이 명시하고 있다.

- 사회복지사는 클라이언트의 지불 능력에 상관없이 서비스를 제공해야 하며, 이를 이유로 차별대우를 해서는 안 된다.
- 사회복지사는 필요한 경우에 제공된 서비스에 대해, 공정하고 합리적으로 이용료를 책정해야 한다.
- 사회복지사는 업무와 관련하여 정당하지 않은 방법으로 경제적 이득을 취하여서는 안 된다.

하지만 윤리강령에서 말하는 공정하고 합리적이며 적절한 서비스 요금이 어느 정도 수준을 말하는지는 분명하지 않다. 클라이언트 처지에서 공정하고 합리적인 서비스 요금이 책정되어야 하는가? 아니면 기관이나 사회복지사 처지에서 책정되어야 하는가? 경제적으로 어려운 클라이언트는 서비스 비용을 부담스러워할 수 있으며, 갑작스럽게 경제적 상황이 어려워진 클라이언트는 사회복지서비스를 중단할 수도 있다.

이런 상황에서 사회복지사는 클라이언트의 현재 변화되는 욕구에 따라 서비스 비용을 차등적으로 부과 · 조정해 주어야 할지, 혹은 결제를 연기해 주어야 할지 갈등하게 된다. 클라이언트의 최선의 이익과 경제적 부담을 고려하다 보면, 사회복지사나 기관의 기준에 맞지 않는 서비스 비용이 책정될 수도 있다(Wolfson, 1999; 이순민, 2016: 165, 재인용). 여기에는 정답이 있을 수 없다. 따라서 상황에 따라 사회복지사 개개인의 가치 판단으로 결정해야 한다. 사회복지사는 무료 혹은 저렴한 비용으로 서비스를 계속 제공하거나, 서비스 비용 결제를 연기해 주거나, 서비스를 계속 받을 수 있는 기관으로 의뢰할 수 있다. 어느 대안을 선택하든지 사회복지사는 클라이언트의 이익을 최우선으로 하는 가치와 사회복지사의 필요한 수입 사이에서 적절한 균형점을 찾아야 한다.

사례 8-5 **보험병동과 급여병동의 차이**

정신보건사회복지사가 근무하는 병원은 의료보험병동과 의료급여병동이 분리되어 있다. 병상 수와 비교할 때 사회복지사가 적어 정신질환자에게 반드시 필요한 사회기술훈련을 충분히 시행하기 어려운 상황이다. 병원장은 정액수가제로 운영되는 의료급여병동에서는 자원봉사자를 활용하여 프로그램을 운영하고, 사회복지사들은 보험병동에서만 프로그램을 하라고 한다. 그러나 의료급여병동의 환자들이 더 만성이어서 사회재활훈련이 절실하다. 이럴 때 병원장의 요구대로 결제 능력에 따라 차별적으로 프로그램을 운영해야 하는가?

출처: 서미경 외(2015), p. 197.

〈사례 8-5〉는 우리나라 정신병원에서 종종 볼 수 있는 상황이다. 병원 대부분에서는 사회복지사에게 정액수가제[6]로 운영되는 급여병동의 프로그램보다 행위별수가제[7]로 운영되는 보험병동의 프로그램에 더 많은 시간을 투자하도록 요구한다. 이는 차별 없는 서비스를 제공해야 할 사회복지사의 의무와 기관에 대한 충실성 간의 상충으로 볼 수 있다. 또한 현실적으로 언제나 부족한 사회복지사의 시간을 자원이라 한다면, 이러한 문제는 자원의 배분과도 관련이 있다. 의료급여환자 대부분은 결제 능력이 없을 뿐만 아니라 입원기간도 상대적으로 길다. 가족들의 지지도 적어 언제 퇴원이 가능할지 예측하기 어렵다. 반대로 보험병동 환자는 입원비용이 부담스러워서라도 가족들이 장기입원을 선택하는 경향이 상대적으로 더 적다.

따라서 사회재활훈련은 보험병동 환자들을 대상으로 하는 것이 더 효율적일 수 있다. 그 이유는 더 적은 시간을 투자하여 더 많은 결과를 도출할 수 있기 때문이다. 이것이 병원 재정에도 더 유리하다. 상대적으로 만성화가 심한 급여환자들의 경우 더 많은 재활훈련이 필요하지만 언제 퇴원할지 몰라서 재활훈련의 효과를 기대하기 어렵

6) 정액수가제란 입원환자의 질병, 기능상태에 따라 입원 1일당 정액수가를 적용하는 제도를 말한다.

7) 행위별수가제란 진료할 때마다 진찰료, 검사료, 처치료, 입원료, 약값 등에 따로 가격을 매긴 뒤 합산하여 진료비를 산정하는 제도를 말한다. 진료의 다양성과 의사의 전문성을 인정한다는 장점이 있지만, 과잉진료와 의료비 급증을 일으킬 수 있다는 단점이 있다.

다. 무엇보다 이들에게 많은 시간과 노력을 투자해도 병원 재정에 큰 도움이 되지 않는다. 이런 이유로 보험환자와 급여환자를 차별하는 것이 정당화되는가? 그렇다고 하여 절대적으로 부족한 시간을 동등하게 할애하는 것이 반드시 윤리적이라고 말할 수 있는가? 수익을 무시할 수 없는 병원 처지에서 보험환자에게 더 많은 서비스를 제공하라고 요구하는 것이 비윤리적이라고 비난할 수 있는가? 그러나 이처럼 결제 능력에 따른 차별적 서비스 제공은 명백히 윤리강령을 위반한 비윤리적 실천임에는 틀림없다(이순민, 2016: 197-198).

서비스 비용에 관련한 또 다른 윤리적 갈등 상황은 전문적 서비스의 대가로 클라이언트에게서 물품이나 용역을 받는 경우다. 클라이언트가 사회복지서비스 비용을 감당할 경제적 상황이 안 될 때 대신 그에 상응하는 다른 방법(물품이나 노동)으로 도와주는 것이 윤리적인지에 대한 의문이 생길 수 있다. 하지만 서비스에 대한 대가로 받는 물물교환은 클라이언트와의 관계에서 잠정적으로 이해의 상충, 착취, 사회복지사와 클라이언트의 부적절한 경계를 일으킬 수도 있다(NASW, 2008).

사례 8-6 **서비스 비용을 용역으로 결제**

컴퓨터 관련 업체 직원인 클라이언트는 사회복지사에게 지난 4개월간 상담을 받아오고 있다. 클라이언트는 여자 친구와 헤어진 후에 그에 따른 정서적 문제로 상담을 요청해 왔었다. 클라이언트는 이성과 친밀한 관계를 지속해 나가는 데 불안감을 느끼고 있었다. 그는 근무하고 있는 회사가 부도로 2주 후 문을 닫게 된다는 사실을 알게 되었다. 그는 상담을 계속 받고 싶지만 실직하게 되면 상담료를 결제하기 어려운 형편이다. 그래서 상담을 계속 받는 대신에 상담소의 컴퓨터 관련 일을 해 주면 어떻겠냐는 제안을 해 왔다. 사회복지사도 마찬가지로 상담을 계속하는 것이 바람직하다고 생각한다. 그렇지만 비용문제를 어떻게 처리하는 것이 좋을지 몰라서 고민하고 있다.

출처: 이순민(2016), p. 166.

〈사례 8-6〉은 상담 대가로 컴퓨터를 수리 및 성능 향상시키는 용역을 제공하겠다는 경우다. 여기서 사회복지사는 누가 도움을 받으며 누가 해를 입게 되는지, 이러한 교환 관계가 클라이언트와 사회복지사와의 관계에 어떤 영향을 미칠지에 대해 고려해 보아야 한다. 클라이언트가 컴퓨터를 제대로 고치지 못하거나 오히려 고장 내는 경우 사회복지사는 이에 대한 불만을 제대로 말할 수 있겠는가? 클라이언트의 용역에 대한 불만이 상담관계에 악영향을 미칠 수도 있다. 또한 얼마나 컴퓨터 관련 일을 해 주어야 상담 비용의 대가로 정당한가? 적절한 시간과 노력의 양을 합의하지 않으면, 클라이언트는 상담의 대가로 용역을 착취당할 위험이 있다.

물물교환은 사회복지사와 클라이언트 간의 경계와 제한이 점점 줄어들게 할 수도 있으며, 다중관계를 피하기 어렵게 할 것이다. 다중관계는 사회복지사 윤리강령에 따르면, 비윤리적인 행동이다. 이 관계에서 클라이언트 역시 상처받거나 해를 입게 될 수도 있다. 그러므로 사회복지사는 전문직 서비스에 대한 대가로 재화나 용역을 받아서는 안 된다. 단, 제한된 경우(관례이거나 서비스 제공에 필수적인 교환, 강제력 없이 협상에 의한 교환, 클라이언트의 동의에 의해 클라이언트가 시작하는 경우, 클라이언트에게 해롭지 않은 것이 증명될 때)에는 물질 교환이 가능하다(이순민, 2016: 164-166).

사례 8-7 **지지적 주거 프로그램의 방 배정**

사회복지사는 지적 장애인의 지지적 주거 프로그램을 운영하고 있다. 이 집에서는 장애인 4명이 거주한다. 이 중 2명은 국가로부터 급여를 받고 있으며, 다른 2명은 가족이 생활비를 충당하고 있다. 1인당 18만 원씩 내어 생활비로 사용하고 있으나 언제나 부족한 상황이다. 이들 장애인 중 A는 비교적 부유한 집안의 아들로, 부족한 생활비에 보탬이 되도록 매달 50만 원을 더 내겠다고 한다. 그 대신 그들이 활용할 수 있는 방 중에 개인 욕실이 딸려 있는 가장 좋은 방을 자신에게 배정할 것을 요구한다. 현재 이 방은 급여를 받고 있는 장애인 B가 사용하고 있다. 방을 배정하는 것은 언제나 사회복지사의 재량이다. 사회복지사는 자신의 재량이라는 이유로 A의 제안을 받아들여 원하는 방을 배정해도 괜찮을까?

출처: 서미경 외(2015), p. 198.

〈사례 8-7〉 역시 결제 능력에 관한 딜레마다. 주거시설의 전체 생활비가 부족한 상황에서 다른 사람보다 생활비를 50만 원씩 더 부담하는 대신 좋은 방을 사용하겠다는 것은 자본주의 사회에서 당연한 요구이다. 그렇다면 모든 거주자들에게 생활비를 많이 내는 순서로 방을 배정하겠다고 말해도 괜찮은 것인가? 자본주의 사회에서 결제 능력에 따른 차별은 감수해야 하는 것이므로 이러한 거주규칙은 당연하다고 해야 하는가? A가 추가로 내는 돈은 모두에게 부족한 생활비 문제에 상당 부분 도움이 된다. A로 말미암아 생활비 부담을 덜 수 있다면, 결과적으로 모두에게 이득이 된다. A가 원하는 방은 누구나 사용할 수 있는 방이므로 A 역시 사용할 권한이 있다. 어차피 권한이 있는 A에게 원하는 방을 배정하고, 생활비 문제도 해결할 수 있다면 이것만큼 좋은 대안이 있을까? 이럴 때 여러분이라면 어떤 결정을 하겠는가?

그러나 지지적 주거 프로그램의 적은 지적 장애인의 재활이다. 이들의 최종 목표는 독립주거이고, 이를 위해 시설생활에서의 어려움을 스스로 해결하고 극복하는 훈련이 필요하다. 따라서 부족한 생활비를 거주자들 스스로 해결하도록 지지하고, 방은 원래의 배정 원칙에 따라 배정하거나, 아니면 스스로 배정 원칙을 정하도록 하는 것이 시설 목적에 더 부합되는 방법이라 생각할 수 있다. 이렇게 할 때 거주자들은 동등한 처지에서 생활하게 되고, 결제 능력과 상관없이 프로그램을 활용할 수 있게 된다. 그러나 4명의 거주자들은 부족한 생활비 해결을 위한 부담을 져야 한다. 어쩌면 한동안 부족한 생활비 문제로 고통을 감수해야 할지도 모른다. 어느 것이 더 윤리적 결정인가? 쉬운 길을 두고 굳이 어렵게 가는 것이 윤리적인가? 아니면 효율성 측면에서 모두에게 이익이 되는 길을 택하는 것이 윤리적인가? 효율성을 선택한 사람은, 어려운 길을 선택한 사람에게 '현실성이 없다'고 비난할 것이다. 반대로 어려운 길을 선택한 사람은, 효율성을 선택한 사람에게 '원칙이 없다'고 비난할 것이다. 이처럼 선택이 어려운 이유가 무엇일까? 바로 '현실성'과 '원칙'이 모두 필요하기 때문이다(서미경 외, 2015: 198-199).

Chapter

09

사회복지사의 사회적 책임과 관련된 윤리적 쟁점

09
Chapter

사회복지사의 사회적 책임과 관련된 윤리적 쟁점

1. 인권 지향적 사회복지와 사회복지사의 역할

인권(人權, Human rights)에 관한 관념과 제도는 근대시민혁명을 계기로 정립되었다. 인간과 시민을 권리의 주체인 인격으로 인정하여 모든 인간의 이름으로 인권을 선언 · 제도화한 것은 근대시민사회에서 이룩된 위대한 진보이다.[1] 여기에서 인권을 주장하여 제도화시킨 정치적 주도세력은 누구이고, 그 제도화에서 이론적 근거로 내세운 사상은 무엇인가를 살펴본다(최종고, 1981; 한국철학회 편, 1987; 한상범, 1985, 1988).

근대 이전의 봉건적 구체제 안에서는 자본주의가 발달함에 따라 구(舊)지배계급에 대립하는 시민계급이 대두하였다. 이 시민계급 중 상층시민은 일찍이 어용상인 · 특허상인으로서 전제군주와 야합하여 봉건세력인 귀족을 견제하면서 사회적 · 경제적 발전의 토대를 마련하였다. 그 뒤에 산업의 발전으로 시민계급은 독자적인 정치적 발언권과 경제적 권익의 보장을 요구하기에 이른다. 구체제가 사회발전의 질곡(桎梏: 몹시 자유롭지 못함)으로 화하여 위기증상을 띠게 됨에 따라 시민계급이 농노와 도시하층계급과 연대하여 구체제에 도전, 정치적 주도권을 장악하기에 이른 것이 시민혁명이다. 그 전형적

1) 인권에 대해서는 앞서 이 책 제4장 1절(휴머니즘과 인권)에서도 다룬바 있으나, 여기서는 인권의 중요성에 비추어 더욱 상세하게 살펴본다.

로크(1632~1704)

인 사건이 1789년의 프랑스혁명이며, 이 혁명의 이념과 목표를 천명한 것이 「인간과 시민의 권리선언」이다. 이 시민혁명의 사상은 한마디로 근세 자연법사상이다.

자연법이라고 하면 실정법(實定法)이 있기 이전에, 그리고 실정법의 존재와 관계없이 존재하는 바른 질서의 법이라는 관념이다. 중세의 봉건적 자연법사상은 신의 이름으로 봉건적 신분질서를 정당화하고 있었기 때문에 시민계급의 이해를 대변하는 자연법은 이성(理性)의 이름으로 바른 질서를 제시하였다. 그 대표적인 자연법론이 영국의 명예혁명(1688)을 옹호한 로크의 사상이다. 로크는 실정법이 제정되기 이전 상태, 다시 말해서 국가(정부)가 있기 이전의 자연 상태에서도 자연법이 있었으며, 그 자연법에 근거한 자연권의 내용은 생명 · 자유 및 재산의 권리라고 하였다.

그러한 천부인권(天賦人權: 하늘이 사람에게 평등하게 부여한 권리)을 더욱 잘 보장하기 위하여 인민 사이에 동의를 얻어 정부를 세운다. 따라서 정부가 그러한 설립취지에 따른 구실을 못하면 정부를 폐지하고 새로운 정부를 세울 수 있다고 저항권(抵抗權)의 사상을 분명히 하였다. 1776년의 「미국독립선언」이나 1789년의 「프랑스인권선언」 제2조가 바로 그러한 내용을 명시하였다.

근대 시민헌법은 미국이나 프랑스시민혁명의 자연법사상의 성문화라고 하여도 지나친 말이 아니다. 시민혁명이 철저하게 수행되지 못한 나라의 헌법체제를 외견적 입헌주의(立憲主義)라고 하는데, 이러한 헌법체제하에서는 자연법사상이 부정되고 실정법 위주의 법사상, 법실증주의(法實證主義)로 대체된다. 여기에서는 천부인권과 저항권은 부정된다.

자연법사상을 계승한 체제에서 인권의 성질은 다음과 같다. ① 인권은 모든 사람이 누려야 하는 권리라는 점에서 보편성을 지니고 있고, ② 인권은 사람으로서 태어난 사람은 처음부터 가진 권리라고 하는 점에서 고유성을 지니고 있으며, ③ 인권은 사람이 일시적으로 누리는 권리가 아니라 항구적으로 누리는 권리라는 점에서 항구성이 있으며, ④ 인권은 정부권력 등 외부의 침해를 당하지 아니한다는 뜻에서 불가침성이 있다.

그런데 인권은 어느 시대, 어느 사회에서 사람으로서나 나라의 구성원으로서나 누리고 행사해야 할 자유와 권리를 말하는 것이기 때문에 시대와 사회가 변동하여 새로운 문제가 제기될 때에 그 내용이 추가되고 변하기도 한다. 예컨대 근대시민국가의 기본과제는 정치권력의 자의적 침해로부터의 자유에 있다. 그런데 현대자본주의사회에 이르면서는 정치권력에 의한 인권침해 이외에 사회 계급 · 세력 간의 갈등과 거기서 일어나는 인권침해문제가 심각한 문제로 제기된다.

이에 대하여 수정자본주의 나라의 「헌법」은 사회권을 추가하고 있다. 제1차 세계대전 후의 「바이마르헌법」이 그 예이다. 제2차 세계대전 후에는 이를 더욱 강화한다. 특히, 1970년대에 들어서면서 자본주의 나라 「헌법」에서는 정보화 · 산업화에 따른 문제에 대응하여 프라이버시(privacy)의 권리, 정보공개청구권(알 권리) 및 환경권 등이 추가된다.

한편, 제2차 세계대전 이후의 인권문제는 자본주의 사회와 체제를 달리하는 공산주의 · 사회주의 나라와 제3세계에서 각기 다른 모습을 띠고 전개되고 있다. 이러한 체제 사이의 인권문제가 각기 제기되고 있을 뿐만 아니라 인권의 국제적 보장이 모색되어, 「국제인권규약」으로 제도화되고 있다.

인권은 사람을 존중하는 정신을 바탕으로 개개인의 주체적 권리를 제도화한 것이다. 사람을 존중하는 사상은 비단 근세에 있는 것만은 아니지만, 권력에 대한 관계를 상호적 거래관계인 계약이라고 하는 대결관계로까지 제도화시킨 것은 근대적 인권에서 비롯된다. 그것은 각 개인이 자유의지의 행사자로서 신분적 제약을 인정하지 않는 자연상태를 가정함으로써 가능한 권리를 말한다. 조선왕조의 통치이데올로기인 유교의 통치사상에도 통치의 객체인 피치자(被治者)에 대한 아낌의 생각이 있다.

그런데 유교의 민본주의(民本主義)는 백성(民)이 주체가 되는 대등한 인격을 인정하지 않고 아껴주어야 할 객체로서 대하는 사람의 아낌이었다. 이이(李珥)가 『성학집요(聖學輯要)』에서 "임금은 백성을 하늘로 삼고, 백성은 먹는 것을 하늘로 삼는다."라고 하였을 때 백성은 어디까지나 통치의 객체이지 주체는 아니었다.

조선시대 말에 이르면서 한국판 근세계몽사상인 실학(實學)에서 우리는 근대적 사회계약설과 백성이 주인이라는 사상(주권재민적 사상) 및 폭군방벌론(暴君放伐論)의 사상에 접하게 된다. 정약용(丁若鏞)의 『원목(原牧)』과 『탕론(湯論)』에서 이를 엿볼 수 있다. 실로 당시의 상황으로는 혁명적 발상이 아닐 수 없었다.

군주를 정점으로 하는 왕조 지배체제의 제반모순을 개혁하고자 제기된 이론과 대책에서, 정약용은 백성 개개인의 주체적 권리의 천부인권성을 이론화시켜 실천으로 향하는 문제제기를 뚜렷이 하지는 못하였어도 백성이 나라의 주인이고 백성을 위해서 임금을 가려 뽑아 세웠으며, 그 백성이 잘 살게 되는 것이 치자(治者)의 천직이고 이를 다하지 못할 때에는 백성이 이를 갈 수 있다는 생각을 대담하게 제시했다.

그래서 그는 임금(권력자)은 인민이 가려 뽑은 자이고 그에 따라 제 구실을 다하지 못하면 바꿀 수도 있는데, 오히려 후세에 와서 권력자가 인민을 억압하고 학대하며 순종하지 않는다 하여 반역으로 몰아치는 것은 불합리하다고 본 것이다. 여기서 한 걸음 더 나아가면 백성이 주인인 나라와 백성의 권리의 천부인권성이 마무리된다.

정약용 등 실학파의 사상은 그 뒤에 개화파 · 독립협회파운동 등을 거쳐 인권사상으로 정리되면서 한국판 시민(부르주아) 정치사상으로 성숙된다. 그러한 사상운동과 관련된 사건으로 갑신정변(1884) · 갑오농민전쟁과 갑오개혁(1894)을 들 수 있다. 갑신개혁운동은 실학 전개의 일환으로도 볼 수 있으나 위로부터의 일부 지배층 선각자들에 의한 급진개혁의 시도로서 자체 역량의 미숙과 외세에 의존한 전술적 과오로 실패한다.

근대개화파 개혁론의 일환으로서 인권론은 유길준(兪吉濬)의 『서유견문(西遊見聞)』에서 잘 나타난다. 유길준은 당시의 개화파 중에서 온건노선에 선 입헌군주제론자(立憲君主制論者)이며, 서방법제에 가장 다양하게 접하여 영향을 받은 사람 중의 하나이다. 그는 말하기를 "사람이 세상에 난 뒤에 점유한 지위는 사람이 만든 구별이요, 향유한 권리는 하늘에서 받은 공도(公道: 공평하고 바른 도리)이니, 사람이 사람되는 이치는 천자로부터 필부에 이르기까지 조금도 차이가 없으므로… 사람 위에 사람 없고 사람 밑에 사람 없으니…(서유견분, 제4편)."라고 하였다.

이는 그가 개화파로서 실학의 유산을 이어받은 바탕 위에서 서방의 법 · 제도에 접하면서 이를 받아들인 것을 엿볼 수 있다. 당시 그의 처지로 보면, 일본의 문물이나 학자와의 내왕이 빈번하였고, 거기서 영향을 받고 있다.

그가 교유(交遊)한, 일본의 근대화에 이바지한 선각자인 후쿠자와(福澤諭吉)는 "하늘은 사람 위에 사람을 만들지 않았고, 사람 아래 사람을 만들지 않았다."라고 하였다. 갑오개혁은 우리나라에서 근대 인권을 제도화시키려는 시도로서 높이 평가될 수 있으나, 그것이 일본제국주의의 후견과 압력으로 이루어진 데 문제가 있다.

이 갑오개혁에서 인권에 대한 항목을 보면 ① 만민평등의 선언과 문벌귀천을 초월한 인재등용, ② 문무 사이의 차별타파, ③ 노비제도의 폐지와 인신매매의 금지, ④ 조혼금지, ⑤ 연좌제도의 폐지, ⑥ 과부혼인의 자유공인, ⑦ 인신구속절차의 신중조처와 관리의 횡포제한 및 사인(私人)에 의한 인신구속의 금지, ⑧ 형벌제도의 개혁과 고문 등의 폐지, 그리고 ⑨ 정치적 의사표명의 자유 등이다.

물론 이것이 실제로 어느 정도 시행되었는가는 전과 다름없이 숙제가 된다. 한편, 위로부터의 개혁과 차원을 달리하는 '밑으로부터'의 개혁과 인권문제는 갑오농민전쟁에서 농민군 측이 제시한 개혁요구안을 들 수 있다. 갑오농민전쟁에서 농민은 동학의 '인내천사상(人乃天思想)'이라는 사람존중의 정신을 바탕에 깔고 있고, 동학이라는 종교적 외피를 쓰고 조직화되어 밑으로부터의 자생적 변혁을 주장·제시하였다.

갑오농민전쟁에서 농민군 측의 개혁주장은 폐정개혁안에서 나타나고 있듯이 정면에서 군주제도의 개폐문제를 들고 나오지는 않았으나, 반봉건(反封建)·반제(反帝)의 기치를 선명히 하여 농민을 비롯한 이름 없는 백성의 권리를 주장한 것이다.

그런데 조선왕조의 양반지배층은 자기의 지위를 보존하기 위하여 외세침략자와 타협하고 투항하여 백성을 배신하고 나라를 팔아먹었다. 일본제국주의에 의한 조선강점이 한일합병이라는 이름으로 1910년에 공식조약으로 마무리됐다. 물론 그 이전에 이미 조선왕조는 문호개방과 불평등조약을 체결한 이래 제국주의열강의 반식민지가 되었다.

그리하여 근대법제는 합병 이후에는 더욱 본격적으로 가속화되어 일제의 식민지체제의 일환으로 인식되었다. 당시 후진자본주의 나라로서 선진국인 영국·미국·프랑스·독일 등 서구 제국주의 열강의 대오에 끼려는 일본제국주의는 식민지 조선을 발판으로 하여 진출을 시도하였다.

후진자본주의 나라로서 일본은 이미 '소셜 덤핑'을 통하여 해외시장의 개척을 모색해 왔으므로 자국 내에서 민권운동을 탄압하고, 유교적 충효이념과 신권적 천황제(神權的天皇制)를 통치이데올로기로 하여 강권통치에 임하였다. 그렇기 때문에 자연법사상에서 나오는 천부인권론과 저항권론은 애당초 용납할 수 없는 불온한 사상이었다.

따라서 일본의 식민지였던 실정은 가히 짐작할만하다. 식민지 조선에서는 외견적 입헌주의헌법인 「대일본제국헌법」(1889)조차 시행되지 못하였다. 일본은 식민지 조선의 반제운동을 압살하기 위해 치안유지법으로 통치를 했기 때문에 인권이라는 것은 입에 조차도 올릴 수 없는 인연이 먼 것이었다.

1945년 일본제국주의가 패망한 뒤 우리나라에는 미국 · 소련 양군이 38도선을 경계로 남북으로 각기 진주하였다. 이는 결과적으로 남북의 항구적 분단으로 이어진다. 남한에 진주한 미군은 군정을 선포하면서 일제의 식민지법령을 전면적으로 폐지하지 않고 정치적 악법 일부만을 폐지한 채 효력을 지속시켰다. 1948년 대한민국 정부가 수립될 때에도 구(舊)법령이 「헌법」에 위반되지 않는 한 효력을 지속시켰다.

물론 「헌법」 제정은 우리 역사상 인권에 관한 획기적 전기를 맞이하는 의의가 있었다. 미군정 당시에 영미법(英美法)의 적부심사제도를 도입하고 경찰관에 대한 고문금지를 조처하는 등 인권 상황의 개선을 시도하기도 하였으나, 권리장전(인권선언)이 체계적으로 정비되는 것은 「헌법」 제정을 계기로 하는 것이었다. 그러나 인권이 「헌법」에 성문화되었다고 인권보장이 충족되는 것을 뜻하는 것은 아니었다. 그것은 인권보장의 법률적 조건이 마련되었다는 것이고, 인권이 실제로 보장되려면 통치과정에서 법집행을 통해서 이루어져야 하는 것이었다.

여기에는 국민의 인권의식과 이를 실현하려는 의지와 여러 가지 정치적 · 경제적 조건도 갖추어져야 한다. 건국 초에 우리의 사정은 여러 가지 어려움이 많았다. 특히, 1950년 6 · 25 전쟁으로 말미암은 전시하의 계엄통치는 법치주의의 정착에 많은 차질을 빚게 하였다.

제헌(1948) 이후 지금까지 9차에 이르는 개헌이 주로 권력구조의 문제를 둘러싼 정치

변동이었기 때문에 인권 상황의 획기적 개선을 기대하기는 어려웠다. 현행 「헌법」의 인권규정을 보면 ① 행복추구권, ② 평등권, ③ 자유권, ④ 사회권, ⑤ 청구권, ⑥ 참정권 등이 있다. 「헌법」의 인권규정의 자구(字句)만을 볼 때 손색이 없는 듯하다. 그러나 문제는 인권이 실제로 얼마나 제대로 보장되고 있느냐 하는 것이다. 「헌법」과 법률에 정한 인권규정은 인권보장의 가능조건이지 그 자체가 인권보장의 조건 충족은 아니다.

우리의 인권 상황에서는 고전적 · 부르주아적 인권보장이 가장 시급한 문제이다. 그렇다고 현대사회의 산업화에 따른 모순에서 문제되는 사회권이 도외시될 수도 없다. 거기에다가 분단 상황은 인권 상황을 더욱 악화시키는 요인이 되고 있다. 남과 북 양쪽의 권위주의체제의 억압성은 상호 영향을 주고 있다. 그뿐만 아니라 현대의 인권문제는 국내문제에 그치는 것이 아니라 국제문제이다. 이에 따라 인권의 국제적 보장문제가 제기된다. 우리는 「국제인권규약(International Covenants on Human Rights)」[2]에 가입하는 것에 그치지 않고 그 가입에 대응한 제반 인권 상황을 정비하는 것이 시급하다.

「대한민국헌법」은 인권이 최고의 법이념이라고 하는 현대 헌법의 계보를 따라 제정되었다. 그것은 지금도 변함이 없으나, 실제로 정부마다 인권보장의 문제는 그 당시의 정책에 따라 변하고 그에 따라 문제가 있어 왔다. 특히, 건국 초 출범한 이승만 정부(1948~1960)는 당시 좌우갈등의 혼란과 전쟁으로 관료주도의 질서유지와 그에 편승한 정적을 제압하기 위한 집권세력의 친일분자의 정권 유지용 반공주의(反共主義)가 인권에 대한 불법 부당한 탄압으로 나타났다.

일제 관료 출신의 경찰 관리가 주도한 탄압과 이승만의 집권연장을 위한 탄압이 건국 초기의 법치주의 확립에 지장을 주었다. 1960년 4 · 19 혁명으로 집권한 장면 정부의 자유주의적 인권보장정책은, 오히려 기득권층이 질서문란의 대상으로 각인되었다.

---

2) 「국제인권규약」은 1948년 12월 10일 채택된 「세계인권선언」의 내용을 구속력 있게 만들기 위해, 1966년 유엔(UN)이 채택한 국제협약이다. 1976년 9월 3일 발효되었다. 이 규약은 '경제적 · 사회적 및 문화적 권리에 관한 국제규약(A규약)'과 '시민적 및 정치적 권리에 관한 국제규약(B규약)' 및 '시민적 및 정치적 권리에 관한 국제규약 선택의정서(B규약 선택의정서)'로 구성되어 있다. A규약은 노동의 권리, 사회보장권, 교육에 대한 권리 등 경제적 · 사회적 및 문화적 제(諸)권리를 보호하도록 되어 있으며, B규약은 평등권, 신체의 자유, 표현의 자유, 참정권 등 시민적 · 정치적 권리를 보호하는 내용 등을 포함하고 있다. 또 B규약 선택의정서는 당사국 개인이 B규약상의 권리를 침해당하였을 때 인권이사회에 청원할 수 있는 권리를 인정하는 내용으로 되어 있다. 한편, 우리나라는 1990년 「국제인권규약」에 가입했으며 북한은 이보다 앞선 1981년에 가입하였다.

이는 5 · 16 군사 쿠데타(1961)의 구실이 되어 일 년 못 되는 자유시대에 종말을 고했다.

1961년 쿠데타로 집권한 박정희의 군사정권은 1979년 그의 사망으로 끝나는 듯했다. 그러나 군사정권은 전두환, 노태우 정부를 통해 유지되었다. 이 군정은 '개발독재'라고 호칭되듯이 국민들에게 경제개발을 지상과제로 내세워 독재를 정당화했다. 따라서 인권과 민주주의의 보장이란 개발 이후의 문제라고 보는 정책을 선명히 했다. 이 군정 30여 년 동안 인권정책의 문제를 지적하면 다음과 같다.

- 법치주의와 인권이 개발과 능률의 극대화란 요구에 밀려 뒷전으로 물러나는 결과가 되어 관료주의가 더욱 극성을 떨게 되었다.
- 군정이 계엄과 정보공작에 의한 나라의 병영화를 초래한 국가 관리여서, 국민의 인권이 권력자에 의해 무시되는 일이 경제개발과 국가안보를 이유로 빈번하게 일어났다.
- 특히, 국가안보란 이념과 이유는 1972년 유신 쿠데타 이래 더욱 정권연장에 악용되어 자유민주주의의 본질을 훼손시켰다.
- 일제 때 「치안유지법」에 명시된 전향제도나 예방구금제도가 「사회안전법」, 「보안관찰법」 및 「법무부령」으로 이어지면서 시민적 자유의 기본인 양심 · 사상의 자유조차 존립이 위태로운 실정이었다. 김영삼 정부출범 이래 악법개폐의 문제가 개혁의 이름으로 제기되어 약간의 수정 개량의 기미가 보였으나, 기본이 변경되진 못했다.

현대 기술문명과 정보화 및 지구적 시장화의 추세에서 인권문제는 개인의 사생활과 자기결정권의 문제, 정보접근권, 노동자의 기본적 생존권과 노동3권과 기업에 대한 관계에서 공정한 처우를 확보할 문제 등이 드러나고 있다. 특히, 노사갈등의 실업문제를 노동권 차원에서 조정 해결할 필요성의 승인, 외국인 노동자의 입국과 그들의 인권문제, 아동의 인권과 청소년의 정상적 교육 · 학습의 권리보장, 고령화와 노인의 인권문제, 생명권과 장기이식문제 등 새로운 인권문제가 쏟아져 나오고 있다.

원래 인권문제란 특정한 시대와 사회적 조건에서 인간으로서 인간답게 살 자유와 권리의 문제이기 때문에 사회가 변천함에 따라 새로운 과제가 제기된다. 21세기를 맞은 현재 환경, 인구, 전쟁과 분쟁 등 문제는 더욱 어렵게 되고 있다. 그중에도 제3세계와 선진국 간의 정치 · 경제 · 문화상의 격차는 오히려 심화되어 가고 있다. 제3세계의 가난한 민중의 인권문제가 더욱더 악화되는 면도 주목된다. 여기서 현대의 인권문제는 국내문제가 아니라 세계적인 국제문제로서 우리 앞에 닥치고 있음을 볼 수 있다(최종고, 1981; 한국철학회 편, 1987; 한상범, 1985, 1988).

▌"경찰 조사, 변호사와 함께 오세요" 인권 보호 팔 걷었다▐

경찰이 '변호인 참여권 실질화 방안' 정착에 박차를 가하고 있다. 12일 경찰청에 따르면 경찰은 우선적으로 이달 중에 일선 지방청별 현장 수사관과 참여 변호사 간 간담회를 실시해 현장의 목소리를 들어볼 계획이다. 앞서 지난 10일 간담회를 마친 대구와 경북지방청을 비롯해 17개 지방청별로 간담회를 추진할 예정이다.

경찰은 변호인이 단순히 조사에 참여하는 것에 그치지 않고, 조사 일시와 장소를 사전에 협의하고 조사 시 조언과 상담을 허용하는 등 변호인의 조력권을 실질적으로 보장한다는 입장이다. 실제 변호인이 신문사항을 메모할 수 있도록 보장하고 좌석 배치 등 편의시설 확보 및 휴식 요청권 부여, 변호인 참여 제한 시 사유를 피의자 또는 변호인에게 통보하는 등 다양한 정책이 현재 시행 중이다.

출처: 파이낸셜뉴스(2019. 6. 12), 오은선 기자(onsunn@fnnews.com).

우리는 지금까지 인권의 개념과 문제에 대해 살펴보았다. 이처럼 인권은 사회복지와 떼려야 뗄 수 없는 관계에 있다. 인권을 존중하는 사회에서 인간의 복지가 바람직하게 보장되고 실현될 수 있다. 사회복지와 인권은 생명의 가치와 질, 자유 · 억압으로부터의 해방, 평등 · 비차별, 정의, 연대책임, 사회적 책임, 점진적 변화 · 평등 · 비폭력, 인류와 자연의 관계에 대한 가치를 강조한다는 점에서 공통점을 가진다(UN Centre for Human Rights, 1994, 이혜원 역, 2005). 또한 미국사회복지사협회(NASW)의 사회복지사 윤리강령은 인권보장과 관련하여 "사회복지사는 문화적 · 민족적 다양성에 민감하여야 하며, 차별과 억압, 빈곤과 다른 형태의 정의롭지 못한 부분을 종식시키기 위해 노력하여야 한다."라고 제시하고 있다(오윤수 외, 2014, 재인용). 특히, 국제사회복지사협회(IFSW)는 사회복지에서 인권의 중요성에 대한 강조와 더불어 이를 '인권에 대한 국제정책(International Policy on Human Rights)'으로 제시하고 있으며, 사회복지 전문가와 학생을 위한 '인권훈련 매뉴얼'도 제작하여 소개하고 있다(오윤수 외, 2014, 재인용).

인권에 대한 국제정책은 다음과 같다.

- 모든 사람은 고유의 가치를 가지고 있으며, 그것은 사람을 위한 도덕적 배려로 정당화된다.
- 모든 개인은 자립의 권리를 가지고 있으며, 다른 사람의 동등한 권리를 침해하지 않는 범위 내에서 최대화되어야 한다. 또한 모든 개인은 사회의 안녕에 이바지할 의무를 가지고 있다.
- 어떠한 형태의 사회이든지 모든 사회는 그 구성원에게 최대의 이익을 제공하기 위한 기능을 해야 한다.
- 사회복지사는 사회정의의 원칙에 대한 소신을 가져야 한다.
- 사회복지사는 개인과 집단, 지역사회와 사회를 발전시킬 수 있는 능력이 있고, 개인 및 사회적 갈등을 해결하기 위한 잘 훈련된 지식과 기술에 헌신할 책임을 지닌다.
- 사회복지사는 성, 연령, 장애, 인종, 사회계층, 종교, 언어, 정치적 신념, 성적지향에 기초한 어떠한 차별 없이 가장 최선의 가능한 지원을 제공하여야 한다.

인권의 범위는 정치권, 노동권, 문화권, 환경권 등 매우 광범위하지만, 사회복지에서 중요하게 간주되는 인권은 건강권, 주거권, 인간 존엄권 및 경제 · 노동권, 정치 · 종교 · 문화생활권, 교류 · 소통권, 자기결정권 등이 있다.

① 건강권

보건 · 의료서비스를 받을 권리, 생활서비스를 받을 권리, 영양 · 급식서비스를 받을 권리를 포함한다. 「대한민국헌법」은 "모든 국민은 인간으로서의 존엄과 가치를 지니며, 행복을 추구할 권리를 가진다. 국가는 개인이 가지는 불가침의 기본적 인권을 확인하고 이를 보장할 의무를 진다(제10조)." 또 "국가는 사회보장 · 사회복지 증진에 노력할 의무를 진다. 국가는 재해를 예방하고 그 위험으로부터 국민을 보호하기 위해 노력해야 한다(제34조 제2항 및 제6항)."라는 조문을 통해 국민의 건강권을 포괄적으로 보장하고 있다.

② 주거권

국가 구성원으로서 적정한 주택에 살아야 할 권리를 말한다. 그러나 많은 국가에서 국민의 주거권이 보장되지 못하는 실정이다. 주거권 보장은 국가의 책무이며 「대한민국헌법」에 "국가는 주택개발정책 등을 통하여 모든 국민이 쾌적한 주거생활을 할 수 있도록 노력해야 한다(제35조 제3항)."고 근거를 두고 있다. 또 「주택법」에 "쾌적하고 살기 좋은 주거환경 조성에 필요한 주택의 건설 · 공급 및 주택시장의 관리 등에 관한 사항을 정함으로써 국민의 주거안정과 주거수준의 향상에 이바지하여야 한다(제1조)."고 규정하고 있다.

③ 인간 존엄권 및 경제 · 노동권

인격권과 평등권, 학대를 받지 않을 권리, 근로의 능력과 의욕을 지닌 사람이 사회적으로 근로할 기회의 보장을 요구할 수 있는 것 등을 말한다. 「대한민국헌법」에 "모든 국민은 인간다운 생활을 할 권리를 가진다(제34조 제1항).", "모든 국민은 근로의 권리를 가진다. 국가는 사회적 · 경제적 방법으로 근로자의 고용의 증진과 적정임금의 보장에 노력하여야 하며, 법률이 정하는 바에 의하여 최저임금제를 시행하여야 한다(제32조 제1

항).", "근로자는 근로조건의 향상을 위하여 자주적인 단결권 · 단체교섭권 및 단체행동권을 가진다(제33조 제1항)."고 규정하고 있다.

④ 정치 · 종교 · 문화생활권

정치 및 종교적 자유를 갖고, 문화생활을 즐길 권리를 말한다. 「대한민국헌법」에 "모든 국민은 종교의 자유를 가진다. 국교는 인정되지 아니하며, 종교와 정치는 분리된다(제20조 제1항 및 제2항).", "모든 국민은 학문과 예술의 자유를 가진다(제22조 제1항)."고 규정하고 있다.

⑤ 교류 · 소통권

가족 및 사회적 관계를 유지할 권리, 동료에게 존중받을 권리, 사회복지시설 종사자를 존중할 책임 등을 포함한다. 「대한민국헌법」에 "모든 국민은 사생활의 비밀과 자유를 침해받지 아니한다(제17조)."고 규정하고 있다.

⑥ 자기결정권

시설 입 · 퇴소과정에서의 자기결정권, 서비스 선택 및 변경 시의 자기결정권, 정보통신생활의 권리, 사생활 보호 및 비밀보장의 권리, 생활고충 및 불편처리에 관한 권리, 이성교제 · 성생활 · 기호품 사용의 권리를 말한다(박영란 외, 2001; 오윤수 외, 2014). 「대한민국헌법」에 "모든 국민은 통신의 비밀을 침해받지 아니한다(제18조)."고 규정하고 있다.

사회복지실천현장에서 권리옹호 및 권리대변, 중재자로서의 역할은 인권보호와 관련한 사회복지사의 대표적인 역할이라고 할 수 있다. 사회복지사는 클라이언트의 욕구충족과 권리보장을 위해 클라이언트를 지지하고 변호하는 옹호자로서의 역할뿐만 아니라, 힘과 권리가 없는 그들을 대신하여 클라이언트에게 필요한 자원과 서비스를 연계 · 조정하는 대변인으로서의 역할도 한다. 사회복지사의 중재자로서의 역할은 미시, 중범위, 거시체계 사이의 논쟁이나 갈등을 해결하며, 견해가 다른 개인이나 집단 사이의 의사소통을 향상하고 타협을 돕는다. 또한 국가는 집단의 이익을 추구하는 공적 활동 수행 중에 개인이나 집단의 권리와 자유를 위협할 수 있다. 이때 사회복지사는 국가로부터 개인이나 집단을 보호하기 위해 개인과 국가 그리고 다른 권력 간의 관계를 중재함으로써 인권과 관련된 갈등 상황을 해결해 나가야 한다.

사회복지사가 인권보호를 위해 특별히 관심을 기울여야 하는 인권 취약집단으로는 아동, 여성, 노인, 장애인, 수감자, 난민, 이주민 등이다. 또한 사회복지사는 빈곤문제, 성 차별, 인종 차별(소수자 집단의 권리), 종교(종교 · 양심 · 믿음의 자유권 등), 환경과 개발(생명권, 산업위생관리 등)과 관련해서 차별과 인권침해를 당할 수 있는 사회적 약자나 소수자들에 대해서도 관심을 가져야 한다(UN Centre for Human Rights, 1994, 이혜원 역, 2005).

2016년 국가인권위원회 상담사례에 따르면, 국가인권상담센터에 접수된 사례는 총 3만 1,444건이다. 2012년부터 연간 3만 건의 상담건수가 유지되고 있다. 우편, 이메일, 팩스 등으로 접수된 민원도 1만 6,815건으로 매년 증가하고 있다. 인권침해가 가장 심한 기관은 정신보건시설이 포함된 다수인보호시설로 나타났다. 보호시설은 주요한 사회복지실천현장의 한 곳으로 인권보장이 실현되는 서비스 제공이 더욱 절실하다. 사회복지사가 인권에 대해 더 많은 지식과 이해를 가질수록, 인권에 대한 감수성과 실천기술 수준이 높을수록 사회복지서비스를 필요로 하는 사람들의 인권과 복지가 향상될 수 있을 것이다(박차상 외, 2019: 305-311).

우리는 지금까지 인권에 대한 기본적 이해, 그리고 사회복지를 통해 인권이 구체적으로 실현될 가능성을 살펴보았다. 하지만 이러한 사회적 의무 속에서 우리는 사회복지 내부의 인권실태에 대해서 소홀한 경우가 많다. 사회복지를 단순히 '좋은 일'로만 여기던 사회적 인식은 어느 정도 사라진 것은 사실이지만, 아직도 남아 있는 이러한 인식은 결국 사회복지 내부의 발전을 가로막는 울타리가 되고 있다. 이러한 의미에서 인권은 대상자(클라이언트)들과 비교할 때 상대적으로 많은 관심을 받지 못하고 있던 '사회복지 종사자들'에게 어떤 의미를 주는가? 사회복지영역의 특성상 많은 부분 사회복지 종사자들의 노동권은 잘 다루어지지 않는 것이 사실이다. 일부 이러한 노동권에 대한 논의도 사회복지 종사자들의 소진(burnout)[3]에 초점이 맞추어져 다양한 논의를 만들어 내지 못하였다. 하지만 사회복지 종사자들에게 오늘날 노동권 확보는 무엇보다 시급한 일이 아닐까?

앞서 짧게 논의한 것처럼 사회복지에 대한 사회적 인식은 단순히 '좋은 일'과 '선한 일'에 일정 정도 갇혀 있는 것이 사실이며, 이에 사회복지 종사자들 역시 자신의 업무에 대해 의무적으로 선해야 할 것을 직·간접적으로 부여받고 있다. 또한 이러한 인식은 결국 사회복지사들이 자신의 어려움을 참고, 자신이 확보해야 할 권리를 내세우지 않아야 '좋은' 사회복지사인 것처럼 보일 수 있는 인식을 만들게 된다. 하지만 이는 직업적인 소명으로 부여받을 수 있는 '선함'을 지나치게 확대해석한 것이다. 왜냐하면, 사회복지 종사자들이 가지는 직업적인 선함은 분명히 대상자들을 향한 것이며, 이러한 선함에 갇혀 사회복지 종사자들의 희생을 강요받을 수는 없기 때문이다. 즉, 사회복지사들의 직업적 권리 역시도 충분히 요구되어야 한다(윤성호 외, 2016: 265-266).

2. 분배 정의와 사회복지사의 역할

분배 정의(分配正義, Distributive justice)는 생산요소의 합리적 혹은 효율적 배분이라는 순수 경제학적 개념과 구분된다. 따라서 분배 정의는 사회에 유효한 질서 규범이나 정의에 관한 기준에 의하여 경제적·사회적 재화의 분배 형태를 규정하거나, 기존의 분배 구조 내에서 구성원 간의 물질적 불평등을 조절해야 한다는 규범적 가치를 의미한다. 즉, 분배 정의는 사회 질서나 사회 윤리적으로 규정되기 때문에, 사회적 가치 평가와 분배 구조에 따라 다양한 형태를 가진다. 또한 소득 불평등에 따라 나타나는 사회 갈등

3) 지속적인 심리적 고통으로 심리적 에너지가 없어지고 과업수행이 저조한 상태로, 이로 말미암아 노동자는 지루해하고 의욕을 상실하며, 비창조적이 되고, 조건이 개선되어도 잘 적응하지 못한다. 다른 사람에게 봉사하는 일에 종사하는 사람들이 직무와 관련된 부정적인 경험을 묘사하는 데 사용하는 개념이다. 셀리에(Selye, 1936)는 스트레스에 대한 반응 모형으로 일반 적응 증후군(general adaptation syndrome)을 제안했는데, 이는 경고(alarm)단계, 저항(resistance)단계, 소진(exhaustion)단계로 구성되어 있다. 소진단계에서 보이는 것이 바로 소진이다(김춘경 외, 2016).

을 조절하는 기제(旣濟)의 전제조건이기도 하지만, 분배 구조의 불평등을 합리화하는 측면도 있다.

사회 재화의 분배는 사회에 유효한 도덕적 질서에 기초하여 이루어지고 있기 때문에, 사회 질서에 대한 구성원의 인정이나 비판적 입장에 따라 분배 정의는 대립적으로 인식될 수밖에 없다. 왜냐하면, 분배 구조를 정당화하는 정의관은 보편타당한 이론으로 확증할 수 없다는 윤리학적 한계가 있기 때문이다. 분배 정의는 순수한 윤리적 당위로서는 논증되기 어렵다. 사회의 분배 형태는 단지 형이상학적 비례 관계나 보편타당한 도덕적 규범으로 확증될 수 있는 것이 아니기 때문이다. 오히려 분배 형태는 특정 사회의 생산이나 소비의 경제적 순환 구조에 의해 직접적으로 영향을 받는다는 점에서, 분배 정의는 사회 경제적 범주와 그 구조에 대한 도덕적 평가에 의해 규정된다. 따라서 분배 정의는 사회 윤리적 측면과 사회 경제 구조의 상호 침투인 것이다.

분배 정의는 자본주의에 기초한 근대 사회의 주요 문제로 등장하였다. 경제적 영역에서 자유 시장원리는 소득의 불평등을 초래하였고, 이에 대한 도덕 · 철학적 반성은 사회 안정성을 위한 물적 형성을 지향하였다. 자유시장이론가들은 시장의 기능으로, 로크나 밀 등 고전적 자유주의자는 최소한의 국가 권력의 개입으로, 마르크스와 같은 사회주의자들은 자본주의 분배문제를 해결하기 위해 생산, 분배 그리고 소비의 유기적 관계를 국가의 통제로써 사회 형평을 지향하는 분배 구조에 대한 이론을 전개하였다.

사회복지서비스는 언제나 제한된 자원이다. 이처럼 제한된 자원을 공정 · 공평하게 분배할 수 있을까? 사회복지실천에서 사회복지사들을 힘들게 하는 문제 중 하나는 바로 제한된 자원을 어떻게 효율적이고 공정하게 분배하느냐이다. 모든 클라이언트에게 필요한 만큼의 서비스를 충분히 제공할 수 있다면 얼마나 좋을까! 하지만 현실적으로 자원은 한정적이다. 따라서 한 사람에게 특정 자원이 주어지면, 그 주어진 만큼 다른 사람은 받지 못한다. 이러한 분배의 문제는 미시적 수준뿐 아니라 거시적 수준에서도 마찬가지다. 제한적인 국가예산을 어떻게 분배할 것인가의 문제부터, 특정 프로그램의 참여 기회와 사회복지사의 시간을 어떻게 분배할 것인가의 문제까지 모두 제한된 자원의 분배와 관련된다(Loewenberg & Dolgoff, 1996, 서미경 외 역, 2000: 168).

제한된 자원을 공평하고 공정하게 분배하는 중요한 기준은 평등이다. 그렇다면 평등은 항상 정의로운 것인가? 평등이 언제나 윤리적 판단인가? 이러한 의문은 평등개념을 기회의 평등으로, 혹은 조건의 평등(비례적 평등)으로 정의할지에 따라 달라진다. 즉, 평등이 누구에게나 똑같은 기회를 주는 것을 의미하는지, 아니면 기존의 다른 조건을 같게 맞추는 것을 의미하는지에 따라 그 결과가 달라진다. 똑같은 기회를 주었다 하여 처음부터 조건이 다른 사람들에게 평등한 결과를 기대할 수는 없다. 예컨대 수행 능력이 다른 장애인과 비장애인에게 같은 기회를 주었다고 가정하자. 이때 기회의 평등은 달성하였지만, 이를 공정한 분배라고 할 수 없다. 따라서 '조건이 평등'하지 않으면, '기회의 평등'은 의미가 없다(서미경 외, 2015: 200).

리머는 제한된 자원의 분배 기준을 분배 정의라 하고, 이러한 정의를 구성하는 네 가지 기준(평등, 욕구, 보상, 기여)을 제시하였다.[4] 이 기준은 분배 정의를 실천하기 위해 독립적으로, 혹은 한두 가지 연합하여 활용된다. 제한된 자원의 분배와 직접 관련된 윤리강령은 없다. 하지만 윤리강령 대부분에서는 모든 사람에게 같은 기회 보장과 인간 평등을 위한 사회복지사들의 노력을 요구하고 있다.

사회복지사는 복지비용이 소비적이라는 사회적 인식에 맞서 (혹은 거기에 스스로도 매몰되어) 사회복지의 효율성과 생산성을 보여 주기 위해 부단히 노력해야 하고, 이를 보여 줄 수 있는 프로그램을 개발하거나, 자원의 낭비 없이 아주 공정하게 분배되었다는 것을 검증해야 한다. 이러한 현실은 사회복지가 그만큼 시장원칙에서 벗어나 독자적 지위를 차지하지 못하고 있다는 것을 반증하는 동시에, 사회복지를 더욱 경쟁과 생산성, 효율성이라는 시장가치에 종속시키는 원인이기도 하다(양옥경 외, 2004: 301-303).

사회복지사는 그 자신이 처한 열악한 근무조건에서 열악한 생활조건에 빠진 클라이언트를 중심으로 열악한 자원을 분배해야 한다. 이 과정에서 제한된 자원의 공정한 분배라는 것은 어떤 의미가 있는가? 이러한 논의가 중요한 것은 사실이다. 그러나 이

4) 리머(F. G. Reamer)가 제시한 네 가지 기준에 관한 자세한 내용은 그의 저서 『Social Work Values and Ethics(2nd ed.)』(1999: 119-123)를 참고하기 바란다.

문제에 대한 원인이나 내용 따위를 따지고 파고들어 알려고 하거나 연구하는 데 몰두하면, 오히려 우리의 인식 차원을 지나치게 합리주의적으로 국한할 우려가 있다. 왜냐하면, 이미 엄격하게 제한된 자원을 아무리 공정하게 분배한다고 해도 사회복지가 추구하는 급여 수준의 적정성이나 수급자의 권리가 그 과정에서 담보되는 것은 아니기 때문이다. 이런 점에서 자원분배와 관련된 초점은 어떻게 제한된 자원을 공정하고 효율적으로 분배하느냐 하는 문제가 먼저 점검되어야 한다.

사회복지실천에서 자원분배와 관련한 문제는 제도적으로 확대 재생산되는 점이 있다. 따라서 이 문제는 개별 사회복지사의 실천 경험이나 전문성 강화 혹은 윤리강령의 강화만을 통해서 해결하는 데 한계가 있다. 물론 현실은 매우 제한적이고 열악하다. 주류 시각에서 사회복지 자원과 관련해서 대체로 하는 말은, 사회적 자원보다 해결해야 하는 욕구가 많기 때문에 예산은 언제나 부족할 수밖에 없다거나, 우리나라와 같은 특수한 상황에서 사회복지 예산이 국방비 등과 비교해서 상대적으로 열악할 수밖에 없기 때문에 제한된 자원을 더 효율적으로 운영하는 방식이 무엇보다도 중요하다고 말한다. 이러한 현실에서 왜 사회복지 자원은 항상 아주 제한된 형태로만 분배되는가에 대해 문제의식을 갖는 것은 매우 비현실적으로 여겨질 수밖에 없다.

그러나 이러한 문제제기가 너무 거시적이라 실천 차원에서 부적합하다고 느끼거나, 현실을 무시한 발상이라고 치부한다면 어떻게 될까? 그렇게 하면 사회복지 자원의 왜소함과 이로 말미암은 실천에서의 어려움은 결코 극복할 수 없다. 선택의 폭과 내용은 그것을 둘러싼 현실적인 사회적 조건으로부터 영향을 받는다. 하지만 그 사회적 조건을 극복하는 힘은 어떤 선택을 하는가에서 출발한다. 자원분배와 관련된 사회복지실천에서의 갈등 역시 제도적 차원과 분리되는 순간, 그리고 현실을 불가피한 것으로 받아들이고 합리주의적 흐름을 선택하는 순간, 적은 자원의 효율적 분배를 둘러싼 악순환의 고리에서 빠져나올 수 없다.

3. 지역사회와 사회복지사의 역할

지역사회(地域社會)를 커뮤니티(community) 혹은 공동체라는 말과 동의어로 쓰는 경우가 많다. 그런데 커뮤니티라고 할 때는 매우 다양하게 적용되지만, 사회학에서는 대개 두 가지 면으로 해석된다. 첫째는 사회조직체로서 공간적 · 지역적 단위를 가리키며, 둘째는 이러한 단위와 관련되는 심리학적인 결합성 또는 소속감을 지칭한다. 전자는 사회집단의 특성을 많이 갖고 있지만 훨씬 규모가 작고 그들의 공통적 관심이 비교적 밀착된 하위집단을 말한다. 이 커뮤니티의 개념에는 영토적인 영역, 상당한 정도의 개인 간 친숙함과 접촉, 그리고 이것을 인근집단과 구별시켜 주는 특별한 종합 기반 등의 뜻이 함축되어 있다. 커뮤니티의 자족 능력은 사회보다 훨씬 제한되어 있지만, 그 한계 내에서 더욱 밀접한 관계와 깊은 상호 이해를 가지고 있으며, 이 특수한 통합의 접착제로는 인종 · 국적 · 종교 등이 있다. 후자의 경우는 개인을 서로 연결시켜주는 감정과 태도의 총체를 의미한다.

자본주의사회가 성립되기 이전에는 사회의 지역적 한계를 규정하는 것은 오직 토지 소유였다. 봉건사회에서 영주의 지역 지배는 영주의 토지 소유에 따라 규정되어 있었던 것이고, 촌락 등 지역사회도 영주적 토지 소유 아래에서의 입회지(入會地) 등 토지의 공동이용을 단위로 이루어졌다. 자본주의사회가 생기자 폐쇄적인 자급자족적 단위로서의 공동체는 해체되고, 자본의 단일지배에 의해 지역성은 급속히 상실되어 갔다. 이와 같은 상황 아래에서 지역은 정치적 지배의 단위로서만 의미를 가지게 되었고, 지역사회 혹은 공동체는 전과 다른 역사적 의미와 내용을 지니게 되었다.

오늘날 주민의 지역적 구분은, 크게는 국가 혹은 민족국가의 형태로 나누어지고, 작게는 그 속에서의 행정적 구분, 즉 특별시 · 광역시 · 도 · 시 · 읍 · 면의 형태로 나누어진다. 이처럼 현재의 지역사회는 예전과 같은 자생적 · 자연적 단위가 아니고, 인위적 · 행정적 단위로 성립되어 있다. 지역사회가 정치단위로서의 의미만을 가지게 되었기 때문에, 지역사회의 문제는 곧 지방자치단체의 문제가 되었으며, 지역주민의 요구도 직접 지방자치단체로 향하는 일이 많아지고 있다.

정부 및 지방자치단체는 취약계층에 사회복지서비스를 제공할 책임이 있고, 사회복지사는 정부 및 지방자치단체의 책임이 적절히 수행되도록 촉구할 의무가 있다. 따라서 사회복지 전문직과 정부 및 지방자치단체는 서비스 제공을 위해 때로는 동반자관계를, 때로는 긴장관계를 형성하게 된다. 사회복지사는 도움이 필요한 클라이언트에게 사회복지서비스의 유용성을 알리고, 지역사회의 다양한 서비스와 연결시켜야 한다. 아울러 충족하지 못한 욕구를 가진 클라이언트를 위해 서비스를 개발하여야 한다. 사회복지서비스 대부분이 민간 영역에서 제공되는 우리나라 현실에서 취약계층 보호에 대한 본질적인 정부 및 지방자치단체의 책임은 무엇인지에 대해서도 고민해야 한다.

Chapter

10

사회복지조직에서의 윤리적 쟁점

10

Chapter

사회복지조직에서의 윤리적 쟁점

1. 법률과 규칙의 준수

실질적 의미에서는 모든 법규범(法規範)을 법률(法律, law)이라고 말하지만, 형식적 의미에서는 국회의 의결을 거쳐서 대통령이 서명·공포함으로써 성립하는 법률이라는 이름을 가진 규범을 법률이라고 말한다. 법체계에서 법률은 「헌법」의 하위에 있으며, 명령·규칙의 상위에 있다. 따라서 법률에는 「헌법」에 위반되는 내용을 담을 수 없으며, 「헌법」에 위반되는 내용을 가진 때에는 위헌법률심사(「대한민국헌법」 제111조 제1항)[1]를 거쳐서 그 효력이 부정된다. 규칙(規則)은 「헌법」이나 법률에 근거하여 정립되는 성문법의 한 형식을 말한다. 「헌법」에 의해 그 제정이 인정되는 규칙으로서는 국회규칙·대법원규칙·헌법재판소규칙·중앙선거관리위원회규칙 등이 있으며, 법률에 의해 그 제정이 인정되는 규칙으로서는 감사원규칙·자치규칙·교육규칙·노동위원회규칙·공정거래위원회규칙 등이 있다.[2]

---

1) 「대한민국헌법」 제111조 ① 헌법재판소는 다음 사항을 관장한다.
   1. 법원의 제청에 의한 법률의 위헌 여부 심판
   2. 탄핵의 심판
   3. 정당의 해산 심판
   4. 국가기관 상호 간, 국가기관과 지방자치단체 간 및 지방자치단체 상호 간의 권한쟁의에 관한 심판
   5. 법률이 정하는 헌법소원에 관한 심판

2) 그리고 「헌법」 또는 법률의 근거가 없더라도 행정기관이 행정 목적의 달성을 위해 필요한 한도 내에서 직권으로 제정할

사회복지사가 전문직의 가치나 윤리적 의무와 부닥치는 법률이나 규칙을 대하게 될 때 딜레마에 빠지게 된다. 이때 사회복지사는 사회복지 전문직의 가치를 준수할 것인지, 혹은 부당한 법률이나 규칙을 따를 것인지에 대해 결정을 내려야 한다. 여러분이 사회복지사라면 이럴 때 어떻게 할 것인가? 전문직의 가치를 우선하자니 법이 아른거리고, 법을 따르자니 전문직의 가치문제로 고통이 따른다.

법률이 사회복지 전문직이 추구하는 전문직 가치와 윤리적 의무에 부합하지 않고, 사회적 소수자 집단의 권익 신장에 어려움을 초래한다면, 사회복지사는 관련 제도의 개선을 추구하여야 한다(Reamer, 1999; 심상용, 2016, 재인용). 특히, 전문직 가치나 윤리적 의무에 위반되는 기관의 부당한 규칙과 관련해서는 전문직 가치나 윤리적 의무를 우선하여야 한다.

사회복지법인이 종교기관인 경우에는 명문화되어 있지는 않지만 법인 소속 교회에 출석하거나 십일조(tithing)[3] 등의 헌금을 암묵적으로 요구하는 경우도 있고, 직원회의 시간에 108배[4]를 드리도록 강요하는 경우가 발생하기도 한다. 이때 조직의 일원인 사회복지사는 본인에게 불이익이 발생할 것을 두려워해 본의 아니게 행사에 참여하는 경우도 발생한다. 또한 기관에서 자선 장터(bazaar)나 일일호프는 분명 후원금 모집을 위한 행사다. 그럼에도 불구하고 직원들에게 일정 부분 할당하여 티켓(ticket)을 판매하도록 하는 사례가 비일비재(非一非再)하게 발생하기도 한다(박차상 외, 2019: 223-224).

수 있는 행정입법(行政立法)으로서의 행정규칙이 있다. 규칙은 「헌법」과 법률의 하위규범이므로 「헌법」과 법률에 위반되는 내용을 규율할 수 없으며, 자치규칙이나 교육규칙은 당해 자치단체 조례(條例)의 범위 내에서 제정되어야 하고, 행정규칙은 일반 국민의 권리·의무에 관한 법규사항(法規事項)을 포함할 수 없다.

3) 십일조(Tithing)란 재산이나 소득의 1/10을 신에게 바치는 『성경』 〈구약〉의 관습을 가리킨다. 물론 그 재물은 실제로 신에게 가는 게 아니라 빈민을 돕거나 신의 일을 대신하는 사제와 레위족에게 돌아간다. 독실한 유대인들은 십일조를 엄격히 지켰다. 예수는 십일조에 정성을 들이는 사람은 채소나 양념까지도 1/10을 신에게 바친다고 말했다. 예수는 또한 십일조를 열심히 한다고 해서 반드시 선하거나 도덕적인 사람은 아니라고 말했다. 과거에는 십일조를 가축이나 농작물 같은 재물로 바쳤다. 오늘날은 거의 돈으로 낸다. 십일조는 성직자나 교회 직원의 급료, 건물 보수, 자선사업 등에 사용된다. 그리스도교에 관한 한 가지 놀라운 사실은 부자보다 중·하층민이 십일조를 더 충실하게 지킨다는 점이다. 실제로 십일조가 많이 걷히는 교회 조직에는 경제적으로 어려운 신도들이 많다.

4) 108배는 기본적으로 불자들의 '수행'이다. 108이란 숫자는 불교에서 말하는 108번뇌를 뜻한다. 108배는 이 번뇌를 하나씩 지워간다는 의미다. 108배는 합장을 하고 무릎 꿇고 엎드렸다가 다시 몸을 일으켜 일어나는 과정을 한 사이클로 한다.

2. 동료관계와 윤리적 갈등

직장 동료가 비윤리적인 행동을 하였거나, 무능력이나 심각한 결함으로 말미암아 클라이언트에게 피해를 준다고 판단될 때, 그러한 위험을 줄이기 위해 적극적으로 대응하는 것이 사회복지사의 의무다. 윤리강령 대부분은 동료의 결함, 무능력, 비윤리적 행위에 대해 사회복지사가 적절한 조치를 취하도록 요구한다. 그러나 '초록은 동색'이고, '팔은 안으로 굽는다.'는 속담처럼 동료의 비윤리적 행위를 직접 상부에 보고하거나, 절차에 따라 처리하는 행위는 여러 가지 측면에서 결정하기 어렵고 위험하기도 하다(서미경 외, 2015: 218-224).

조직 구성원 또는 과거에 조직 구성원이었던 사람이 조직 내부의 비리나 불법 및 부당행위 등을 신고하거나 대외적으로 폭로하는 행위를 '내부고발(內部告發, whistle blowing)'이라고 한다. 그리고 내부고발자(whistle blower)란 조직의 부정과 비리를 알리는 사람을 말한다. 영어로 '휘슬(whistle)'은 호루라기, '블로어(blower)'는 부는 사람을 뜻하는데, 조직의 비리를 눈 감지 않고 경고와 각성의 호루라기를 분다는 취지에서 생겨난 말이다. 휘슬 블로어는 단순히 자신이 살기 위해서 남의 허물을 일러바치는 밀고자가 아니라 공익을 위해 제보하는 사람이다.[5] 그러나 언제나 그 의미가 긍정적인 것만은 아니다. 전문가로서의 책임을 다한 것은 인정되나, 조직 내 문제를 일으킨 자로 인식되어 '절반의 영웅, 절반의 문제아'로 남게 된다.

맥도날드와 어헌(McDonald & Ahern, 2000)은 95명의 간호사를 대상으로 내부고발 결과를 조사하였다. 그 결과 침묵했을 때는 특별한 일이 없지만, 고발하였을 때는 여러 가지 위험에 처할 수 있다고 인식하였다. 공식적으로는 징계(강등, 정직 등), 인사이동 등의 불이익을 경험하게 되었다. 비공식적으로는 일부러 어려운 일을 맡기거나 승진 기회를 제

5) 영국 경찰이 호루라기를 불어 시민의 위법행위와 동료의 비리를 경계한 데서 생겨난 말이다. 언론용어로는 '익명의 소식통'이라고 하며, 이와 관련된 유명한 사건으로는 미국의 닉슨 대통령을 해임으로 이끈 워터게이트의 내막을 워싱턴포스트 기자에게 전화로 알려준 자가 스스로를 'deep throat'로 지칭한 경우가 있다. 내부고발자의 비리 폭로에 대해 조직은 예외 없이 방어적 · 보복적 대응을 하므로, 부분 사회의 이익보다는 국가 등 사회 전체의 이익에 이바지할 수 있는 고발 행위를 보호하기 위해 각국은 내부고발자를 보호하기 위한 법률을 제정하고 있다.

한하는 등의 불이익을 경험하게 되었다. 그 이외에도 따돌림을 당하거나, 의견이나 존재가 무시되는 경험을 할 수 있다고 인식하였다. 이러한 위험 때문에 사람들 대부분은 침묵을 지키게 된다는 것이다. 이를 펜폴드(Penfold, 1992)는 "침묵의 음모(conspiracy of silence)"라고 명명하였다(Peternelj-Taylor, 2003, 재인용). 즉, 모두가 침묵하는 가운데 문제를 제기할 경우 오히려 동료와 조직을 배신한 것으로 인식된다는 것이다. 따라서 조직 구성원 대부분은 이러한 음모가 두려워 잘못되고 있는 바를 더는 알려하지 않거나, 가십(gossip) 정도로 무시하거나, 축소하려 한다. 그래야만 조직의 평화가 유지되고, 굳이 말하지 않은 자신의 행동이 정당화된다.

〈표 10-1〉에서와 같이 김영란 등(2001)이 우리나라 사회복지사 295명을 대상으로 동료의 비윤리적 행위에 대해 어떻게 대응할 것인지를 조사한 결과에서도 '공식적으로 처리한다.'는 응답은 17.4%에 불과했다. 이 조사에서 사용한 사례는 갑자기 교통사고를 당한 동료를 대신하여 그의 클라이언트를 만나는 과정에서 동료가 여러 클라이언트와 성적 관계를 맺어왔다는 사실을 알게 된 경우다. 응답자의 61.7%가 '동료에게 충고한다.'는 항목을 선택하였다. 여기에는 어떤 충고를 할지 여러 내용이 포함될 수 있다. 예컨대 '이제부터는 그런 행동을 하지 말라.'는 것에서부터 '스스로 모든 사실을 밝히고, 책임을 져야 하니까 그에 상응하는 징계를 받으라.'는 것까지 다양한 충고가 있을 수 있다. 만약 스스로 밝히고 본인의 행동에 대해 책임을 진다면 모르겠지만, '앞으로 그러지 말라.'는 충고는 이제까지 동료가 했던 비윤리적 행동은 묵인하겠다는 의미가 내포된 것이다. 그렇다면 사회복지사의 지난 행동으로 말미암은 클라이언트들의 피해에 대해서는 침묵하겠다는 말인가!

〈표 10-1〉 동료의 비윤리적 행위와 관련된 딜레마 상황에서 사회복지사의 선택

요인	항목	비율(%)
주요대상	동료	33.0
	클라이언트	47.2
	시설 혹은 기관	11.5
	자신	4.2
	기타	4.2
해결방안	안 들은 것처럼 모른 척하고 그냥 넘어간다.	2.4
	상황을 파악한 후 조용히 동료에게 충고한다.	61.7
	클라이언트가 이 문제에 대해 스스로 대항하도록 돕는다.	13.2
	상사나 시설 혹은 기관에 알려 공식적으로 처리한다.	17.4
	기타	5.2

출처: 김영란 외(2001); 서미경 외(2015), p. 221. 재인용.

로웬버그와 돌고프(1996)는 동료가 비윤리적 행위에 연루되었음을 알았을 때 사회복지사가 선택할 수 있는 대안을 다음과 같이 제시하였다(서미경 외 역, 2000: 200-201).

- 위반한 행위를 무시하는 것이다. 과거 경험으로 보아 보고해봤자 별다른 조치도 없고, 괜히 나만 문제아로 찍히기만 할 것이다. 이미 만연된 문제이므로 그냥 넘어가는 것이다.
- 기술적 문제이거나 지식 부족에서 기인된 것일 때 동료에게 비공식적으로 접근하여 문제를 해결한다.
- 사회복지시설 혹은 기관의 규칙을 위반한 것이라면 슈퍼바이저에게 얘기를 하거나, 시설 혹은 기관의 절차에 따라 공식적으로 이의를 제기한다.
- 협회에 보고하여 조사위원회에서 결정하도록 한다. 그러기 위해서는 반드시 그 동료가 협회 회원이어야 하고, 동료의 행동이 협회 윤리강령에 위배되는 것이어야 한다.

- 자격증 유지와 관련된 윤리위원회에 보고하여 클라이언트의 피해를 최소화해야 한다.
- 미디어 등에 공개하여 대중에게 알려서 이러한 행위로 말미암아 더는 비슷한 피해가 없도록 해야 한다.

3. 조직 내부에서의 윤리적 갈등

사회의 모든 조직은 윤리규범에 입각하여 투명하고 공정하게 업무를 수행하며, 조직의 생산품을 구매하는 고객과 조직의 상위체계인 사회 발전에 이바지한다. 특히, 사회복지기관은 재정이 공공에 기반하고 있고, 취약계층에게 휴먼서비스를 제공한다는 측면에서 그 어떤 분야보다 높은 윤리경영의식(재무회계의 투명성, 이용자의 인권존중 등)이 요구된다(www.welfare.net). 사회복지기관의 주요 구성원인 사회복지사는 전문적 가치와 윤리에 기반을 둔 서비스를 제공해야 할 책무를 지닌다. 따라서 이들이 자신들의 책무를 수행할 수 있도록 조직은 윤리적으로 경영되어야 하고, 조직의 책임자는 윤리적 리더십을 발휘하여야 한다(서미경 외, 2015: 212-218).

한국사회복지사협회(www.welfare.net)는 윤리경영을 다음과 같이 정의하고 있다.

> "윤리경영이란 조직이 경영활동을 하는 데 윤리를 최우선 가치로 생각하며, 모든 업무활동의 기준을 윤리규범에 맞추어 투명하고 공정하게 수행하여, 건전하고 지속가능한 기관의 발전을 도모하는 것이다. 이를 실천하기 위해서는 행동강령(code), 감독조직이나 인력·시스템 준수(compliance), 윤리교육을 통한 공감대 형성(consensus)의 3C가 필수적이며, 주요 실천영역으로는 고객 등 이해관계자의 존엄성과 인권존중, 재무회계의 투명성, 사회공헌과 환경보호 등이 제시되고 있다."

따라서 사회복지기관의 윤리경영은 조직이 윤리를 최우선의 가치로 삼고, 윤리강령에 맞추어 투명하고 공정하게 업무를 수행하며, 클라이언트의 존엄성과 인권존중, 재무회계의 투명성, 사회공헌 등을 실천하는 것을 의미한다. 사회복지기관이 경영을 특히 윤리적으로 해야 하는 이유는 기관의 활동자본이 사회적 자본, 즉 도덕적 자본이기 때문이다. 그러나 이런 기대와 달리 최근에도 사회복지기관의 부정행위는 계속되고 있다. 보호나 요양을 목적으로 입소한 클라이언트를 학대 및 유기하는 등의 인권침해, 후원금이나 국가보조금 및 사업수익금을 횡령하는 행위, 뇌물을 주고받는 행위, 재단의 친인척들이 관련되어 비리를 저지르는 행위, 서류를 허위로 작성하는 행위 등 실로 다양한 부정과 비리가 나타나고 있다(양옥경 · 최영민, 2010).

교회? 사회복지단체?… 모호한 경계에 후원금 관리 '깜깜이'

버려진 아이들을 돌보는 '베이비박스'를 운영하면서 유명해진 주사랑공동체 이 모 목사 부부가 본인과 자녀들의 기초생활수급비를 부정으로 수급한 혐의로 경찰 수사를 받고 있다는 사실이 알려지면서 큰 충격을 주고 있다. 공익 신고를 통해 후원금 횡령 의혹까지 불거졌다. 사회복지단체의 불투명한 후원금 관리가 도마 위에 올랐다. 주사랑공동체는 이 목사가 설립한 '주사랑공동체교회'에 뿌리를 두고 있다. 버려진 아이들을 돌보는 사업이 널리 알려지면서 후원금이 들어왔고, 현재 연간 약 20억 원이 넘는 후원금이 들어오는 것으로 알려졌다. 여기서 한 가지 문제가 발생한다. 후원금은 주사랑공동체교회를 통해 헌금 형식으로 받고, 실제 사용은 주사랑공동체에서 한다. 주사랑공동체 홈페이지에도 "여러분이 주신 후원금은 선교헌금으로 사용됩니다."라고 적혀 있다.

출처: KBS 뉴스(2019. 7. 3), 홍진아 기자(gina@kbs.co.kr).

사회복지조직이 윤리적으로 경영되고 그것을 조직 내 직원들이 인식하게 되면, 직원들의 직무만족과 조직몰입(組織沒入)[6]이 높아져 조직의 효율성이 향상된다. 즉, 소속된

6) 조직몰입(Organizational commitment)이란 조직 구성원이 자신이 속한 조직에 대하여 단순한 애정이나 소속감을 넘어서

조직원들이 법적 책임은 물론 사회가 요구하는 윤리적 기대를 반영한다고 인식할수록 조직 구성원들은 조직에 남으려는 욕구가 강해지고, 조직의 가치와 목표를 내면화하며, 조직에 충성하고자 하는 조직몰입이 증가한다(오승환, 2005). 그뿐만 아니라 조직 내 윤리풍토(倫理風土)[7]는 사회복지사의 경력몰입(經歷沒入)[8]에 긍정적 영향을 미치고(최상훈 외, 2011), 조직신뢰, 상사신뢰, 조직몰입에 정적 영향을 미치며, 조직유효성에도 중요한 영향을 미친다(최소연, 2013).

이러한 변수는 궁극적으로 조직성과를 높일 수 있다. 사회복지기관의 조직성과는 서비스의 질이 향상되고, 클라이언트의 서비스 만족도가 높아지는 것을 의미한다. 이처럼 윤리경영이 중요함에도 불구하고 사회복지조직이 윤리적으로 경영되지 못하는 이유가 무엇일까? 최소연(2013)은 사회복지시설 관리자와 일선 직원을 대상으로 면접한 결과를 토대로, 윤리경영이 되지 못하는 이유를 다음과 같이 제시한다.

- 운영 법인의 취약성: 법인지원금 등 운영 법인의 취약성이 윤리경영을 방해하는 요인이다.
- 재정 여건의 열악성: 지원금의 부족으로 편법운영이 일어난다.
- 명확한 윤리기준의 부재: '기관을 위해서', '다른 기관보다 상대적으로 윤리적'이라는 이유로 법을 위반하지 않는 수준에서 타협하게 된다.
- 외부로부터의 영향: 외부청탁을 거절할 수 없어서, 그리고 기관 운영을 위해 지역사회 이해관계자들의 청탁을 어쩔 수 없이 수용해야 된다.
- 직원의 윤리의식: 직원 개개인의 윤리적 민감성 결여가 비윤리적 실천을 하게 만든다.

서 강하게 책임을 느끼는 강도의 심리적 상태를 의미한다. 즉, 조직 구성원이 심리적 관점에서 조직의 목표와 가치에 대하여 신뢰하고 적극적으로 수용하며, 조직을 위하여 열심히 노력하고자 하는 의지 및 조직의 구성원으로 남고자 하는 욕구 등으로 표출된다.

7) 윤리풍토(Ethic climate)란 조직 전반에 걸쳐 윤리적 가치에 초점을 두는 조직문화를 말한다(최소연, 2013).

8) 경력몰입(Carrer commitment)이란 특정 분야에서 관련 직무에 대한 동일시를 나타내는 감정적 개념으로, 자신의 전문 분야에 대해 심리적 애착을 갖고 직무를 계속해서 수행하고자 하는 의지, 심리적 상태를 의미한다(최상훈 외, 2011).

모지환 등(2011)은 사회복지전담공무원 217명을 대상으로 한 연구에서 관료적 조직풍토가 사회복지전담공무원의 비윤리적 행동에 영향을 미친다고 하였다. 즉, 소속 조직을 '위계구조와 절차, 규칙을 강조하며 비인격적이고 경직된 조직'이라고 인식할수록 이해관계에 따른 편의, 금품과 향응 제공, 비리, 부정수급에 대한 묵인이 더 많은 것으로 나타났다. 이런 관료적 분위기는 구성원의 직무만족을 떨어뜨릴 뿐만 아니라 조직몰입을 낮추는 것으로 나타났다.

이처럼 사회복지조직의 윤리경영은 구성원들의 윤리적 실천을 가능하게 한다. 윤리적 실천은 서비스 소비자인 클라이언트의 삶에 긍정적 영향을 미칠 수 있는 매우 중요한 요인이다. 따라서 사회복지기관의 윤리경영을 강조하기 위해 양옥경과 최명민(2010)은 '사회복지기관 윤리경영 자가점검지표'를 개발하였다. 이 지표를 통해 해당 기관의 윤리경영 수준을 파악할 수 있다. 어떤 측면에 더 많은 노력을 기울여야 하는지를 판단하여 개선점과 지향점을 도출할 수 있다. 전체 90문항이고, 총점 400점인 이 지표는 다음과 같은 5개 차원으로 구성되어 있다.

- 기관의 윤리경영 철학 및 전략: 윤리경영에 대한 확고한 철학(목표)과 방침이 설정되고, 이를 일관되게 실천할 전략을 갖춘 정도
- 기관의 직원에 대한 윤리성: 윤리경영의 핵심 주체이자 내부고객인 직원의 공정한 인사 및 권한부여체계를 갖추고, 이를 실현해 나가는 정도
- 기관 및 직원의 클라이언트에 대한 윤리성: 클라이언트에게 서비스를 제공하는 과정에서 서비스 제공자가 윤리적 실천을 할 수 있도록 체계를 갖추고, 이를 준수하는 정도
- 직원의 기관, 동료 및 전문가 조직에 대한 윤리성: 조직 구성원인 사회복지사들이 소속 조직에 헌신하고, 조직 발전에 이바지하는 정도
- 기관 및 직원의 관련자에 대한 윤리성: 관련자 및 환경체계와의 관계에서 지켜야 할 윤리적 요소를 규정하고 실천하는 정도

▌공사 윤리의 날 기념 CEO 윤리 메시지 전파▐

의왕도시공사는 매월 임직원 간의 소통을 강화하고 직원들의 다양한 의견을 수렴하기 위해 소통과 화합의 시간을 운영하고 있다. 특히, 이날은 공사 윤리의 날(6월 2일)을 맞아 최욱 사장이 직원들에게 CEO 윤리 메시지를 전파했다. 최 사장은 의왕도시공사의 2019년 경영목표, 윤리경영 추진전략 달성을 위해 직원들이 솔선수범하여 공정하고 투명한 업무 수행에 매진해 줄 것을 당부했다. 이어 전사적인 윤리경영 및 인권경영의 추진을 통해 청렴한 조직문화를 확립하고, 임직원의 청렴역량 향상 및 인권존중의 가치를 실현해 줄 것을 강조했다. 최욱 사장은 "반부패 · 청렴과 윤리경영은 공사의 생존과 발전을 위한 핵심가치이자 필수 조직문화"라며 "앞으로 윤리의 날 행사를 정착화하여 다양한 청렴활동을 추진해 나가겠다."고 말했다.

출처: 환경일보(2019. 6. 3), 장금덕 기자(jkk0401@hkbs.co.kr).

4. 슈퍼비전과 윤리적 갈등

슈퍼비전(Supervision)이란 사회복지 실천현장에서 구체적인 케이스에 관해 사회복지사가 원조내용을 보고하고, 슈퍼바이저는 설명된 자료를 토대로 클라이언트나 가족의 상황을 이해하고 면접 등 원조방법에 관해 조언을 주거나 음미하도록 하는 교육훈련 방법이다.[9] 즉, 슈퍼비전은 사회복지의 질적 함양을 목적으로, 사회복지에 대한 이론적 지식과 경험이 풍부한 사회복지가가 상대적으로 이러한 부분이 부족한 사회복지사를 도와 그의 능력의 발전을 위해 지도 · 감독하는 일을 말한다. 그러나 비단 사회복지사

9) 슈퍼비전은 '위에서'의 뜻을 가진 'super'와 '관찰하다'의 뜻을 가진 'vision'이 조합된 단어로, '감독하다'라는 의미가 있다. 이처럼 감독하는 사람인 슈퍼바이저와 감독을 받는 사람인 슈퍼바이지(수련생), 그리고 그들이 서비스를 제공하는 클라이언트 간에 이루어지는 독특한 전문적인 관계가 바로 슈퍼비전이다. 다시 말해, 슈퍼바이저가 전문적이고 독립적인 사회복지사가 되고자 하는 수련생에게 유능한 경력 사항과 전문가적인 지식을 바탕으로 적절한 사회복지의 실제 기술을 습득할 수 있도록 도움을 주는 활동이다.

뿐 아니라 사회복지 실습생이나 자원봉사자에 대한 지도·감독도 슈퍼비전의 맥락에서 함께 고려해야 한다.

슈퍼비전은 슈퍼비전을 제공하는 슈퍼바이저와 이를 제공받는 슈퍼바이지의 관계 속에서 진행되는데, 이 관계는 시설 혹은 기관에서 공식적인 관계이다. 슈퍼바이저는 슈퍼바이지보다 많은 지식과 기술을 겸비하고 있어야 하며, 소속 시설이나 기관에서 슈퍼바이저로 공식적인 권위가 부여되어야 한다. 슈퍼비전은 슈퍼바이저, 슈퍼바이지, 클라이언트, 업무환경, 활용하는 주된 이론 등 여러 가지 요소가 관련된다. 하지만 무엇보다도 슈퍼비전의 핵심은 슈퍼바이저와 슈퍼바이지, 그리고 슈퍼바이지가 담당하고 있는 업무와 관련된 클라이언트이다.

사회복지실천 과정에서 슈퍼비전의 필요성과 중요성은 계속해서 강조되어 왔다. 이는 사회복지 가치를 기반으로 클라이언트에게 질적인 서비스를 제공하기 위해서, 그리고 윤리적 실천을 위해서 정기적이고 공식적인 상사의 지도·감독이 요구되기 때문이다. 따라서 슈퍼비전의 단기 목표는 사회복지사의 업무 능력 향상, 업무를 효율적으로 할 수 있는 작업환경 제공, 그리고 업무만족감 증진일 수 있다. 그러나 중장기적이며 궁극적인 목적은 슈퍼바이지인 사회복지사의 업무와 관련된 제반 역량강화를 통한 클라이언트에 대한 질적이고 윤리적인 실천과, 조직의 책임성 이행이다.

사회복지실천현장에서 상위의 지식과 기술을 겸비한 슈퍼바이저로부터 슈퍼비전이 제공되어야 하는 이유는 무엇인가? 앞에서도 살펴보았지만, 무엇보다도 슈퍼바이저로부터 슈퍼비전이 제공되어야 하는 이유는 슈퍼바이지의 실천 과오를 예방하고, 결과적으로 클라이언트에게 질적인 서비스를 제공할 수 있는 기제로 슈퍼비전이 주요 역할과 기능을 하기 때문이다(김기덕 외, 2017: 294-304).

그렇다면 누가 슈퍼바이저를 할 수 있는가? 슈퍼바이저의 자격 조건은 무엇인가? 시설 혹은 기관의 상급자, 경력이 많은 직원, 연장자, 아니면 학력이 높은 직원인가? 이러한 여러 조건이 논의될 수 있지만, 슈퍼바이저 최대의 자격은 지식과 기술 면에서 슈퍼바이지보다 상위인 자이여야 한다(Kadushin, 1992). 그러나 지식과 기술이 상위라는 것을 명확히 확인하기는 어렵다. 그래서 대부분은 팀장 혹은 과장과 같이 직제의 상급

경력자로부터 슈퍼비전이 제공된다. 그런데 문제는 슈퍼비전을 어떻게 제공하고, 어떤 내용으로 슈퍼비전을 주는지에 대해서 실천현장 실무자들이 잘 모르는 경우가 있다.

슈퍼비전의 방법과 기술을 학습하는 방법은 다양하다. 그러나 가장 효과적인 학습방법은 슈퍼비전을 통해서이다. 슈퍼바이저를 모델삼아 슈퍼바이지가 슈퍼비전기법을 학습하고, 이후 슈퍼바이저가 되었을 때 이를 활용하는 것이다. 그런데 우리나라에서는 정신건강사회복지사나 의료사회복지사와 같은 일부 전문영역을 제외하고는 슈퍼바이저 자격취득에 대한 규정이 없다. 그래서 슈퍼바이저 간에도 슈퍼비전기법과 지식에 대한 격차가 매우 심하다.

그뿐만 아니라 다학제 전문가가 팀원인 경우 슈퍼바이저와 슈퍼바이지의 전문자격이 서로 다른데도 불구하고 슈퍼바이저 역할을 수행하는 경우도 있다. 또한 사회복지시설 혹은 기관에서 근무하다가 사회복지사가 된 경우 사회복지사 근무경력이 슈퍼바이지와 비교해서 상대적으로 짧음에도 사회복지시설 혹은 기관에 근무한 경력이 길다는 이유로 슈퍼바이저가 되는 경우도 있다. 그리고 슈퍼바이저보다 슈퍼바이지가 상위학위를 보유하고 있을 경우도 슈퍼바이저 자격과 관련하여 적합한지에 대해서도 논란이 될 수 있다(김기덕 외, 2017: 294-304).

사례 10-1 **슈퍼바이지를 치료하고자 하는 슈퍼바이저**

L은 대학 졸업 후 지난 20년 동안 가족상담기관에서 일해 왔고, 15년 전부터는 초심자(初心者)들과 학생들에게 슈퍼비전을 주고 있다. 그녀는 정신분석을 공부하였고, 이 치료 모델이 클라이언트에게 가장 효과적인 방법이라고 믿고 있다. 물론 그녀의 기관은 현재 단기치료를 선호하고 있지만, 그녀는 단기치료와 관련된 교육을 받은 적이 없다. 그녀는 현재 학생 M에게 슈퍼비전을 주고 있다. 그런데 그녀는 M이 과연 좋은 사회복지사가 될 수 있을지 의문을 가지고 있다. M은 첫날부터 클라이언트에게 자신이 학생 신분임을 밝혔다. 그러나 L은 학생이라고 하면 클라이언트가 치료능력을 의심할 수 있으므로, 신분을 숨겨야 한다고 생각한다. 또한 M은 클라이언트에게 인지행동 접근을 시도하고 있는데, L은 이것이 성공할 수 없다고 생각한다. 직원들이 모두 참여한 사례회의에서 M이 사례 발표할 때, L은 부정적인 코멘트를 하였다. 이제까지 맡았던 학생들 중 M이 가장 최악이라고…. L은 이 모든 것이 M의 개인적 문제 때문이라 판단했다. M이 어릴 적 피학대 경험이 있고, 최근 남자친구와 헤어진 것이 이러한 문제의 증거라고 생각했다. 그러면서 L은 자신에게 치료받도록 M에게 권유했다.

출처: 콩그레스(Congress, 1999), p. 148.

〈사례 10-1〉에서 어떠한 윤리적 이슈가 발생하는가? L이 어떤 윤리적 · 법적 책임을 다하지 못하였는가? L은 새로운 기술과 지식을 습득하기 위한 지속적인 노력을 해야 하는데, 교육개발의 의무를 수행하지 않았다. 심지어 새로운 접근법을 무시하고 폄하하였다. 학생이 개입할 때는 그 사실을 클라이언트에게 알려야 하는 규정을 지키지 않았다. 학생이라는 사실을 알면서도 치료를 받을 것인지는 클라이언트가 결정할 몫이다. 슈퍼바이지에 대한 평가는 공정하고 존중심이 포함되어야 한다. 그러나 L은 공개석상에서 M을 부정적으로 평가하였고, 다른 학생들과 비교하여 최악의 학생이라는 모멸감을 주어 결코 슈퍼바이지를 존중하였다고 보기 어렵다. 가장 심각한 윤리적 기준 위반은 착취나 위험의 가능성이 있는 다중관계를 맺으려 한 것이다. L은 M에게 자신에게 치료받을 것을 권했고, 이는 M을 문제가 있는 클라이언트로 간주하는 것이다. 이런 상황에서 과연 M이 치료를 거부할 수 있을까(서미경 외, 2015: 226)? 만약 M이 L의 제안을 거부한다면, M에 대한 L의 공정한 평가는 기대할 수 없을 것이다.

그러면 슈퍼비전은 언제 제공해야 하는가? 특별히 정해진 일정에 제공해야 하는가? 슈퍼비전은 즉시 제공해야 한다(양옥경 외, 2010). 실습생이나 자원봉사자에게 클라이언트와 대면하는 업무를 할당하면서 적시에 슈퍼비전을 제공하지 않는 것이 비윤리적인 실천일 수 있음에 공감하는가? 클라이언트는 질적인 서비스를 받을 권리가 있다. 따라서 클라이언트는 가장 숙련된 사회복지사와 접할 수 있어야 한다. 그러므로 사회복지사 자격증이 없는 실습생이 직접 실천을 할 경우 일단의 안전조치를 구비해야 한다. 안전조치의 가장 기본은 직무분석일 수 있다. 직무분석은 기관의 직무분석을 통해 각 업무에 요구되는 지식, 기술, 능력 그리고 각 업무의 과업 및 책임과 의무를 명시한 것이다. 따라서 그에 맞는 인력에게 업무를 할당할 수 있게 되며, 업무와 인력의 적합성을 고려한 결정을 할 수 있게 된다(Lewis et al., 2001). 직무분석을 통해 특정 직원이 담당해야 할 업무, 직원 중 경력자가 해야 할 업무, 그리고 실습생이 해도 될 업무 등이 명시된다. 그리하여 실습생에게는 난이도와 위험도를 고려한 업무가 할당될 수 있다.

직무분석을 통해 업무가 할당된다고 해도 휴먼서비스에 대한 기술은 불확정적인 특성을 가지기 때문에 숙련되지 않은 직원이나 실습생에게는 적시에 슈퍼비전을 제공해야 한다. 또한 초임 사회복지사나 실습생은 클라이언트에 대한 이해가 불충분하고, 지식과 기술이 부족할 수 있기 때문에 제한된 범위에서 직접 서비스를 할당하여야 한다. 초임 사회복지사나 실습생 등과 같은 비숙련 실천가가 실천현장에서 실수를 했을 때 그 책임은 누구에게 있는가? 최종 책임은 슈퍼바이저에게 있다. 따라서 실천 과오를 예방하며, 질적 서비스를 위해서 슈퍼비전은 선택이 아니라 필수이다. 그러므로 이들에게는 슈퍼바이저가 면밀히 지도·감독해야 한다(김기덕 외, 2017: 304-306).

한편, 치료자-클라이언트의 전문적 관계와 마찬가지로 슈퍼바이저와 슈퍼바이지의 관계에서도 지위 차이로 말미암은 권력 남용이 일어날 수 있다. 예컨대 성적 관계이다. 따라서 그들 간의 성적 관계는 전문적 관계를 심각하게 훼손하는 요인이다. 그러나 실제 이들 간의 성적 연루는 흔하게 일어나는 일이다. 고리 등(Corey et al., 1998: 199)의 연구에 따르면, 슈퍼바이저와 성적 관계를 맺은 슈퍼바이지 중 51%가 이와 같은 관계가 강제로 이루어졌다고 인식하였다. 또한 성적 관계가 진행 중일 때는 응답자의 36%가 이러한 행동이 비윤리적이라 생각하였으나, 시간이 지나 관계가 끝난 다음에는 응답자의 55%가 이러한 행동을 비윤리적이라고 평가했다. 그러나 대부분 교육과정에서 치료자 – 클라이언트 간 성적 관계의 비윤리성에 대한 교육은 받지만, 슈퍼바이저–슈퍼바이지 간 성적 관계의 비윤리성에 대한 교육은 거의 받지 못했다고 하였다.

사례 10-2 **슈퍼바이저를 사랑하는 슈퍼바이지**

G는 개별 슈퍼비전을 위해 슈퍼바이저 A를 매주 만나고 있다. 예정된 슈퍼비전이 3번 정도 남은 상황에서 G는 어렵게 A에게 사랑한다고 고백하였고, 관계를 지속하고 싶다고 하였다. A 역시 같은 감정이라고 하였다. 그러나 A는 슈퍼비전을 주면서 이런 관계를 갖는 것은 부적절하다고 하면서, G에게 슈퍼비전을 중단하자고 제안하였다. 슈퍼비전이 중단되면 더는 G를 평가해야 할 이유가 없으므로 윤리적으로 문제될 것이 없다고 생각하였다.

출처: 코리 외(Corey et al., 1998), p. 200.

〈사례 10-2〉에서 과연 A의 생각은 윤리적으로 정당화될 수 있는가? A의 문제해결 방식은 윤리적으로 문제가 없는가? A가 슈퍼비전을 더는 주지 않는 것만으로 충분히 문제가 해결됐다고 볼 수 있는가? 공식적인 슈퍼비전은 아니라 하더라도 연인관계에서 사례에 대한 논의는 언제든지 가능하다. 이 경우 사례에 대한 평가가 객관적인 차원에서 이루어질 수 없다. 무엇보다 클라이언트–치료자 관계와 마찬가지로 권력 불균형 관계에서 시작된 성적 관계는 슈퍼바이지 처지에서 심각한 피해를 가져올 수 있다. 앞으로 슈퍼비전을 주지 않는다 하여도 이성 관계에서 그동안 슈퍼비전을 준 것에 대해서도 역시 비윤리적 실천이라는 비난을 피하기 어렵다(서미경 외, 2015: 228).

5. 다른 전문직과의 관계에서 윤리적 갈등

사회복지사는 여러 전문직과 함께 일하기도 한다. 사회복지사는 의료, 학교, 정신보건, 군 등 다양한 분야에서 사회복지실천을 수행하고 있다. 특히, 사회복지실천 이차 현장에서 일하는 사회복지사는 다른 전문직이 주를 이루는 시설 혹은 기관에서 일하는 경우가 많다. 사회복지실천 일차 현장에서 일하는 사회복지사도 클라이언트를 둘러싼 주변 환경체계에 개입하는 과정에서 다른 전문직을 만나 클라이언트 상황을 대변하거나 옹호하는 활동을 하기도 한다(박차상 외, 2019: 233; 이순민, 2016: 219-220).

다른 전문직과 팀을 이루어서 개입을 하게 되는 경우에 다른 전문직에서 추구하는 가치와 사회복지 전문직 가치 간에 차이가 발생하기도 하고, 사회복지사의 위치가 다른 전문가의 주변에 있는 경우가 발생하여 역할의 모호성이나 역할 긴장이 나타나 많은 어려움이 있을 수 있다(Dane & Simon, 1991). 특히, 비밀보장 측면에서 다른 전문직에게 클라이언트의 상황에 관하여 어디까지 정보 공유를 할 것인가에 대해서도 사회복지사 스스로 또는 동료와 함께 기준을 세워야 할 것이다.

예컨대 학교라는 실천현장에서 일하는 사회복지사는 학교선생님이나 학교행정가 등 다른 전문직과의 관계에서 여러 윤리적 갈등을 겪을 수 있다. 예를 들어, 한 15세 학생이 교실에서 폭력성을 보여 학교 담임선생님이 학교사회복지사에게 상담을 요청해 왔다고 하자. 이때 학교사회복지사는 학생에 대한 정보를 얻고자 하는 다양한 사람들로부터 압력을 받을 수 있다. 학교 담임선생님이 학생의 폭력성 원인을 알고 싶다거나, 지역사회 복지관에서 학생의 가정환경에 대해 알고자 할 수 있다. 하지만 이러한 정보는 학생의 동의 없이 노출할 수 없다. 왜냐하면, 학교사회복지사는 학생이 클라이언트이므로 학생의 비밀을 보장해야 하는 의무가 있기 때문이다.

학교사회복지사가 정보공유를 요청하는 전문직과 전문적 · 개인적 책임이나 관계가 있는 경우에는 상황이 더욱 복잡해진다. 학교에 소속된 학교사회복지사이거나, 선생님 혹은 다른 학교직원들과 동료로서의 관계를 갖는 경우가 그러하다. 하지만 학교행정가, 학교직원, 지역사회의 일원은 학교사회복지사의 클라이언트가 아니며, 고지된 동의 없이는 정보를 공유할 수 없음을 명심해야 한다. 단, 클라이언트가 자기 자신이나 다른 이들을 해할 가능성이 있는 경우와 같이 전문적 가치에 비추어 이해 타당한 이유가 있을 경우에는 고지된 동의 없이 비밀을 노출할 수 있다.

학교사회복지사는 학생의 교육적 필요와 욕구 충족을 주된 목적으로 하는 학교라는 공간에서 사회복지실천을 수행하기 때문에 더 많은 어려움을 겪을 수 있다. 학교사회복지사가 같이 일하는 전문직은 보통 비밀보장의 의무를 가지지 않기 때문이다. 학교사회복지사가 클라이언트에 대한 정보를 공유할 수 없는 이유를 이해하지 못하기 때문에, 같이 일하는 다른 전문직과 오해와 갈등을 빚을 수도 있다(Kopels, 1992).

다른 전문직과의 관계에서 협력을 잘하기 위해서는 다른 전문직이 가진 가치와 윤리 강령 등에 대한 이해를 할 수 있어야 한다. 또한 사회복지사의 업무나 사회복지 윤리에 대한 이해가 부족한 전문직과 협업을 하게 되는 경우에 이들에 대한 교육을 통하여 인식 개선을 할 필요가 있다. 왜냐하면, 사회복지사와 다른 전문직과의 관계에서 갈등이 나타날 때 그에 대한 부담을 클라이언트가 지게 되는 경우가 발생하기 때문이다. 무엇보다 클라이언트의 이익을 생각하며, 다른 전문직과 이해의 폭을 좁혀 나가는 노력을 하여야 한다.

Chapter 11

사회복지연구 · 조사 및 평가에서의 윤리적 쟁점

11
Chapter

사회복지연구 · 조사 및 평가에서의 윤리적 쟁점

1. 연구 참여자의 권리보호

사회복지연구는 사회적 소외 계층이나 약자를 대상으로 하는 경우가 많다. 그러므로 연구 대상자인 그들의 권리를 보호하는 것이 무엇보다도 중요하다. 연구 대상자의 권리보호와 관련된 윤리적 이슈는 크게 다음과 같은 여덟 가지로 정리된다. 첫째, 연구내용에 대해 밝히기, 둘째, 자발적 참여, 셋째, 고지된 동의, 넷째, 연구 참여로 말미암은 피해, 다섯째, 연구 참여에 따른 보상, 여섯째, 익명성과 비밀보장, 일곱째, 연구 자료의 보존과 폐기, 그리고 여덟째, 분석과 보고이다(권지성 외, 2007; 연구윤리정보센터, 2014; 이순민, 2016: 261–272; Padgett, 1998, 유태균 역, 2001; Rubin & Babbie, 1997; 성숙진 외 역, 1998).

1) 연구내용에 대해 밝히기

연구내용에 대해 밝히기는 연구자에 대해 알리는 것과 구체적인 연구내용을 알리는 것으로 나누어 생각할 수 있다(권지성 외, 2007).

첫째, 연구 참여자 혹은 연구 대상자에게 연구자임을 알리는 것은 연구 참여자가 자신이 연구 대상이 된다는 사실을 인식하게 만들고, 이에 연구 참여자의 반응이나 행동, 대답 등이 달라질 수 있다. 관찰이나 실험방법을 사용하여 자료를 수집하는 연구에서 더욱 솔직한 대답과 자연스러운 행동을 관찰하기 위해 연구자로서의 신분을 감추거나 속임수를 이용(deception)하는 경우가 있다. 예컨대 호스피스 병원에서 클라이언트 경험을 알기 위해 연구자가 병원 직원들에게 신분을 감추고 클라이언트인 척 자료를 수집하는 경우가 있을 수 있다. 또는 자기보고식 심리검사나 설문에 응답할 때 (사회적으로 바람직한 특성을 가진 것으로 자기묘사를 하고자 하는 사회적 바람직성 때문에) 연구 대상자가 질문에 대해 솔직하게 응답하지 않을 것이 크다고 예상될 때, 연구목적 등을 모두 노출하기 어려운 경우 등에서 연구자는 연구 절차에서 속임수를 이용할 수 있다.

연구자의 신분이나 연구를 하고 있다는 사실을 밝히면, 연구 자체를 아예 할 수 없거나 연구 참여자에 대한 접근을 어렵게 만드는 경우도 있을 수 있다. 그러나 연구자는 연구 참여자를 속이는 것이 연구에서 예상되는 과학적, 교육적 혹은 응용 가치에 따른 정당한 사유가 되는지, 과학적으로나 윤리적으로 정당화될 수 있는지 확인해야 한다. 또한 속임수를 쓰지 않는 효과적인 대안적 절차가 가능하지 않은 경우에만 속임수가 포함된 연구를 수행해야 한다. 비록 속임수가 포함된 연구를 실행하였더라도 연구자는 가급적 연구 참여가 끝났을 때, 아니면 늦어도 자료 수집이 완료되기 전에 이에 대해 충분히 설명해야 한다. 이는 연구 참여자에게 자신의 자료나 응답을 철회할 수 있는 기회를 주기 위한 조치이다. 즉, 속임수 이용 연구의 경우 모든 연구 대상자에게 속임수 연구가 불가피했던 이유, 속임수를 이용한 방법, 연구의 실제 목적을 설명함으로써 연구에 대한 부정적인 느낌을 모두 버릴 수 있도록 해야 한다(연구윤리정보센터, 2014).

둘째, 연구내용에 대해 얼마나 구체적으로 알려 줄 것인가에 대한 윤리적 문제가 있다. 연구의 주제와 목적, 개요뿐만 아니라 연구에 참여할 사람들에게 신체적 통증이나 심한 정서적 고통을 일으킬 수 있다는 예상 위험에 대한 정보를 알려 주고, 이에 대해 속이지 않아야 한다.

2) 자발적 참여

연구 참여 여부는 연구 참여자의 자기결정권에 따라 결정되어야 하며, 응답자의 시간과 프라이버시를 침해하는 문제를 예방하기 위해 응답자의 자발적인 참여를 원칙으로 한다. 자발적 참여에 대한 윤리적인 문제는 연구자와 연구 참여자가 교수와 학생, 사회복지실천가와 클라이언트, 관리자와 부하직원 등 상하관계 혹은 종속관계일 때 발생한다. 권력을 가진 상급자가 연구 참여를 요청한다면, 종속관계에 있는 하급자는 이를 거부하기가 어려운 취약한 위치에 있게 된다. 이처럼 상하관계 혹은 종속관계일 때는 취약한 위치에 있는 사람에게는 연구 참여를 독려하지 않는 것을 원칙으로 해야 한다.

연구자는 불가피하게 클라이언트, 학생, 하급자 등 자신에게 의존적인 사람을 대상으로 연구를 수행할 때 이들이 참여를 거부하거나 그만둘 경우에 가지게 될 불리한 결과로부터 이들을 보호하는 조처를 해야 한다. 예컨대 연구 참여가 수강 과목의 추가 학점을 받을 수 있는 기회가 될 경우 수강 학생에게 다른 대안적 활동을 제공하여 학생 스스로 선택할 있도록 해야 한다. 연구에 참여하지 않는 경우에도 불이익은 없으며, 일단 연구에 참여하면 연구 참여자는 언제라도 연구 참여를 중단할 수 있는 권리를 가진다는 것을 명확하게 설명해야 한다.

3) 고지된 동의

연구자는 연구 참여자에게 연구에 대한 정보를 고지하고, 이에 대해 동의를 받아야 한다.[1] 연구 참여자가 연구에 참여하거나 응답했다고 해서 연구활동에 동의한 것으로 받아들이거나, 설문지 표지에 있는 설명문만으로 연구에 대한 정보를 제공하고 있다고 생각해서는 안 된다. 연구 대상자가 미성년자인 아동이나 심신미약 등의 이유로 동의

1) '고지된 동의'에 대해서는 이미 이 책 제7장 제3절 '비밀보장과 알 권리 및 고지된 동의'에서 다루었다. 앞에서는 클라이언트의 권리 측면에서, 여기서는 연구 대상자의 권리 측면에서 살펴본다. 그러나 앞서 살펴본 내용과 다소 중복되므로 참조하기 바란다.

능력이 없는 경우에는 부모나 법정대리인의 서면동의를 받아야 한다. 연구자는 연구참여자로부터 연구 참여에 대한 동의를 얻을 때에는 다음의 사항을 이해할 수 있는 언어로 알려 주고, 이에 대해 질문하고 답을 들을 수 있는 기회를 제공해야 한다(권지성 외, 2007).

- 연구의 목적, 예상되는 연구 기간 및 절차
- 연구에 참여하거나 중간에 그만둘 수 있는 권리
- 연구 참여를 거부하거나 그만두었을 때 예상되는 결과
- 참여 자발성에 영향을 미칠 것으로 예상되는 잠재적 위험, 고통 혹은 해로운 영향
- 연구에 참여함으로써 얻을 수 있을 것으로 예상되는 이득
- 비밀보장의 한계
- 연구 참여에 대한 보상

특히, 실천 개입 연구를 수행하는 연구자는 연구 시작부터 연구참여자에게 다음 사항을 분명하게 알려 주어야 한다.

- 실천 개입의 본질
- 통제집단에 이용할 수 있거나 이용할 수 없게 될 서비스
- 실험집단 혹은 통제집단으로의 할당방법
- 개인이 연구에 참여하고 싶지 않거나, 연구가 이미 시작된 후 그만두고 싶어할 경우 가능한 개입 대안
- 연구 참여에 대한 보상이나 금전적인 대가

연구과정에서 연구 대상자에 대한 녹음이나 녹화 등을 통해 개인정보가 수집되는 경우에는 개인정보의 유출로 말미암은 피해가 발생할 수 있다. 따라서 반드시 연구

전에 연구 대상자의 사전 동의를 확보해야 한다. 특히, 녹음이나 녹화를 수반하는 인간 대상 연구는 소속기관의 기관생명윤리위원회의 심의 면제 대상이 아닌 경우가 많으므로 각별히 유의해야 한다. 이때 수집된 개인정보를 안전하게 보관 및 관리해야 하며, 연구 종료 후 3년이 지나면 규정에 따라 잘 폐기해야 한다.

연구 대상자에게 녹음이나 녹화를 해야 할 경우 그 목적이나 절차 및 향후 관리 등에 대해 충분히 설명하고 동의를 얻은 후에 연구를 수행해야 한다. 또한 동의 과정이나 연구가 진행되는 동안 녹음이나 녹화가 된다는 사실을 불편하게 여기지 않아야 한다. 혹시라도 불편할 경우에는 언제라도 중단을 요청, 그 기록을 파기하도록 요구할 수 있는 권리가 있음을 알려주어야 한다. 만일 연구 대상자에게 사전에 동의를 받지 않고 녹음이나 녹화하여 연구결과를 발표하는 것은 적절한 연구방법이 아니며, 이는 사생활 침해의 위험성 문제에 직면할 수 있다(연구윤리정보센터, 2007).

한편, 연구자는 연구가 고통을 주거나 해를 끼치지 않을 것으로 판단되는 경우, 국가의 법률 혹은 기관의 규칙에 따라 허용되는 경우 등에는 연구 참여자로부터 동의를 받지 않아도 된다. 자료 수집을 위하여 연구 참여자의 음성이나 영상이 필요한 경우에는 기록하기 전에 연구 참여자로부터 동의를 받아야 한다. 하지만 연구의 내용이 공공장소에서 자연 관찰하는 것일 경우, 그 기록이 개인의 정체를 밝히거나 해를 끼치는 데 사용될 것으로 예상되지 않을 경우, 연구 설계에 속이기가 포함되어 있어서 기록 후에 기록 사용에 대한 동의를 얻어야 하는 경우에는 예외다.

고지된 동의는 실제로 설명을 듣고 이해하여 판단할 수 있는 능력이 부족한 사람을 대상으로 할 때 특별한 주의를 기울여야 한다. 미성년자나 노인처럼 나이나 심신 상태로 말미암아 판단 능력이 부족하거나, 죄수나 시설입소자처럼 제한된 자유를 가진 경우에는 고지된 동의를 윤리적으로 획득하기 어려울 수 있다. 이처럼 고지된 동의를 얻기 어려운 대상자는 친권자, 보호자, 대리인에게 대신 동의를 구할 수도 있다. 대리인은 연구 대상자의 이익을 최우선적으로 고려하여 동의 여부를 결정할 수 있는 사람이어야 한다.

4) 연구 참여로 말미암은 피해

연구 참여로 말미암은 피해는 연구자가 가장 민감하게 대처해야 할 윤리적 문제다. 연구 참여자가 피해의 위험 가능성을 알고도 연구에 동의한 경우 이외에는 연구 참여자에게 유해한 영향을 주어서는 안 된다. 정서적인 측면에서 연구 참여로 말미암은 피해가 의외로 많이 발생한다. 연구에서 응답자의 기억에 의존하여 자료를 수집하기 때문에, 연구 참여자가 떠올리기 싫어하는 것을 되새기게 할 수 있고 과거 상처를 재현해서 심각한 상황을 만들 수도 있다. 응답자의 생각과 다른 것을 강요하는 듯한 질문, 개인정보가 노출될 가능성이 있는 질문 등도 조사연구가 위해를 끼칠 수 있는 사유가 된다.

연구 참여자가 받을 수 있는 피해는 정서적인 측면뿐만 아니라, 연구 참여에 투입된 시간과 기회비용, 관계의 변화 등 다양한 형태로 나타날 수 있다. 따라서 연구자는 연구 참여자가 입을 수 있는 손상 및 피해와 연구로 말미암아 얻을 수 있는 혜택을 비교해 보아야 한다. 즉, 위험 가능성이 연구를 통해서 얻을 수 있는 사회적 이익보다 크지 않아야 하며, 다음의 내용을 검토해 보아야 한다.

- 연구가 인간을 연구 대상으로 할 만한 가치와 필요성을 가지고 있는가?
- 실험방법이 설정된 목표에 적합한 것인가?
- 대상자가 적합한가?
- 연구 대상자가 받을 고통이나 위험요소가 연구의 기대성과보다 큰 것은 아닌가?
- 인권침해가 있더라도 조사연구의 결과가 장기적으로 연구 대상자 집단의 복지 향상에 이바지하는가?

연구의 혜택이 더 크다면, 손상 및 피해를 상쇄함으로써 연구의 실행을 정당화할 수 있다. 하지만 그렇지 못하면, 윤리적인 관점에서 연구 참여 및 실행을 다시 고려해야 한다. 당신이 연구자라면, 연구 참여로 말미암은 피해를 방지하기 위해 어떻게 하여야 할까? 연구자는 연구 참여자의 인격, 사생활을 침해받지 않을 개인의 권리와 자기결정권을 존중해야 한다. 그리고 연구 참여자의 안전과 복지를 보장하기 위한 조처를 하고, 위험에 노출되지 않도록 해야 한다. 연구자는 연구 참여자에게 심리적 · 신체적 손상을 주어서는 안 되며, 예상하지 못한 고통의 반응을 연구 참여자가 보일 때는 연구를 즉시 중단해야 한다. 혹시라도 연구절차가 연구 참여자에게 피해를 입혔다면, 그 피해를 최소화하기 위한 적절한 조치를 강구해야 한다.

5) 연구 참여에 따른 보상

연구자 대부분이 연구 참여자에게 보상을 한다. 하지만 그 보상은 적절하게 해야 한다. 적절한 보상 여부와 수준은 재원의 한계와 연구 참여자의 참여 동기에 미칠 영향을 고려하여 결정된다. 연구자는 연구 참여자에게 연구에 참가하느라 발생한 실제 비용을 지불하거나, 행동에 제약을 받기 때문에 그것을 보상하는 차원에서 적절한 정도의 보상을 할 수 없다. 그러나 연구 참여를 강요하게 될 정도로 지나치게 부적절한 금전적 혹은 기타의 보상을 제공해서는 안 된다. 지나친 보상을 하는 것이 연구 참여자의 마음을 불편하게 하거나, 모욕을 느끼게 할 수도 있다. 또 경제적 이유로 연구에 참여하는 데 동의하는 등 윤리적으로도 문제가 될 수 있기 때문이다(일본인지증케어학회, 2011). 연구 참여에 대한 보상으로 전문적 서비스를 제공할 때 연구자는 그 서비스의 본질뿐 아니라 위험, 의무, 한계를 분명히 해야 한다(이순민, 2016: 268-269).

6) 익명성과 비밀보장

연구자는 연구 참여자의 익명성(anonymity)과 비밀보장을 지켜야 한다. 익명성은 연구 참여자가 신원을 밝히지 않고 응답할 수 있도록 하는 것으로, 연구자 자신도 연구 참여자에 대한 구체적인 정보를 확인할 수 없으며, 어떤 응답을 했는지 모르는 경우를 말한다. 비밀보장은 연구자가 어느 자료가 어느 연구 참여자를 설명하는지 알고 있다고

해도, 다른 사람에게 이를 공개하지 않고 기밀로 보관하기로 합의한 상황을 말한다.[2)]

익명성과 비밀보장은 윤리적인 고려의 측면에서도 지켜져야 하지만, 조사연구의 응답률을 높이는 데도 이바지한다. 연구자는 연구 참여에 대한 동의를 받는 순간부터 연구 참여자의 신분과 연구 참여자에 대한 개인정보가 노출되지 않도록 철저하게 보장해야 하며, 연구결과를 발표하기 전에 반드시 연구 참여자로부터 비밀이 보장되고 있는지 확인하는 과정을 거쳐야 한다. 연구자는 자료를 수집하고 가공 · 처리 · 저장하는 과정에서 연구 참여자의 정보가 노출되지 않도록 가능한 한 모든 방법을 활용해야 한다. 하지만 예외적으로 비밀보장의 원칙이 위배될 수 있는 경우로는 연구에 관련한 조언 및 자문을 구하기 위해서 연구자의 전문직 동료들 사이에서 정보를 공유하거나, 비밀을 보장할 경우 자기 자신이나 다른 사람에게 위해를 줄 수 있거나, 불법한 일이 관련되어 있을 경우다.

연구자는 익명성과 비밀보장을 위해 최대한 노력하지만, 연구과정에서 익명성과 비밀보장을 완벽하게 지키기란 쉬운 일이 아니다. 그 이유가 무엇일까? 첫째, 연구 참여자가 응답을 했는지에 대해 확인하기 위해 신원을 확인하게 되는 경우 익명성을 보장할 수 없게 된다. 설문지를 통해 자료를 수집한 연구자는 설문지의 회수율을 확보하기 위해 누가 설문지를 반송했고, 누가 반송하지 않았는지를 확인해야 한다. 이때 연구 참여자의 익명성을 보장할 수 없게 되며, 비밀보장만을 확보하게 된다. 둘째, 비밀보장의 원칙도 연구결과를 보고하는 과정에서 위배될 수 있다. 연구결과를 보고할 경우 연구 참여자에 대한 정보를 어느 정도 제시하게 된다. 작은 지역사회나 특정 현장에서 연구 대상자를 선정하였을 경우에는, 연구보고서에서 연구 참여자의 가명을 사용하더라도 이해당사자들은 연구 참여자의 신분을 파악할 수 있다(권지성 외, 2007).

사회복지연구는 장애인, 아동, 공공부조 수급자 등 사회적 약자 계층을 대상으로 하는 경우가 많다. 이런 경우에는 익명성과 비밀보장에 관련하여 다음 몇 가지 사항을

2) '비밀보장'에 대해서는 이미 이 책 제7장 제3절 '비밀보장과 알 권리 및 고지된 동의'에서 다루었다. 앞에서는 클라이언트의 권리 측면에서, 여기서는 연구대상자의 권리 측면에서 살펴본다. 그러나 앞서 살펴본 내용과 다소 중복되므로 참조하기 바란다.

특히 유의해서 진행해야 한다(연구윤리정보센터, 2014). 첫째, 사회적 약자의 명단이나 정보를 연구자가 확보하는 방법이 합법적이고 정당해야 한다. 왜냐하면, 이러한 정보의 상당 부분은 개인정보 등 민감한 정보를 포함하고 있기 때문이다. 둘째, 연구자가 연구 대상자에게 접근할 수 있었던 합법적인 정보 확보방법을 연구 대상자에게 설명할 수 있어야 한다. 왜냐하면, 만약 그렇지 못할 경우 연구 대상자가 연구자 혹은 사법 당국을 대상으로 자신의 정보를 자신의 허락 없이 유출한 것에 대한 사법적 책임을 요구할 수 있기 때문이다. 셋째, 연구 대상자의 정보를 철저하게 관리하고 비밀 유지를 위한 각종 대책을 수립 · 시행해야 한다. 연구 자료의 분실 · 유출 등으로 말미암아 연구 대상자의 개인정보가 유출되지 않도록 계획을 세워야 하며, 수집된 연구 대상자의 정보 및 원데이터(raw data)를 어떻게 보호하고 비밀 유지를 하며 관리할 것인지도 연구 대상자에게 공지해야 한다.

7) 연구 자료의 보존과 폐기

연구자는 연구가 종결되고 결과보고 의무를 완수한 다음, 연구 자료를 완전하고도 안전한 방법으로 보존하거나 폐기해야 한다. 그렇지 않으면 연구 참여자의 사적인 정보가 누출될 수 있는 가능성이 있어 윤리적으로 문제를 일으킬 수 있다. 설문지를 사용하여 자료 수집을 하였을 경우 연구자가 높은 회수율의 확보, 자료 입력과 분석 · 확인의 편의를 목적으로 설문지 표지에 연구 참여자의 이름이나 신원을 파악할 수 있는 정보를 표시할 수 있다. 문제는 사적인 정보 표시를 지우지 않는다면, 누군가로 부터 이 정보가 새어 나갈 수 있다. 특히, 연구자는 연구 자료 보존기간 중 자료 접근 권한이 없는 제삼자가 연구 자료에 접근하지 못하도록 철저하게 통제해야 한다. 컴퓨터 파일 자료에 비밀번호를 걸어 놓거나, 자물쇠가 달린 캐비닛에 문서 자료를 넣어 두는 것도 좋은 방법일 수 있다. 연구 자료 보존기간이 종료되거나, 보존 의무가 없을 때는 연구 참여자에 대한 정보가 노출되지 않도록 연구 자료를 완전히 폐기해야 한다.

8) 분석과 보고

자료 수집이 끝나게 되면 연구자는 연구 자료를 분석하게 된다. 이때 연구자는 연구 과제에 적합한 조사기법과 분석방법을 사용해야 한다. 연구자가 기대하는 특정한 결론에 이르게 하기 위해 조사기법과 분석방법을 자의적으로 선택해서는 안 된다. 조사연구의 전 과정이 끝나고 나면 조사연구의 결과는 의도된 목적에 따라 적절히 활용된다. 대부분은 연구문제에 대한 조사의 결론을 학술지 및 학회 등에서 발표한다.

연구결과를 보고할 때는 연구의 기술적인 부족과 한계를 적절하게 밝혀서 일반화의 한계를 제시해야 한다. 연구의 긍정적인 발견만 보고할 가치가 있다고 믿어서는 안 되며, 부정적인 결과도 발표해야 한다(Rubin & Babbie, 1997; 성숙진 외 역, 1998). 예컨대 치료를 받은 클라이언트와 치료를 받지 않은 클라이언트 간에 결과의 차이가 없다면, 사회복지사는 새로운 개입방법을 찾아보아야 한다. 이렇게 부정적인 결과도 사회복지에서 중요한 실천적 함의나 의미를 가질 수 있다. 그런데 우리나라에서는 이 부분이 대단히 미약하므로, 앞으로 개선해야 할 것이다.

연구자는 연구방법이나 연구결과를 연구 의뢰자에게, 혹은 일반인들에게 보고할 때 연구목적, 연구시기, 연구장소, 모집단과 표집 틀, 표본크기 및 산정방법, 포집방법, 연구방법(면접조사, 전화조사, 우편조사, 인터넷 조사 등), 질문지(질문내용), 재통화 · 재방문 · 재발송 횟수, 표본대체규칙, 응답률 등에 대한 사항을 정확하게 밝혀야 한다. 그리고 연구결과가 잘못 해석되어 전달되었을 때, 그것을 바로잡기 위해서는 필요한 모든 관련 자료를 공개해야 한다.

2. 연구 윤리 및 연구 진실성

어느 학문 분야를 막론하고 모든 연구자는 정직하고 성실하게 연구를 수행해야 할 책임이 있다. 연구자가 연구를 수행하는 전 과정에서 의도적으로 연구부정을 했든, 연구 관행이 잘못인 줄 모르고 했든, 또 그 피해가 많든 적든 고스란히 연구자 자신과 그가 속한 학문 공동체는 물론 국가 · 사회 공동체에게로 돌아오기 때문이다. 우리 모두가 너무나 잘 알다시피 2005년 11월에 터진 황○○ 전 서울대 교수팀의 줄기세포 논문 조작 사건은 연구활동에서의 연구부정행위에 관한 엄청난 사건이었다.[3] 그의 연구팀이 보여 준 연구부정행위는 통상 일어나서는 안 될 일이었지만 그렇다고 예외적인 것도 아니었다. 왜냐하면, 그들은 새롭게 발전하는 연구 분야에서 제기되는 여러 가지 윤리적 문제를 등한시했고, 연구자로서 견지해야 했던 '책임 있는 연구 수행'의 기준에 충분히 주목하지도 않았으며, 주요 연구결과를 날조하기도 했기 때문이다.

이 때문에 그들은 국내 · 외적으로 연구 윤리의 전형적인 범주에 속하는 것을 위반한 대표적인 사례라는 불명예를 안게 되었다. 그뿐만 아니라 연구부정행위가 개인과 연구 공동체 및 국가의 이미지와 명예를 떨어뜨리고, 국민의 신뢰를 실추시키는 데 어떻게 영향을 미치는가를 여실히 보여 주었다. 소위 '황○○ 사건'은 최근 국내 · 외에서 연구 윤리 및 연구부정행위를 말할 때면 부끄러운 사례로 등장하곤 한다. 하지만 역설적으로 우리나라 연구 공동체의 연구 진실성 확보를 위한 관심의 촉발과 제도화를 앞당기는 데 이바지했다. 늦은 감이 없지 않지만, 황○○ 사건을 소중한 타산지석(他山之石)으로 삼아 이제부터라도 우리의 연구 윤리의식 수준을 높이고, 연구 윤리의 제도화를 앞당기기 위해 연구자들이 자발적으로 노력해야 한다.

3) PD수첩은 2005년 11월 22일 〈황○○ 신화의 난자 의혹〉 편에서 황○○ 교수의 줄기세포연구와 관련하여 비판적인 보도를 했다. 황○○을 비판하는 것이 국익에 반하는 것이라 여겨 PD수첩을 비난하는 언론이 있었다. 당시 14개 광고주가 계약을 취소해서, 문화방송은 광고 없이 방영했다. 일부 취재에서 취재 윤리 위반이 확인되어 같은 해 12월 6일 방송이 나가지 못했다. 2005년 10월 20일 한학수 PD는 피츠버그에서 김선종 연구원과 인터뷰를 하면서 '줄기세포가 가짜로 판명 났고 검찰 수사가 진행 중이며, 수사결과에 따라서 황 교수가 구속될 것이다.'라며 허위로 압박하여 논문이 거짓임을 입증하는 중요증언을 얻어냈다. 허위로 압박하는 행위는 취재 윤리에 어긋난다. 같은 해 12월 4일 문화방송 측은 〈뉴스 데스크〉를 통해 취재 윤리 위반이 확인되었다는 '대국민 사과성명'을 발표했다.

1) 연구자와 가치중립

사회학자는 언제나 가치중립을 지켜야 할까? 사실과 가치가 있다. 사실은 있는 그대로의 현상 그 자체이지만 가치는 '옳다', '그르다' 같이 평가를 내리는 것이다. 사회현상에는 인간의 의도와 목적이 개입되어 있기에 가치 함축적이며, 그 현상을 연구하는 학자도 자기 나름의 가치를 가지고 있다. 그런데 연구는 객관적이어야 한다고 이야기한다. 사회현상을 연구하는 과정에서 객관적이어야 한다는 것은 바로 누구라도 그 내용을 인정할 수 있도록 설명하는 것이다. 그러나 연구과정에서 이렇게 객관성을 갖는 것은 생각보다 어렵다. 따라서 연구자는 어떻게 자신의 주관성을 배제하면서 올바른 연구를 할 것인가를 끊임없이 생각해야 한다.

연구 설계를 하고 자료 수집을 하는 과정에서도 끊임없이 강조된 것이 연구자의 주관이나 가치를 배제해야 한다는 것이다. 객관적이라는 것은 누가 보아도 같다는 것을 의미한다. 장미꽃은 누가 보아도 장미꽃이다. 빨강은 누가 보아도 빨강이다. 그런데 어떤 사람이 키가 크다는 것은 보는 사람에 따라 달라지는 진술이다. 누구의 눈에는 키가 클 수 있지만, 누구의 눈에는 작을 수 있다. 그러므로 '주현이는 키가 크다'는 진술은 객관성이 떨어진다. 그렇다면 주현의 키를 객관적으로 진술하기 위해서는 어떻게 해야 할까? 그 방법은 '주현의 키는 175센티미터이다'라고 실제 사실을 알려주거나 '주현이의 키는 갑수보다는 크고 순근이보다는 작다'라는 비교기준을 제시하면 된다. 이렇게 주관을 배제하는 것을 객관적이라고 한다. 이렇게 되면 누구도 '나는 그것에 무조건 반대!'라고 하기가 어려울 것이다.

그렇다면 어떻게 해야 가치중립이 될까? 이것은 마치 국가 간 축구경기를 할 때, 양 국가 중 한쪽의 국적을 가진 사람이 심판을 하는 것과 같다. 공정하고 중립적으로 판정을 내리기 위해 심판은 어떻게 해야 할까? 심판이 오는 공을 자국의 선수 쪽으로 차 주거나, 파울을 한 상대 선수에게만 옐로카드를 주거나, 자국의 선수가 찬 공이 들어가지도 않았는데, 골인이라고 인정하는 등의 일을 했다면? 만약에 그렇게 하면 심판의 오심판정이 논란이 될 것이고 결국 그 국가가 승리하더라도 그것은 항상 문제가 될 것이다.

연구도 마찬가지이다. 연구자는 대부분 자신이 속한 사회현상을 연구하게 된다. 너무 잘 알아서, 혹은 친밀감이 있어서, 혹은 자신의 편의를 위해서 오심판정을 하듯이 연구를 하면 문제가 된다. 여기서 말하는 오심판정이란 연구자의 가치개입문제이다. 예컨대 질문지법으로 자료 수집을 하면서 자신이 원하는 가치가 개입된 질문 문항을 만드는 것과 원하는 답을 해줄 수 있는 일부 집단만을 한정하여 조사 대상으로 하는 것, 실험이나 조사결과를 왜곡하는 것, 문헌연구를 하면서 자신에게 불리한 의견이나 내용은 넣지 않고 유리한 자료만 서술하는 것, 면접 자료나 참여 관찰한 자료를 자신의 주관에 따라 적당히 해석하는 것 등이 심판의 오심과 같다. 따라서 이런 일을 하지 않는 것이 연구자에게 필요한 가치중립의 기본 사항이다.

2) 연구 윤리

연구 윤리(Research ethics)는 연구의 계획, 수행, 보고 등과 같은 연구의 전 과정에서 책임 있는 태도로 바람직한 연구를 추진하기 위해 지켜야 할 윤리적 원칙을 일컫는다. 여기에는 연구내용의 윤리, 연구절차의 윤리를 포함한다. 연구윤리는 다음의 기능을 수행한다는 점에서 그 필요성이 있다(박은우 외, 2014; 황은성 외, 2011).

- 무엇이 옳은 연구 방향인지를 잘 모르거나 혼란스러울 때, 연구자 개인으로 하여금 명확하게 바람직한 방향을 안내해 준다.
- 연구부정행위나 부적절한 행위로부터 유혹을 떨쳐 버리게 함으로써 연구자가 진실하고, 당당하게 책임 있는 연구를 수행할 수 있도록 한다.
- 연구 윤리 확립이 학계와 문화계에 고질화된 윤리 불감증, 편법주의, 양적 업적주의 폐해를 극복하여 연구에 신뢰를 증진한다. 그리하여 개인의 품격 및 사회의 질을 향상하는 데 이바지할 수 있다.

우리는 자주 설문조사에 응답해 달라는 요구를 받는다. 귀찮아서 싫다고 하는 경우도 있지만 내 답변이 알려질까봐 거부하는 경우도 있다. 질문지에 답을 적는 순간 내 개인의 의견이나 판단을 제공하는 것이기 때문이다. 특히, "당신은 술을 마셔본 적이 있습니까?", "당신은 결혼 전 성관계에 대해 어떻게 생각하십니까?"와 같은 질문을 받게 되면 한국사회에서 학생들이 답하기 곤란한 문제라는 생각이 들 수 있다.

따라서 연구자들은 질문지조사를 할 때 몇 가지 유의해야 한다. 우선 연구자의 수치심을 자극하는 질문을 해서는 안 되며, 강제로 답변을 요구해서도 안 된다. 또한 연구대상자가 처음부터 혹은 중간이라도 그만두겠다고 하면 응답을 더는 강요해서는 안 된다. 더 중요한 것은 조사내용은 오로지 조사의 목적만으로 사용해야 하고 응답자의 사생활을 유출해서는 안 된다. 이를 위해서 연구자는 연구의 목적과 내용, 그리고 연구자 자신에 대하여 명확하게 밝혀야 한다.

연구자의 윤리는 이런 부분만 있는 것은 아니다. 연구자는 자신이 연구하는 주제와 내용이 사회와 사람들에 미칠 영향도 고려해야 한다. 자신이 만든 다이너마이트가 전쟁에 사용되자 혼란을 느끼고, 다이너마이트로 모은 자신의 재산을 세계 평화를 위해 사용한 사람에게 상을 주는 재단을 만든 노벨(Nobel)과 같이, 자신의 연구결과가 인류에게 미친 영향에 대하여 사후에 반성적으로 성찰하기보다는 사전에 성찰할 필요가 있다. 또한 연구자가 연구 주제를 정하고 연구의 결론에 기초하여 제언할 때 어느 정도 가치 개입이 일어나는 것이 용인된다. 그렇다고 하여 인간사회를 해치거나 인권을 침해하는 방향에서도 허용되는 것은 아니다.

3) 연구 진실성

연구 진실성(Research integrity)은 연구 수행 및 결과 도출에서 부주의나 잘못된 지식 등으로 말미암은 비의도적인 오류나, 위조 · 변조 · 표절 등 의도적인 부정행위가 개입되지 않고 객관성과 정확성이 확보된 것을 의미한다(과학기술부 · 과학기술혁신본부, 2014). 연구 진실성은 좁은 의미로는 연구에서 부정행위가 없는 정확하고 정직한 연구의 계획, 수행, 발표를 의미한다(박은우 외, 2014; 이인재, 2010). 하지만 넓은 의미의 연구 진실성은 연구자가 지켜야 할 과학적 · 사회적 책임과 윤리 포함, 연구비의 효율적 사용, 인간 피실험자 및 동물에 대한 윤리의 준수, 동료 연구자 간의 윤리, 언론과의 관계, 과학자의 대사회적 관계 윤리 등을 모두 포함한다. 연구 윤리에 따라 연구를 수행할 때 연구부정행위로부터 멀어지며, 그만큼 연구 진실성을 증진할 수 있다(이인재, 2012; 이준석 · 김옥주, 2006). 따라서 연구 윤리와 연구 진실성은 필수불가분의 관계라 할 수 있다(이순민, 2016: 249).

▌인보사 바뀐 성분 알고 숨겼나… 진실성 논란 확산▐

코오롱생명과학의 관절염 치료제 '인보사'의 일부 성분이 바뀐 사실이 여러 차례 전해졌다. 그런데 코오롱이 이 사실을 2년 전 알고 있었을 가능성이 불거졌다. 회사는 여전히 몰랐다는 입장이지만 고의로 은폐한 게 아니냐는 의혹이 커지고 있다. 논란의 핵심은 코오롱생명과학이 인보사의 두 번째 주요 성분이 연골이 아닌 신장유래세포임을 언제 알았느냐이다. 회사는 그간 "2019년 2월에야 알았다"고 주장해왔다. 하지만 지난 3일, 인보사의 미국 위탁생산업체가 2017년 3월 코오롱의 미국법인 코오롱티슈진에 "인보사 2액이 신장유래세포지만, 생산에 문제가 없다"고 밝힌 사실이 드러났다. 이는 식품의약품안전처가 허가를 하기 넉 달 전이다. 코오롱은 "당시 생산에 이상이 없다는 점에 주목했을 뿐, 세포주가 다르다는 점은 신경 쓰지 못했던 것 같다"고 해명했다. 하지만 21년간 천억 원 넘게 들인 제품의 핵심성분이 바뀌었는데, 아무도 신경을 쓰지 않았다는 말이 의심을 사고 있다.

출처: 연합뉴스(2019. 5. 7), 조성흠 기자(makehmm@yna.co.kr).

Chapter

12

다문화 · 국제사회와 사회복지 윤리

12
Chapter

다문화 · 국제사회와 사회복지 윤리

1. 국제사회의 변화와 사회복지의 이념

세계화(世界化, Globalization)는 일반적으로 정치, 경제, 사회, 문화 등 여러 분야에서 국가 간 교류가 증대하여 개인과 사회집단이 하나의 세계 안에서 일상을 영위해 가는 현상으로 이해된다. 다시 말하면, 기술과 지식의 발전으로 말미암아 세계의 상호연결성이 증가하고, 나아가서는 정치적 · 경제적 · 사회적 · 문화적으로 모든 부분에 영향을 미치는 장기적 과정으로서 정치적 · 문화적 부분에서 세계가 불균등하게 상호연관성과 동질화가 증가되는 것을 말한다(김영화, 2006).

세계화 현상을 응축해서 가장 잘 대변하는 용어로 오늘날 많이 사용하는 용어가 지구촌(地球村, global village)이다. 지구촌은 지구 전체가 하나의 마을과 같은 성격을 가진 생활 장소로서, 사람들 모두가 서로를 알게 되고 모든 정보의 혜택을 누리게 되는 사회를 일컫는다. 그리고 세계화와 비슷한 용어로 국제화(國際化, internationalization)라는 용어가 혼용되어 사용되기도 한다. 국제화가 국민국가 간의 교류가 양적으로 증대되는 현상을 말한다면, 세계화는 양적 교류의 확대를 넘어서 현대 사회생활이 새롭게 재구성됨으로써 세계사회가 독자적인 차원을 획득하는 과정을 뜻한다. 세계화는 분석 단위로서의 세계사회를 중시한다. 따라서 세계화는 현대사회의 본질적 변화를 논의하고 이해하기 위한 중요한 키워드다.

그러나 세계화의 본질이 무엇이고, 어떻게 규정할지 세계화의 영향에 대해서는 다양한 견해가 존재한다. 세계화가 관심을 받기 시작하고 본격적으로 확대되기 시작한 것은 최첨단 정보통신기술이 발달하기 시작한 1990년대 초반이다. 1990년대 후반으로 오면서 세계는 금융자본의 팽창으로 선진국 중심의 경제로 재편되고, 자유화 · 규제 철폐 · 민영화로 정의되는 신자유주의적 세계질서가 강화되고 개별 국가들의 자율성은 약화되는 현상으로 보는 것이 세계화에 대한 가장 일반적인 이해다. 그러나 세계화는 좁게는 '금융시장의 세계적 확장 현상'으로, 넓게는 '초국적 차원의 권력이나 문화의 지구적 동일화 현상'에 의한 다면적이고 다차원적인 것으로 여겨진다(Waters, 1995).

이 세계화에 대해서는 긍정론과 부정론 그리고 절충론이 맞서고 있다. 먼저, 긍정론은 세계화가 단일한 지구적 시장과 경쟁 원칙을 강화함으로써 인류에게 발전을 가져온다고 본다. 이들은 세계화의 결과에 대해서 낙관하고 있는데, 많은 국가가 상호교역에서 비교우위를 가지게 됨으로써 세계화는 결국 세계사회의 번영을 가져온다고 주장한다.

이에 맞서는 것이 세계화에 대한 부정론이다. 이 부정론은 다시 두 가지 견해로 나누어 볼 수 있는데, 세계화가 낳고 있는 부정적 결과를 주목하는 시각이 하나라면 사회운동을 통해 인간적인 세계화가 가능하다는 시각이 다른 하나이다. 전자의 시각이 현재 진행 중인 세계화가 국적을 초월한 자본으로 세계 경제의 지배와 그에 따른 지구적 수준에서의 불평등을 강화시키고 있다는 점을 강조한다면, 후자의 시각은 환경 · 평화 · 여성 · 인권 등의 반(反)세계화 운동을 포함한 인간적인 세계화를 만들기 위한 대안 제시에 주력하고 있다.

세계화의 긍정론과 부정론에 대비되는 제3의 시각이 바로 절충론이다. 이 절충론은 세계화를 긍정적 측면과 부정적 측면을 모두 가진 양면적인 과정으로 파악한다. 이들은 세계화를 축복 또는 재앙 가운데 어느 하나만으로 볼 수 없다고 주장하고, 따라서 세계화에 대한 이분법은 재고되어야 한다는 점을 강조한다. 이들에게 세계화는 지구적 불평등을 강화시키는 위기인 동시에 경제 · 문화적 삶을 향상시킬 수 있는 새로운 기회이다. 절충론은 세계화에 대한 균형 잡힌 이해를 요청하며, 사실 판단에 기반을 둔 가치 판단을 중시하고 있다.

세계화의 특징을 세 가지 측면, 즉 경제, 정치, 문화 측면에서 살펴보고자 한다(박형진, 2009; George & Wilding, 2002; 김영화 외 역, 2004). 우선, 경제적 세계화의 특징은 금융자본의 이동성 증가, 국외로의 투자 증가, 다국적 기업의 성장, 세계무역의 확대로 요약할 수 있다. 경제적 세계화로 말미암아 어떤 국가는 빈곤 감소, 경제 확장, 소득불평등 감소 등의 긍정적인 영향이 나타나는가 하면, 이와 정반대로 경제 침체, 빈곤과 소득불평등이 증가하는 부정적 영향을 경험하는 국가도 있다. 예컨대 값싼 수입농산물과 경쟁할 수 없는 지역 생산자들의 삶을 파괴하고, 부국과 빈국의 노동자들이 저임금과 열악한 노동조건을 감내하도록 만든다. 세계화가 정치적인 면에 끼치는 영향은 국가 역할인데, 세계화가 국가권력을 다소 축소시킬 수 있을 것이라는 전망이다. 문화적 측면에서 세계화는 서구적 사고를 확산시켜서 의식주의 서구화를 조장하며, 한편으로는 세계화가 해방적 힘으로 작용하여 성 평등적 사고를 확대시켜 가부장제 타파에 긍정적 영향을 끼친다고 할 수 있다. 또한 세계화는 마약, 인신매매, 뇌물자금 은닉 등의 불법행위까지 자유롭게 국경을 넘나들며 성행하도록 포섭할 수도 있다(박차상 외, 2019: 274).

〈표 12-1〉 세계화의 특징과 영향

<table>
<tr><th>구분</th><th>경제</th><th>정치</th><th>문화</th></tr>
<tr><td>특징</td><td>• 금융자본의 이동성 증가
• 국외투자 증가
• 다국적 기업 성장
• 세계무역 확대</td><td rowspan="2">• 국가 역할 축소</td><td>• 서구적 사고와 문화 확산</td></tr>
<tr><td>영향</td><td>• 빈곤 증가/감소
• 소득불평등 증가/감소
• 경제 성장/침체</td><td>• 의식주의 서구화
• 성 평등 사고 확대
• 각종 불법행위 성행</td></tr>
</table>

출처: George & Wilding(2002), 김영화 외 역(2004); 박형진(2009); 박차상 외(2019), p. 275, 재인용.

세계화 영향은 국가마다 똑같지 않다. 특히, 선진국과 개발도상국에 미치는 영향은 다음과 같이 비슷하지만 다르거나 많이 다른 것으로 논의된다(George & Wilding, 2002; 김영화 외 역, 2004).

첫째, 세계화는 개발도상국보다 선진산업국에 더 많이 침투하였다. 특히, 대외무역, 외국인 직접투자, 엔터테인먼트(entertainment)[1]와 커뮤니케이션(communication)에 대한 전자공학의 활용 등과 관련하여 개발도상국은 침투력이 떨어진다.

둘째, 세계화의 정치적 영향력은 선진산업국보다 개발도상국에서 훨씬 더 강하다. 선진산업국은 원하지 않는 세계화를 반대할 수 있는 더 많은 힘을 가지고 있으며, 개발도상국에 대한 세계화 압력은 선진산업국으로부터 나오거나 선진산업국이 통제한다.

셋째, 빈곤의 감소 노력은 두 그룹의 국가에서 모두 실패하였다고 볼 수 있다. 그러나 개발도상국의 절대빈곤은 선진산업국의 빈곤보다 비인간적 권리 침해가 더 심하다.

넷째, 세계화는 전반적으로 두 그룹의 국가 모두에 불평등의 증가를 가져왔다. 그러나 반대현상이 발생한 두 그룹의 국가도 존재한다. 대체로 많은 국가가 풍요로워졌지만 더욱더 불평등해졌기도 하다.

다섯째, 다국적 기업과 소비주의는 개발도상국의 환경을 파괴시켜 가고 있으므로 이에 대한 해결책과 동시에 지속 가능한 발전에 대한 국제연대가 필요하다.

그렇다면 사회복지 분야에서 세계화는 어떻게 평가받고 있는가? 우선, 세계화를 현대사회의 반박할 수 없는 새로운 현상으로서 수용하고, 국제사회복지를 형성하여 교류와 협력을 통해서 세계화의 영향에 대응할 수 있는 전문적 사회복지활동의 전략을 수립해야 한다는 것을 강조하고 있다. 또한 세계화의 영향에 대해서도 긍정성과 부정성이 함께 논의되고 있다. 즉, “다양한 사람과 경제, 문화와 정치적 과정이 점점 국제적

1) 엔터테인먼트(Entertainment)라는 말을 우리말로 번역하면 ‘오락’이 되겠지만, 엔터테인먼트는 오락보다는 넓은 개념으로 일반적으로는 영화, 무용, 공연예술, 만화, 애니메이션, 여행, 취미생활 등을 뜻한다. entertainment의 어원이 ‘특정한 틀로 붙들어두다(entretenir)’라는 12세기 프랑스어라는 사실이 시사하고 있듯이 엔터테인먼트는 우리의 일상적 삶의 구도와 풍경 자체를 바꾸는 틀로 군림하고 있다. 엔터테인먼트라는 단어가 수많은 합성어를 만들어 내고 있는 것도 그만큼 엔터테인먼트의 가치가 치솟고 있기 때문일 것이다.

영향에 놓이게 되는 국제총합의 과정"이며, "세계를 한 장소로 여기려는 공유된 인식의 출현"이라고 세계화를 긍정적으로 인식하고 있기도 하지만(Healy, 2008, 노충래 역, 2010), 여성과 아동 인신매매, 성매매, 폭력, 노동착취(이주노동자 포함), 의료 · 교육 · 사회복지에서의 국가예산 삭감, 서비스 사유화 등 세계화의 부정적 영향을 우려하기도 한다(Rowlands & Tan, 2004). 또한 국제사회복지위원회(International Conference of Social Welfare: ICSW)[2]에서도 "세계화의 이익이 국가 내에서 그리고 국가 간에 불균형하게 분배되고 있다"고 주장하면서 고용창출의 실패, 근로조건 악화, 비정규직 노동자들과 비공식 근로자들의 대체를 우려하고 있다(Healy, 2008; 노충래 역, 2010).

이러한 논의는 우리나라 사회복지계에서도 비슷하게 이루어져 왔다. 거시적인 측면에서 사회복지정책과의 관계 속에서 경제적 세계화의 영향과 문제점이 주로 다루어져 왔다(김영화, 2006; 김영화 · 이옥희, 1999; 박차상 외, 2019; 박형진, 2009). 세계화의 부정적 영향으로 중산층이 붕괴되면서 사회계층 간의 격차가 심화되는 양극화 현상이 지적되었다. 신자유주의(반집합주의)적 국가정책은 긴축재정과 복지지출 축소로 전환된다. 우리나라는 복지지출이 낮아져 복지재정과 지출을 늘리지 않으면 중산층은 더욱 붕괴되고 빈민층 문제는 더욱 심각해졌다. 또한 기술, 통신의 발달로 국가 간 자본이동이 자유로워지면서 시장규제가 철폐되며, 국가에 의해 보호되는 농업, 중소기업 등이 붕괴되고, 세계적 규모와 경쟁력을 갖춘 다국적 기업들은 오히려 더욱 번창하게 됨으로써 국내 중소기업의 침체가 우려되는 것으로 지적되었다.

경제의 세계화 속에서 인간복지를 위한 정의의 가치보다는 자유, 효율성, 성장 가치를 우선시하면서 지역생산자 파괴, 노동자들의 저임금과 열악한 노동조건 심화를 우려하고 있다. 따라서 세계화의 진행과 흐름에 맞서는 데 있어서 경제의 윤리적 측면에 대한 고려, 사회복지정책 수립에서의 윤리적 가치 개입, 인간복지라는 목표 설정을 반

2) 비정부기구인 ICSW는 1928년 프랑스 파리에서 설립되었으며 네덜란드 위트레흐트와 우간다 캄팔라에 국제본부를 두고 있다. 국제사회복지위원회는 각국 단체에 정보를 제공해 주고, 자체 협의를 통해 지역 및 중앙 정부에 영향력을 행사한다. 또한 국제회의 및 다른 국제단체들과의 정책 조정에 참여함으로써 회원 단체들을 돕는다. 또한 『Global Social Policy Journal』과 『International Social Work』를 비롯한 수많은 출판물을 발행한다. 국제연합(UN)은 국제사회복지위원회에게 자문기구 지위를 부여했다.

영하는 것이 필요하다는 주장도 나타났다(박형진, 2009).

세계화 시대에 미시적 수준에서 사회복지실천을 위한 새로운 방향성이 논의될 필요가 있다. 이에 대해 도미넬리(Dominelli, 2004; 한인영 · 김성천 역, 2007)는 사회복지사가 상호호혜성과 상호의존성 그리고 실천을 통해 시민권과 사회정의를 실현할 것을 강조하였다. 소외집단에 대한 시민권의 실현은 복지를 위한 필수적인 인간의 권리이다. 사회복지사는 이론적 · 실천적으로 시민권에 관한 인지와 실현방법을 알고 있어야 한다. 특히, 세계화로 말미암아 대량으로 일어나는 집단이주(集團移住)는 시민권의 부정을 경험할 가능성이 높기에 사회복지사는 이들을 위한 옹호자가 될 수 있어야 한다(박차상 외, 2019: 276-277).

2. 소수자를 위한 사회복지 윤리

소수자(小數者), 한자어 그대로 '수가 적은 사람(少數者)'이라고 생각할 수 있다. 그런데 여기서 '소수'는 단순히 많고 적음의 양의 개념으로만 이해해서는 안 된다. 소수자란 다수가 갖는 지배적인 위치가 아닌 소수가 갖는 약자의 위치에 있는 사람을 말한다. 이 점은 식민지에서 인구가 많은 토착민이 인구가 적은 통치자로부터 차별대우를 받는 사실로도 알 수 있다. 이처럼 식민지에서의 토착민을 비롯하여 백인이 우세한 미국에서의 흑인, 개신(프로테스탄트)교도가 우세한 서양 각국에서의 유대인이나 또는 로마 가톨릭교도, 일본의 미해방(未解放) 부락민 등이 전형적인 소수자 집단이다. 또 때로는 동성애와 심신장애인 등을 소수자 집단으로 보는 경우도 있다. 장애인은 비장애인보다 수가 적다. 장애인은 적은 수, 즉 소수이기 때문에 물리적인 사회 시설이나 정책 · 제도 등에서 다수 비장애인이 누리는 권리를 제대로 누리지 못하는 경우가 많다. 그런데 수와 상관없이 소수자인 사람들이 있다. 바로 여성이 그렇다. 남성이 힘을 가지고 사회를 주도하는 남성 위주의 사회에서 여성은 그 수와 관계없이 소수자 위치에 서게 된다. 그래서 소수자를 '마이너리티(minority)' 혹은 '사회적 약자'라고 표현하기도 한다.

"다음 생에 성적 소수자나 이주민, 장애인으로 태어나고 싶은가?"라는 질문을 받는다면 선뜻 "그렇다."고 대답하기 어렵다. 왜 그럴까? 그 근본적인 이유는 질문 속의 사람들이 이 사회에서 살아가기가 그리 녹록지 않다는 요인이 있을 것이다. 또 다른 이유로는 사회적으로 소외되거나 힘을 발휘하지 못하기 때문이라는 점도 작용했을 것이다.

대부분의 사회에는 선천적인 요인에 의해서가 아니라, 보편적인 사람들의 모습과 다르거나 삶의 방식 또는 사고방식이 다르다고 후천적으로 구별하여 '비정상'이라고 구분하는 경우가 있다. 사회적 약자나 소수자는 대개 사회에서 비정상인 사람들로 여겨지거나, 혹은 다른 사람들과 비교할 때 상대적으로 사회적으로 힘이 없는 삶을 살아간다.

미국에는 학생들을 집 근처 학교에 배정하는 대신 '의도적으로' 멀리 떨어진 학교에 배정하는 '인종차별 철폐 학군제(busing system)'[3]라는 것이 있었다. 이는 무료나 할인급식을 받는 학생이 재학생의 40%를 넘지 않도록, 즉 빈곤층 학생만 다니는 학교나 중산층 이상만 다니는 학교가 되지 않도록 사회·경제적 기준에 따라 학생들을 카운티(county) 내에서 골고루 강제 배정하는 제도다. 백인 지역 아이들이 통학버스를 타고 흑인 지역 학교로 가고, 흑인 지역 아이들이 통학버스를 타고 백인 지역 학교로 간다. 그리고 가난한 지역 아이들이 잘 사는 지역으로, 잘 사는 지역 아이들이 가난한 지역으로 이동하는 것이다.

이 제도로 학교는 인종이나 계층의 다양성을 확보하고 인종 차별이나 계층 차별 문제를 어느 정도 줄이고자 하였다. 쉽게 말하면 지역이나 인종의 차이로 생기는 학생들 간의 차이로 말미암은 학교 차이를 줄이고자 한 것이다. 이 제도에는 사회적 약자가

3) 특정 인종과 계층끼리 집 근처의 같은 학교에 다니는 것을 막기 위한 제도다. 이를 위해 특정 지역을 3개의 광역으로 나눈 뒤 각 지역에 있는 학교에 학생들을 배정한다. 먼 곳에 있는 학교에 가기 위해 스쿨버스를 탈 수밖에 없다는 점을 빗대어 '버싱 시스템'이라 불린다. 버싱 시스템은 1974년 연방법에 따라 처음 채택됐으나 이후 점차 사라졌고 보스턴이 유일하게 이 제도를 유지해왔다. 보스턴교육위원회는 최근 회의를 열어 버싱 시스템을 폐지하고, 학생들이 집 근처에 있는 학교에 다닐 수 있는 새 학군제를 도입하기로 했다. 새 학군제는 2014년 가을학기부터 유치원생에서부터 중학교 2학년생까지 4만여 학생들에게 적용된다(연합뉴스, 2013. 3. 16).

생기는 이유가 사회 구조에 문제가 있다고 보는 시선이 담겨 있다. 그런데 사회 구조는 기능론자와 갈등론자 모두가 하는 이야기이다. 이들 관점에 따라 각각 사회적 약자에 대해 살펴보자.

기능론에서 보면, 사회적 약자가 생기는 것은 제도를 운용하는 과정에서 잘못된 기능이 일어났기 때문이다. 그로 말미암아 사회적 약자가 차별을 받게 된 것으로 볼 수 있다. 그러니 사회적 약자는 우연히 생겨난 것이라 주장한다. 이와 달리 갈등론자들은 지배 위치에 있는 기득권층이 힘없는 집단을 착취한 결과로 사회적 약자가 만들어진다고 본다. 그러니 사회적 약자는 우연히 생긴 것이 아니라 지배층에 의해 만들어진 것이다. 여러분의 생각은 어떤가?

그러면 사회적 약자를 위해 무엇을 해야 할까? 바로 미국의 인종차별 철폐 학군제와 같은 사회적 약자가 생기는 원인을 제도적으로 없애려는 노력을 해야 한다. 사회적 차별이 더는 일어나지 않도록 법이나 제도를 만드는 것이다. 다양한 차별을 철폐하는 법이 여기에 해당한다. 그리고 이보다 더 강력한 요건이 필요해서 만들어진 것이 차별 철폐를 위한 적극적인 우대정책인 '어퍼머티브 액션(affirmative action)'이다. 1961년 케네디(Kennedy) 대통령이 "고용과 교육에서 인종 · 종교 · 출신 국가 등을 이유로 차별하지 않는다."는 행정명령에 서명하면서 등장한 정책이다. 즉, 흑인 · 히스패닉 · 여성 등 소수 인종 및 사회적 소수자에게 대학 입학 · 취업 등에서 혜택을 주는 제도다. 구체적으로 대입 전형 시 소수 인종 출신자에게 가산점을 주거나 대학 입학 정원의 일정 비율을 그들에게 배정하는 방식으로 시행된다. 우리나라의 공무원 여성 할당제도, 장애인 고용 할당제도, 서울대학교의 지역 균형 선발제도 등이 이에 해당한다. 이렇게 하는 것은 오랫동안 사회적 차별로 기회의 평등을 잡기 어려웠던 사회적 약자를 우대하는 정책을 통해 실질적 평등을 누릴 수 있게 하겠다는 취지이다.

그런데 사회적 약자를 위한 적극적 우대정책이 '역차별'이라는 문제를 낳기도 한다. 소수 인종에 대한 배려 때문에 오히려 성적이 우수한 백인 학생들이 피해를 보는 등 역차별을 유발시킨다는 논란도 함께 제기되어 왔다. 지난 2008년에는 대입 전형에서 탈락한 백인 학생들이 "어퍼머티브 액션이 평등권을 침해한다."는 소송을 제기해 논쟁이 일기도 했다. 또 종종 백인들이 흑인 분장을 하고 면접을 보아서 문제가 되는 경우도 있다.

우리 사회에서도 이런 역차별 문제가 제기된다. 농어촌 특별 전형으로 정원 외 입학생을 뽑을 경우 전문계 고등학생의 입학이 제한될 수 있다. 또한 지방 인재 채용 목표제에 따라 수도권 대학 졸업생이 역차별을 당할 수 있고, 공무원 여성 할당제나 여대의 로스쿨에 대해서는 남성이 역차별을 당하기도 한다. 대학에서 내신 성적의 반영 비율을 높이면 특목고 출신 학생들이 역차별을 받게 된다.

그럼에도 불구하고 적극적 우대정책은 오랫동안 차별당한 집단에 대하여 그 사회가 최소한의 것을 배려해 주는 기회 제공의 의미를 갖는다. 미국이 1960년대 흑인 우대정책을 통해 대학 입학과 취업을 지원하지 않았다면 미국 전(前) 국무장관인 파월(Powell) 같은 인물이 어떻게 나왔으며, 오바마(Obama)가 과연 대통령이 될 수 있었을까?

사람들은 무엇을 하든 끊임없이 구별하기를 좋아한다. 그것이 단순한 구별이 아니라 다른 사람을 차별하고 비정상이라고 규정하는 것은 문제가 된다. 인류의 역사에서 시대별로, 나라별로 사회적 약자나 소수자 집단이 다양하게 존재했다. 과거 · 현재 · 미래의 어느 시점에서 우리도 어떤 형태로든 사회적 약자일 수 있다.

그러나 소수자 집단은 단순히 사회적 약자로 규정받고 그러한 존재로만 살아온 것은 아니다. 사회적으로 차별받았던 무수한 집단 또는 개인들은 그들이 소수 집단으로서 당하는 불리함을 인식하고 그것에 항거하고 자신의 권리를 주장하면서 그 상황을 개선해 왔다. 이런 점에서 인류의 역사는 이러한 소수 집단이 자신의 인권을 확장하고 스스로 권리를 확보해 온 끊임없는 변화의 과정이다. 그러면서 사회적 주류 집단이 되었다. 따라서 지금 내가 확보한 위치의 상당 부분은 이전의 사회적 약자였던 사람들의 고통과 그들이 그 고통에 항거하면서 투쟁해 온 역사의 산물이다.

오늘날의 사회적 약자 집단은 아직도 충분히 권리를 확보하지 못하여 여전히 불평등한 삶을 살아간다. 더구나 세계화 시대, 더 넓어진 삶의 공간에서 사회적 약자는 더 다양한 모습으로 나타나고 더 힘든 삶을 살아가게 된다. 따라서 그들이 존엄성을 가진 사람으로 살아갈 수 있도록 우리의 관점을 바꾸고 제도를 개선해야 하지 않을까?

소수자는 그 사회의 정치 · 경제 · 사회 · 문화적 상황에 따라 달라질 수 있다. 한 사회에서 누가 지배적인 힘을 가지고 있느냐에 따라 그렇지 못한 쪽은 사회적 약자, 즉 소수자가 된다. 불의의 사고로 언제든지 내가 장애를 겪을 수도 있다. 또한 나이가 들면 누구나 노인이라는 사회적 약자가 된다. 소수자가 이 사회에서 어떤 불편을 겪고 어떤 차별을 받고 있는지를 생각하기란 쉽지 않다. 그러나 '나도 소수자가 될 수 있다.'는 생각으로 함께 노력한다면 힘없고 소외된 사람도 동등한 권리를 누리며 행복하게 살 수 있다.

3. 이주와 문화적 감수성

이주(移住, Migration)란 사람들이 다소 영구적으로 사회의 다른 지역으로 옮겨 가는 것을 말한다. 유목, 계절이주노동, 도시와 농촌을 규칙적으로 이동하거나 직업을 찾기 위해서 가정을 떠나는 노동자들의 이동과는 비록 그 차이가 경험적으로 드러나기 어렵지만 개념적으로 구분된다. 구체적인 이주는, 비록 체류기간을 이민국에 속인 불법이민이 많이 나타나고 있기는 하지만 가장 잘 기록되고 있다.

이주는 경제적인 동기 때문에 일어나지만, 피난민과 같은 강요된 인구이동은 국제연합(UN)의 통계로부터 배제되고 있다. 유엔에 따르면, 일 년 이상의 거주를 이주라고 한다. 이주의 비율은 인구학에서 출생, 결혼, 사망보다 덜 연구되어 왔다. 이것은 자료의 부족(스웨덴은 예외), 인구 수준을 결정하는 데 있어서 이주를 중요시하지 않는 경향 등에 부분적인 이유가 있다. 만약 인구가 가용한 자원에 따라서 균형을 갖는 것이라면, 이주는 단순한 단기적 재분배 메커니즘에 불과할 것이다.

맬서스(Malthus)는 잠재적인 이민자는 실질적으로 이주가 아니더라도 어떻든 소멸될 수 있는 인구의 잉여라고 보았다. 안정된 인구 모델은 이주에 대해 폐쇄적인 경향이 있지만, 그래도 경험적으로 가능함을 보인다. 사회 구성, 출산력, 사망률에 대한 이주의 영향은 매우 논쟁적인 문제가 되어 왔다. 우선 이민은 인구와 인구증가의 총비율을 감소시키고 이주유입국의 인구를 증가시킨다. 만약 그때 이민자들이 어린이를 데리고 있다면, 원래 인구의 출산력은 감소될 것이고 이주유입국 인구의 출산력은 증가하여 이주의 효과를 악화시킬 것이다. 그러나 이주는 도시화, 근대화와 같은 사회적 변화와 연관되는데, 이것은 출산력과 사망률에 뚜렷한 영향을 미친다.

사회 구성의 측면에서 이주는 일반적으로 젊은이와 남성에서 나이와 성의 범주에 선택적으로 영향을 미치고, 노동력의 구조, 성비, 결혼연령을 변화시킨다. 청장년 이민자의 집중은 이주 집단에서의 불균형적인 출산력을 출현시킬 것이다. 이주의 경험은 개인의 성취동기를 강화시키는 등 개인에게 심리적인 영향을 미친다.

이것은 이주인구에서 젊고 꿈이 있는 집단에게 이주유입국 문화의 가치를 강조하거나 수용할 준비를 갖추게 할 것이다. 일부 논자들은 이주자를 가장 창의력 있고 뛰어난 사람들이라고 보았고, 이와는 대조적으로 일부는 성공적으로 경쟁하거나 적응할 수 없는 사람들이라고 보았다. 이민 집단의 흐름은 이주유입국사회의 구조를 설명하는 것뿐만 아니라 의미 있는 사회현상을 구성할 것이다.

국내에서 노동력의 이동이나 도시화와 같은 현상에 대해 모델을 구성하고 예측하기 위한 시도가 정부, 계획입안자, 사회과학자들의 관심의 대상이 되어 행하여져 왔다. 전체적인 이동의 유형은 인구수, 거리, 고용기회와 같은 기초적인 요인의 측면에서 한 지역에서 다른 지역으로의 이동을 예측하기 위해 시도하는 단순 모델로부터 알아내기 어렵다는 것이 입증되었다. 사람을 한 장소에 묶어두는 사회적 요인은 경제적 합리성이 예측하는 것보다 더 복잡하고 강력하다. 이주자가 어느 곳에 끝날 것인지를 결정하는 사회적 · 경제적 · 개인적 요인을 파악하는 것은 어려운 과제이다(https://search.naver.com).

감수성(感受性, Sensibility)이란 외부의 자극이나 인상을 끊임없이 수용하고 감상하는 성질이나 능력을 말한다. 감수성은 정서와 관련이 깊은데, 특히 시를 감상하고 창작하는 데 원동력이 된다. 즉, 어떤 대상을 보고 느끼거나, 어떤 상황에 대하여 느끼는 정서적 반응을 감수성이라고 말한다. 이 말이 문학의 용어로 쓰이기 시작한 것은 18세기 초

영국이며, 처음에는 사랑, 동정심, 연민 등을 잘 느낄 수 있는 성격을 뜻하다가 이후에 아름다움에 대해 민감한 반응을 보이는 성격을 뜻하게 되었다. 그러나 근대의 비평가들은 감수성을 감각, 사고 및 감정에 있어서 경험에 반응하는 작가의 특징적 능력을 가리키는 데 주로 사용한다.

본래 어떤 대상에 대해서 지적 판단을 가하기보다 감정적 반응을 빨리 나타내는 것은 어른들이 아니라 청소년들이다. 시인에게 감수성이 풍부하고 예민해야 한다고 요구하는 일은 시인이 청소년의 특성을 지녀야 한다는 말이 될 수도 있다. 보들레르(Baudelaire)는 어린이와 회복기의 환자와 예술가가 다같이 "사물에 대해서 아주 사소하게 보이는 것까지도 생생하게 흥미를 느낄 수 있는 능력"을 가지고 있어서 모든 것을 신기하게 본다고 말했다. 그러므로 감수성은 사물에 대한 체험이 오감을 통해서 생생하게 이루어짐으로써 형성되는 것이다. 현대 비평에서 엘리어트(Eliot)의 경우처럼 사상과 감각의 통합개념으로 쓰인 예도 있다.

이주민은 새로운 나라로 오면서 사회적 연결망의 상당 부분을 상실하며 언어적 · 문화적 차이로 커뮤니케이션(communication) 및 사회관계 형성에서도 어려움을 겪는다. 즉, 이주민은 의사소통 능력과 커뮤니케이션 수단에 대한 접근 및 사회적 지지가 부족하다. 아울러 이주민은 새로운 환경에 직면하면서, 일상생활에서도 높은 불확실성에 직면해 있다. 이러한 상황으로 말미암아 이주민은 다양한 영역에서 높은 불안감과 스트레스에 직면하게 된다. 이들은 대체로 경제적 빈곤을 경험하고, 사회관계 형성에서 불리한 처지에 있으며, 자신들의 어려운 상황을 커뮤니케이션 채널을 통해 표현할 능력도 부족하다. 즉, 이주민의 문화적 표현의 권리, 특히 커뮤니케이션 권리가 위축되어 있으며, 주류사회와는 물론 이주민끼리 소통도 부족하다.

한국사회에서 이주민과 관련한 내용이 본격적으로 등장하게 된 것은 그리 오래된 일이 아니다. 글로벌화되어 가는 경제 구조의 개편, 소득 양극화, 폭력과 분쟁 등으로 말미암아 지난 20년간 전 세계적으로 이주노동자 수는 꾸준히 증가하고 있다. 이러한 상황은 한국 역시 예외가 아니어서 1980년대 이후 진행되었던 이주노동자와 재중동포의 국내 노동시장으로의 유입이 2000년대에 들어서며 결혼이민과 한국의 경제 상황과 맞물려 급격하게 증가되었다. 이로 말미암은 노동인구 유입은 우리 사회에서 다문화라는 새로운 사회적 관심을 발생시켰다. 이러한 다문화로 대표되는 한국사회의 이주민의 문화적 감수성 문제는 이제 북한이탈주민까지 이어져 그 관련 범위가 계속해서 넓어지는 양상을 보인다.

한국사회는 뿌리 깊은 순혈주의 전통과 다문화교육의 미비, 다문화 관련 정책이 체계적으로 수립되어 있지 않은 현실, 다른 문화에 대한 편견 등이 복합적으로 작용해 다문화사회에서 생길 수 있는 갈등 가능성이 높다. 특히, 이주노동자, 아시아지역 출신 결혼이주여성, 혼혈인 등 인종적 소수자들은 물론 북한이탈주민과 대화 단절이 심각하다. 외국인에 대한 편견과 배타성을 넘어서는 인식 전환이 쉽지 않으며, 아직은 관용을 호소하는 단계에 있다. 이런 상황은 이주민과 다른 문화에 대한 고정관념과 편견의 존재를 보여 주며, 문화 간 소통과 이해를 위한 노력 부족도 암시하고 있다.

이주민에 대한 차별과 주변화는 미국, 캐나다, 프랑스 등 다문화 경험이 오래된 나라에서도 자주 발생한다. 즉, 피부색이 다른 지역에서 왔다는 이유로 이주민에 대해 불법체류, 범죄, 질병 등 부정적 담론을 바탕으로 한 범주화가 이루어지고, '집단적 문제화(collective problematization)'를 일으키기도 한다. 이러한 차별은 세계 도처에서 민족 간, 인종 간 갈등과 충돌로 이어지고 있다. 예컨대 2005년 프랑스에서는 인종차별에 항의하는 이민자 청년들의 시위와 이에 대한 강경 진압이 있었다. 미국이나 유럽에서는 유색인종에 대한 증오범죄(hate crime)가 자주 발생한다. 이는 겉으로는 평화롭게 보이는 서구의 다문화사회에 사실은 이주민에 대한 편견과 차별적 태도가 내면에 깊게 뿌리박혀 있음을 보여 준 사례다.

우리나라도 이주민의 문화적 정체성을 표현할 권리와 그들의 의견을 표출할 커뮤니케이션 권리가 위축되어 있다. 우리 사회에서는 이주민의 문화적 정체성이 부인되고, 이주민의 자발적 운동과 목소리가 미약하며, 이주민의 감수성을 이해하는 정도도 낮다. 또한 언론도 이주민에 대한 고정관념과 왜곡된 인식을 확산하는 등 다문화사회 갈등의 소지를 제공하고 있다. 즉, 2007년 2월 여수 화재 참사, 2008년 1월 이천 냉동창고 화재, 연이은 결혼이주여성의 살해 사건 등 산발적인 부정적 사건을 통해서만 이주민의 존재가 드러나고 있다. 이주민에 대해 무관심하다가도 부정적 사건을 통해 이주민 이미지를 고정화하는 언론의 태도는 비판받아야 마땅하다.

4. 국제 활동을 위한 사회복지 윤리

세계화의 흐름과 함께 사회복지실천영역이 국외로 확대되면서 국제사회복지(international social welfare) 활동이 증가하는 추세다. 국제사회복지는 국제적인 맥락에서 인류의 안녕을 설명하고, 이해하고, 평가하고, 증진시키는 것과 관련된 활동으로 지칭된다(Midglet, 1997; 신섭중 역, 1999). 더욱 구체적으로는 정부 및 민간기관 간의 협력 프로그램부터 국가와 문화의 경계를 뛰어넘는 모든 활동으로, 국제 개별 사회복지실천, 공사적(公私的) 국제원조, 국제학술대회, 민간 및 정부 간 국제협력 등의 활동을 포함한다(노충래, 2012).

국제사회복지는 일반적으로 사회복지를 추진하는 구체적인 다양한 국제적 기구와 그 활동을 의미한다. 그러나 그 사상적 기반을 간과해서는 안 된다. 사회복지의 이념은 국내외를 통틀어 「세계인권선언」에 집약되어 있고 그 같은 이념은 상대적으로 정치가 안정된 한 나라 내에서는 상당한 현실 가능성을 가지고 있다. 그러나 국제사회에서는 사상, 정치, 편견, 이해 등 여러 가지 불리한 요인으로 그 현실화는 높은 벽에 막혀 있기에, 복지사회로의 길은 아직 멀기만 하다. 유엔이 발간한 '지속 가능한 발전 목표(혹은 지속 가능한 개발 목표, Sustainable Development Goals: SDGs) 보고서' 2019년 판에 따르면, 영양결핍에 시달리는 세계 인구는 약 8억 2,000만 명(2017년 기준)으로 전 세계 인구 77억 명(2019년 통계청 KOSIS 기준)의 10.6%을 차지한다. 특히, 정치 · 종교적 이유로 기아 상태의 아동만도 수백만 명이고, 대략 7,000만 명 정도의 난민이 세계 도처에서 기본적 욕구 박탈 위협에 직면해 있다. 세계평화는 국제사회복지에 의존하고 있으나 국제사회복지 또한 세계평화(정치)가 그 전제 조건이다. 과학기술이 진보되고 통신 · 교통수단이 비약적으로 발달한 현대에서도 국제사회복지의 현실은 아직 특정 조난자의 최저한의 기본적 욕구에 대한 대응에 국한된 실정이다. 따라서 국제사회복지는 아직 초보적 단계에 있다 해도 과언이 아니다.

국제사회복지는 전 세계에 걸쳐서 사회복지를 실천하는 것을 말하며, 모든 사람의 복지 욕구를 충족시키는 데 도움이 되는 사회복지에 관한 지식, 가치, 기술의 사용을 말한다. 실제로 모든 나라에는 사회복지사업의 몇 가지 면을 책임지고 있는 국내 부서와 이러한 부서의 기능을 수행하는 부서원이 있다. 국제사회복지기구는 사회복지사들로 하여금 복지 욕구는 충족되어야 한다는 확신을 갖도록 교육하는 노력을 강조한다. 또한 국가 간에 지식이나 효과적인 방법 등을 교환하려는 노력도 강조한다.

따라서 국제사회복지라는 종래의 특정한 국가나 지역에 한정된 국가복지(state social welfare)[4]가 아니라, 국적이나 국경, 문화의 차이를 초월한 국제사회 전체를 대상으로 한 세계복지(world social welfare)이다(Kawamura, 2004, 박주현 역, 2019: 14). 국제사회복지 활동이 보편적으로 개입하게 되는 국제사회문제는 세계화의 영향이 미친 결과로서 빈곤, 여성, 아동, 자연재해 및 난민 영역이다.

이를 구체적으로 살펴보면 다음과 같다.

(1) 빈곤

빈곤은 전 세계에 광범위하게 퍼져 있는 문제이면서 가장 심각한 인권침해문제이기도 하다. 빈부 격차가 점점 심해지고 있는데, 세계 인구 가운데 가장 부유한 5분의 1의 사람들이 소유하고 있는 소득은 75%로 증가하였지만, 가장 빈곤한 5분의 1의 사람들이 소유하고 있는 소득은 2005년에 1.5%로 줄어들었다. 빈곤 속에서 출생하는 아동은 영양, 위생, 의료, 주거, 교육 및 정보 분야에서 심각한 박탈을 경험하는 것으로 보고되고 있다(노충래, 2012). 극단적으로 빈곤하게 사는 전 세계 인구는 대략 7억 4,000만 명으로

4) 국가복지(State social welfare)는 특정 국가, 국적에 한정한다. 국익을 최우선으로 함과 동시에 해당 국민을 대상으로 한 복지 향상을 목적으로 필요한 시책이나 사업활동을 생각하는 사회복지 관점을 말한다(Kawamura, 2004; 박주현 역, 2019: 15).

추정되며, 이 가운데 4억 1,000만 명 이상이 아프리카 사하라 이남에 몰려 있다.

빈곤층 복지혜택 축소 우려… 트럼프 '연방빈곤선' 하향 추진

트럼프 정부가 연방빈곤기준을 하향하는 방안을 추진하고 있어 빈곤층의 복지혜택 감소에 대한 우려가 제기되고 있다. 블룸버그 등에 따르면, 백악관 예산집행부는 6일 빈곤기준을 정하는 척도로 소비자물가지수(Consumer Price Index: CPI) 대신 연쇄방식 소비자물가지수(Chained CPI)로 변경할 것을 요청한다고 발표했다.

문제는 이렇게 빈곤기준 척도가 변경될 경우 다양한 복지혜택을 받던 저소득층 비율이 줄어든다는 것이다. 빈곤선은 저소득층 개인들이 푸드스탬프(food stamp), 메디케이드(Medicaid) 등과 같은 복지서비스를 받기 위한 기준점으로 적용된다.

메디케이드 수혜자격의 소득기준은 연방빈곤선의 138%까지다. 올해 연방빈곤선은 개인의 경우 지난해에서 350달러 오른 연소득 1만 2,490달러이며, 4인 가족은 650달러 오른 2만 5,750달러다. 8인 가족은 4만 3,430달러며 한 명 추가될 때마다 4,420달러를 더하면 된다.

출처: LA 중앙일보(2019. 5. 10), 홍희정 기자.

(2) 여성

여성에게는 그들의 생리적 조건 및 이와 관련되어 나타나는 사회적 기대 · 가치 · 규범에 의해 제약되는 사회 구성원으로서의 위치 때문에 사회생활에서 직면하게 되는 문제가 많다. 전 세계 여성의 지위가 공통 관심사이면서 빈곤의 여성화가 전 세계적 현상으로 증가하고 있고, 여성 빈곤은 아동에게 직접적 영향을 미친다. 문맹은 여성 지위 향상을 가로막는 가장 큰 장애물인데, 전 세계 문맹의 3분의 2를 여성이 차지하고 있다. 또한 여성은 아직도 경제적 생산 또는 노동, 건강, 임신 및 출산, 각종 폭력, 성관계, 인신매매 등 여러 형태의 차별을 경험하고 있다.

(3) 아동

학대적이고 착취적인 상황에서 일하는 아동노동이 문제다. 아동은 광산, 벽돌공장, 가정부, 강제 구걸 등의 일을 하고 있으며, 가장 심각하게는 매춘과 무력분쟁에 개입되고 있다. 또한 경제 상황 악화로 거리의 아동이 증가하고 있는 것도 문제다. 아동문제에 대한 개입 가운데 가장 효과적인 것은 예방 가능한 질병에 대한 개입이다. 국제입양, 국외여행, 국제결혼 등을 가장한 국가 간 이동에서 아동의 인신매매가 큰 국제문제다(노충래, 2012).

(4) 자연재해

자연재해란 태풍, 홍수, 호우(豪雨), 강풍, 풍랑, 해일(海溢), 대설, 한파, 낙뢰, 가뭄, 폭염, 지진, 황사(黃砂), 조류(藻類) 대발생, 조수(潮水), 화산활동, 소행성 · 유성체 등 자연우주물체의 추락 · 충돌, 그 밖에 이에 준하는 자연현상으로 인하여 발생하는 재해를 말한다(「재난 및 안전관리 기본법」 제3조 제1호 및 「자연재해대책법」 제2조 제1호). 자연재해(自然災害)를 천재지변(天災地變)이라고도 한다. 자연재해는 기상(氣象) · 지변(地變) · 생물 등에 급격히 나타난 자연현상 때문에 입는 재난인데, 인간들에 의해 일어나는 인재(人災)와 크게 구별된다. 자연재해는 이전의 국제사회문제와 달리 인간의 힘으로 예방할 수 있는 것은 아니지만, 개입의 초점을 준비와 회복에 맞추는 것이 필요하다.

(5) 난민

난민문제란 인종 · 종교 · 사상 · 정치적 의견을 달리하는 까닭으로 자국으로부터 박해를 받거나 또는 박해를 받을 위험에 직면해 있기 때문에 자국의 보호를 받지 못하거나 보호 받기를 원하지 않고 외국으로 도피하는 사람(난민 · 피난민 또는 망명자)들로 말미암아 생겨나는 문제를 말한다. 이 문제는 사람의 문제이고, 인권의 문제이며, 우리의 문제다. 그러나 국내 사회복지계가 아직 준비하지 못한 문제로, 난민 대상 정책과 서비스 개발이 필요하다. 또 난민 업무를 담당할 사회복지사를 위한 교육과 훈련 프로그램도 필요하다.

케냐의 카쿠마 난민촌
수단의 다비드 쿰 시엥(15세)이 그린 그림으로, 난민촌을 향해 집을 나선 사람들의 모습을 그렸다.
출처: https://terms.naver.com

코소보 난민
출처: https://terms.naver.com

그동안 사회복지계에서는 국제사회복지영역 가운데 국제교류에 치중하여 활동하였다. 초기에는 선진사회복지 모델 학습을 위한 사회복지사 국외연수사업, 선진국 대학의 국외실습 및 학생 교류가 이루어져 왔다. 현재 사회복지의 대표적 단체인 한국사회복지협의회는 국제사회복지 관련 단체들과의 협력활동을 활발히 하고 있다. 국제사회로부터 국제원조 수혜국에서 공여국으로 전환된 국가로서 복지시설 운영 노하우, 복지모델 전수 등 적극적 요청을 받고 있다. 국내에서는 세계 사회복지대회, 국제사회복지위원회(ICSW) 동북아시아지역대회 등을 통해 사회복지와 사회개발, 문화적 다양성에 대한 이슈와 과제 등의 주제를 다루는 등 국제협력사업을 활발히 하고 있다(박차상 외, 2019: 279).

아시아 국가의 일부 대학교 사회복지학과 학생들이 대한민국의 사회복지 연수를 위해 우리와의 협력을 확대해 나가고 있다. 사회복지실천현장에는 복지사업을 담당하던 사회복지법인들(홀트아동복지회, 한국월드비전, 한국선의복지재단, 하트하트재단, 태화복지재단, 밀알복지재단, 굿네이버스, 세이브더칠드런 코리아 등)이 국제개발협력사업을 하고자 국제개발협력민간협의회(Korea NGO Council for Overseas Development Cooperation)의 회원단체로 가입하여 사업을 수행하고 있다. 정부 차원에서 국제개발협력은 1991년에 한국국제협력단(Korea International Cooperation Agency: KOICA)[5]이 설치되고, 2009년에 개발원조위원회(Development Assistance

Committe: DAC)[6]에 가입하면서 더욱 확대되었다. 따라서 우리나라 국제 민간원조단체(NGO)의 국제복지활동이 증가하고 있는 추세다(노충래, 2012; 은선경, 2016). 한 예로 2002년에 네팔 내의 우리나라 국제 민간원조단체가 3개소에 불과했으나 2010년에는 15개소 이상이 활동하고 있으며, 비공식활동까지 포함하면 이보다 더 많은 기관이 활동하고 있다. 이처럼 증가하는 국제사회복지 활동과 관련하여 국제사회복지의 역량 있는 인재를 육성하기 위한 교육과정 개발에 대한 필요성이 강조되고 있으며, 국제실천활동에서 고려해야 할 윤리적 문제가 논의되고 있다(우수명, 2012; 은선경, 2016).

국제사회복지 활동에서 현지에 진출한 사회복지 조직과 사회복지사들은 현지 토착화에 기반을 둔 자치적 구조의 주민 조직과 인프라(infrastructure)를 구축해 자생적 구조를 갖추어야 하는 과제를 가지고 있다. 그러나 문화적 배경과 사회 환경이 다른 국가에서 이루어지는 이러한 활동에서 지역사회 원주민과의 문화적 충돌이 빈번히 발생하게 되며, 심지어 원주민 문화의 장점을 파괴하는 현상도 발생할 수 있다. 따라서 국제사회복지 활동에 참여하는 사회복지사는 다문화적 감수성을 바탕으로 현지 문화에 대한 충분한 이해를 하여야 한다(박차상 외, 2019: 278-280).

5) 코이카(KOICA)는 대한민국의 대외 무상 협력 사업을 주관하는 외교통상부 산하 정부출연기관이다. 우리나라와 개발도상국가와의 우호협력관계 및 상호 교류를 증진하고 이들 국가의 경제사회 발전을 지원함으로써 국제 협력을 증진하는 것을 그 목적으로 하고 있다.

6) DAC(개발원조위원회)는 개발도상국의 지속 가능한 경제 · 사회 개발을 지원하기 위해 효과적이며 상호 조화된 국가 간 협력을 증진하는 데 이바지할 목적으로 조직된 경제협력개발기구(OECD) 산하의 기관이다.

Chapter

13

사회복지 윤리의 확장

13
Chapter

사회복지 윤리의 확장

1. 생태 · 환경문제와 사회복지 윤리

생명체가 살아가기 위해서는 자연으로부터 영양분과 기타 생활에 필요한 물질을 얻어야 한다. 이러한 과정에서 자연 환경이 손상되는 것은 생명체의 유지라는 면에서 어쩔 수 없다. 자연 스스로도 여러 가지 복합적인 생태계의 작용으로 손상된 부분을 복구 · 유지하면서 생명체의 생명활동을 지속해서 가능하게 한다. 하지만 환경과 생명활동 사이의 균형이 무너지면 환경과 생명을 포괄하는 구조 자체가 지속 불가능해지면서 자연 환경은 스스로의 제어 능력을 상실하고 생명체는 생존에 위협을 받는다.

환경문제는 새삼스러운 것이 아니다. 생태학자와 자연보호주의자들은 오래 전부터 생태학적 위기가 올 것이라고 경고해 왔다. 다만 아무도 이에 귀를 기울이려 하지 않았을 뿐이다. 문제가 심각해지자 야단법석을 떠는 것이다. 수백만 년의 조화로운 공존이 계속된 뒤에 생물과 환경의 관계가 갑자기 무너지기 시작하니까 충격이 크고 당황할 수밖에 없다. 그러나 환경 위기의 뿌리를 캐자면 인류가 지구 위에 나타난 때로 거슬러 올라가야 한다. 백만여 년 전 인간이 나무에서 내려와 바로 섰을 때 살아남기 위해 자연을 극복하는 노력이 시작되었다. 구석기 시대의 마지막인 제3빙하기가 끝난 다음 일어난 농업혁명은 자연의 엄청난 개조를 수반했고, 이것은 생태학의 혁명이라 할 수 있다. 더욱이 불의 사용은 대기오염과 토양부식의 시초였다. 신석기인들은 삼림을 태워 초지로 바꿨고, 이것이 농토가 되었다. 불로 금속을 만들면서 문명은 불붙었으나 자연은 파괴되었고, 이것으로 만들어진 연장으로 자연은 더욱 파괴되었다.

중세에 북부유럽에서 농업기술의 혁신이 일어남에 따라 자연 파괴의 범위는 훨씬 넓어졌다. 농토를 넓히기 위해 삼림을 훼손하였는데, 풍차의 바람개비로 쓸 재목을 구하려고 삼림을 벌채하였다. 튜튼족(라틴어: Teutones, Teutoni)[1)]이 가지고 온 바퀴 달린 무거운 쟁기로 밭을 갈아 소출이 늘어났으나, 그것은 땅을 무자비하게 착취한 결과였다. 땅과 사람의 관계는 근본적으로 달라졌다. 자연의 일부였던 인간은 이제 자연의 착취자로 탈바꿈했다. 9세기에 나온 그림 달력은 돼지 잡고 밭갈이하고 추수하고 나무를 찍어 넘어뜨리는 그림으로 가득 차 있다. 환경을 짓누르는 인간의 모습이 역력하다(신사회공동선운동연합, 2014: 14-15).

생태계 질서가 무너지는 과정이 엄청나게 가속화한 시기는 18세기의 산업혁명부터다. 산업혁명을 계기로 이전과는 비교도 되지 않을 정도로 생산력이 높아졌고 높아진 생산력을 유지하는 데 적합한 소비 경제가 발달하였으며, 그 소비 경제를 유지하기 위하여 생산력의 강화가 더욱 촉진되었다. 이렇게 서로 상승되는 구조 속에서 더 많은 부(富)가 창출됨과 함께 환경 파괴 또한 가속화되었다.

환경문제가 세계적으로 큰 주목을 받게 된 것은 1962년 카슨(Carson)이 출판한 세계적인 베스트셀러 『침묵의 봄(Silent Spring)』에 의해서이다. 카슨은 책에서 "만약 우리가 현재의 문제를 정확하게 알고 느끼지 못한다면 미래의 지구에 어떤 사태가 닥쳐올지 모른다." "미국에는 봄이 와도 자연은 침묵하고 있다"고 하여 경종을 울렸다. 탁월한 저술가답게 카슨은 자신의 책을 다음과 같은 흥미로운 이야기로 시작한다. 이 보고는 당시의 케네디(Kennedy) 정권에 큰 영향을 미침과 동시에 현재 세계 각지에서 실현되고 있는 환경문제를 먼저 제기한 것이다.[2)]

---

1) 백인종 안에는 라틴족과 슬라브족과 튜튼족이 있다. 중국의 사상가 양계초(梁啓超)는 그 가운데 튜튼족이 가장 우월하다고 여겼다. 그는 튜튼족의 특징이, 야만인 때부터 가졌던 강건하고 자유로운 기개에 로마문화의 영향이 같이 어우러져 만들어 낸 것이라고 진단하고, 그들의 대표적인 장점은 정치능력이라고 꼽았다. 그들은 독일, 영국, 미국 등의 민족국가를 건설했다. 그것이 그들의 정치능력을 단적으로 증명한다(박주현, 2018: 74).

> "옛날 한때 미국의 어느 산간 지방에 생명력을 지닌 모든 사물이 주변 환경과 조화를 잘 이루며 살아가는 마을이 있었다.… 그런데 웬일인지 원인을 알 수 없는 불길한 그림자가 이 마을을 덮으면서 모든 것이 변하기 시작했다.… 이 마을은 어떤 나쁜 마술에 걸린 것 같았다. 병아리 떼가 원인 모를 병에 걸렸고, 소나 양들이 죽어갔다. 사방이 죽음의 장막으로 덮였다.… 그리하여 자연은 소름이 끼칠 정도로 이상하리만큼 조용해졌다. 그처럼 즐겁게 재잘거리며 날던 새들은 다 어디로 갔는가?… 봄은 왔는데 침묵만이 감돌았다.… 이처럼 참혹하게 찌들어진 세계, 새로운 생명이 탄생하는 소리를 들을 수 없게 된 침묵의 세계는 어떤 마술의 장난도 아니고 적의 침입 때문도 아니며 바로 인간들 자신이 그렇게 만든 것이다.… 미국이 수없이 넓은 땅에서 살아 움직이는 봄의 소리를 침묵시킨 것은 무엇일까? 그 이유를 파헤쳐 설명하는 것이 이 책의 목적이다."

1960년대 선진국에서는 많은 공해문제가 발생하여 일본은 4대 공해 소송으로 대표되는 사건이 일어나 1971년에 환경청이 설치되었다. 그 후 환경 악화는 세계적 규모로 확대되었다. 지구의 이상기후와 유럽에서는 대기오염으로 말미암은 산성비로 삼림이 마르고 호수에서 물고기가 죽었다. 이러한 것을 보면 20세기는 전쟁이나 혁명의 세기라고 말하지만, 그 이상으로 '환경파괴'의 세기라고 할 수 있을 것이다. 예를 들면, 베트남전쟁은 맹독성의 다이옥신을 포함한 고엽제가 투하되어 베트남의 생태계를 무참히 파괴시켰고, 많은 사람에게 신체적 불구라는 후유증을 남겼다. 이와 같이 서구 문명이 낳은 과학기술은 거대한 파괴력을 가지고 인류의 존립까지 위협하고 있다. 이러한 의미에서 환경문제는 대량 생산 · 대량 소비 사회가 창출한 서구 근대기술 문명의 위기로 귀결된다고 할 수 있을 것이다. 환경문제의 큰 특징의 하나는 탈(脫)국경적이며 초월적

2) 『침묵의 봄(Silent Spring)』은 카슨(R. L. Carson)의 고발정신, 과학적 지식, 문학적 재주가 한데 어우러진 작품이다. 그녀는 그 책에서 느릅나무에게 피해를 주는 해충을 잡으려고 뿌려진 DDT(dichloro-diphenyl-trichloroethane)가 먹이사슬을 통해 어떻게 종달새 소리를 들을 수 없는 침묵의 봄을 가져왔는지 생생하게 묘사했다. 느릅나무에 뿌려진 DDT는 여러 곤충과 거미를 죽였다. 그 과정에서 DDT는 나뭇잎에 붙었고 가을에 떨어진 썩은 이파리를 지렁이가 먹었다. 그중에서 살아남은 지렁이는 겨울을 넘기고 봄에 날아온 종달새에게 먹혔다. 그 결과 DDT가 뿌려진 후 2년 만에 어떤 지역에서는 400마리에 달했던 종달새가 20마리로 줄어들었다. 이처럼 오염물질은 생태계의 먹이사슬을 따라 생산자, 1차 소비자, 2차 소비자, 최종 소비자 순으로 이동한다. DDT를 비롯한 몇몇 오염물질은 분해되거나 배설되지 않기 때문에 최종 소비자로 갈수록 축적된 오염물질의 농도가 더욱 높아져 심한 경우에는 생명을 잃기도 하는 것이다.

이라는 것이다.

최근 우리나라의 미세먼지문제를 비롯해 전 세계는 지금 여러 가지 환경문제를 겪고 있다. 먼저, 지구 온난화는 화석연료 사용량 증가와 산림 파괴에 의한 이산화탄소 증가로 말미암아 발생된다. 이 결과로 해수면이 상승하는 악영향이 일어나고 있다. 두 번째로는 프레온 가스 과다 사용으로 말미암은 오존층 파괴가 있다. 대책으로는 프레온 가스를 대체할 수 있는 대체 냉매제 개발을 들 수 있다. 세 번째는 아프리카의 요즘 주요 분쟁 원인이라고 말할 수 있는 사막화다. 아프리카에는 점점 녹지가 사막으로 변해가는 사헬(Sahel)지대[3)]가 있다. 마지막은 산성비에 따른 피해가 있다.

이러한 가운데 세계환경개발위원회(世界環境開發委員會, World Commission on Environment and Development: WCED)[4)]가 1987년 10월 발표한 '우리 공동의 미래(Our Common Future)' 보고서를 통해 '지속 가능한 개발(sustainable development)'이라는 개념이 처음으로 정의 · 도입되었다. 여기서 지속 가능한 개발이란 '미래세대의 후손들이 그들 스스로의 욕구를 충족시킬 수 있도록 하는 능력과 여건을 저해하지 않으면서 현재 우리 스스로의 욕구를 충족할 수 있도록 하는 성장'을 의미한다. 그러다가 지속 가능한 개발을 더욱 발전시킨 '환경적으로 건전하면서 환경이 지속 가능한 개발(environmentally sound and sustainable development)'이라는 개념이 보편화되었다. 이 개념을 구체화하기 위한 실천계획을 수립하기 위해 1989년 제44차 유엔총회는 1992년 6월 유엔환경개발회의(國際聯合環境開發會議, UNCED)[5)]를 개최하도록 결의하였다.

3) 아프리카 사하라 사막 남쪽 가장자리의 지역을 사헬(Sahel)지대라 하는데, 세네갈 북부 · 모리타니 남부에서 말리 중부 · 니제르 남부 · 차드 중남부까지, 서쪽에서 동쪽으로 띠 모양으로 이어져 있다. 사막화는 건조 지역과 반(半)건조 지역 그리고 건조한 반(半)습지 지역에서 일어나는 토양의 침식과정을 말한다. 20세기에 들어 급속히 늘어나는 인구를 지탱하고 자원을 공급하기 위하여 과도한 경작과 산림 훼손으로 토양이 황폐해지고 지역의 기후가 변화하게 되었다. 이러한 기후 변화(온난화), 산림 벌채, 과도한 방목, 나쁜 관개 상태가 토양의 비옥도를 완전히 떨어뜨린 것이다.

4) 세계환경개발위원회(WCED, 공식 명칭은 '환경 및 개발에 관한 세계위원회')는 1983년 유엔총회가 출범시킨 위원회로 환경을 보전하면서 지속적으로 개발을 해나가기 위한 방법을 모색하기 위해 조직된 단체다. 의장인 전 노르웨이 총리 그로 할렘 브룬트란트의 이름을 따서 브룬트란트 위원회라고도 한다. 우리 공동의 미래(Our Common Future) 보고서를 출간한 후 공식적으로 해산하였다.

5) 유엔환경개발회의(UNCED)는 1992년 6월 3일부터 14일까지 브라질 리우데자네이루에서 열린 국제회의로 공식 명칭은 '환경 및 개발에 관한 국제연합회의(United Nations Conference on Environment and Development)'이며 지구정상회담(Earth Summit) 또는 리우회의(Rio Summit)라고도 부른다. 이 회의는 세계 각국 대표단이 모여 지구의 환경 보전문제를 논의하기 위해 마련되었다.

이후 유럽 국가들을 중심으로 많은 국가가 지속 가능한 개발 전략을 수립하였고, 2012년 유엔지속가능발전회의(United Nations Commission on Sustainable Development: UNCSD)에서는 2015년 이후 국제사회가 추구해야 할 지속 가능한 발전 목표를 경제, 환경뿐만 아니라 사회가 균형 있게 성장하는 포괄적이고 총체적인 성장으로 설정하였다. 2000년 이전에는 지속 가능한 발전이 환경보호와 경제발전에 초점을 두었다면, 최근에는 사회 전체의 지속 가능성 유지를 위한 인류의 보편적인 가치인 자유, 정의, 민주주의, 사회적 형평성 등 지구 전체가 궁극적으로 지향해야 할 이념까지도 지속 가능한 발전의 의미에 포함되었다.

2015년 유엔총회는 전 세계적인 목표로 '지속가능발전목표(Sustainable Development Goals: SDGs)'를 채택 · 시행하기에 이른다. 이는 2015년 만료된 새천년발전목표(Millennium Development Goals: MDGs)의 후속 목표로 채택되었다. 슬로건은 단 한 사람도 소외되지 않는 것(Leave no one behind)으로, 2016~2030년까지 선진국과 개발도상국이 함께 이행한다. 지속가능발전목표를 '2030 지속가능발전의제(Transforming our world: the 2030 Agenda for Sustainable Development)'라고도 한다. 지속가능발전목표는 17개 목표 및 169개 세부 목표로 구성되어 있으며, 17개 목표는 다음과 같다(환경부, 2016).

① **빈곤 종식**: 모든 곳의 모든 형태의 빈곤 종식

② **굶주림 종결**: 굶주림을 없애고, 식량 안보를 성취하며, 영양 상태를 개선하고, 지속 가능한 농업 지원

③ **건강과 웰빙(well being)**: 모든 연령의 사람들에게 건강한 삶을 보장하며 웰빙 장려

④ **질적인 교육**: 양질의 교육 보장과 평생 교육 기회 장려

⑤ **성 평등**: 평등 달성과 여성과 소녀의 역량 강화

⑥ **깨끗한 물과 위생**: 모든 사람에게 물, 위생의 이용 가능성, 지속 가능한 관리를 보장

⑦ **깨끗한 에너지**: 신뢰 가능하고 지속 가능한 에너지 접근성 보장

⑧ **좋은 일과 경제적 성장**: 지속 가능한 경제적 성장과 생산적 고용 촉진

⑨ **산업, 혁신, 인프라:** 지속 가능한 산업화 지원, 혁신 육성, 재생 가능한 인프라 건설

⑩ **불평등 감소:** 국가 간 및 국가 내 불평등 감소

⑪ **지속 가능한 도시와 커뮤니티:** 도시와 주거지를 안전하고 지속 가능하게 만들기

⑫ **책임 있는 생산과 소비:** 지속 가능한 생산과 소비 패턴 만들기

⑬ **기후 행동:** 기후 변화와 그 효과에 대응하는 긴급한 행동 취하기

⑭ **수중 생물:** 해양 자원을 보존하고 지속 가능한 방식으로 사용

⑮ **육지 생물:** 육지 생태계를 보호, 복원하며 지속 가능한 방식의 사용을 촉진, 사막화 대응, 토양 오염 및 생물 다양성 감소 저지

⑯ **평화, 정의, 강력한 제도:** 지속 가능한 발전을 위한 평화롭고 포괄적인 사회 촉진, 정의에의 접근 보장, 효과적이고 책임 있는 제도 구축

⑰ **목표 달성을 위한 파트너십:** 지속 가능한 발전을 위한 실행 수단 강화와 글로벌 파트너십 활성화

1992년 유엔환경개발회의에서는 지구의 환경을 보전하기 위하여 '리우선언'과 '의제 21'을 채택하였다. 이를 실현하기 위하여 각국에 국가지속가능발전위원회((NCSD)의 설치 권고가 있었다. 이에 따라 우리나라에서는 1996년에 '의제 21 국가실천계획'을 수립하여 시행하는 한편, 2000년 6월에 '새천년 국가환경비전'을 선포하였고, 친환경적이고 지속 가능한 국가의 발전과 관련하여 일어나는 사회적 갈등을 합리적으로 해결하기 위한 기구로 '지속가능발전위원회(持續可能發展委員會, Presidential Commission on Sustainable Development)'를 출범하였다.

2007년 8월에는 「지속가능발전 기본법」을 제정 · 공포하였고, 2010년에는 「저탄소 녹색성장 기본법」이 제정되면서 「지속가능발전 기본법」은 「지속가능발전법」으로 개정되었다.[6] 현재 「저탄소 녹색성장 기본법」 제50조와 「지속가능발전법」 제15, 16조에

6) 그러나 전국 시 · 도의 지속가능발전지방정부협의회는 유엔 지속가능발전목표(UN-SDGs) 및 우리나라의 국가 지속가능발전목표(K-SDGs)를 성공적으로 달성하기 위해서는 법 · 제도 개선을 통한 제도적 기반 구축과 실질적인 이행 주체인 지방정부의 역할이 매우 중요하다고 지적하고 있다. 지속가능발전지방정부협의회는 현행 「저탄소 녹색성장 기본법」에 규정된 지속가능발전 관련 조항을 이관 및 분리시켜 독립적인 「지속가능발전 기본법」으로 제정할 것을 강력 촉구하고

따라 5년마다 수립해 오는 기본계획으로 '제3차 지속가능발전 기본계획(2016~2035)'이 시행 중이다.이 계획은 '환경, 사회, 경제의 조화로운 발전'을 비전으로 하여 '건강한 국토환경, 통합된 안심사회, 포용적 혁신경제, 글로벌 책임국가'라는 4개 목표설정 아래 유엔의 지속가능발전목표(SDGs) 이행을 위해 이를 국내 여건에 맞게 반영하였다.

국내외의 이러한 환경정책의 추진과 함께 사회복지 분야에서도 환경에 대한 새로운 접근이 시도되고 있다. 원래 사회복지에서는 인간의 적응에서 환경의 중요성을 이미 지적한 바 있는데, 1973년 저메인(Germain)이 제시한 생태학적 관점으로 사회복지실천의 핵심적 시각이다. 생태학적 관점은 인간의 성장과 적응에서 환경과의 조화(goodness of fit)를 중요하게 고려한다. 즉, 인간이 성장하고 적응해 나가는 데 있어서 개인뿐만 아니라 환경에 대한 성찰과 환경과의 상호작용을 면밀히 살피고, 환경에 대한 조절 및 변화가 수반되어야 한다는 것이다. 사회복지에서 환경이란 물리적 환경과 사회적 환경을 모두 포괄하고, 두 환경의 상호작용, 인간의 직간접적 상호영향을 고려하여의 '생태체계(ecological system)'라는 용어로 주로 통칭된다(강세현 외, 2015; 박차상 외, 2019: 302-305).

사회복지계에서는 환경문제에 대한 여러 사상이 1980년 후반에 사회복지정책 연구에 영향을 끼치기 시작하였고, 신자유주의(반집합주의)와 기존의 복지국가에 대한 비판 속에서 관심을 가지게 되었다. 신자유주의는 자유무역과 기업 위주의 성장주의 정책, 복지비 삭감, 민영화, 근로연계복지 등을 핵심 정책으로 하면서 세계적으로 확산되어 경제성장을 이루었으나, 다음 두 가지 큰 문제를 동반하게 되었다. 첫째는 '빈익빈 부익부(貧益貧富益富)'의 양극화라는 불평등현상의 심화이고,[7] 둘째는 신자유주의적 무역의

있다. 환경부 산하 국가지속가능발전위원회를 대통령 직속으로 격상하고, 지방정부에 지방지속가능발전위원회와 지속가능발전협의회 구성의 근거조항을 마련, 지속가능발전목표 실현을 위한 중앙-지방 이행체계 확립을 요구하고 있다.

7) 기독교『성경』〈신약〉의 마태복음 13장 12절과 25장 29절을 보면 이런 글이 나온다. "무릇 있는 자는 더욱 받아 풍족하게 되고, 없는 자는 있는 것까지도 빼앗기리라(Whoever who has will be given more, and he will have an abundance. Whoever does not have, even what he has will be taken from him)." 부자는 더욱 부유해지고 빈자는 더욱 가난해진다는 '부익부 빈익빈' 현상을 말한다. 그런데 이는 가난한 사람에게서 무조건 빼앗아 부자에게 주는 것은 아니다. 그리고 가난한 사람은 처음부터 가난한 것이 아니라 재산을 불리는 능력이 없기 때문에 가난하게 된 것이다. 마태복음에 의하면 부자는 재산을 불리는 능력이 있으니 가난한 사람의 재산을 빼앗아 부자에게 줘야 전체 재산이 더욱 늘어난다는 것이다. '빈익빈 부익부' 혹은 "이긴 자가 모조리 먹는다(Winner takes all)."는 승자독식 현상을 가리키는데, 이를 또 다른 말로 '마태 효과(Matthew effect)'라 부른다. 마태 효과라는 말은 미국의 유명한 사회학자인 로버트 머튼(R. K. Merton)이 1960년대 말에 그의 저서『과학사회학』에서 처음 언급했다. 마태 효과는 우리 사회와 경제 전반에 광범위하

확대로 자연환경 파괴가 급속히 증가한 점이다.

> "어느 나라의 국왕이 먼 길을 떠나기 전에 자신의 세 하인에게 은덩어리를 하나씩 주면서 '내가 없는 동안 이 돈으로 장사를 하고 내가 돌아오면 다시 나를 만나도록 하라.'고 말했다. 국왕이 돌아오자 세 하인이 국왕에게 찾아갔다. 제일 첫 하인이 입을 열었다. '주인님, 저는 주인님이 주신 은 한 덩어리로 10덩어리를 벌었습니다.' 그러자 국왕은 첫 번째 하인에게 10개 도시를 상으로 줬다. 이어서 두 번째 하인이 입을 열었다. '저는 주인님이 주신 은 덩어리 하나로 5덩어리를 벌었습니다.' 국왕은 두 번째 하인에게 5개 도시를 상으로 줬다. 제일 마지막으로 세 번째 하인이 입을 열었다. '주인님, 저는 주인님이 주신 은 덩어리를 잃어버릴까 봐 두려워 지금까지 감춰두고 내놓지 않았습니다.' 그러자 국왕은 세 번째 하인의 은덩어리를 첫 번째 하인에게 주라고 명령하면서 이렇게 말했다. '무릇 적은 것이면 그가 가지고 있는 것만이라도 빼앗아야 한다. 많은 것이라면 다다익선이니 그에게 더 줘야 한다.'"
>
> – 『성경』 마태복음 25:14~30 –

신자유주의의 단점을 극복할 수 있는 새로운 복지이데올로기의 필요성 속에서 새로운 패러다임으로 환경에 대한 접근이 이루어졌다. 새로운 패러다임은 기존 사회복지정책과 실천에서 친환경적 방향으로의 전환 혹은 녹색화의 도입을 주장하는 것으로 나타났다. 또한 새로운 패러다임은 환경복지, 생태복지, 녹색복지 등의 용어가 혼재되어 사용되어 왔다(고재경 · 정회성, 2013; 이정필, 2011; 최경구, 2006; 홍성태, 2009).

환경복지란 물리적 · 사회적 환경의 개선뿐만 아니라 인간과 인간, 인간과 자연의 질적 관계를 향상시키고자 하는 과정이자 그 결과로(최경구, 2006), 혹은 모든 사람이 건강하고 쾌적한 환경에서 생활하도록 환경자원과 서비스 이용 혜택을 동등하게 누리고, 환경오염으로부터 동등하게 보호받으며, 정책과정 참여 기회와 정책결과의 배분이 공평하게 이루어져 더욱 나은 삶의 질을 보장받는 것을 의미한다(고재경 · 정회성, 2013). 특히,

---

게 퍼져 있다. 선진국과 후진국 간의 소득 격차는 물론 한 국가 내에서 부자와 빈자 간의 소득 격차를 통해 마태 효과를 엿볼 수 있으며, 이는 시간이 지날수록 더욱 양극화 현상을 보인다. 생물학자들은 이러한 마태 효과를 '승자 효과(winner effect)'라 부른다. 어떤 사람이 성공을 이루면 남성 호르몬인 테스토스테론이 더욱 많이 분비되어 지배적 행동이 강화되고, 그로 말미암아 더 많은 성공을 불러온다는 것이다.

환경복지는 환경정의(environmental justice)와 개념적으로 비슷한데, 미국의 환경보호청(Environmental Protection Agency: EPA)은 환경정의를 '인종, 민족, 소득수준과 관계없이 모든 사람이 환경법, 규제, 정책의 개발과 집행에서 공정하게 대우받고, 이 과정에서 의미 있게 참여하는 것'으로 정의한다.

고재경과 정회성(2013)은 환경복지의 특징을 다음과 같이 제시하고 있다.

① 환경기본권 충족을 위한 보편적 복지

모든 사람은 환경위험과 공중보건위험으로부터 연령, 소득, 성, 고용, 거주지역 등의 사회경제적 지위, 인구적 특성, 지역에 관계없이 동등하게 보호받고, 최소한의 환경질과 환경서비스에 대한 접근성을 보장받아야 하며, 위험노출에 불평등이 발생하지 않아야 한다. 환경권은 건강한 환경에 대한 권리를 보장받는 것과 함께 다른 사람의 건강을 해치거나 환경문제를 일으키지 않아야 하는 책임을 수반한다.

② 예방적 복지

환경 악화는 인간의 복지 수준을 떨어뜨리기 때문에 환경보전을 위한 투자는 환경오염으로 말미암은 위험과 의료비용을 줄이고 생산여건을 개선하며 삶의 질을 유지하는 예방적 복지로서의 의미를 가진다. 기존 복지가 분배적 형평성에 초점을 두고 못하는 사람을 뒤에서 도와주는 반응적 복지라면, 환경복지는 이들이 아프지 않고 건강하게 살 수 있도록 예방하는 복지다.

③ 생산적 복지

환경복지는 환경서비스에 대한 취약계층의 기본적인 욕구를 충족시키는 것뿐만 아니라 생태계가 제공하는 다양한 공급서비스 기능을 향상시킴으로써 인간 경제활동을 지탱하는 생산 기반의 지속 가능성을 보전하는 성격을 띠고 있다. 환경보전과 복원, 온실가스 감축, 오염방지 투자 등 적극적이고 능동적인 환경정책은 일자리와 소득을 창출한다.

④ 미래세대를 위한 복지

환경보전을 위한 투자는 현 세대뿐만 아니라 미래세대가 그 편익을 향유하고 삶의 질을 유지하는 데 중요한 역할을 한다. 환경자원이 주는 다양한 서비스 이용에 대한 기회와 접근성의 형평성은 현 세대는 물론 미래세대에도 공평하게 적용되어야 한다.

⑤ 거버넌스에 의한 지역기반 공동체복지

환경복지는 파괴된 자연환경을 복원하고 공간적으로 불균등하게 분포되어 있는 환경자원과 서비스 격차를 줄이는 물리적 변화뿐만 아니라 지역 특수성을 기반으로 그곳에서 생활하는 주민이 지속 가능하고 건강한 삶을 영위할 수 있는 사회안전망으로서 의미를 지닌다. 환경정책 결정 및 환경서비스 공급과정에 수혜자 혹은 사용자의 참여를 강조한다는 점에서 거버넌스(governance)[8)]적 접근에 의한 참여적 복지의 성격을 가진다.

서울의 화력발전소 굴뚝 연기
출처: https://terms.naver.com

대피령이 내려진 러브 커낼 마을
출처: https://terms.naver.com

8) 거버넌스(Governance)는 사회 내 다양한 기관이 자율성을 지니면서 함께 국정운영에 참여하는 변화 통치방식을 말하며, 다양한 행위자가 통치에 참여 · 협력하는 점을 강조해 '협치'라고도 한다. 오늘날의 행정이 시장화, 분권화, 네트워크화, 기업화, 국제화를 지향하고 있기 때문에 기존의 행정 이외에 민간 부문과 시민사회를 포함하는 다양한 구성원 사이의 네트워크를 강조한다는 점에서 생겨난 용어다. Governance는 steer(키를 잡다, 조종하다)를 뜻하는 그리스어 kubernáo에서 나온 말로, '국가경영' 혹은 '공공경영'이라고도 번역되며, 최근에는 행정을 '거버넌스'의 개념으로 보는 견해가 확산되어 가고 있다. 거버넌스의 개념은 신공공관리론(新公共管理論)에서 중요시되는 개념으로 국가 · 정부의 통치 기구 등의 조직체를 가리키는 'government'와 구별된다.

이처럼 새로운 패러다임으로 제시된 환경복지에 대한 관심은 사회복지계에서 아직은 이론적이고 정책적 차원에 머물고 있으며, 사회복지실천현장으로까지 확대되고 있지는 못하다. 일부 시민단체 혹은 민간단체에서 환경정의 활동가들의 활발한 움직임이 눈에 띈다. 지속 가능한 발전이 전 세계적 주요 과제로 제시되고 있는 오늘날, 환경문제와 환경약자에 대한 개입 및 환경복지 실현은 사회복지계가 앞으로 적극적으로 도전해야 할 과제다. 환경약자를 대상으로 한 사회복지실천의 활성화 및 이에 대한 윤리와 가치 정립이 절실하다(박차상 외, 2019: 305).

2. 과학기술의 발달과 사회복지 윤리

과학은 기술의 발달을 가져오고, 기술은 과학을 발전시킨다. 과학과 기술은 매우 밀접하므로 서로 구별하지 않고, 과학기술이라고 표현한다. 과학기술의 발달은 사회복지실천에 다양한 편의를 제공하고 있다. 1980년대만 해도 사회복지사는 가정방문을 통해 클라이언트에게 직접 후원금을 전달하였다. 이후 후원금 입출금의 투명성이 강조되면서 클라이언트의 통장으로 후원금을 입금하였다. 그 과정에서 출금전표에 후원대상자의 은행계좌와 금액을 적는 번거로움을 감수해야 했다. 그러다가 전산화가 되면서 인터넷 뱅킹(internet banking)을 통해 클라이언트에게 후원금을 입금하는 것은 쉬워졌다. 사회복지사가 클라이언트의 집을 방문하여 후원금 수령확인 도장을 받거나 클라이언트의 계좌를 수기로 적고 무통장 입금을 하는 일은 하지 않아도 되었다.

클라이언트를 의뢰할 때도 의뢰와 관련된 기록물을 등기우편으로 발송하던 것에서 지금은 팩스나 스캔작업을 통해 이메일로 쉽게 자료를 주고받기도 한다. 클라이언트에 관한 정보도 전산시스템에 체계적으로 입력하며, 대용량 정보의 보관도 과거보다 쉬워졌다. 클라이언트와 관련된 내용뿐 아니라 재정관리도 전산회계시스템을 활용하므로 회계장부의 기록과 보관이 간편해졌다. 이렇듯 과학기술의 발달을 통해 업무와 관련된 많은 부분이 쉬어졌지만, 기술의 오남용으로 말미암은 폐해도 그냥 넘길 수 없을 정도로 일어나고 있다(김기덕 외, 2017: 319).

과학기술의 발달이 우리 생활에 미치는 긍정적인 영향과 부정적인 영향을 살펴보면 다음과 같다.

① 긍정적인 영향

- 정보 통신의 발달로 과거보다 얻는 정보가 다양해졌으며, 그 정보 또한 얻기 쉬워졌다.
- 통신기기의 발달로 언제 어디서나 소식을 전할 수 있게 되었다.
- 농업기술의 발달로 계절에 관계없이 농산물을 얻을 수 있게 되었다.
- 품종 개량과 화학 비료의 개발로 식량의 대량 생산이 가능해졌다.
- 전기, 가스 등의 연료가 공급되는 주택이나 아파트에서 편안한 생활을 누리게 되었다.
- 가전제품의 개발로 가사 노동에 걸리는 시간이 단축되었다.
- 의료기술의 발달로 병을 더욱더 정확하게 진단하여 치료할 수 있게 되었고, 기대수명이 연장되었다.
- 교통수단의 발달로 먼 거리를 이동할 때 걸리는 시간이 줄어들었다.

② 부정적인 영향

- 무분별한 개발로 환경이 오염되고 생태계가 파괴되며, 자원이 고갈되고 있다.
- 정보 통신의 발달로 개인 정보가 유출되고, 사생활이 침해되기도 한다.
- 핵무기 등 대량 살상 무기의 개발로 인류의 생존이 위협받고 있다.
- 유전자 조작기술의 발달은 인간의 윤리문제와 심각한 충돌을 일으킬 수 있다.

클라이언트에 관한 기록이나 의뢰신청서를 다른 기관에 전송해야 하는 경우가 있다.

클라이언트에 관한 정보를 이송하는 방법은 다양할 수 있다. 등기우편, 팩스 전송, 이메일 전송, 심지어 의뢰과정에서 클라이언트로 하여금 직접 전달하도록 하는 방법 등 여러 방법이 활용될 수 있다. 그러나 팩스나 이메일 전송을 주로 활용한다. 팩스 전송은 담당자가 직접 수령을 하기보다는 행정지원부서를 경유하는 경우가 많기 때문에 정보 누출의 위험이 있으며, 이메일은 경우에 따라서는 보안에 취약할 수 있다. 이렇기 때문에 클라이언트에 관한 기록물을 이송할 때는 사적 정보가 공개되지 않도록 세심한 주의를 기울여야 한다.

최근에는 클라이언트의 서비스 기록을 전산정보시스템에 기록하여 기관 차원에서 통합관리하고 있다. 이때 직원들에게 아이디(ID: identity 또는 identification, 신분 확인)와 패스워드(password, 비밀번호)를 부여하여 접근권을 제한하고 있다. 그러나 기록과정에서 다른 클라이언트나 자원봉사자가 내방을 하거나 전산관리자가 통합 아이디와 패스워드로 모든 정보에 접근권한을 가지고 있을 때, 심지어 정보 입력 중에 자리를 비울 경우 클라이언트의 사적 정보는 공개될 위험이 있다.

기술의 발달은 내방상담이나 전화상담 이외에도 온라인 상담을 가능하게 하였다. 인터넷을 통한 화상상담은 내방이 어려운 클라이언트에게는 큰 도움이 될 수 있다. 그러나 이 상담에 대해 미국 임상사회사업가 단체는 다음과 같은 심각한 윤리적 쟁점이 있음을 지적하고 있다(Dolgoff et, al., 2005).

첫째, 정보가 인터넷을 통해 전송될 때 비밀보장은 불가능하다.

둘째, 클라이언트와 치료자의 상호작용에 대한 실시간 기록의 존재는 법정 소환에서 증거자료로 활용될 수 있다.

셋째, 제시된 정보가 정확한지 확증할 수 없으며, 온라인 치료의 효과성에 대한 실증적 증거도 존재하지 않는다.

넷째, 비밀보장의 침해, 제한되거나 부정확한 정보로 말미암은 오진, 사회복지사 면허가 발급된 주(state)와 다른 지역에 속한 클라이언트에 대한 관할 문제 등으로 클라이언트에게 위해를 일으킬 수 있다.

한국 사회복지사 윤리강령은 기기의 활용과 관련하여 클라이언트와의 관계 영역에서 "사회복지사는 문서, 사진, 컴퓨터 파일 등의 형태로 된 클라이언트의 정보에 대해 비밀보장의 한계, 정보를 얻어야 하는 목적 및 활용에 대해 구체적으로 알려야 하며, 정보공개 시에는 동의를 얻어야 한다."고 명시하고 있다. 미국 사회복지사 윤리강령도 클라이언트에 대한 사회복지사의 윤리적 기준 부분(1.07 사생활과 비밀보장의 부분)에서 "클라이언트의 서면, 전자기록, 기타 민감한 정보를 보호할 것과 사회복지사가 컴퓨터, 전자우편, 팩스, 전화 및 전화 자동응답기 그리고 전자 혹은 컴퓨터 기술을 사용할 때 클라이언트의 비밀정보를 보장해야 한다."고 명시하고 있다.

이처럼 정보기술의 발달로 업무 효율성이 증가했지만, 컴퓨터에 입력된 기존의 자료를 활용하여 다른 클라이언트의 정보를 입력하는 경우 이전 클라이언트의 일부 정보가 노출될 위험이 있다. 사회복지사가 작성했던 이전 클라이언트의 사례관리 파일에 다른 클라이언트의 내용을 기록하거나 재사정 내용을 기록하게 될 때에는 이전 내용을 완전히 지우거나 빈 양식을 활용해서 작성해야 한다(김기덕 외, 2017: 320-321).

인터넷으로 업무에 필요한 정보를 쉽게 검색할 수 있을 뿐만 아니라 물품구입도 쉬워졌다. 전문직과 지역사회 유관 기관과 이메일이나 SNS(Social Network Services, 소셜네트워크 서비스)를 활용하므로 의사소통과 정보교환도 수월해졌다. 이러한 매체의 활용이 업무 효율성에 긍정적인 부분이 있다. 그러나 오남용으로 말미암아 일어나는 문제가 있기 때문에 사용규정을 별도로 만들어 매체 활용을 통제하는 경우도 있다. 특별히 보안이 요구되는 업무에서는 이메일이나 인터넷 사용규정을 명시해 놓고 있지만, 사회복지사 윤리강령은 클라이언트에 대한 사생활보호와 관련된 부분을 제외하고는 아직 명시된 윤리적 기준은 없다.

미국 플로리다 주(Florida State) 힐스버러 카운티(Hillsborough County)의 윤리선언문(statement of ethics)에는 원격통신을 할 때 직원이 해서는 안 되는 사안을 제시하고 있다. 그 내용은 불법행위, 도박, 성적 노출 자료, 무기, 약물, 폭력, 부적절한 말(신성모독, 외설, 인종 · 민족 관련 차별적 말, 명예를 훼손하는 말), 부적절한 내용(정치나 종교 관련 편파적 견해) 등을 인터넷을 통해 접근하거나, 보내거나, 저장하거나, 내려받거나, 올리거나, 게시하거나, 블로그에 올리거나, 인터넷에서 직접 메시지를 주고받거나, 민감한 자료를 출력하거나 하는 행동은 엄격히 금지하고 있다. 그리고 이 규정을 위반할 때에는 고용관계가 종료되도록 규정하고 있다. 그렇다고 사적인 인터넷 사용을 전면 금지하는 것은 아니다. 규정과 절차에 따라 간헐적으로 짧게 사용하는 것은 허용하고 있다. 이메일을 사용할 때에도 책임 있고 효율적이며, 윤리적이고 합법적으로 업무와 관련하여 사용하도록 명시하고 있다.

여러분은 직장에서 이메일이나 인터넷을 개인적인 용도로 사용하는 것에 대해 어떻게 생각하는가? 회사 컴퓨터를 활용해 인터넷으로 개인물품을 구입하는 것은 잘못인가? 회사 컴퓨터를 활용해 주식투자를 하는 것은 잘못인가? 이에 대한 여러분의 대답이 실제 자신의 행동과 일치하는가? 업무를 위해 지원된 기기와 업무시간을 사적인 일로 사용해서는 안 되며, 이는 미국 사회복지사 윤리강령의 핵심 가치인 성실성(integrity)을 실천하는 것이다.

최근에는 스마트폰을 통해 인터넷 접근과 이메일 사용 그리고 SNS를 실시간 활용할 수 있기 때문에 업무 효율성을 위한 기기 활용과 업무 몰입을 위한 기기 활용의 제한이라는 새로운 관리 이슈가 제기되고 있다. 직원의 모든 행동을 통제하는 것은 불가능하다. 따라서 통제방법을 강구하기보다는 직원이 업무에 더 몰입하고, 윤리적으로 행동할 수 있는 윤리적 조직 풍토 조성이 바람직한 관리방법이다(김기덕 외, 2017: 321-323).

Chapter

14

현대사회와 윤리적 이슈

14
Chapter

현대사회와 윤리적 이슈

1. 생명공학과 인간복제

1) 생명공학

1970년대 유전공학(genetic engineering)의 발달로 말미암아 생명공학(生命工學) 및 의학, 생물학 등의 다른 관련 분야에 대한 연구가 생명체의 유전물질(DNA)을 변화시킬 수 있는 새로운 가능성 때문에 빠르게 발전하였다. 생명공학(Biotechnology)은 생명(bio)과 기술(technology)의 합성어로서 생명을 다루는 기술로 이해할 수 있다. 즉, 생물의 유전, 생존, 성장, 자기제어, 물질대사, 정보인식 · 처리 등을 연구하고 공학적으로 응용하여 인간의 삶에 필요한 대상을 만드는 것이다. 전통적으로는 박테리아를 이용한 김치와 치즈의 발효 및 유전교배를 통한 동식물의 육종(育種)을 손꼽을 수 있다.

현대에는 유전자를 직접 조작하여 동물의 몸에서 인슐린(insulin)과 같은 의약품을 생산해 내거나 곡물의 생산을 증대하려는 시도가 주를 이루고 있다. 또 인간의 수명과 건강을 증진하려는 목적하에 인간을 대상으로 한 연구와 기법도 빠르게 발전하고 있다(http://www.aks.ac.kr). 그러나 생명공학은 인간의 수명 연장, 불치병의 치료 등의 의의가 있는가 하면 복제된 인간의 존엄성 등이 문제로 대두되면서 사회적 찬반양론이 계속되고 있다.

오래전부터 인류는 음식, 의약품, 생필품, 기호품 등에서 자신에게 필요한 것을 얻기 위해 생물체의 다양한 특징을 파악하고 이용하려는 노력을 계속해왔다. 17~19세기에 현미경을 통한 세포의 발견 등 생물학 관련 지식이 쌓이면서 생물의 다양한 기능을 이용할 수 있는 가능성도 커졌다.

1919년에 최초로 생명공학이라는 용어가 출판물에 등장했고, 1928년에 플레밍(Fleming)이 최초의 항생물질인 페니실린(penicillin)을 발견했다. 1953년에 이루어진 DNA의 이중나선 구조 발견은 유전자의 작동원리에 대한 이해를 가능하게 하여 생명공학에 획기적인 전기를 마련해준다. 그 후 1960년대에 품종개량을 통한 녹색혁명에서 생명공학의 잠재력을 선보였다. 1973년에는 박테리아를 이용하여 새로운 DNA를 만들어 내는 유전자재조합기술이 성공하면서 새로운 생명공학의 시대를 열어주었다.

생명공학의 연구영역은 크게 미생물, 식물, 동물, 인체 등으로 나눌 수 있다. 미생물의 연구영역으로는 미생물 유전체 해석 및 기능 연구, 미생물 대사물질 이용기술, 미생물을 농업과 환경문제 해결에 적용하는 기술, 발효와 같이 식품에 활용하는 기술 등을 들 수 있다. 식물의 연구영역으로는 식물 유전체 해석 및 기능 연구, 식물조직 배양기술, 식물 이차대사산물 생산기술, 유전자재조합식품(GMO)[1] 등을 꼽을 수 있다. 동물의 연구영역으로는 동물복제기술(복제양 돌리),[2] 바이오신약개발과 실험동물 생산을 위한 동물형질전환기술, 곤충자원 이용기술 등을 들 수 있다. 인체의 연구영역으로는 인간유전체사업, 암 등 난치병 예방과 치료 기술, 의료기기 및 의료용 생체재료 기술, 의약품

---

1) 생산성 향상과 상품의 강화를 위해 유전자재조합기술(biotechnology)을 이용하여 생산된 농산물로, 우리나라에서는 GMO라고 많이 부르지만 공식 용어는 LGMO(Living Genetically Modified Organisms)이다. 이는 미국 몬산토사가 1995년 유전자변형 콩을 상품화하면서 일반에 알려지기 시작한 개념이다. 여기서 유전자변형이란 특정 작물에 없는 유전자를 인위적으로 결합시켜 새로운 특성의 품종을 개발하는 유전공학적 기술을 말한다. 즉, 어떤 생물의 유전자 중 추위, 병충해, 살충제, 제초제 등에 강한 성질 등 유용한 유전자만을 취하여 다른 생물체에 삽입하여 새로운 품종을 만드는 것이다. 그런데 유전자변형농수산물은 알레르기를 유발할 수 있고 예기치 않은 독성을 드러내 인체에도 해를 끼칠 수 있다는 주장이 제기되고 있다. 한편, 우리나라에서는 2001년 3월부터 소비자에게 올바른 구매정보를 제공하기 위하여 「농수산물 품질관리법」에 근거하여 콩 · 옥수수 · 콩나물 · 감자 등에 대한 '유전자변형 농산물 표시제'를 시행하고 있다.

2) 세계 최초의 포유동물 복제로 태어난 새끼양으로 다 자란 양의 체세포를 복제해서 태어났다. 1996년 영국의 이언 윌머트(Ian Wilmut) 박사 등이 6년생 양의 체세포에서 채취한 유전자를 핵이 제거된 다른 암양의 난자와 결합시켜 이를 대리모 자궁에 이식하여 태어났고 2003년 노화에 따른 폐질환으로 안락사시켰다.

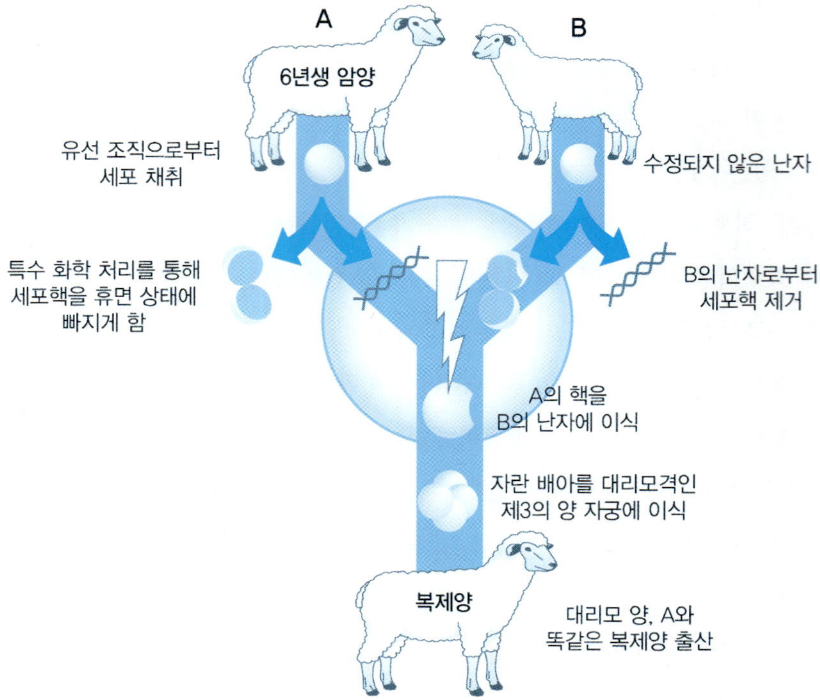

[그림 14-1] 복제양 돌리의 탄생

안전성 평가 기술 등을 꼽을 수 있다.

현재의 생명공학은 유전자재조합기술에 기초하여 유전자를 직접 조작하는 방식을 취하고 있으며, 정보통신기술이나 나노기술 등 새롭게 발전하는 기술과도 융합을 거듭하고 있다. 생물공학의 무진무궁한 발전 가능성을 고려하여 우리나라에서도 적극적인 투자와 지원에 나서고 있다. 실제로 2000년대 들어 정부는 적극 육성해야 할 6대 신기술(6T)[3] 중 하나로 생명공학(BT)을 꼽고 있다.

우리 인간이 생물이고, 우리의 삶이 생물권에 기초하고 있다는 점에서 생명공학의

3) 이때 나머지 5T란 정보기술(IT), 나노기술(NT), 환경기술(ET), 문화콘텐츠기술(CT), 우주항공기술(ST)을 말한다. 이러한 정부의 지원은 줄기세포와 유전자재조합식품(GMO), 인간게놈프로젝트 등을 중심으로 의료, 농식품, 환경, 기계, 전자, 화학 · 효소, 정보 등에 폭넓게 걸쳐 있다.

발전은 우리의 삶을 윤택하게 해주며, 심지어 건강한 삶을 보장해주는 측면도 있다. 그러나 이는 우리 삶의 터전을 근본적으로 위협할 수 있는 요소 또한 지니고 있음에 주목할 필요가 있다. 이러한 차원에서 생명공학의 발달은 생명윤리에 대한 논의가 활성화되고 있으며, 유전자조작을 신의 섭리에 대한 반대로 보는 종교계의 시각과 함께 사전 예방의 원칙에서 위험을 경고하는 목소리가 점차 커지고 있다. 따라서 생명공학을 절대선이나 절대악으로 보기보다는 활발한 사회적 논쟁과 대화를 통해 타협과 균형을 찾으려는 노력이 요구된다(http://www.aks.ac.kr).

2) 인간복제

인간복제는 인간의 세포(체세포)를 떼어 내어 이를 착상시키는 방법으로, 유전적으로 똑같은 또 다른 인간을 만드는 것을 말한다. 〈뉴욕타임스〉가 1993년 10월 24일 첫 보도한 것이 전 세계적인 이슈로 확산되었다. 인간복제와 관련, 이 신문이 사용한 용어는 '인간 배아의 복제기술(cloning of human embryos)'이다.

인간개체복제기술은 크게 수정란분할과 체세포핵이식의 2가지 방법이 있다. 수정란분할법은 수정란이 4~8개의 세포로 분열한 상태에서 각각의 할구(세포)를 여러 물리학적 · 화학적 · 생물학적인 수단을 사용하여 분리해 내는 기술이다. 이렇게 갈라진 세포는 다시 완전한 개체로 분화할 수 있는 능력이 있으므로 각각을 자궁에 착상시킨다면 인공적인 일란성 다태아(쌍둥이)들이 나오게 된다. 체세포핵이식법은 복제양 돌리를 만드는 데 사용된 것과 마찬가지로 성체의 체세포를 이용하는 방법이다. 즉, 성체의 체세포핵을 분리해 내어 여러 가지 처리를 거쳐 재프로그래밍한 후 수핵세포질(사람의 난자)과 수정시켜 새로 분화하게 만드는 방법이다. 이 수정란을 자궁에 착상시키면 핵을 떼어 낸 성체와 유전적으로 동일한 새로운 아기가 탄생하게 된다.

그러나 생식세포 복제방식이 체세포 복제방식에 밀려 1990년대 후반부터 거의 사라지는 추세이다. 복제양 돌리가 체세포 복제기술로 1997년 2월 탄생하였고 이후 각국에서 생쥐, 소 등의 체세포 복제가 뒤따랐다. 우리나라에서도 1999년 이 같은 방법으로 복제 젖소 영롱이와 한우 진이가 탄생되었다. 체세포 복제는 난자와 정자가 결합하는 수정과정 없이도 생명체를 탄생시킬 수 있다. 난자만 있다면 손톱이나 귀, 머리카락 등 몸에서 떨어진 세포 하나로도 자신과 유전형질이 똑같은 복제인간을 만들 수 있다는 것이다.

인간복제를 시도한 대표적인 단체 및 인물로는 캐나다의 종교집단 라엘리안 무브먼트(Raelian Movement)[4]의 클로네이드사(Clonaid社), 이탈리아 인공수정(IVF) 전문의 안티노리(Antinori), 미국 켄터키대학교 생식의학과 교수 출신인 자보스(Zavos) 등이 있다. 라엘리안 무브먼트는 모든 인간은 다른 행성에서 온 외계인 과학자들로부터 복제된 것이라고 믿으며 최초의 인간복제전문회사인 클로네이드를 설립하고, 2001년 2월 불임부부 등을 위해 세계 최초의 인간복제를 시도할 것이라고 밝힌 바 있다. 2002년 4월 아랍에미리트연합에서 열린 한 회의에서 '인간복제 프로젝트에 참여 중인 수천 명의 불임부부 중 한 명의 여성이 임신 8주째를 맞았다'고 밝혔고, 2002년 12월 26일에는 '이브(Eve)'라는 이름을 가진 최초의 복제아기가 출생했다고 언론을 통해 전했다. 그러나 이후 DNA 자료 등 과학적 증거를 제시하지 않아 사실 여부가 여전히 논란인 상태이다. 안티노리는 '전 세계 불임부부들의 희망은 인간복제'라며 2001년 1월 28일 자보스와 함께 인간복제 계획을 발표하였다. 이후 2004년 1월 자보스는 복제인간 배아를 35세 여성의 자궁에 성공적으로 이식했다고 주장했으나 역시 확인된 바는 없다.

인간복제 금지에 대한 국제적인 논의는 2005년부터 있었으나 당뇨병이나 알츠하이머병 등 치료 목적의 복제로 알려진 '연구용 복제'의 허용 여부를 둘러싼 이견으로 진전을 보지 못하고 있다. 하지만 인간복제에 대해서는 세계적으로 찬반양론이 맞서고 있

4) 라엘리안 무브먼트는 프랑스 출신의 자동차 경주선수 클로드 보리롱 라엘(C. V. Rael)이 지난 1973년 외계인을 만났다고 주장하며 세운 국제적인 종교단체이다. 라엘리안은 히브리어로 '빛을 나르는 사람들'이라는 뜻이다. 이들은 2만 5,000년 전에 외계로부터 온 과학자가 유전자 조작을 통해 인간을 탄생시켰다고 믿고 있다. 또한 라엘이 만났다는 외계인인 엘로힘(Elohim)이 이미 한 개인의 개성이나 기억, 경험까지 모두 복제할 수 있는 기술을 갖춰 복제를 통해 영원한 삶을 살고 있다고 주장하며, 인간도 같은 방식으로 '영생'을 누릴 수 있다고 말한다. 한편, 이 종교를 믿는 신도는 전 세계 90개국에 6만 5,000명이 넘는 것으로 알려져 있으며, 국내에서 활동하는 이 종교단체 회원도 수천여 명인 것으로 알려졌다.

다. 찬성하는 쪽에서는 인공수정으로 시험관아기를 만드는 수준을 뛰어넘어 무성생식을 가능하게 함으로써 불임문제를 해결하고, 염색체 이상 등 선천성 결함을 예방하며, 신장이나 골수 등 장기이식을 활성화할 수 있다고 보고 있다. 한편, 반대론자들은 복제양 돌리가 탄생하기까지 무려 250여 회의 실험이 실패로 돌아간 것처럼 기술적 위험성이 여전하므로 기형 · 조기 사망을 피할 수 없고, 복제인간의 생산은 남녀 간의 자연스러운 성 결합을 전제로 한 가족공동체를 파괴하며, 유전적 동일성을 초래해 진화를 방해하고 질병에도 취약해진다는 문제점을 지적하고 있다.

3) 영화 「아일랜드」의 인간복제는 현실이 될까?

2005년 미국에서 제작한, 인간복제를 다룬 영화 「아일랜드(The Island)」는 미국 등지에서는 흥행 실적이 저조했지만 유독 우리나라에서만 인기를 끌어 화제가 되었다. 아마도 이 분야의 세계적인 권위자인 황우석 박사가 바로 우리나라 사람이라는 사실에 힘입은 일종의 후광효과(後光效果)일 것이다. 황우석 박사의 연구 때문에 우리나라 사람들은 인간복제 문제 그 자체에도 많은 관심을 보이게 된 것이니, 어쩌면 이 분야에 대해 세계에서 가장 높은 열의를 보이는 나라가 바로 우리나라인지도 모른다.

▌마이클 베이(M. B. Bay) 감독의 「아일랜드」 줄거리 ▌

지구상에 일어난 생태적인 재앙으로 말미암아 일부만이 살아남은 21세기 중반. 자신들을 지구 종말의 생존자라 믿고 있는 링컨 6-에코(이완 맥그리거)와 조던 2-델타(스칼렛 요한슨)는 수백 명의 주민들과 함께 부족한 것이 없는 유토피아에서 빈틈없는 통제를 받으며 살고 있다. 잠자리에서 일어나면서부터 몸 상태를 점검받고, 먹는 음식과 인간관계까지 격리된 환경 속에서 사는 이들은 모두 지구에서 유일하게 오염되지 않은 희망의 땅 '아일랜드'에 추첨이 되어 뽑혀가기를 바라고 있다. 최근 들어 매일 같이 똑같은 악몽에 시달리던 링컨은 제한되고 규격화된 이곳 생활에 의문을 품게 된다. 그리고 곧, 자신이 믿고 있던 모든 것이 거짓이었음을 알게 된다. 자기를 포함한 그곳의 모든 사람이 사실은 스폰서(인간)에게 장기와 신체부위를 제공할 복제인간이라는 것! 결국 '아일랜드'로 뽑혀 간다는 것은 신체부위를 제공하기 위해 무참히 죽음을 맞이하게 되는 것을 의미했던 것이다. 어느 날, 복제된 산모가 아이를 출산한 후 살해되고 장기를 추출 당하며 살고 싶다고 절규하는 동료의 모습을 목격한 링컨은 아일랜드로 떠날 준비를 하던 조던과 탈출을 시도한다. 그간 감춰졌던 비밀, 엄연히 존재하고 있는 외부의 모습을 보게 된 이들은 자신들의 스폰서를 찾아 나서고 오직 살고 싶다는 본능으로 탈주를 계속하는데, 결국 탈출에 성공한다.

아무튼 복제인간은 영화 「아일랜드」 이전에 「멀티플리시티(The Multiplicity)」(1996)와 「6번째 날(The 6th Day)」(2000) 등의 영화에서도 묘사된 적이 있다. 이들은 비단 생물공학적인 차원뿐만 아니라 복제인간과 관련된 여러 가지 사회윤리적인 쟁점들까지 전반적으로 다루기는 했지만, 적어도 과학적인 측면에서 볼 때는 대부분 사실과는 상당히 동떨어진 설정뿐이다. 특히, 이런 부정확한 과학기술적 묘사는 잘못된 선입감의 확대재생산을 초래할 수도 있다는 점이 심각하다.

인간복제와 관련된 가장 기본적이면서도 심각한 비약은 이른바 '붕어빵 찍어내기'의 환상이다. '복제'라는 말이 주는 어감 때문인지 사람들은 복제인간이라고 하면 모체와 똑같이 생긴 쌍둥이 인간을 곧장 만들어 내는 것으로 생각한다. 그러다 보니 영화에서도 틀에서 찍어내거나(「멀티플리시티」는 그야말로 '붕어빵 찍어내기'라는 말 그대로이다), 미리 원형체를 배양해 두었다가 복제할 인간이 정해지면 즉석에서 외형을 '조각'하거나(「6번째 날」에서 묘사), 아니면 인공자궁에서 불과 몇 년 만에 성인으로 속성 배양해낸다(「아일랜드」에서 묘사).

하지만 복제인간은 생물학적으로 우리와 똑같은 인간이다. 따라서 그들의 탄생과정도 우리와 크게 다르지 않다. 다만 탄생의 시초가 단성생식이냐, 양성생식이냐의 차이점이 있을 뿐 지구상의 모든 생물은 자손을 낳아 대를 잇게 하면서 번식해나가는데, 그 번식의 방법은 크게 단성생식과 양성생식으로 나뉜다. 단성생식은 암수가 만나지 않고 혼자서 스스로 생식세포를 분열시켜 2세를 만드는 방법으로 처녀생식이라고도 부른다. 반면에 양성생식은 암컷과 수컷의 생식세포가 만나 결합하여 수정란을 만들고, 이것이 분열하면서 2세로 자라난다.

인간도 여성의 난자와 남성의 정자가 만나 2세를 만들지만, 여러 가지 원인으로 이 과정이 자연스럽게 이루어지지 못하는 경우가 있다. 흔히 말하는 불임증이다. 그래서 정자와 난자를 채취하여 사람의 몸 밖에서 인공적으로 수정을 시킨 뒤, 다시 여성의 자궁에 착상시켜 아기를 낳게 하는 방법이 1978년에 처음 개발되었다. 바로 시험관 아기이다.

복제인간은 이론적으로 시험관 아기와 똑같은 과정을 밟아서 세상에 나오게 된다. 다만 맨 처음에 인공수정(양성생식)을 하는 대신에 모체(남자든 여자든 어느 한 사람, 즉 단성생식)의 체세포에서 핵을 떼어낸 뒤 다른 난자의 핵과 바꿔치기해 넣고, 그 수정란을 여성의 자궁에 착상시킨다.[5] 그러면 나중에 임신 기간을 다 채운 뒤 태어난 아기는 유전적으로 모체와 쌍둥이처럼 같은 사람이 되는 것이다. 이와 비교해 보면 영화 속의 복제인간들은 임신 기간을 다 채우지도 않고 금세 태어나는 것이 가장 큰 오류인 셈이다.

이밖에 복제인간과 관련된 또 하나의 심각한 선입감은 그들이 모체와 똑같은 지적·정서적 특성을 지닐 것이라 생각하는 오류인데, 이는 후천적 환경요인을 무시한 성급한 예측일 뿐이다. 한 인간이 성장하면서 성격을 형성하고 능력을 키우는 데 환경의 영향이 얼마나 큰지는 새삼 언급할 필요가 없을 것이다. 게다가 한술 더 떠서 기억 복제도 가능하다고 하는 장면은 허튼소리(nonsense)에 가깝다. 인간의 두뇌는 컴퓨터 하드디스크와 같은 단순한 기관이 아니기 때문이다.

그렇다면 이 영화에 나오는 복제인간 관련 내용은 모두 다 허상에 불과한 것일까? 그렇지는 않다. 「아일랜드」에 나오는 것과 비슷한 인공자궁은 현실적으로 그리 멀지 않은 미래에 실제로 개발될 가능성이 높다. 인공자궁기술의 핵심은 폐가 미성숙해서 아직 스스로 호흡할 만큼 자라지 못한 태아들을 도와주는 것인데, 현재 이 분야의 연구는 상당부분 진전이 되어 있으며 우리나라도 세계적 수준에 근접해 있다.

5) 이때 난자나 자궁을 제공하는 여성은 아기와는 유전적으로 아무 상관이 없는 대리모일 뿐이다.

다만 한 가지 유의할 점은 장차 인공자궁이 나오더라도 인간복제를 위한 목적보다는 조산된 미숙아들을 치료하기 위한 용도로 쓰일 가능성이 많다는 것이다. 기술적 차원보다는 사회적 차원에서 아직 해결해야 할 문제가 많기 때문에 「아일랜드」에서 설정한 것 같은 가까운 미래사회는 그저 허구로만 남을 것이다(http://www.kisti.re.kr).

2. 연명의료와 안락사

1) 웰다잉과 연명의료

웰다잉(Well-dying)은 살아온 날을 아름답게 정리하는, 평안한 삶의 마무리를 일컫는 말이다. 삶의 마지막이자 가장 중요한 길이라 할 수 있는 죽음을 스스로 미리 준비하는 것은 자신의 생을 뜻깊게 보낼 뿐 아니라 남아 있는 가족들에게도 도움이 되는 것이라는 인식이 확산되면서 나타난 현상이다.[6] 우리나라 「호스피스 · 완화의료 및 임종과정에 있는 환자의 연명의료결정에 관한 법률」(약칭: 연명의료결정법)에서 규정하는 연명의료란 임종과정에 있는 환자에게 하는 심폐소생술, 혈액 투석, 항암제 투여, 인공호흡기 착용 등 의학적 시술로 치료 효과는 없이 임종과정만 늘리는 것을 말한다(제2조 제4호).

1858년에 클로로포름(chloroform)을 이용한 전신마취가 시작되기 전까지, 환자들은 아무리 큰 수술을 받더라도 맨 정신으로 고통을 참아내야 했다. 심하게 다친 팔다리가 썩어들어갈 경우 절단이 불가피한데, 마취법이 없다보니 수술실은 곧잘 아비규환이 되

6) 최근에는 웰빙(well-being)과 함께 안락사 논쟁에서 촉발된 웰다잉(well-dying)에 대한 관심도 높아지고 있다. 2009년 2월 선종한 고 김수환 추기경은 생명 연명치료를 거부하고 자연스런 죽음의 과정을 받아들임으로써 아름답고 존엄한 죽음을 몸소 실천해 보였다. 평소 존엄사를 긍정적으로 인정해온 고 김수환 추기경은 병세가 악화되기 시작한 2008년 말부터 인공호흡기와 같은 기계적 치료에 의한 무의미한 생명 연장을 거부해왔다. 이와 함께 2009년 2월 서울고등법원은 환자 김 모 씨의 가족이 세브란스 병원을 상대로 낸 연명치료 중단 민사소송에서 환자의 연명 치료를 중단하라는 판결을 내림으로써 존엄사와 안락사에 대한 사회적 공론을 일으켰다.

곤 했다. 병원의 수술실은 대개 건물 맨 위층에 있었고 의사는 귀마개를 착용했다. 환자의 비명 소리가 건물 밖으로 나가는 것을 최소화하고, 의사 또한 비명 소리에 방해받지 않도록 하기 위해서였다. 일부 자료에 의하면, 마취가 가능한 또 다른 화학물질인 에테르(ether)가 발견된 것이 1500년경이었다고 하는데, 그때 바로 활용되지 못했던 것은 종교계의 반대 때문이었다고 한다. 고통은 신의 섭리이므로 참아내야 한다는 그릇된 관념 때문에 300년 동안이나 인간은 팔다리를 잘라내는 대수술을 하면서도 맨 정신으로 끔찍한 통증을 견뎌내야 했던 것이다(https://terms.naver.com).

의료기술은 20세기에 들어서며 전기를 맞는데, 특히 두 차례의 세계대전을 겪으며 부상자들을 치료하는 과정에서 치료기술이 크게 향상된다. 1950년 한국전쟁에서는 유행성출혈열로 많은 군인이 사망했는데, 몸의 노폐물을 걸러내는 콩팥이 갑자기 기능을 못하는 신부전증이 원인이었기 때문에, 신부전증의 치료법도 이때 큰 진전을 이루게 된다. 또 이후에 있었던 베트남 전쟁에서는 갑자기 숨을 쉬지 못하여 사망하는 급성호흡부전증이 많이 발생해 그에 대한 치료기술이 크게 발달했다. 물에 빠지거나 교통사고로 심장 박동이 멎은 사람을 살려내는 응급 치료법인 심폐소생술도 그 역사가 그리 오래되지 않았다. 불과 50여 년 전만 해도 환자 주변에 다행히 외과의사가 있으면 칼로 가슴을 째고 심장을 손으로 꺼내 직접 마사지를 하는 식이었다.

미국의 외과의사 뉴랜드(Nuland)가 쓴 책 『사람은 어떻게 죽는가?(How We Die: Reflections on Life's Final Chapter)』에 이러한 심폐소생술이 잘 묘사되어 있다(명희진 역, 2008). 뉴랜드가 의대생이던 1960년대의 어느 날, 병원 실습을 하다가 입원 중인 환자의 심장과 호흡이 멎었는데, 공교롭게도 주위에 의료진이 아무도 없었다. 결국 본인이 병실에 비치되어 있던 외과용 칼로 환자의 가슴을 절개하고 심장을 꺼내 손으로 마사지를 했으나 살릴 수 없었고, 병실이 온통 피투성이가 되었다고 술회하고 있다. 설령 일시적으로 소생했다 하더라도 결국엔 세균 감염으로 사망했을 가능성이 매우 높다. 의술은 이처럼 무수한 시행착오를 겪으며 발전해온 것이다.

사람들이 큰 병원의 중환자실에서 임종을 맞게 된 배경에는 죽음을 바라보는 사회적 시각의 변화가 자리한다. 수십 년 전만 해도 할아버지, 할머니의 죽음을 손자와 손녀가

다 지켜보고, 세상을 떠나는 사람의 마지막 삶을 가족들이 보살피는 게 당연한 일이었다. 한마디로 죽음이 일상사에 포함되어 있었던 것이다. 더구나 백신과 항생제가 개발되기 이전에는 전염병 등에 의한 죽음이 흔했기 때문에, 중세 유럽에서는 "너도 언젠가는 죽는다는 것을 기억하라"는 '메멘토 모리(memento mori)' 사상이 유행할 정도였다.

우리나라 역시 30여 년 전만 해도 집 밖에서 객사하면 안 된다는 생각이 일반적이었다. 말기 질환으로 입원 중인 환자라도 임종이 임박하면 인공호흡장치를 한 채 퇴원해, 집에 도착하는 즉시 장치를 떼고 순리대로 임종을 맞게 하는 것이 흔한 일이었다. 그러나 유물론이 우세해지고 생명 연장 의료기술이 발달함에 따라 죽음을 터부시하는 경향이 자리 잡게 됐다. 요즘에는 30여 년 전과 정반대로 대부분의 사람이 병원에서 '객사'를 한다. 이런 사회적 분위기와 맞물려, 의료진도 죽음을 삶의 자연스러운 과정으로 보지 않고, 의료의 패배나 실패로 보는 경향이 강해졌다.

일본에서 1970년대부터 바람직한 죽음 문화의 정착을 위해 노력해온 독일 출신 데켄(Deeken) 신부 겸 명예교수는 『죽음을 어떻게 맞을 것인가?(死とどう向き合うか)』라는 책에서, 환자에게 사실을 적극적으로 알려야 하는 네 가지 이유를 제시한다(오진탁 역, 2002). 첫째, 환자는 기본적 인권의 차원에서 자기 병의 상태를 알 권리가 있고, 둘째, 병에 대한 정확한 정보를 전달받는 것이 가족과의 신뢰 유지에 필수적이며, 셋째, 병에 대한 의혹이 계속되는 것은 좋지 않고, 넷째, 얼마 남지 않은 시간을 충실하고 의미 있게 보내기 위해서라고 말했다.

사람들은 일반적으로 죽음에 대해 듣거나 말하는 것조차 꺼리는 경우가 많다. 그런데 죽음이 과연 그렇게 혐오스럽고 기피해야만 할 일인 걸까? 철학을 전공한 유호종(2010)은 『죽음에게 삶을 묻다』라는 책에서 죽음에 대한 두려움과 기피현상을 비유적으로 성찰하고 있다. 과거에는 신부가 신랑 얼굴 한 번 보지 못한 채 결혼 날짜가 정해지는 일이 종종 있었는데, 혼례 일자가 다가오면서 신랑에 대한 괴소문이라도 돌면 신부가 얼마나 불안했겠는가? 그러나 막상 신랑의 얼굴을 보고 나면 모든 게 다 헛소문이었다는 사실을 알고 불안감이 사라지듯이, 죽음도 이 신랑의 얼굴 같은 것이 아니겠는가라는 얘기를 한다.

삶의 모퉁이를 돌아 죽음을 마주칠 때가 내일이 될지 십 년 후가 될지 아무것도 모른 채, 우리는 매일 매일을 정신없이 바쁘게 살아간다. 그러나 죽음을 꽉 막힌 벽으로 여길지, 아니면 열린 문으로 여길지에 따라 삶을 살아가는 태도와 방식은 크게 달라질 수 있다. 이제는 우리 사회가 죽음을 회피하지 말고 죽음에 관한 대화와 교육을 활성화시켜야 한다. 이를 통해 각자의 죽음관을 확립한다면, 세상을 떠나는 사람에 대해 가족이나 친구, 친지로서 순리에 맞는 대응을 할 수 있게 될 것이다.

2) 환자의 고통과 안락사

안락사(Euthanasia)란 회복할 수 없는 죽음에 임박한 중환자의 고통을 덜어주기 위하여 그 환자의 생명을 단축시켜 사망하게 하는 것을 말한다. 안락사는 여러 가지 유형이 있을 수 있다. 우선 진정안락사라고 부르는, 생명을 단축시키지 않는 안락사의 경우에는 법적 문제가 발생하지 않는다. 그러나 생명을 단축시키는 안락사의 경우에는 법적 문제가 발생할 수 있다.

그리고 생명을 단축시키는 안락사의 경우에도 적극적 안락사와 소극적 안락사의 2종류가 있다. 적극적 안락사는 적극적 행위를 통해 생명을 인위적으로 앞당기는 것을 말한다. 적극적 안락사를 감행한 사람에게는 (촉탁 승낙에 의한) 살인죄의 성립이 문제된다. 이에 대해 일부 국가는 안락사를 허용하는 특별법을 제정하기도 했지만, 우리나라를 비롯한 대부분의 국가에서는 주로 위법성 조각(違法性阻却)[7]의 관점에서 다루어진다. 소극적 안락사의 경우에는 무의미한 연명치료의 중단, 장기이식을 위한 뇌사자로부터 장기적출 등에 대한 허용성 등의 문제가 대두된다.

네덜란드에서는 1994년 6월 정신과 의사가 심한 우울증에 시달리던 여인에게 치사

7) 위법성은 범죄의 성립요건 중 하나로서, 어떠한 행위가 법규에 반해 허용되지 않는다는 성질을 의미한다. 우리나라 「형법」은 위법성에 관하여 적극적인 규정을 두지 않고 위법성이 조각되는 사유만을 두고 있다. 즉, 어떤 행위가 범죄의 구성요건에 해당하지만 위법성을 배제함으로써 적법하게 되는 사유를 위법성 조각사유라고 한다. 이에는 정당행위(제20조), 정당방위(제21조), 긴급피난(제22조), 자구행위(제23조), 피해자의 승낙에 의한 행위(제24조), 명예훼손의 행위가 진실한 사실로서 오로지 공공의 이익에 관한 때(제310조) 등이 있다.

량의 수면제를 주어 자살을 방조한 혐의로 기소되었는데, 대법원은 의사에게 유죄를 인정하면서 형은 선고하지 않았다. 그러한 과정을 거쳐 네덜란드는 2001년 4월에 이를 합법화하였다. 인접한 벨기에도 2002년 9월에 이를 합법화하였다. 그리고 그 이전 1996년 9월 오스트레일리아 노던 주는 세계 최초로 안락사를 법제화하였다. 미국 오리건 주에서는 환자가 서면으로 2차례 이상 요구하고, 2명 이상의 증인과 2명 이상의 의사로부터 진료를 받은 후 의사가 처방전을 써주면 약국에 가서 약을 복용 후 죽음을 맞이할 수 있는 「존엄안락사법(Death with Dignity Act)」이 시행되고 있다. 워싱턴 주에서도 2008년 11월 「존엄사법」을 통과시켰다.

일본 나고야 고등법원은 다음의 6가지 조건, 즉 ① 환자가 불치의 병으로 사망이 임박하였을 것, ② 환자의 고통이 극심할 것, ③ 고통완화를 목적으로 행할 것, ④ 환자의 의식이 명료한 때에 본인의 진지한 촉탁 · 승낙이 있을 것, ⑤ 원칙적으로 의사에 의해서 시술될 것, ⑥ 그 방법이 윤리적으로 타당할 것을 조건으로 위법성 조각을 인정하였다. 그리고 산소호흡기로 오랜 기간 연명해 오던 환자에 대하여 평소 의사와 가족의 진지한 동의에 의해 무의미한 연명치료를 중단하는 소극적 안락사는 적극적 안락사보다 덜 엄격하게 허용되기도 한다.

뇌사상태의 환자에 대해서는 장기이식을 위한 장기적출 행위도 「장기 등 이식에 관한 법률」에 의하여 위법성이 조각될 수 있다. 왜냐하면, 우리나라는 「장기 등 이식에 관한 법률」을 제정하여 뇌사를 사망의 시기로 보지 않으면서도 뇌사자로부터 장기를 적출하는 것에 대해 적법성을 인정하는 장치를 갖추고 있기 때문이다. 특히, 이 법은 뇌사판정을 정확히 하도록 뇌사판정의 절차와 기준을 명백히 설정하고 있다. 이처럼 「장기 등 이식에 관한 법률」에 기인한 소극적 안락사는 인간의 생명권도 최대한 존중하면서 장기이식을 통해 고통받는 다른 사람의 생명 구제를 도모할 수 있도록 입법조치한 적절한 정책인 것으로 평가된다.

연명치료 중단을 넘어 의료진이 임종에 직접 개입하는 안락사를 허용하는 곳은 어디일까? 네덜란드가 2001년 불치병 환자의 안락사를 합법화하면서 세계 첫 사례가 됐다. 벨기에, 룩셈부르크, 스위스, 콜롬비아와 캐나다도 안락사를 인정하고 있다. 다만 방식에 차이가 있다. 네덜란드와 벨기에는 약물을 주입하는 방식을 허용한다. 스위스에서는 의료진이 약을 제조해줄 수 있으나 직접 투약하는 것은 금지한다.

오리건, 워싱턴, 몬태나, 버몬트, 캘리포니아 등 미국의 일부 주도 안락사를 허용한다. 이 가운데 가장 근래에 안락사를 허용한 곳은 캘리포니아 주다. 뇌종양으로 6개월 시한부 판정을 받은 20대 여성이 안락사를 위해 캘리포니아 주에서 오리건 주로 옮겨 목숨을 끊은 사건이 발단이 됐다. 캘리포니아 주는 일단 10년 동안만 안락사를 법으로 허용하기로 했다. 10년 후 다시 의회의 승인을 받아야 안락사가 계속 허용된다.

그러나 안락사가 합법화됐다고 해서 논란까지 사라진 것은 아니다. 2016년 벨기에의 한 의사가 안락사를 선택한 70대 폐암 환자에게 약물을 주입하기 위해 요양시설을 방문했다가 출입을 거절당한 사건이 있었다. 벨기에 법원은 "요양시설은 '양심'을 이유로 들지만 안락사를 막을 권한은 없다"며 요양시설에 벌금 3,000유로를 부과하고 환자의 가족에게 3,000유로를 배상하라고 판결했다. 당시 종교계를 중심으로 "생명의 존엄성이 위협받을 것"이라는 반발이 일었다.

3) 존엄사 또는 자연사

2016년 1월 우리나라 국회는 회생 가능성이 없는 중환자의 연명의료를 중단하는 조건과 절차를 다룬 「호스피스 · 완화의료 및 임종과정에 있는 환자의 연명의료결정에 관한 법률」(약칭: 연명의료결정법)을 통과시켰다. 이 법의 목적은 "호스피스 · 완화의료와 임종과정에 있는 환자의 연명의료와 연명의료 중단 등 결정 및 그 이행에 필요한 사항을 규정함으로써 환자의 최선의 이익을 보장하고 자기결정을 존중하여 인간으로서의 존엄과 가치를 보호하는 것"이다(법 제1조). 이후 보건복지부는 연명의료결정제도 시행에 앞서 2017년 10월 16일부터 2018년 1월 15일까지 시범사업을 진행했으며, 2018년 2월 4일부터 제도를 시행하고 있다.[8)]

---

8) 연명의료 중단은 '임종과정에 있는 환자'에게 심폐소생술, 혈액투석, 항암제 투여, 인공호흡기 착용(2019년 3월 28일부터 체외생명유지술, 수혈, 혈압상승제 치료가 포함)과 같은 행위를 하지 않는 것을 말한다. '임종과정에 있는 환자'는 회생

안락사의 목적은 환자를 고통에서 해방시키는 것이지만, 환자에게 인간으로서의 존엄을 유지시키는 것을 목적으로 하는 것이 존엄사(death with dignity) 또는 자연사(natural death)이다. 이는 회복의 가망이 없는 환자에게 무익한 연명조치를 계속하는 것을 멈추고, 자연스러운 죽음을 맞이하게 하는 행위로, 생명연장을 위한 적극적인 의료행위를 하지 않는다는 점에서는 앞에서 언급한 부작위에 의한 안락사와 유사한 개념이다. 그러나 존엄사는 인공호흡기의 스위치를 끊는 등의 작위에 의해서 행하여지는 경우도 있다. 그런 환자는 의식불명이며 연명조치 중단의 가부에 대해서 의사를 표명할 능력이 없고 또한 육체적 고통을 느끼지 못하는 것이 통상이며, 생명연장 조치를 계속하면 상당히 장기간에 걸쳐서 생명을 유지하는 예도 있는 점 등에서 부작위에 의한 안락사는 물론, 다른 안락사의 유형과도 다르다.

현대 의료기술의 진척은 이전에는 절망적이었던 중증환자의 생명을 구하는 것을 가능케 하였는데, 동시에 종국적인 회복 가망이 없는 채로 연장조치만이 강구되는 병자를 많이 낳게 되었다. 천연성 식물상태 환자(식물인간)가 그 전형적인 예이다. 적극적 안락사에 반대하는 논자에게도 존엄사·자연사를 긍정하는 경우가 많은데, 미국에서는 식물상태에 있는 환자에게는 헌법상의 '프라이버시의 권리'에 유래하는 연명조치 거절권이 있다고 한 퀸란(Quinlan) 판결(소위 카렌 사건, 1976) 이래, 이와 같은 존엄사를 인정하는 판례가 몇 가지 나오고 있다. 또한 의사능력이 있는 상태에서 작성된 자신이 말기 상태가 되었을 때는 인위적인 연명조치를 중단할 것을 요구한다는 취지의 지시서(living will이라고 한다)에 법적인 효력을 주는 「자연사법」이나 유사한 이름의 법률도 성립되어 있다.

가능성이 없고, 치료에도 회복되지 않으며, 급속도로 증상이 악화돼 사망이 임박한 상태에 있다고 의학적 판단을 받은 환자를 말한다. 다만 연명의료를 중단하더라도 통증 완화를 위한 의료 행위나 영양분 공급, 물 공급, 산소의 단순 공급은 중단할 수 없다. 환자는 담당의와 해당 분야의 전문의 1명에게 말기·임종과정에 있다는 의학적 진단을 받을 경우, 연명치료 지속·중단을 스스로 결정할 수 있다. 이때 환자는 사전연명의료의향서나 연명의료계획서를 통해 연명의료를 원치 않는다는 의사를 나타내야 한다. 그러나 환자가 의식이 없고 연명의료계획서 등을 미리 작성하지 않은 경우에는 환자 가족 2인이 연명의료에 관한 환자의 의사를 진술하고, 그것도 없을 경우 환자 가족 전원이 합의해 연명의료 중단을 결정할 수 있다.

▌'인간답게 죽을 권리' 존엄사 첫 판결 퀸란 사건▐

1985년 6월 11일 미국 뉴저지 출신의 31세 여성 카렌 퀸란(Karen Quinlan)이 폐렴으로 사망했다. 바륨(신경안정제)을 복용한 채 무심코 독주인 진(Gin)을 마신 후 혼수상태에 빠진 지 10년 만이자, 인공호흡기를 제거한 지 9년 만의 일이다. 의술은 생명을 구하고 수명을 연장하기 위해 존재한다는 통념이 강했던 시기에 그는 '인간답게 죽을 수 있는 권리'의 화두를 던지고 세상을 떠났다.

1975년 4월 14일 21세의 대학생이었던 퀸란은 친구의 생일 파티에서 약물과 술을 함께 섭취한 후 의식을 잃고 쓰러졌다. 5개월 입원 후 의사가 '지속적 식물인간 상태(persistent vegetative state)' 진단을 내리자 퀸란의 부모는 딸의 고통을 덜어주고자 인공호흡기 제거를 요청하며 소송을 냈다. 하급법원에서는 기각됐지만 뉴저지주 대법원은 1976년 3월 헌법에 보장된 사생활 보호권 관점에서 7 대 0 만장일치로 인공호흡기를 떼도 좋다는 판결을 내렸다. 법원 판결에 따라 퀸란의 목숨을 지탱해 준 인공호흡기 등 생명 유지 장치가 그 해 5월 모두 제거됐다. 이후 퀸란은 9년 간 스스로 호흡하며 생존하다가 1985년 합병증인 폐렴으로 사망했다. 이로써 미국 법률 역사상 최초의 '죽을 권리'를 보장한 사례가 된 퀸란 사건은 미국 내 의료시설에 직접적인 영향을 미쳤다. 병원과 각종 의료시설 내에 윤리위원회가 잇달아 만들어졌다.

그러나 의식이 없는 환자는 치료거절권을 행사하는 현실적인 의사를 지니고 있지 않다. 또한 건강할 때의 의사표명은 식물 상태 시의 의사라고도 할 수 없다. 따라서 여기에서는 연명조치의 중단이 병자의 참된 이익에 합치하는지를 다른 사람이 판단하는 것이 필요해지는데, 누구에게 그 판단권을 인정할지에 대해서는 여전히 문제가 있다. 병자 가족의 의사를 무시하고 연명조치를 중단하는 것은 허용되지 않는다는 견해도 있다. 한편, 중단을 희망하는 가족의 의사에 따랐다고 해서 행위가 합법이 되지는 않는다. 또한 병자의 죽음이 어느 정도 다가오고 있는 것이 필요하거나 일체의 의료조치의 중단이 허용되는지 또는 인공심폐, 비공영양, 항생물질투여 중 어느 범위에 대해서만 중단이 허용되는지에 그칠 것인가 등 미해결의 문제가 많다.

이처럼 외국에서도 '존엄하게 죽을 권리'에 대한 법적 논의가 활발하다. 이 권리를 인정해야 한다는 문제의식은 같지만 그 권리를 어디까지 인정하고 어떤 방식으로 부여할 것인지에 대해선 차이가 있다.

미국은 퀸란 사건 이후 40여 개 주에서 연명치료 중단과 관련한 법률이 갖추어졌다. 명칭과 내용은 다르지만 '치료 · 회복할 수 없는 말기 상태로 생명 유지 장치가 단지 죽음의 순간을 연기하는 경우 연명치료 중단을 결정할 수 있다'는 기본 전제는 공통적으로 깔려 있다. 뉴저지 주에서는 여기에 '6개월 미만의 기대여명을 가진 상태'라는 조건까지 만족해야 한다.

프랑스에서는 「웰다잉법(Well-dying law)」이 2016년 1월 상 · 하원을 최종 통과했다. 이 법에 따르면 회생 불가 판정을 받은 환자는 더 이상의 연명치료 없이 수면유도제를 투여받고 생을 마감할 수 있다. 다만 환자의 임종이 가까워졌다는 의학적 판단이 나와야 한다. 환자가 의사를 표시할 수 없어도 가족의 동의가 있으면 연명치료 중단이 가능하다.

〈표 14-1〉 **연명의료 중단 확인방법**

환자 의사	확인방법
환자 의사 능력이 있을 때	• 연명의료계획서(말기, 임종기 환자 작성 가능) • 사전연명의료의향서(원하는 사람 작성 가능) + 담당 의사의 확인
환자의 의사 능력이 없고 평소 의사를 확인할 수 있을 때	• 사전연명의료의향서 + 의사 2인의 확인 • 가족 2인 이상의 일치하는 진술 + 의사 2인의 확인(가족은 배우자와 직계 존 · 비속, 없을 경우 형제자매)
환자의 의사 능력이 없고 평소 의사를 확인할 수 없을 때	• 환자 가족 전원 합의 + 의사 2인의 확인(미성년자의 경우 친권자인 법정대리인의 결정 + 의사 2인의 확인)

보건복지부는 국가호스피스연명의료위원회 심의를 거쳐 '제1차 호스피스 · 연명의료 종합계획(2019~2023)'을 2019년 6월 24일 발표했다. 이번 종합계획은 「호스피스 · 완화의료 및 임종과정에 있는 환자의 연명의료결정에 관한 법률」에 의해 수립된 호스피스 · 연명의료 분야 최초의 법정 계획으로 '국민의 존엄하고 편안한 생애말기 보장'을 비전

으로 호스피스 서비스 접근성 제고와 연명의료 자기결정 보장, 생애말기 환자 · 가족 삶의 질 향상을 목표로 수립됐다.

생애 말기에는 신체적 · 심리적 고통, 돌봄 부담이 증가하지만 이에 대한 국가 · 사회적 지원이 부족해 환자와 가족이 스스로 정보를 얻고 생애말기와 임종을 준비해야 하는 부담이 있다. 또한 임종기에도 고통 완화나 편안한 돌봄 대신 무의미하게 임종 기간만 연장하는 진료를 계속하고, 사망 전 의료비 지출도 높은 실정이다. 이에 따라 생애말기에 의학적으로 무의미한 연명의료 대신 환자의 자기결정을 보장하고, 고통 없이 편안하게 삶을 마무리할 수 있도록 연명의료결정제도의 안정적 정착과 양질의 호스피스 서비스 확충을 모색해야 한다는 공감대가 형성됐다.

정부의 이번 종합계획에 따라 먼저 호스피스 서비스 유형이 다양해진다. 환자의 다양한 상황과 선호를 반영해 호스피스 서비스 유형을 다양화한다. 유형별 시범사업에 대한 평가를 거쳐 가정형(2020), 자문형(2021), 소아청소년형(2021) 등 다양한 서비스 제공유형을 제도화한다. 또 연명의료 결정을 위한 기관 요건인 의료기관윤리위원회 설치를 확대하고, 연명의료 상담 · 계획을 활성화하기로 했다.

의료기관윤리위원회는 2019년 현재 198개 기관에서 오는 2023년까지 800개 기관으로 늘린다는 계획이다. 그뿐만 아니라 연명의료에 관한 의사를 미리 밝혀두는 사전연명의료의향서를 거주지에서 작성할 수 있도록 등록기관을 확대하고, '찾아가는 상담소'도 체계적으로 운영하기로 했다. 기초자치단체에 등록기관이 없거나 '찾아가는 상담소' 연계가 없는 접근 취약지에 보건소, 의료기관 중심으로 등록기관을 추가 지정하고, 운영비 지원 대상을 확대한다.

3. 대리모와 아기공장

1) 대리모 임신

대리모 임신(代理母姙娠)은 대리출산(surrogate birth)이라고도 하며, 보수를 받고 대리로 임신·출산을 하여 주는 제3의 여성을 대리모(surrogate mother)라고 한다.[9] 이와 같은 임신 및 출산방법은 남편의 무정자증(無精子症)·정자결핍증으로 말미암아 부인이 남편 이외의 정자를 사용해서 하는 비배우자 간 체외수정의 경우와는 반대의 방법이다. 대체로 대리모임신은 난자를 생산 못하는 여성이나, 시험관임신에 실패한 불임여성을 위해서 하는 비상수술단계이다.

그 방법으로는 ① 난자를 생산 못해 임신능력이 없는 부인 대신, 정상적인 자궁을 가진 대리모의 난자에 남편의 정자를 인공수정시켜 임신하게 하는 경우와, ② 부인의 배에서 꺼낸 난자를 남편의 정자와 체외수정시켜 이 수정란을 대리모의 자궁에 이식하여 임신·출산시키는 경우가 있다. ①의 경우 미국에서는 1976년부터 시행하였으며, ②의 경우는 1986년 역시 미국에서 처음으로 출산의 예가 기록되었다. 또 한국에서는 ②의 성공사례 3건이 1989년 처음으로 대한산부인과학회에 의해 발표되어 불임부부들의 비상한 관심을 모았다.

그러나 특히 ①의 경우는 1986년 미국에서 1만 달러를 받고 대리모 임신계약을 맺은 여성이 출산 후 상대방에게 출산아의 인도를 거부한 사건(베이비 M 사건)이 일어나, 대리모 계약 자체가 유효한가, 친권을 어느 쪽에 인정하여야 하는가? 등을 둘러싸고 법적인 쟁점이 되었다. 물론 법원은 계약의 유효성을 인정하고, 인공수정을 한 부친 쪽에 친권이 있다고 판결을 내렸으나, 그 판결에 대해서는 첫째로 대리모계약은 법으로 금지하고 있는 매매에 해당되는 것이 아닌가, 둘째로 여성을 아이 낳는 노예로 만드는 것이 아닌가라는 의견이 제기되었다. 또 미국에서는 많은 대리모 지원여성을 확보하고 대리

9) 대리모를 구글 마마(google mama), 대리모를 통해 태어난 아이를 구글 베이비(google baby)라 일컫기도 한다.

모임신을 통한 계약출산을 주선해주는 회사도 등장하여, 윤리를 무시한 장삿속이라는 비판도 일고 있다.

우리나라에서는 ②의 경우, 난관부전(卵管不全) 등의 경우라도 정상적인 자궁을 가진 여성은 다른 방법으로 임신이 가능한데도, 대리모임신의 성공사례가 알려진 후에는 돈을 주고 대리모를 사서 출산하려는 사례까지 있어 충격을 주고 있다(http://www.doopedia.co.kr).

의료기술과 과학기술의 발달은 과거에는 상상도 못 했던 것들을 이룩하기도 했지만 윤리적인 논쟁을 끊임없이 일으키기도 한다. 그중의 하나는 대리모 출산 산업이다. 대리모 시장은 아이를 낳고 싶은 불임부부의 절박함과 돈이 필요한 제공자의 이해관계가 맞아떨어지는 분야다. 대리모 문제는 기술의 발전과 기존 윤리가 충돌하는, 갈등이 첨예한 문제다. 일각에선 생명의 탄생이 상업적으로 이용되어선 안 된다며 대리모 허용을 우려하는 목소리가 나온다. 반대로 불임 부부가 고통받는 현실을 외면하지 말고, 대리모를 통한 임신을 제한적으로나마 허용하자는 주장도 있다.

미국 대리모 중개 사이트 센서블 서로거시에 따르면, 2015년 기준 이곳을 통한 미국인 대리모 출산에는 11만 5,000달러(한화 1억 4,000만 원)가, 우크라이나 대리모 출산은 3만 9,000달러(4,400만 원), 태국은 3만 6,500달러(4,100만 원), 인도는 2만 8,750달러(3,200만 원) 등이 들었다. 2019년 기준 현재는 인도, 태국 등이 상업적 대리모 출산을 금지했거나 법안 마련에 나서면서 가격이 뛰었다. 미국인 대리모 출산에는 14만 6,500달러(한화 1억 6,500만 원)가, 캐나다는 8만 달러(9,000만 원), 우크라이나는 4만 8,500달러(5,500만 원), 케냐는 4만 5,000달러(5,000만 원)가 든다.

상황이 이렇다보니 저개발국 국가 여성들 다수가 선진국 부부의 아기를 임신 중인, 비극적인 상황이 펼쳐지기도 한다. 2018년 11월 캄보디아 프놈펜 센속구에서 외국인을 상대로 돈을 받고 대신 아기를 낳아주는 대리모 합숙소, 소위 아기공장이 적발됐다. 주변 봉제공장 근로자들 11명이 대리모를 하기 위해 이곳에 있었는데, 이중 10명이 임신 중이었다. 이들은 정자 주입 때 200달러(한화 22만 6,000원)를 받고 임신 기간에는 하루 10달러(약 1만 1,000원)를 식비 명목으로 받으며, 출산 시 최고 1만 달러(1,133만 원)를 벌 수 있다는 약속을 받았다.

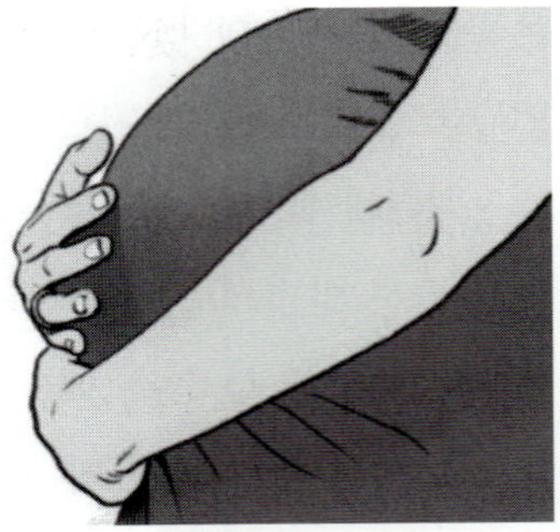

아직 대리모에 대한 우리나라 정부 차원의 공식적 실태 조사는 없는 상황이다. 2018년 11월 수도권의 한 법원에서 열린 대리모 브로커 A 씨의 결심 공판을 살펴보자. 불임 부부에게 외국인 여성의 난자를 알선한 혐의로 기소된 A 씨 측은 재판부에 선처를 호소하며 이렇게 말했다. "시험관 시술은 신체적 고통만 있고 성공 확률이 낮아서 대리모로 불임 부부에게 도움을 줄 생각이었다.", "깊이 뼈저리게 반성하고 있다. 불임 부부들도 선처를 요구하는 탄원서를 제출했다."고 강조했다.

연세대 의료법윤리학과 이일학 교수는 "기술이 발전하면서 다양한 방식으로 아이가 태어나는 현실을 무조건 비윤리적이라고 막을 순 없다. 그러나 상업적 방식의 대리모 계약을 허용하는 것이 우리가 지향해야 할 대리모 방식이라고 단정 지을 순 없는 게 우리나라 사람들의 생각"이라고 말했다. 이어 "낙태가 금기시됐을 땐 낙태 관련 통계가 없듯이 현재 국내엔 대리모 관련 통계가 없어 인원조차 간접적으로 추산할 수밖에 없다. 정부가 실태 조사부터 시작해야 대리모 관련 논의를 시작할 수 있을 것"이라고 지적했다(동아일보, 2019. 6. 15).

대리모 출산이 인간의 생명 윤리를 해친다는 비판을 곰곰이 생각해 보아야 한다. 돈이 된다면 무엇을 해도 상관없다는 생각은 배금주의의 산물이라고 할 수 있다. 대리모 쇼핑은 여성의 몸을 출산의 도구로 전락시키고, 인간의 생명을 상업화하는 풍조를 조장하기도 한다. 힌두교에서는 이에 대한 뚜렷한 기준이 보이지 않는다. 『성경』에서는 생명의 근원이 하나님이 되시고, 생명도 하나님의 창조행위라고 하였다(창세기 1:1, 27-28). 따라서 이에 대한 기준을 세우고, 이에 근거한 윤리의식을 가져야 할 것이다.

"태초에 하나님이 천지를 창조하셨다.… 하나님이 당신의 형상대로 사람을 창조하셨으니 곧 하나님의 형상대로 사람을 창조하셨다. 하나님이 그들을 남자와 여자로 창조하셨다. 하나님이 그들에게 복을 베푸셨다. 하나님이 그들에게 말씀하시기를 생육하고 번성하여 땅에 충만하여라. 땅을 정복하여라. 바다의 고기와 공중의 새와 땅 위에서 살아 움직이는 모든 생물을 다스려라 하셨다."

2) 외국의 대리모 실태

(1) 인도와 대리모

인도에서는 2002년부터 상업적 대리모 산업이 합법화되면서 '세계의 아기공장'이라는 오명에 시달려 왔다. 서양에서는 난임부부뿐만 아니라 동성부부나 너무나 바쁜 전문직 여성들이 대리모 출산을 이용해 왔다. 대리 출산을 허용하는 나라들 가운데 규모가 가장 컸던 인도에서는 매년 5,000여 명의 아이가 대리모를 통해서 태어나는 것으로 추정된다. 외국인들을 대상으로 하는 대리모 시장 규모가 연간 4억 달러에 달하게 되었다. 현재 인도에 설립된 대리모 관련 전문병원도 600곳이 넘는 것으로 알려졌다.

인도가 전 세계 대리 출산 시장의 중심지가 된 가장 큰 이유는 저렴한 가격 때문인 것으로 알려져 있다. 일부 서양 국가에서 대리모를 고용하는 경우 10만 달러 가까이 들지만 인도에서는 3분의 1 이하면 가능하다고 한다. 우리나라도 한국인 대리모를 사용할 경우 8,000달러 내외의 비용이 들지만, 인도에서는 그 절반 정도의 비용으로 해결을 할 수 있다는 이유 때문에 인도의 대리모를 사용한다. 그러나 2016년에 인도 정부가 외국인과 동성부부를 위한 대리모 출산을 규제하는 「대리모금지법」을 도입하면서 아직까지 이에 대한 찬반양론이 뜨겁게 달아오르고 있다.

인도 여성들의 처지에서도 외국인들을 대상으로 대리모를 할 때 5,000달러 이상을 받는다. 이 금액은 남편 월급 6, 7년에 해당하는 금액이기 때문에 금액적인 면만을 본다면 상당히 매력적인 내용이 아닐 수 없다. 「대리모금지법」을 반대하는 여성들은 자신의 아기를 가졌을 때는 제대로 먹지도 못하고 하루 종일 일을 해야 했지만, 외국인 부부의 아기를 대리 출산을 할 때는 충분히 쉬고 좋은 음식을 먹으면서 어마어마한 보수를 받아서 빚도 해결하고 집도 짓게 되었다는 논리를 주장하기도 한다. 이처럼 이들이 목숨을 걸고 남의 아기를 출산하는 데 뛰어드는 것은 나름대로 절박한 이유가 있기도 하다.

(2) 중국과 대리모

대리모는 중국의 부자들 사이에서 성행하고 있다. 두 자녀 허용 정책이 나온 2016년을 기점으로 수요가 급격하게 늘어났다. 이는 두 자녀를 낳을 수 있게 됐으나 나이, 건강 등의 이유로 출산이 쉽지 않은 중년의 부부들이 대리모를 구하는 수요가 증가했기 때문이다. 대리모를 구하는 광고는 인터넷과 위챗 등 SNS를 통해 널리 유포되고 있고, 거리 벽보 등의 형태로도 버젓이 진행되고 있다. 거리 광고는 난자 제공, 남아 보장, 7주 내 성별 확인 가능, 실패 시 전액 환불 등의 문구를 앞세워 대리모 수요자를 찾고 있다. 이처럼 대리모 출산이 수익 사업으로 인기를 누리면서 유망 중개업체들 중에는 증시 상장을 추진하는 기업들도 나오고 있다. 한편, 과거 베트남이나 인도 등 국가를 중심으로 이루어졌던 대리모 출산이 지금은 비용문제와 엄격해진 단속 등의 이유로 중국 국내에서 진행되는 추세다.

그런데 단순히 자식을 얻고 싶다는 것에서 그치지 않고, 돈이 많은 부자들은 미국 국적을 갖길 원하며 실제로 미국에 거주하는 대리모를 찾고 있다. 미국 대리모를 통해 세상의 빛을 보게 되는 아이를 통해서 가족 전체가 미국으로의 이민을 쉽게 하기 위한 목적이 있다. 또 그 아이를 통해 본인의 자산을 국외로 유출시키려는 부모들도 있다. 게다가 중국 부모들은 아이의 성별을 선택하려고 하며, 여러 가지 조건을 내세우고 그 조건에 맞춰지기를 바란다고 한다. 이로 말미암아 여아를 잉태한 대리모에게 낙태를 강요하기도 한다(김경수 외, 2017: 358).

(3) 우크라이나와 대리모

동남아시아 국가들이 대리모 장사를 접었다.[10] 그러자 우크라이나가 대리모 의료

10) 인도, 태국, 중국 등 동남아시아 국가들이 대리모 장사를 정부 차원에서 규제하였다. 예컨대 태국 정부가 대리모를 금지한 배경을 살펴보자. 지난 2014년 호주인 부부가 태국인 대리모를 통해 얻은 남녀 쌍둥이 중 다운증후군 진단을 받은 남아는 버리고 여아만 호주로 데려온 일이 밝혀졌다. 이후 태국인 대리모가 자신과는 아무런 유전적 연관이 없는

관광의 떠오르는 성지로 자리매김했다. 많은 사람이 대리모를 찾아서 그곳으로 향하는 이유는 무엇일까? 우크라이나 당국은 대리모 시장의 고객들을 위해 여러 가지 법을 만들기까지 했다. 대리모 명의로 출생증명서를 내준 뒤, 입양을 통해 생부·생모에게 아이를 인계하는 대부분의 국가와 달리 수정란이 착상된 시점부터 의뢰인 부부를 호적상 부모로 인정하는 법을 만들었다. 이런 노력의 결과로, 우크라이나는 일약 의료관광국으로 발돋움했다.

우크라이나에서는 한국과 달리 브로커들이 정식으로 업체 등록을 하고 사무실을 운영하고 있다. 아예 대리모를 중개하는 에이전시가 있을 정도다. 한 업체는 지난 10년 동안 1,000건 이상의 대리모를 중개했고, 한국의 브로커도 이 업체를 통해 대리모를 소개받는다고 한다. 우크라이나의 대리모 중개업체들은 고객들에게 ① 아이를 대리모의 친자로 등록한 뒤 입양하는 과정을 거칠 필요가 없으며, ② 대리모가 아이에 대한 친권을 주장할 수 없도록 하는 확실한 법률적 장치가 있고, ③ 아기의 성별을 선택할 수도 있다고 홍보한다. 물론 비용도 미국보다 훨씬 저렴하다.

3) 동성애자와 신생아의 국적 문제

생명공학의 발달로 인공 임신이 늘고 결혼과 가족에 대한 전통적 개념도 급변하고 있지만, 법률이 이를 따라잡지 못하고 있다. 그래서 동성 부부의 신생아들이 국적을 취득하지 못하는 일이 미국에서 뜨거운 논쟁을 낳고 있다. 부모-자식의 혈연관계를 시민권 인정의 필수 조건으로 규정한 현행법이 신생아를 무국적 투명인간으로 만들고 있는 셈이다. 「미국헌법」은 부모의 국적에 상관없이 미국에서 태어나면 자동으로 미국 국적을 주도록 했다. 속지주의(屬地主義)[11] 원칙에 따른 출생시민권 제도다. 외국에서 태

장애아를 떠맡게 됐다. 이 일로 태국 당국은 전국의 대리모 중개업체를 폐쇄했고, 외국인의 상업적 대리모 의뢰를 금지했다.

11) 사람에 대한 효력 범위를 결정하는 법의 태도로, 자국 영역을 기준으로 삼는다. 반면, 속인주의(屬人主義)는 국적을 기준으로 삼는다. 최근 서울 강남에서 쓰이는 신조어로서의 속지주의는 미혼남녀가 같은 동네에서 비슷한 문화를 공유하며 성장한 이성을 원하는 사례가 크게 늘어나는 현상을 의미한다. 이들은 배우자의 출신 대학보다는 초중고교를 훨씬 중요하게 생각한다. 강남 거주 여부를 중요하게 생각하는 것도 속지주의라고 볼 수 있겠다.

어나는 경우엔 「이민법」을 적용해 부모와 자녀의 생물학적 혈연성이 입증되어야 시민권을 부여한다.

미국 '게이 커플'의 인공수정 신생아는 미국 시민일까, 아닐까? 미국인 동성 부부가 외국인에게 기증받은 정자와 난자를 인공 수정해 미국 바깥에서 낳은 아이는 미국 시민일까, 아닐까? 미국 태생의 마이즈(Mize, 38)와 영국 태생의 그레그(Gregg)는 2015년 결혼한 게이(남성 동성애자) 부부이자 미국 시민권자다. 이들은 남편인 그레그의 정자와 기증받은 난자를 시험관에서 인공 수정해 지난해 6월 영국에서 예쁜 딸을 얻었다. 그러나 지난달 미 국무부는 이 신생아를 미국인으로 인정할 수 없다며 시민권 부여를 거부했다. 마이즈-그레그 부부는 연방법원에 소송을 냈다(한겨레, 2019. 5. 22.).

현행 「이민법」은 1952년에 만들어졌고 대리모와 시험관 시술 같은 보조생식기술이 출현하기 훨씬 이전이다. 얼마나 많은 동성 커플이 「이민법」의 영향을 받았는지에 대해 조사한 통계수치는 없다. 하지만 국무부의 법 적용에 대해 아이를 둔 동성 커플들은 크게 우려하고 있다. 트럼프 행정부에서 반이민 움직임이 불고 있기 때문이다. 심지어는 아이가 추방될 수도 있다는 걱정의 목소리도 나온다. 2017년 미국 인구조사에 따르면, 미국 내 남성 간 혼인 커플은 45만 1,494쌍, 여성 간 혼인 커플은 48만 3,735쌍이다. 보수 성향 싱크탱크인 클레어몬트(Claremont)연구소의 이스트먼(Eastman) 선임연구원은 "외국에서 태어난 아이들의 시민권 부여가 거짓으로 행해지지 않도록 생물학적 연결 증명이 필요하다"고 주장했다. 반면, 머서대학교 로스쿨 티쇼(Ticho) 교수는 현행 법령이 "결혼이 무엇인지를 말하는 현대 사회적 이해에 반한다"고 말했다(한국일보, 2019. 5. 23).

4. 유전자재조합식품과 프랑켄푸드

1) 그리스 신화와 미노타우로스

불행은 항상 탐욕에서 시작된다. 미노스(Minos)는 왕위 계승을 두고 형제들과 싸우던 중 바다의 신 포세이돈(Poseidon)의 도움으로 크레타(Creta)의 왕이 된다. 그는 백성들에게 자신이 왕권을 부여받았다고 주장하면서, 그 증거로 자신이 간절히 원하여 빌면 무엇이든 이루어진다고 말한다. 미노스는 이를 입증하기 위해 포세이돈에게 깊은 바다에서 황소를 한 마리 선물했다. 어디 하나 흠잡을 것 없는 뛰어난 소이기에, 이를 제물로 이용해 신들에게 기도를 하면 그가 왕좌에 오를 수 있을 것이라고 하였다. 하지만 막상 소를 본 미노스는 이렇게 멋진 소를 제물로 바치는 것이 아까운 마음이 들었다. 결국 그는 멋진 소 대신 평범한 소를 제물로 바치고, 멋진 소는 자신의 소유물로 삼았다. 황소를 다시 포세이돈에게 제물로 바치겠다는 약속을 지키지 않는다. 신들은 평범한 소로 만족했는지 미노스는 그들의 축복을 받으며 무사히 왕위에 오를 수 있었다(https://terms.naver.com).

그런데 신들 중 오직 한 신, 포세이돈만은 그에게 축복을 내려주지 않았다. 포세이돈은 미노스의 이런 행동이 자신의 호의를 거절하고, 자신을 조롱했다고 느껴 분노했다. 신의 분노는 반드시 저주를 가져온다. 포세이돈의 저주는 매우 교묘하고 잔인했다. 황소가 발단이 된 사건이니, 포세이돈은 미노스의 왕비인 파시파에(Pasiphae)가 황소에 감당할 수 없는 욕정을 느끼게 하였다. 기이한 욕정을 느끼게 된 파시파에는 마침 크레타 섬에 머물던 다이달로스(Daedalus)에게 도움을 청하고, 이에 다이달로스는 왕비에게 속이 빈, 실물과 똑같은 암소를 만들어준다. 파시파에는 이 암소 안으로 들어가 황소와 관계를 맺는다. 파시파에는 결국 인간의 몸에 소의 머리를 가진 끔찍한 괴물 미노타우로스(Minotaurus)를 낳았다. 미노타우로스는 그렇게 아버지의 탐욕에서 태어났다.

미노스 왕은 그때서야 비로소 자신의 과오를 깨달았다. 하지만 그는 신께 잘못을 빌고 용서를 구하지는 않았다. 미노스에게 미노타우로스는 애물단지와도 같은 존재이다. 아내인 파시파에가 부정한 관계를 맺어 생긴 자식이고, 게다가 흉측스러운 괴물인 미노타우로스. 그러나 아내는 엄연한 왕비이고 게다가 태양신 헬리오스(Helios)의 딸이니, 미노스는 미노타우로스를 마음대로 처단할 수도 없다. 그래서 최고의 장인 다이달로스를 불러 한 번 들어가면 절대로 빠져나올 수 없는 미궁(迷宮)인 라비린토스(labyrinthos)를 만들게 한 뒤, 황소머리를 가진 아들을 그곳에 가두는 것이었다.

해마다 아테네에서 각각 7명의 소년 소녀를 뽑아 이 괴물에게 산 제물로 바쳤었는데, 세 번째 제물이 바쳐질 때 아테네의 영웅 테세우스(Theseus)의 손에 괴물은 죽고 말았다. 이와 같은 괴물을 생각해낸 배경에는 크레타 섬의 황소 숭배 관습이 깔려 있다. 이를 뒷받침하는 것으로 미노스가 거주하던 크노소스(Knossos)궁전에서 동석(凍石)으로 만든 황소 두상(頭像)과 부조(浮彫) 등이 발굴되었고, 궁전 벽화 가운데에도 돌진하는 황소의 등에 뛰어올라 공중제비를 하는 사람이 그려진 프레스코화(fresco paining)가 있다. 황소의 앞에는 한 소녀가 서서 뿔을 움켜쥐고 있는데, 이와 같이 목숨을 걸어야 할지도 모르는 위험한 곡예 또는 경기가 사람을 잡아먹는 미노타우로스의 이야기로 꾸며졌을 것이라는 견해도 있다.

2) 유전자의 변형과 프랑켄푸드

유전자(遺傳子, Gene)는 모든 생물이 자신의 고유한 형태, 성질, 색 등과 같은 특성에 대한 정보를 담아서 그 특성을 다음 세대에 전달하는 물질이다. 세포 속에 들어 있는 유전자는 생명 현상의 가장 중요한 성분인 단백질을 만드는 데 필요한 유전정보 단위이다. 유전자는 디옥시리보핵산(Deoxy-ribonucleic Acid: DNA)이라 부르는 화합물로 구성되어 있고, 이 DNA의 염기 배열 순서에 따라 궁극적으로 어떤 단백질이 만들어지는지가 결정되어 생물의 모양이나 특성 등이 달라지는 것이다. 우리 인간은 세포 속에 약 3만 개의 유전자가 존재하며, 쌀은 약 6만 개의 유전자가 존재한다(https://terms.naver.com).

「농수산물 품질관리법」에서 "유전자변형농수산물이란 인공적으로 유전자를 분리하거나 재조합하여 의도한 특성을 갖도록 한 농수산물을 말한다(제2조 제1항 제11호)."라고 규정하고 있다. 유전자재조합식품(GMO)이란 유전자변형농산물로서 일반적으로 생산량 증대 또는 유통·가공상의 편의를 위하여 유전공학기술을 이용, 기존의 육종방법으로는 나타날 수 없는 형질이나 유전자를 지니도록 개발된 농산물을 말한다.

그런데 GMO의 빠른 개발 및 상품화와 시장에서의 높아지는 점유율에도 불구하고 현재로서는 국제적으로 통일된 정의는 없다. 어느 수준까지를 유전자변형기술로 보느냐에 따라서 다양하게 정의하고 있다. 우리나라에서도 용어에 대한 정의뿐만 아니라 용어 자체도 아직 통일되어 있지 않다. 식품의약품안전처는 GMO를 '유전자재조합식품'으로 명명하고 "식량 증산, 영양성분의 개선, 저장성 향상 및 병충해 내성 향상 등을 위하여 생물공학기법으로 처리한 생물체로부터 유래한 식품"으로 정의하고 있다. 농림축산식품부는 '유전자변형농산물'이란 용어를 사용하고 있다.

유전자재조합(변형)은 한 종(種)으로부터 유전자를 얻은 후에 이것을 다른 종에 넣어 새로운 유전자를 가진 종을 만드는 기술이다. 유전자재조합은 1953년 DNA 구조가 밝혀지고 1970년부터 DNA를 자를 수 있는 기술이 가능해지면서 더욱 발전하고 있다. 이에 유전자재조합기술을 통해 특정 유전자만을 이용하여 품종 개량이 더욱 정확하고 쉽게 이루어지고 있다. 일반적으로 유전자재조합기술로 형질이 전환된 생물체를 유전자재조합생물체(genetically modified organism: GMO)라고 말한다. 우리나라에서는 유전자재조합기술을 이용하여 만든 농작물에 대해 '유전자재조합생물체·농작물'로 표현하고 있다. 유전자재조합작물(GM 작물)이란 유전자재조합기술을 이용하여 개발된 작물이며, 유전자재조합농산물(GM 농산물)이란 유전자재조합기술을 응용하여 형질 전환된 농작물로부터 얻어진 농산물이며 제초제 저항성, 병·해충 저항성, 저장성 향상, 특정 영양성분 함유 등의 특성을 지닌 농산물이다.

'Non-GM 식품'이란 Non-GMO를 원료로 한 식품을 의미한다. 유럽연합(EU)과 일본은 법적으로 GMO의 비의도적 혼입을 각각 0.9% 이하와 5.0% 이하로 구분하여 유통·관리하면 Non-GM 표기가 가능하다. 우리나라는 3.0% 이하로 구분하여 유통·관리하면 GMO 표기는 하지 않아도 되지만, Non-GMO 표기는 할 수 없다. 우리나라에서 Non-GMO라고 할 때는 GMO의 혼입이 0%인 경우에만 한한다. 그러나 다른 제품에 대한 불필요한 오해를 일으킬 수 있어 Non-GM 식품이라는 표시를 권장하지 않는다.

하지만 아직까지는 GMO에 관한 찬반(贊反) 논쟁이 맞서고 있다. 찬성론자들은 과실 및 채소의 숙성 지연으로 신선도가 유지되고, 비타민 A가 강화된 쌀처럼 일부 식품의 영양적 가치가 높아지며, 병충해와 환경에 강한 식물을 개발함으로써 대량 생산이 가능해지는 등 장점이 많다고 주장한다. 또한 과학자들은 GMO의 위해성이 과학적인 검증으로 입증된 경우가 없다고 주장한다. 한편, 반대론자들은 GMO가 알레르기를 유발하고 검증되지 않은 위해성과 환경 파괴 및 돌연변이의 위험을 안고 있다고 주장한다. 신체나 환경에 미치는 영향을 장기적으로 입증하는 것이 우선이라고 주장하며 위해성에 대해 의문을 제기하고 있다. 또한 같은 종의 식물끼리 교잡해 새 품종을 만드는 기존 방법과 달리 동물 유전자를 식물에 집어넣는 등 종간 구분이 없어 생태계를 교란한다는 비판도 있다.

새롭게 만들어진 어떤 형질이 다른 생물체에 들어가면 때로는 생물체 고유의 유전자 기능이 사라지거나 유전자 배열이 불안정해져 새로운 독이 나타날 수도 있다. 유전자가 조작된 식품을 먹은 사람들이 어떻게 될지 그 결과는 아직 예측하기 어렵다. 그래서 오스트리아, 헝가리 등 일부 EU 회원국들은 유럽식품안전청이 안전하다고 인정한 GM 옥수수에 대해서도 판매를 금지하고 있다. 현재까지는 EU 소비자들은 GMO에 대해 민감한 태도를 보이고 있다.

유전자재조합식품으로부터 우리의 건강을 지키기 위해서 일반인들이 생활 속에서 실천할 사항은 다음과 같다. 첫째, 우리 농산물을 우선적으로 이용한다. 둘째, 수입한 식품이나 과자는 가급적 구입하지 않는다. 셋째, 가공 식품 섭취 횟수를 줄인다. 넷째, 생활협동조합이나 유기농산물 판매장을 이용한다. 다섯째, 학교급식이나 단체급식에 유전자재조합식품을 사용하는지 늘 살핀다. 여섯째, 알고 있는 유전자재조합농산물과 식품을 이웃에게 알린다.

우리나라 일부 환경단체, 농민단체 등에서는 GM 작물이 생태계를 파괴시키고 안정성이 확인되지 않은 식품이라는 이유를 들어 반대하고 있다. 아울러 우려되는 것은 우리나라는 곡물 자급률이 30% 미만으로 주로 수입에 의존하고 있어서 안심할 만한 상황은 아니라는 점이다. 우리나라에서 유전자재조합식품에 대해서 표시제를 도입한 배경은 GM 작물이나 식품은 기존의 작물, 식품과는 다르므로 소비자의 알 권리 및 선택할 권리라는 측면에서 정보를 제공하자는 데에 있다. 표시 대상은 GM 작물, GM 식품이며, GMO 혼입률이 3% 이상인 경우이다. 식품을 제조하거나 가공할 때 사용한 다섯 가지 주요 원재료 중 한 가지라도 유전자재조합농산물(콩, 옥수수 등)을 원료로 사용한 식품은 별도의 표시를 해야 한다(https://terms.naver.com). 그 표시방법은 주된 표시면에 '유전자재조합식품' 또는 '유전자재조합○○사용식품'이다.

『프랑켄슈타인』과 프랑켄푸드

미국의 대표적인 영어사전인 『미리엄-웹스터 대학사전』 2003년도 제11판에 새롭게 등장한 단어 중에 프랑켄푸드(frankenfood)가 눈길을 끈다. 『프랑켄슈타인(Frankenstein)』은 영국의 여류작가 셸리(M.W. Shelley)의 괴기소설이고, 같은 이름의 영화 제목이자 주인공 이름이다. 인간 창조에 광적인 관심을 가진 프랑켄슈타인 박사는 어느 날 밤, 연구의 결실을 맺는다. 서로 다른 사람의 시체에서 일부를 잘라 낸 뒤 합쳐 사람 모습의 괴물을 만든 것이다. 우연히 생명을 얻게 된 괴물은 사람들과 친해지려고 하지만 실패하게 된다. 절망에 휩싸인 괴물은 프랑켄슈타인 박사를 찾아가 주변 사람들에게 끔찍한 복수를 한다. 이 소설(영화)은 사람의 끝없는 욕심이 얼마나 무서운 결과를 가져오는지 생각하게 만든다. 이 작품의 제목을 따서 유전자재조합식품을 '프랑켄푸드'라고 부르기도 한다.

부록

미국사회복지사협회 (NASW) 윤리강령

부록

미국사회복지사협회(NASW) 윤리강령

Ⅰ. 전문

사회복지 전문직의 근본적인 사명은 인류의 복지를 증진하고 모든 사람에 대한 인간의 기본적인 욕구를 충족시키는 데 도움을 주는 것이다. 특히, 취약하고 억압받으며 빈곤한 계층의 욕구 및 능력에 관심을 둔다. 사회복지실천의 역사적 · 결정적 특징은 사회복지 전문직의 초점이 사회환경에 따른 개인의 복지 및 사회복지에 초점을 맞추는 데 있다. 사회복지실천의 기본은 삶의 문제를 일으키거나, 이바지하거나, 대처하는 환경의 원인에 관심을 두는 것이다.

사회복지사는 클라이언트를 위하여, 그리고 클라이언트와 함께 사회정의와 사회변화를 증진시킨다. '클라이언트'란 개인, 가족, 집단, 기관, 조직 및 지역사회를 의미한다. 사회복지사는 문화적 · 민족적 다양성에 민감하고 차별, 억압, 빈곤 및 기타 유형의 사회적 부정의를 없애려고 노력한다. 이러한 활동은 클라이언트에 대한 직접적 사회복지실천, 지역사회조직화, 슈퍼비전, 자문, 행정, 권리옹호, 사회적 · 정치적 활동, 정책 개발 및 시행, 교육, 연구조사 및 평가 따위의 형태로 나타난다. 사회복지사는 사람들이 자신의 욕구를 다룰 수 있게끔 그들의 역량을 강화하도록 노력한다. 또한 사회복지사는 개인적 욕구와 사회문제에 대한 조직, 지역사회, 그리고 기타 사회단체의 책임성을 증진시키고자 노력한다.

사회복지 전문직의 사명은 일련의 핵심 가치에 기반을 두고 있다. 사회복지사들이 사회복지 전문직의 역사를 통해 받아들이게 된 다음과 같은 핵심 가치는, 사회복지만의 독특한 목적 및 관점을 이루는 바탕이 된다.

- 서비스
- 사회정의
- 인간의 존엄성 및 가치
- 대인관계의 중요성
- 성실
- 능력

이러한 핵심 가치는 사회복지 전문직의 독특성을 반영한다. 핵심 가치와 이러한 가치로부터 나오는 원칙은 인간 경험의 복합성과 관계 상황 안에서 균형을 이루어야 한다.

II. 미국사회복지사협회 윤리강령의 목적

사회복지 전문직의 윤리는 사회복지실천의 핵심이다. 사회복지 전문직은 그 기본 가치, 윤리 원칙, 윤리기준을 명확히 해야 할 책무가 있다. 미국사회복지사협회 윤리강령은 사회복지사의 행위를 지도하기 위해 이러한 가치와 원칙 및 기준을 제시하고 있다. 이 강령은 직무, 업무환경 혹은 대상 인구집단 따위와 상관없이 모든 사회복지사와 사회복지 학생들에게 적용된다.

미국사회복지사협회 윤리강령의 6가지 목적은 다음과 같다.

1. 강령은 사회복지실천 사명의 기반이 되는 핵심 가치를 확인한다.
2. 강령은 사회복지 전문직의 핵심 가치를 반영하며, 사회복지실천을 이끄는 데 사용되는 일련의 특정 윤리기준을 수립하는 총괄적인 윤리 원칙을 요약한다.
3. 강령은 전문직 의무에 갈등이나 윤리적 불확실성이 발생할 때 사회복지사가 적절한 고려사항을 규정하는 것을 돕기 위한 목적으로 제정되었다.
4. 강령은 일반대중이 사회복지 전문직의 책임으로 그렇다고 여길 수 있는 윤리기준을 제공한다.
5. 강령은 사회복지에 대한 사명, 가치, 윤리기준, 윤리 원칙에 생소한 사회복지사에게 지침을 제공한다.
6. 강령은 사회복지 전문직 자체에서, 사회복지사가 비윤리적인 행위를 했는지에 대한 여부를 사정하는 데 사용하는 기준을 규정한다. 미국사회복지사협회는 회원이 제기한 윤리적 불만을 평가하는 공식 절차를 두고 있다. 사회복지사는 이 강령을 실행할 때 서로 협조해야 하고, 미국사회복지사협회 심판 절차에 참여해야 하며, 미국사회복지사협회 강령에 있는 모든 규제나 그에 수반된 제재를 준수해야 한다.

이 강령은 윤리적 쟁점이 빚어질 때 의사결정과 행위를 이끌어 줄 일련의 가치, 원칙, 기준을 제공한다. 그러나 모든 환경에서 사회복지사의 행위에 관한 일련의 규정이 제공되는 것은 아니다. 이 강령을 적용할 때에는 강령이 고려되는 환경과, 강령의 가치, 원칙, 기준 사이에 상충될 가능성을 함께 고려하여야 한다. 윤리적 책임은 개인 및 가족의 관계에서 사회 및 전문직 관계에 이르기까지 모든 인간관계에서 생긴다.

더욱이 미국사회복지사협회 윤리강령은 어떤 가치, 원칙, 기준이 상충할 때 이들 가운데 어떠한 것이 가장 중요하며, 또한 다른 것에 우선하는지에 관해서는 구체적으로 규정하지 않는다. 상충되는 가치, 윤리기준, 윤리 원칙을 순서 매기는 방법에 대해서는 사회복지사들 간에 상당한 의견의 차이가 발생한다. 어떤 상황에서 윤리적 의사결정을 하는 데에는 사회복지사 각각의 타당한 결정이 반영되어야 하며, 전문직의 윤리기준을 적용하는 동료의 검토과정에서 이러한 쟁점이 어떻게 결정될 것인가 하는 것도 고려되어야 한다.

윤리적 의사결정은 하나의 과정이다. 단순한 해결책만으로는 복잡한 윤리적 쟁점을 해결할 수 없는 수많은 사회복지 사례가 존재한다. 사회복지사는 윤리적 판단이 보장되도록 모든 상황에 적합한 이 강령의 모든 가치, 원칙, 기준을 고려하여야 한다. 사회복지사의 판단과 조치는 이 강령의 규정뿐만 아니라 정신과도 일치되어야 한다.

이 강령에 덧붙여, 윤리적 사고를 위해 유용하게 사용될 수 있는 다른 많은 정보자원이 있다. 사회복지사는 윤리적 이론과 원칙, 사회복지이론 및 연구조사, 법률, 규제, 기관의 정책, 기타 관련 윤리강령을 포괄적으로 고려하여, 미국사회복지사협회 윤리강령이 여러 윤리강령 가운데 주요한 기준이 됨을 인식해야 한다. 또한 사회복지사는 클라이언트의 윤리적 의사결정, 클라이언트의 개인적 가치, 문화적 · 종교적 믿음과 관례에 미치는 영향도 인식하고 있어야 한다. 사회복지사는 개인적 가치와 전문직의 가치 사이에서 발생하는 모든 갈등을 인식해야 하며, 이러한 갈등을 확실하게 없애야 한다. 추가적인 지침으로, 사회복지사는 사회복지 전문직의 윤리 및 윤리적 의사결정에 관한 문헌을 조사하여, 윤리적 딜레마에 빠졌을 때 적절한 참고가 되도록 해야 한다. 여기에는 기관 중심의 윤리위원회 또는 사회복지기관의 윤리위원회, 규제기관, 윤리적 문제에 정통한 동료, 지도감독자 또는 법률 자문을 통한 상담이 포함된다.

사회복지사의 윤리적 책무가 기관의 정책이나 관련 법률 또는 규제와 상충될 때 갈등이 발생하게 된다. 이러한 갈등이 발생하면 사회복지사는 강령에 명시된 가치, 원칙, 기준에 부합되는 선에서 이러한 문제를 해결하려는 책임 있는 노력을 기울여야 한다. 상충에 대한 적절한 해결책이 현실적으로 불가능한 것으로 보일 때 사회복지사는 판단을 내리기에 앞서 적절한 자문을 구해야 한다.

미국사회복지사협회 윤리강령은 이를 채택하거나 적용하는 미국사회복지사협회, 개인, 기관, 조직, 단체 등에서 준거 틀로 사용하도록 하기 위한 것이다. 이 강령에 명시된 기준을 위반하는 것이 자동적으로 법적 책임이나 법률 위반을 의미하는 것은 아니다. 이러한 것에 대한 판단은 법률 및 사법절차에 의해서만 이루어질 수 있다. 강령에 대한 위반이 제기되면 동료의 검토과정을 거치게 된다. 대개 이러한 과정은 법률 또는 행정 절차와는 별개의 것이며, 법률적 검토나 소송 절차와도 분리하여 사회복지사에 대한 권고나 징계를 하게 된다.

윤리강령으로 윤리적 행위가 보장되는 것은 아니다. 더욱이 윤리강령은 모든 윤리적 쟁점이나 논쟁을 해결할 수 없으며, 지역사회의 윤리 안에서 책임 있는 선택을 하려는 노력과 관련된 풍부함과 복합성을 파악할 수도 없다. 대신 윤리강령은 사회복지 전문직이 열망하며, 이들의 행위를 판단하는 가치, 윤리기준, 윤리 원칙을 규정한다. 사회복지사의 윤리적 행위는 윤리적 실천을 약속하는 이들의 개인적 책임으로부터 나온다. 미국사회복지사협회 윤리강령은 전문직의 가치를 지탱하며, 윤리적인 행동을 하기 위한 모든 사회복지사의 책임을 반영한다. 윤리기준 및 원칙은 선의로 도덕적인 질문을 구별하고 신뢰할만한 윤리적 판단을 추구하는 정직한 인격자에 의해 적용되어야 한다.

Ⅲ. 윤리 원칙

다음의 포괄적인 윤리 원칙은 사회복지서비스, 사회정의, 개인의 존엄과 가치, 인간관계의 중요성, 성실과 역량 등 사회복지실천의 핵심 가치에 기반을 두었다. 이러한 원칙은 모든 사회복지사가 열망하는 이상이다.

- 가치: 서비스
- 윤리 원칙: 사회복지사의 일차적 목표는 어려운 사람들을 돕고, 사회문제를 해결하는 것이다.

사회복지사는 다른 사람에 대한 서비스를 자신의 이익보다 우선한다. 어떠한 어려움에 처한 사람들을 돕고 사회문제를 해결하기 위해 사회복지사는 자신의 지식, 가치 및 기술을 활용한다. 사회복지사는 금전적 이득을 기대하지 않으면서 자신의 전문적 기술을 자발적으로 발휘하도록 권장된다.

- 가치: 사회정의
- 윤리 원칙: 사회복지사는 사회적 부정의에 도전한다.

사회복지사는 사회적 변화, 특히 취약하고 억압받는 사람 및 집단을 위한 사회적 변화를 추구한다. 사회복지사가 추구하는 사회 변화를 위한 노력은 빈곤, 실업, 차별, 기타 유형의 사회적 불공평에 그 주된 초점을 맞춘다. 이러한 활동에서는 억압과 문화적·인종적 다양성에 관한 지식의 민감성을 증진시켜야 한다. 사회복지사는 필요한 정보, 서비스, 자원에 대한 접근, 기회의 균등, 모든 사람을 위한 의사결정에 의미 있는 참여를 보장하려고 노력한다.

- 가치: 인간의 존엄과 가치
- 윤리 원칙: 사회복지사는 개인의 타고난 존엄성과 가치를 존중한다.

사회복지사는 개인적인 차이와 문화적 및 인종적 다양성을 염두에 두고 이들을 보호하고 존중하는 마음으로 모든 사람을 대해야 한다. 사회복지사는 사회적으로 책임 있는 클라이언트의 자기결정권을 위해 노력한다. 사회복지사는 이들의 욕구를 변화시키고 해결하기 위해 클라이언트의 역량과 기회를 강화시키고자 한다. 사회복지사는 클라이언트 및 더 넓은 사회에 대한 이중적 책임을 인식한다. 이들은 사회복지 전문직의 가치, 윤리기준, 윤리 원칙에 일관되는 사회적인 책임을 의식하면서 클라이언트의 이해관계와 더 넓은 사회의 이해관계 사이의 갈등을 해결하기 위해 노력한다.

- 가치: 인간관계의 중요성
- 윤리 원칙: 사회복지사는 인간관계의 본질적인 중요성을 인식한다.

사회복지사는 사람들 사이의 관계가 변화를 위한 중요한 매개체라는 것을 인식한다. 사회복지사는 클라이언트 지원과정에서 이들을 파트너로서 대우한다. 사회복지사는 개인, 가족, 사회집단, 조직, 지역사회의 복지를 증진, 회복, 유지하기 위해 사람들 사이의 인간관계를 강화시키고자 한다.

- 가치: 성실
- 윤리 원칙: 사회복지사는 신뢰받을 수 있는 행동을 한다.

사회복지사는 사회복지 전문직의 임무, 가치, 윤리기준, 윤리 원칙을 항상 염두에 두며, 이러한 것에 일치되게 실천에 임한다. 사회복지사는 정직하고 책임성 있게 행동하며, 자신이 속한 조직의 입장에서 윤리적인 실천을 증진한다.

- 가치: 역량
- 윤리 원칙: 사회복지사는 자신의 능력이 미치는 범위 안에서 실천을 하며, 자신의 전문기술을 발전 및 강화시킨다.

사회복지사는 자신의 전문지식과 기술을 확충하기 위해 끊임없이 노력하며, 이러한 지식과 기술을 실천에 적용한다. 사회복지사는 사회복지 전문직의 지식 기반에 이바지하고자 노력해야 한다.

Ⅳ. 윤리기준

윤리기준은 모든 사회복지사의 사회복지 전문직 활동과 관련된다. 이러한 기준은 다음과 같은 사항과 관련되어 있다.

1) 클라이언트에 대한 사회복지사의 윤리적 책임
2) 동료에 대한 사회복지사의 윤리적 책임
3) 실천현장에서 사회복지사의 윤리적 책임
4) 전문직으로서 사회복지사의 윤리적 책임
5) 사회복지 전문직에 대한 사회복지사의 윤리적 책임
6) 사회 전반에 대한 사회복지사의 윤리적 책임

다음에 나오는 일부의 기준은 전문직의 수행에 대한 강제적인 지침이며, 또 다른 일부는 권장지침이다. 각각의 기준이 강제되는 정도는 제시된 윤리기준의 위반을 검토하는 책임 당사자로부터 시행되는 전문적 판단에 관한 문제이다.

1. 클라이언트에 대한 사회복지사의 윤리적 책임

1.01 클라이언트에 대한 책임

사회복지사의 일차적 책임은 클라이언트의 복지를 증진하는 것이다. 일반적으로 클라이언트의 이익이 최우선이 된다. 그러나 특별한 경우 더 넓은 사회에 대한 사회복지사의 책임 또는 특정 법적 책임이 클라이언트에 대한 성실성에 우선할 수 있다. 이럴 때에는 클라이언트에게 이 사실을 알려야 한다(예컨대 클라이언트가 아동을 학대하거나, 자신 또는 다른 사람에게 해가 될 수 있는 위협을 한다는 것을 법률에 의해 사회복지사가 보고해야 하는 경우).

1.02 자기결정권

사회복지사는 클라이언트의 자기결정권을 존중하고 증진하며, 클라이언트가 목표를 규정하고 명확화하도록 지원한다. 사회복지사는 자신의 전문적 판단으로, 클라이언트의 행동이나 잠재적 행동이 그들 자신이나 다른 사람들에게 심각하고 예상 가능하며 급박한 위험을 일으킬 때에는 클라이언트의 자기결정권을 제한할 수 있다.

1.03 충분한 정보에 근거한 동의

ⓐ 사회복지사는 적절한 때, 타당한 동의에 근거한 전문직의 관계에 의해서만 클라이언트에 대한 서비스를 제공해야 한다. 사회복지사는 서비스의 목적, 서비스와 관련된 위험, 제3자 지불요건으로 말미암은 서비스의 제한, 관련 비용, 적절한 대안, 동의를 거절 또는 철회할 수 있는 클라이언트의 권리, 동의로 말미암아 보장되는 시간적 토대를 클라이언트에게 통지할 때, 명확하고 이해할 수 있는 용어를 사용해야 한다. 사회복지사는 클라이언트에게 질문할 수 있는 기회를 제공해야 한다.

ⓑ 클라이언트가 문맹이거나 실천현장에서 사용하는 주요 용어를 이해할 수 없을 때, 사회복지사는 클라이언트가 이를 이해할 수 있도록 조치를 취해야 한다. 여기에는 자세한 언어적 설명을 클라이언트에게 제공하는 것, 가능한 경우에는 항상 자격 있는 통역가 또는 번역가를 준비하는 것이 포함된다.

ⓒ 클라이언트가 동의할 능력이 없는 경우 사회복지사는 적절한 제3자로부터 허락을 구하는 것으로써, 클라이언트가 이해할 수 있는 적합한 수준에서 내용을 전달해줌으로써 클라이언트의 이익을 보호해야 한다. 이러한 경우 사회복지사는 제3자가 클라이언트의 희망과 이익에 부합하는 행동을 하는지 확실히 해야 한다. 사회복지사는 클라이언트가 충분한 정보에 근거한 동의를 할 수 있는 능력을 갖도록 합리적인 단계를 가져야 한다.

ⓓ 클라이언트가 비자발적으로 서비스를 받게 되는 경우 사회복지사는 서비스의 성

격이나 범위, 그리고 서비스를 거부할 수 있는 클라이언트의 권리 한도에 관한 정보를 제공해야 한다.

ⓔ 전자매체(컴퓨터, 전화, 라디오, TV 따위)를 통해 서비스를 제공하는 사회복지사는 이러한 서비스와 관련된 한계와 위험을 클라이언트에게 알려주어야 한다.

ⓕ 사회복지사는 클라이언트에 대한 녹음 또는 녹화를 하거나, 제3자로 하여금 클라이언트에 대한 서비스를 관찰하도록 허용할 때는 사전에 충분한 정보에 근거한 클라이언트의 동의를 얻어야 한다.

1.04 역량

ⓐ 사회복지사는 자신이 받은 교육, 훈련, 면허, 자격, 자문을 받은 경험, 슈퍼비전을 받은 경험 혹은 기타 관련 있는 전문 경험의 범위 내에서만 서비스를 제공하고, 자신이 전문성을 가지고 있다고 말할 수 있다.

ⓑ 사회복지사가 새로운 개입기술이나 접근법을 이용한 서비스를 제공하기 위해서는 개입이나 기술에 정통한 사람으로부터 적절한 교육, 훈련, 자문, 슈퍼비전을 받은 후에만 실질적인 영역에서 서비스를 제공할 수 있다.

ⓒ 새로운 실천영역과 관련하여 일반적으로 인식되는 기준이 존재하지 않을 때, 사회복지사는 신중한 판단을 하여야 하며, 자신의 능력을 확인하고 클라이언트를 위험으로부터 보호하기 위한 책임 있는 조치(적절한 교육, 연구조사, 훈련, 자문, 슈퍼비전 등)를 취해야 한다.

1.05 문화적 역량과 사회적 다양성

ⓐ 사회복지사는 문화가 인간의 행동과 사회에 미치는 기능을 이해하며, 모든 문화에 존재하는 강점을 인식해야 한다.

ⓑ 사회복지사는 클라이언트의 문화에 관한 지식의 기반을 마련해야 하며, 클라이언트의 문화에 민감하고, 사람들 간, 그리고 문화 집단 간의 차이에 민감한 서비스

를 준비하는 데 자신이 적합함을 증명할 수 있어야 한다.

ⓒ 사회복지사는 인종, 민족, 국적, 피부색, 성별, 성적 지향, 성 정체성 혹은 성적 표현, 연령, 혼인관계, 정치적 신념, 종교, 이민, 정신적 혹은 신체적 장애에 따른 사회적 다양성 및 억압의 성격 등에 대한 교육을 받고, 이를 이해하려는 노력을 기울여야 한다.

1.06 이익의 갈등

ⓐ 사회복지사는 직업적 재량을 펼치고 공정한 판단을 내리는 데 방해가 되는 이해관계의 갈등에 유의하여 이를 방지하도록 해야 한다. 사회복지사는 실질적이거나 잠재적인 이해관계의 상충이 발생할 경우 이를 클라이언트에게 고지해야 하고, 클라이언트의 이해관계를 으뜸으로 놓고 문제를 해결하려는 책임 있는 조치를 취해야 하며, 가능한 한 최대로 클라이언트의 이익을 보호하도록 해야 한다. 어떤 경우에는 클라이언트의 이익을 보호하기 위하여 그를 적절한 곳으로 의뢰하고, 클라이언트와의 전문적 관계를 종결해야 할 때도 있다.

ⓑ 사회복지사는 어떠한 직업적 관계에 의해서도 불공정한 이득을 취해서는 안 되며, 더욱이 자신의 개인적 · 종교적 · 정치적 이익을 위해 다른 사람을 이용해서도 안 된다.

ⓒ 사회복지사는 착취(이용)나 잠재적 해를 입을 수 있는 위험이 있는 클라이언트 또는 과거에 클라이언트였던 사람과 이중 또는 다중의 관계를 맺어서는 안 된다. 이중 또는 다중의 관계가 불가피한 경우 사회복지사는 클라이언트를 보호하기 위한 조치를 취해야 하며, 명확하고 적절하며 문화적으로 민감한 영역을 설정하는 데 대한 책임을 지게 된다(이중 또는 다중관계는 직업적이든 사회적이든 사업상이든 상관없이 사회복지사가 클라이언트와 하나 이상의 관계를 맺고 있을 때 발생한다. 이중 또는 다중관계는 동시에, 또는 연속적으로 발생할 수 있다).

ⓓ 서로 간에 관계를 맺고 있는 한 명 이상의 사람들(예를 들어, 부부, 가족 구성원)에 대하여 서비스를 제공할 때, 사회복지사는 클라이언트로 여겨지는 모든 당사자와 서비스

를 제공받는 다양한 사람들에 대한 사회복지사의 직업적 책무의 본질을 명확히 하여야 한다. 사람들 사이의 이해관계가 상충될 것을 예상하거나, 잠재적으로 상충의 구실이 될 것으로 예상될 때 사회복지사는 관련된 모든 당사자에 대한 자신의 역할을 명확히 해야 하며, 모든 이해관계의 상충을 최소화하기 위한 적절한 조치를 취해야 한다.

1.07 사생활 보호과 비밀보장

ⓐ 사회복지사는 사생활 보호에 대한 클라이언트의 권리를 존중해야 한다. 사회복지사는 서비스를 제공하거나 사회복지에 대한 평가 또는 연구조사를 수행하는 데 필수적인 경우가 아니고서는 클라이언트에 대한 사적인 정보를 요청할 수 없다. 사적인 정보가 공개되면 비밀보장의 기준이 적용된다.

ⓑ 사회복지사는 클라이언트나 클라이언트를 대신하여 법적으로 동의할 권한을 갖춘 사람으로부터 타당한 동의를 얻었을 경우에만 비밀정보를 공개할 수 있다.

ⓒ 사회복지사는 직업상의 이유로 강제된 경우를 제외하고는 전문직의 서비스 과정에서 얻게 된 모든 비밀정보를 보호해야 한다. 클라이언트나 클라이언트와 동일시되는 사람에 대하여 예상할 수 있는 심각하고 임박한 해를 방지하기 위해 정보의 공개가 불가피하거나, 클라이언트의 동의 없이 법이나 규제에 의해 공개가 요구되는 경우에는 사회복지사가 정보를 기밀로 유지할 것이라는 일반적인 기대가 적용되지 않는다. 항상 사회복지사는 바람직한 목적을 달성하는 데 필요한 최소한으로 비밀정보를 공개해야 한다. 즉, 공개되어야 달성 가능한 목적과 직접적인 관련이 있는 정보만을 공개해야 한다.

ⓓ 사회복지사는 가능한 한 정보가 공개되기 전에 비밀정보의 공개 및 잠재적인 결과에 관해 최대한으로 클라이언트에게 통지해야 한다. 이것은 사회복지사가 법적 요건에 근거하거나 클라이언트의 동의에 근거하여 정보를 공개할 때 적용된다.

ⓔ 사회복지사는 비밀의 본질과 비밀보장에 대한 클라이언트의 권리 제한에 관하여 클라이언트 및 기타 이해 당사자와 논의하여야 한다. 사회복지사는 비밀정보의 공개가 법적으로 요구되는 상황에 대하여 클라이언트와 논의하여야 한다. 이러한 논의는 사회복지사와 클라이언트의 관계에서 즉시, 그리고 관계의 과정을 통틀어 필요한 경우에 수행되어야 한다.

ⓕ 사회복지사가 가족, 부부, 집단에 대하여 상담서비스를 제공할 때는 기밀을 보장하는 각 개인의 권리, 그리고 다른 사람들이 공유한 정보를 보호하기 위한 책무와 관련하여 당사자들 사이의 동의를 구해야 한다. 사회복지사는 가족, 부부, 집단상담에 참여한 사람들에게 모든 참여자가 이러한 동의를 인정한다는 것을 사회복지사가 보장할 수 없음을 통지해야 한다.

ⓖ 사회복지사는 자신이 상담에 관련된 당사자들 사이의 비밀정보를 공개하는 것과 관련 있는 사회복지사, 고용주, 기관의 정책을 가족, 부부, 집단상담과 관련된 클라이언트에게 통지해야 한다.

ⓗ 사회복지사는 클라이언트가 동의하지 않는 한 제3자에게 비밀정보를 공개해서는 안 된다.

ⓘ 사회복지사는 사생활이 보장되지 않는 한 어떤 상황에서도 비밀정보에 관한 논의를 할 수 없다. 사회복지사는 복도, 대합실, 엘리베이터, 레스토랑 등과 같이 공개적 또는 반(半)공개적인 장소에서 비밀정보에 관해 논의해서는 안 된다.

ⓙ 사회복지사는 법적 절차가 진행되는 동안 법률이 허용하는 한도 내에서 클라이언트의 비밀을 최대한 보호해야 한다. 법원이나 기타 법적으로 자격을 가진 단체가 사회복지사로 하여금 클라이언트의 동의 없이 비밀 또는 면책특권 정보를 공개하도록 명령을 내리고, 이러한 공개로 말미암아 클라이언트에게 해가 되었을 경우 사회복지사는 법원으로 하여금 그 명령을 철회하거나 가능한 한 최소한으로 이러한 명령에 제한을 하도록 요청해야 하며, 공공이 접근할 수 없도록 봉인된 기록으로 유지하도록 요청해야 한다.

ⓚ 사회복지사는 언론매체 관계자로부터 공개 요청을 받았을 때도 클라이언트의 비

밀을 보호해야 한다.

ⓛ 사회복지사는 클라이언트에 대한 서면, 전자기록 및 기타 민감한 정보를 보호해야 한다. 사회복지사는 클라이언트에 대한 기록이 안전한 장소에 보관되어 있으며 자격을 갖추지 않은 사람이 접근할 수 없음을 보장하기 위한 타당한 조치를 취해야 한다.

ⓜ 사회복지사는 컴퓨터, 전자우편, 팩스, 전화, 전화 자동응답기, 기타의 전자 또는 컴퓨터 기술을 사용하여 다른 당사자에게 전파된 비밀정보를 유지하고 보장하기 위한 예방 조치를 취해야 한다. 가능한 경우에는 언제든지 신원을 공개하는 것은 피해야 한다.

ⓝ 사회복지사는 클라이언트의 비밀이 보호될 수 있도록, 그리고 기록 및 사회복지 실천을 관장하는 주(州)의 법령에 일치되도록 클라이언트의 기록을 이전 또는 배치해야 한다.

ⓞ 사회복지사는 업무의 종료, 자격상실, 사망의 경우 클라이언트의 비밀을 보호하기 위한 타당한 예방 조치를 취해야 한다.

ⓟ 사회복지사는 클라이언트와 학습이나 훈련에 관하여 논의할 때 클라이언트가 비밀정보의 공개에 동의하지 않는 한 그의 신상정보를 공개해서는 안 된다.

ⓠ 사회복지사는 클라이언트에 대해 자문을 구할 때 클라이언트가 비밀정보의 공개에 동의하지 않거나, 이러한 공개에 대한 강력한 필요가 없는 한 그의 신상정보를 공개해서는 안 된다.

ⓡ 사회복지사는 사망한 클라이언트의 비밀도 앞에서 언급된 기준에 따라 보호해야 한다.

1.08 기록에의 접근

ⓐ 사회복지사는 클라이언트가 자신과 관련된 기록에 대한 합당한 접근을 할 수 있도록 해야 한다. 클라이언트의 기록에 대한 접근이 클라이언트에게 심각한 오해

나 해(害)를 일으키게 될 우려가 있는 경우 사회복지사는 기록에 대해 설명을 하고 기록과 관련하여 클라이언트와 상담을 해야 한다. 사회복지사는 이러한 접근이 클라이언트에게 심각한 해를 입힐 수 있는 불가피한 증거가 있는 예외적인 상황에 한해서만 클라이언트의 기록에 대한 접근 또는 이러한 기록의 공개를 제한할 수 있다. 이때 클라이언트의 요청 사실과 기록의 일부 또는 전부의 접근을 제한한 합리적 이유를 클라이언트의 서류철에 문서화하여야 한다.

ⓑ 클라이언트에게 자신의 기록에 접근하도록 할 때 사회복지사는 이러한 기록에 포함되어 있는, 확인되거나 논의된 다른 사람의 비밀을 보호하는 조치를 취해야 한다.

1.09 성적 관계

ⓐ 사회복지사는 합의된 것이든 강제된 것이든, 어떠한 상황에서도 결코 현재의 클라이언트와 성적 행위 혹은 성적 접촉을 해서는 안 된다.

ⓑ 사회복지사는 클라이언트를 이용하거나 클라이언트에게 잠재적 해가 될 수 있는 환경에서, 클라이언트의 친척 또는 클라이언트와 친밀한 대인관계를 맺고 있는 기타 당사자와 성적 행위 또는 성적 접촉을 하는 일이 있어서는 안 된다. 클라이언트의 친척 또는 클라이언트와 친밀한 대인관계를 맺고 있는 기타 당사자와 성적 행위 또는 성적 접촉을 하는 것은 클라이언트에게 잠재적인 해를 입힐 수 있으며, 사회복지사와 클라이언트가 적절한 전문적 경계를 유지하기 어렵게 만든다. 명확하고 적절하며 문화적으로 민감한 경계를 설정하는 데 대한 책임은 클라이언트나 클라이언트의 친척 또는 클라이언트와 친밀한 대인 관계를 맺고 있는 기타 당사자가 아니라 사회복지사가 전적으로 지게 된다.

ⓒ 클라이언트에 대하여 잠재적으로 해를 입힐 우려가 있기 때문에 사회복지사는 이전에 클라이언트였던 사람과도 성적 행위나 성적 접촉을 해서는 안 된다. 사회복지사가 이러한 금지사항을 어기는 행동을 하거나 특수한 상황임을 내세워 이러

한 금지사항의 예외를 주장하게 되면, 이전에 클라이언트였던 사람이 고의에 의하든 고의가 아니든 이용이나 강제 및 기만당하지 않았음을 증명할 전적인 책임을 지게 되는 사람은 클라이언트가 아닌 사회복지사이다.

ⓓ 사회복지사는 이전에 자신과 성적 관계를 가진 바 있는 사람에게 임상서비스를 제공해서는 안 된다. 이전의 성적 파트너였던 사람에게 임상서비스를 제공하는 것은 그 사람에게 잠재적 해를 입힐 가능성이 있으며, 사회복지사와 그 파트너가 적절한 전문적 경계를 긋기 어렵게 만든다.

1.10 신체적 접촉

사회복지사는 클라이언트와 신체적 접촉을 하여서는 안 된다. 그러한 접촉(클라이언트를 침대에 눕히거나 쓰다듬는 것과 같은)으로 말미암아 클라이언트가 심리적인 해를 입을 가능성이 있기 때문이다. 클라이언트와 적절한 신체적 접촉을 하는 사회복지사는 이러한 신체적 접촉을 통제하는 명확하고 적절하며 문화적으로 민감한 경계를 설정할 책임이 있다.

1.11 성희롱

사회복지사는 성적으로 클라이언트를 희롱해서는 안 된다. 성희롱에는 성적 접근(구애), 성적 유혹, 성상납의 요구, 기타 성적인 성격을 띤 언어적 혹은 신체적 행위가 포함된다.

1.12 모욕적인 언어

사회복지사는 클라이언트에게, 혹은 클라이언트에 관한 서면 혹은 구두의 의사소통을 하는 데 있어서 모욕적인 용어를 사용해서는 안 된다. 사회복지사는 클라이언트에게, 혹은 클라이언트에 관한 모든 의사소통을 할 때는 정확하고 정중한 용어를 사용해야 한다.

1.13 서비스 비용의 지불

ⓐ 사회복지사는 요금을 책정할 때 제공되는 서비스에 비추어 요금이 공정하고 합리적이며 적절함을 보장해야 한다. 클라이언트의 지불 능력도 고려하여야 한다.

ⓑ 사회복지사는 전문적 서비스에 대한 대가로 물품이나 용역을 받아서는 안 된다. 서비스 준비, 특히 서비스가 포함된 것을 교환하는 것은 이해의 상충, 착취, 사회복지사와 클라이언트의 부적절한 경계 설정을 일으킬 가능성이 있다. 사회복지사는 다음과 같은 매우 제한된 경우에 한해서만 물질의 교환에 참여하거나 이것을 밝혀야 한다. 즉, 지역사회 사회복지사들 사이에서 허용된 관례라는 것이 증명되고, 서비스 준비에 필수적인 것으로 간주될 때, 그리고 클라이언트 주도로 충분한 정보에 근거한 동의에 따라 강제력 없이 협상될 때이다. 전문직 서비스에 대한 대가로 재화나 용역을 받게 되는 사회복지사는 이러한 교환이 클라이언트에 대해서나 직업적 관계에 해롭지 않음을 증명하는 데 대한 전적인 책임을 진다.

ⓒ 사회복지사는 자신의 고용주나 기관을 통해서 이러한 유용한 서비스를 받을 자격을 갖춘 클라이언트에게 그 서비스를 제공한 대가로 사적인 수수료나 기타의 보답을 요구해서는 안 된다.

1.14 의사결정 능력이 없는 클라이언트

사회복지사가 분별력 있는 의사결정을 내릴 능력이 없는 클라이언트를 대신할 때는, 이러한 클라이언트의 권리와 이익을 보호할 수 있는 적절한 조치를 취해야 한다.

1.15 서비스의 중단

사회복지사의 부재, 재배치(전근), 질병, 장애 혹은 사망과 같은 이유로 서비스가 중단될 때 사회복지사는 서비스의 계속성을 보장하기 위한 적절한 노력을 기울여야 한다.

1.16 서비스의 종결

ⓐ 사회복지사는 클라이언트에 대한 서비스 및 전문적 관계가 더 이상 필요하지 않거나 클라이언트의 욕구나 이익에 더는 효과가 없는 경우, 클라이언트에 대한 서비스 및 전문적 관계를 종결해야 한다.

ⓑ 사회복지사는 여전히 서비스 욕구에 처해 있는 클라이언트가 방치되지 않도록 적절한 조치를 취해야 한다. 사회복지사는 비정상적인 상황에서는 즉시 서비스를 철회할 수 있는데, 이때는 이 상황의 모든 요인에 대한 주의 깊은 고려를 하여 이에 따른 역효과를 최소화하기 위한 노력을 기울여야 한다. 필요한 경우 사회복지사는 서비스가 지속되도록 적절한 조치를 취하는 데 지원하여야 한다.

ⓒ 서비스를 제공할 때마다 비용을 청구하는 세팅(행위별 수가제)의 사회복지사는 클라이언트에 대한 계약상의 서비스가 금전적으로 명확하게 제공되었거나, 클라이언트가 자신 또는 다른 사람에게 급박한 위험을 일으키지 않는 경우, 그리고 현재 지불되지 않은 임상적 및 기타 결과가 초래되어 클라이언트와 논의가 이루어진 경우, 지불을 연체한 클라이언트에 대한 서비스를 종결할 수 있다.

ⓓ 사회복지사는 클라이언트와 사회적 · 경제적 혹은 성적 관계를 추구할 목적으로 서비스를 종결해서는 안 된다.

ⓔ 클라이언트에 대한 서비스를 종결 또는 중단하고자 하는 사회복지사는 즉시 이를 클라이언트에게 통지해야 하며, 클라이언트의 욕구 및 선호에 따라 서비스의 이전, 다른 전문직 종사자에게 서비스 의뢰 등 서비스가 지속될 수 있는 방법을 강구해야 한다.

ⓕ 직장을 떠나고자 하는 사회복지사는 서비스 지속에 대한 클라이언트의 적절한 선택사항과, 이러한 선택으로 말미암은 이익 및 위험사항을 클라이언트에게 통지해야 한다.

2. 동료에 대한 사회복지사의 윤리적 책임

2.01 존중

ⓐ 사회복지사는 동료를 존중하여야 하며 동료의 자격, 견해, 의무 등을 정확하고 공정하게 표명해야 한다.

ⓑ 사회복지사는 클라이언트나 다른 전문가들과의 의사소통에서 동료에 대한 부당하고 부정적인 비판을 하지 않아야 한다. 부당하고 부정적인 비판에는 동료의 능력 수준 혹은 인종, 민족, 국적, 피부색, 성, 성적 지향, 성 정체성 혹은 성적 표현, 연령, 혼인관계, 정치적 신념, 종교, 이민, 정신적 혹은 신체적 장애와 같은 개인적 특성에 관해 언급하는 것을 포함한다.

ⓒ 사회복지사는 클라이언트의 행복에 이바지하기 위해서라면, 사회복지실천 동료뿐만 아니라 다른 전문직 동료와도 협력해야 한다.

2.02 비밀보장

사회복지사는 동료와의 전문적 관계나 상호 교류 과정에서 동료와 공유하게 된 비밀정보를 보호해야 한다. 사회복지사는 동료들에게 비밀보장에 관한 사회복지사의 의무와 그와 관련된 모든 예외에 대해 확실하게 이해시켜야 한다.

2.03 다학문 간 협동

ⓐ 다학문(多學問) 간 팀의 구성원인 사회복지사는 사회복지 전문직의 관점, 가치, 경험을 가지고 클라이언트의 안녕에 영향을 주는 결정에 참여하고 이바지하여야 한다. 팀 전체로서 혹은 그 팀의 일원으로서 다학문 간 팀의 전문적·윤리적 의무를 분명히 확립해야 한다.

ⓑ 다학문 간 팀의 결정에 대해 윤리적인 우려가 있을 때 사회복지사는 적절한 경로를 통해 불일치가 해결되도록 시도하여야 한다. 만일 불일치가 해결되지 않는다

면, 사회복지사는 클라이언트의 안녕에 부합되도록 자신들의 의견을 피력하는 다른 방법을 모색하여야 한다.

2.04 동료가 관련된 분쟁

ⓐ 사회복지사는 지위 획득이나 개인적 이익을 얻기 위해서 동료와 고용자 간의 분쟁을 이용해서는 안 된다.

ⓑ 사회복지사는 동료와의 분쟁으로 말미암아 클라이언트를 착취하거나, 사회복지사와 동료 사이의 갈등에 따른 부적절한 논쟁에 클라이언트를 끌어들여서는 안 된다.

2.05 자문

ⓐ 사회복지사는 동료의 자문이 클라이언트에게 최선의 이익이 될 수 있다면, 항상 동료에게 조언과 자문을 구해야 한다.

ⓑ 사회복지사는 항상 동료의 전문 분야와 능력에 대한 정보를 가지고 있어야 한다. 사회복지사는 자문의 주제와 관련된 지식, 전문성, 능력이 입증된 동료에게만 자문을 구해야 한다.

ⓒ 사회복지사가 클라이언트에 관해서 동료에게 자문을 구할 경우 사회복지사는 자문의 목적을 달성하는 데 필요한 만큼의 최소한의 정보만을 공개해야 한다.

2.06 서비스 의뢰

ⓐ 사회복지사는 클라이언트에게 충분한 서비스를 제공하기 위해 다른 전문직의 특수한 지식이나 전문성이 필요할 때, 혹은 자신이 제공하는 서비스가 효과적이지 않거나 상당한 정도의 진전을 보지 못하고 부가적인 서비스가 요구된다고 판단될 때, 클라이언트를 다른 전문직에 의뢰하여야 한다.

ⓑ 다른 전문직에 클라이언트를 의뢰하고자 하는 사회복지사는 순조롭게 책임을 이

전하기 위해서 적절한 절차를 밟아야 한다. 또한 클라이언트의 동의를 얻어서 새로운 서비스 제공자에게 모든 관련 정보를 제공해야 한다.

ⓒ 의뢰하는 사회복지사가 전혀 전문적 서비스를 제공하지 않은 경우 사회복지사는 의뢰 대가로 보수를 주거나 받아서는 안 된다.

2.07 성적 관계

ⓐ 슈퍼바이저나 교육자 역할을 수행하는 사회복지사는 슈퍼비전을 받는 사람, 학생, 훈련생 혹은 전문적 권위를 수행하는 다른 동료들과의 성행위나 성적 접촉에 연루되어서는 안 된다.

ⓑ 사회복지사는 이익 갈등이 일어날 소지가 있는 동료와의 성적 관계에 연루되는 것을 피해야 한다. 동료와 성적 관계에 빠지거나 빠질 우려가 있는 사회복지사는 이익 갈등을 피하기 위해 필요하다면 전문적 책임을 이전할 의무가 있다.

2.08 성희롱

사회복지사는 슈퍼비전을 받는 사람, 학생, 훈련생 혹은 동료를 성적으로 희롱해서는 안 된다. 성희롱이란 성적 유혹, 성적 권유, 성적 행위의 요구 혹은 성적 성격을 띤 기타 언어적·신체적 행위이다.

2.09 동료의 결함

ⓐ 사회복지실천 동료가 개인문제, 심리사회적 고통, 약물중독 혹은 정신건강문제로 말미암은 결함이 있고, 이로 말미암아 효과적인 업무실천이 방해가 된다는 것을 직접 알게 된 사회복지사는 가능한 한 그 동료와 함께 논의하고, 그 동료가 치료를 받을 수 있도록 도와주어야 한다.

ⓑ 사회복지실천 동료의 결함이 효과적인 업무실천에 방해가 되고, 그 동료가 자신의 결함에 대해 적절한 조치를 취하지 않는다고 판단한 사회복지사는 고용주, 기

관, 미국사회복지사협회, 자격증 인가와 규제 부서, 기타 전문직 단체가 설정한 적절한 경로를 통해 조치를 취해야 한다.

2.10 동료의 능력 부족

ⓐ 사회복지실천 동료가 무능하다는 것을 직접 알게 된 사회복지사는 가능한 한 그 동료와 논의하고, 그 동료가 대책을 세울 수 있도록 도와주어야 한다.

ⓑ 사회복지실천 동료가 무능력함에도 불구하고 적절한 조치를 취하지 않는다고 판단한 사회복지사는 고용주, 기관, 미국사회복지사협회, 자격증 인가와 규제 부서, 기타 전문직 단체가 설정한 적절한 경로를 통해 조치를 취해야 한다.

2.11 동료의 비윤리적 행위

ⓐ 사회복지사는 동료의 비윤리적 행위를 저지하고, 예방하고, 적발하고 시정하도록 적절한 조치를 취해야 한다.

ⓑ 사회복지사는 동료의 비윤리적 행위를 다루는 정책과 절차에 대해 잘 알고 있어야 한다. 사회복지사는 윤리적 문제를 다루는 국가, 주, 지방의 절차를 잘 알고 있어야 한다. 여기에는 미국사회복지사협회, 인가 규제 단체, 고용주, 기관 및 다른 전문직 단체가 제정한 정책이나 절차 등이 포함된다.

ⓒ 동료가 비윤리적 행동을 하고 있다고 믿는 사회복지사는 그 문제를 그 동료와 함께 논의하는 것이 가능하고 그것이 생산적이라고 한다면, 논의를 통해 해결책을 강구해야 한다.

ⓓ 동료가 비윤리적 행동을 하고 있다고 믿는 사회복지사는 필요한 경우 적절한 공식적 경로(예컨대 주의 자격증 인가와 규제 부서, 미국사회복지사협회 조사위원회 혹은 기타 전문가 윤리위원회와의 접촉)를 통해 대응하도록 한다.

ⓔ 사회복지사는 비윤리적 행위를 하였다고 부당하게 고발된 동료를 변호하고 도와주어야 한다.

3. 실천현장에서 사회복지사의 윤리적 책임

3.01 슈퍼비전과 자문

ⓐ 슈퍼비전이나 자문을 제공하는 사회복지사는 적절한 슈퍼비전과 자문에 필요한 지식과 기술을 가지고 있어야 하며, 반드시 자신이 가진 지식과 능력의 범위 내에서만 슈퍼비전과 자문을 해야 한다.

ⓑ 슈퍼비전이나 자문을 제공하는 사회복지사는 분명하고 적절하며 문화적으로 민감한 슈퍼비전이나 자문의 경계를 설정할 책임이 있다.

ⓒ 사회복지사는 슈퍼바이저에게 착취나 위해 가능성이 있는 어떠한 이중 혹은 다중관계를 맺어서는 안 된다.

ⓓ 슈퍼비전을 제공하는 사회복지사는 공정하고 정중하게 슈퍼바이저의 업무능력을 평가해야 한다.

3.02 교육 및 훈련

ⓐ 교육자, 실습지도자, 훈련자의 역할을 담당하는 사회복지사는 자신이 가진 지식과 능력 범위 내에서만 지도를 해야 하며, 전문 분야에서 활용되는 가장 최근의 정보와 지식을 바탕으로 지도해야 한다.

ⓑ 교육자 혹은 실습지도자의 역할을 담당하는 사회복지사는 공정하고 정중하게 학생의 성적을 평가해야 한다.

ⓒ 교육자 혹은 실습지도자의 역할을 담당하는 사회복지사는 학생에 의해서 제공될 때 클라이언트가 일상적으로 얻을 수 있는 정보를 얻도록 적절한 조치를 취해야 한다.

ⓓ 교육자 혹은 실습지도자의 역할을 담당하는 사회복지사는 학생에게 착취나 위해 가능성이 있는 어떠한 이중 혹은 다중관계를 맺어서는 안 된다. 사회복지실천 교육자와 실습지도자는 분명하고 적절하며 문화적으로 민감한 실습의 경계를 설정할 책임이 있다.

3.03 업무평가

다른 사람의 업무를 평가하는 책임이 있는 사회복지사는 공정하고 사려 깊게, 명문화된 기준에 입각하여 그 책임을 수행해야 한다.

3.04 클라이언트의 기록

ⓐ 사회복지사는 기록상의 기술이 정확하며 제공된 서비스가 사실을 반영하는 것을 보증하기 위해 적절한 수단을 강구해야 한다.

ⓑ 사회복지사는 서비스 전달을 쉽게 하고 미래의 클라이언트에게 제공될 서비스의 연속성을 보장하기 위해 충분하고 시기적절한 자료를 기록에 포함해야 한다.

ⓒ 사회복지사의 문서 자료는 가능한 한 적절하게 클라이언트의 사생활을 보호해야 하고, 서비스 전달에 직접적으로 관련되는 정보만을 포함해야 한다.

ⓓ 사회복지사는 서비스 종결 이후에도 미래의 적절한 접근을 보장하기 위해 기록을 보관해야 한다. 기록은 주(州) 법령이나 관련 계약서에 명시된 기간 동안 보존해야 한다.

3.05 청구서 작성

사회복지사는 제공된 서비스의 성격과 한도를 정확하게 반영하고, 실천현장에서 누가 서비스를 제공하였는지를 확인하는 청구방식을 설정하여 관리해야 한다.

3.06 클라이언트의 이전

ⓐ 동료나 다른 기관으로부터 서비스를 받는 사람이 서비스를 요청할 때, 요청을 받은 사회복지사는 서비스 제공에 합의하기 전에 클라이언트의 욕구를 신중하게 고려해야 한다. 일어날 수 있는 혼란이나 갈등을 최소화하기 위해서 사회복지사는 클라이언트와 다른 서비스 제공자와의 관계 성격에 대해서, 새로운 서비스 제

공자와 관계를 맺는 것의 의미와, 예상할 수 있는 이익과 위험에 대해서 충분히 논의해야 한다.

ⓑ 만일 새로운 클라이언트가 다른 기관이나 동료에게서 서비스를 받아왔다면, 사회복지사는 이전의 서비스 제공자와의 자문이 클라이언트에게 최선의 이익이 될지를 클라이언트와 논의해야 한다.

3.07 행정

ⓐ 사회복지행정가는 클라이언트의 욕구를 충족시키기 위한 적절한 자원을 얻기 위해 자신이 속한 기관의 내·외부에서 옹호활동을 해야 한다.

ⓑ 사회복지사는 개방적이고 공정한 자원 할당 절차를 위해서 옹호활동을 해야 한다. 모든 클라이언트의 욕구가 충족될 수 없다면, 할당 절차는 차별 없이 적절하고 일관되게 적용되는 원칙에 입각하여 개발되어야 한다.

ⓒ 행정을 담당하는 사회복지사는 적절한 직원 슈퍼비전을 가능하게 하는 기관 혹은 조직의 적당한 자원을 보장할 수 있도록 합리적인 조치를 취해야 한다.

ⓓ 사회복지행정가는 책임진 근무환경이 미국사회복지사협회 윤리강령에 일치하고, 윤리강령을 준수할 수 있도록 합리적인 조치를 취해야 한다. 사회복지행정가는 윤리강령을 위반하고 방해하며 강령 준수를 어렵게 하는 조건을 제거하기 위한 합리적인 조치를 취해야 한다.

3.08 계속 교육과 직원의 능력 개발

사회복지행정가나 슈퍼바이저는 그들이 책임진 모든 직원에 대해 계속 교육 및 직원의 능력 개발을 제공하고 계획하기 위한 합리적 수단을 강구해야 한다. 계속 교육과 직원의 능력 개발은 사회복지실천 및 윤리에 관한 최근의 지식 및 새로운 발전을 다루어야 한다.

3.09 고용주에 대한 의무

ⓐ 사회복지사는 일반적으로 고용주나 고용 기관과의 서약에 충실해야 한다.

ⓑ 사회복지사는 고용 기관의 정책과 절차 및 서비스의 효율성과 효과성을 증진하기 위해 노력해야 한다.

ⓒ 사회복지사는 고용주가 미국사회복지사협회 윤리강령에 제시된 사회복지사의 윤리적 책임과 이것이 사회복지실천에서 가지는 함축된 의미를 인식하도록 합리적 조치를 취해야 한다.

ⓓ 사회복지사는 고용 기관의 정책, 운용절차, 규칙이나 행정명령이 윤리적인 사회복지실천에 방해가 되도록 허용해서는 안 된다. 사회복지사는 고용 기관의 활동이 미국사회복지사협회 윤리강령과 확실히 일치하도록 합리적 조치를 취해야 한다.

ⓔ 사회복지사는 고용 기관의 업무 할당이나 고용정책, 실천에서 차별을 예방하고 없애기 위한 행동을 취해야 한다.

ⓕ 사회복지사는 공정한 인사정책을 시행하는 기관에만 취업하며, 이러한 기관에만 학생의 현장실습 배치를 주선해야 한다.

ⓖ 사회복지사는 고용 기관 자원의 현명한 집사로서, 자원을 적절하고 현명하게 관리하며, 결코 그 자금을 부적절하거나 의도하지 않은 목적에 사용해서는 안 된다.

3.10 노사분쟁

ⓐ 사회복지사는 클라이언트에 대한 서비스나 근무환경을 개선하기 위해 노동조합의 결성이나 참가를 포함하는 조직화된 활동에 관여할 수 있다.

ⓑ 노사분쟁, 준법투쟁, 파업 등에 관련된 사회복지사의 행동은 전문직의 가치, 윤리적 원칙 및 기준에 따라야 한다. 실제 파업이나 준법투쟁 혹은 그에 준하는 상황에서 전문가로서의 기본적 의무에 대한 사회복지사들 간에 합리적인 의견 차이는 있을 수 있다. 사회복지사는 활동방향을 결정하기 전에 관련 이슈와 그것이 클라이언트에게 미칠 수 있는 영향을 신중하게 검토해야 한다.

4. 전문가로서 사회복지사의 윤리적 책임

4.01 능력

ⓐ 사회복지사는 자신의 현재 능력에 근거하여, 혹은 요구되는 능력을 획득할 의사가 있을 때에만 직업상의 책임 및 고용을 수락해야 한다.

ⓑ 사회복지사는 전문적 실천 및 전문 기능의 수행에 능숙해지고 그러한 상태를 유지하도록 힘써야 한다. 사회복지사는 사회복지실천과 관련된 최선의 지식을 갖추고 있어야 하며, 이를 비판적으로 검토해야 한다. 사회복지사는 일상적으로 전문 문헌을 검토하고, 사회복지실천 및 윤리에 관한 계속 교육에 참가해야 한다.

ⓒ 사회복지사는 경험을 기반으로 한 지식을 포함하여, 사회복지실천이나 윤리에 관련된 이미 인정받은 지식에 기초하여 실천에 임해야 한다.

4.02 차별

사회복지사는 인종, 민족, 국적, 피부색, 성, 성적 지향, 성 정체성 혹은 성적 표현, 연령, 혼인관계, 정치적 신념, 종교, 이민, 정신적 혹은 신체적 장애에 근거한 어떤 형태의 차별도 실행, 묵과, 조장, 협력해서는 안 된다.

4.03 사적인 행위

사회복지사는 그의 전문적 책임 수행 능력을 방해하는 사적인 행위를 용납해서는 안 된다.

4.04 부정직, 사기, 기만

사회복지사는 부정직, 사기, 기만행위에 가담·묵인하거나 연루되어서는 안 된다.

4.05 결함

ⓐ 사회복지사는 자신의 개인적 문제, 심리사회적 고통, 법적 문제, 약물 남용 혹은 정신건강상의 문제로, 전문적 판단이나 수행을 그르치거나 혹은 자신이 전문적으로 책임을 지는 클라이언트의 최선의 이익을 저해해서는 안 된다.

ⓑ 자신의 개인적 문제, 심리사회적 고통, 법적 문제, 약물 남용 혹은 정신건강상의 문제로 말미암아 전문적 판단 및 실천에 방해받게 되면, 사회복지사는 즉시 전문가의 도움을 구하거나, 업무량을 조정하거나, 서비스 제공을 종료하거나, 클라이언트와 다른 사람을 보호하기 위한 기타 필요한 다른 조치를 취하는 것과 같은 적절한 치료적 조치를 강구하거나, 자문을 모색해야 한다.

4.06 잘못된 설명

ⓐ 사회복지사는 자신이 발표하는 성명(聲明) 및 관여하는 활동이 개인적인 것인지, 사회복지 전문직이나 전문사회복지조직 혹은 사회복지사가 고용된 기관을 대표하는 것인지를 분명히 해야 한다.

ⓑ 전문적 사회복지실천 기관을 대신하여 발언하는 사회복지사는 그 조직의 공식적이고 권위 있는 지위에 있음을 정확하게 표명해야 한다.

ⓒ 사회복지사는 전문적 자격, 자격증명서, 교육, 능력, 소속, 제공된 서비스, 성취된 결과에 대해 클라이언트, 기관, 대중에게 정확히 알려야 한다. 사회복지사는 자신이 가진 전문자격증 내에서만 얘기할 수 있으며, 다른 사람에 의해 부정확하거나 잘못 알려진 자격에 대해서는 어떠한 것이든 시정하기 위한 조치를 취해야 한다.

4.07 권유

ⓐ 사회복지사는 자신이 처한 상황 때문에 부당한 영향, 조작 혹은 강제에 취약한 잠재적 클라이언트의 과도한 간청에 연루되어서는 안 된다.

ⓑ 사회복지사는 현재의 클라이언트나, 혹은 부당한 영향에 취약한 다른 사람들이

자신이 처한 특별한 환경 때문에 증명서 배서(증명서에 클라이언트의 이전 진술을 사용하는 것을 동의해 달라는 간청을 포함하여)해 주기를 간청할 때 연루되어서는 안 된다.

4.08 공적의 인정

ⓐ 사회복지사는 출처의 명시를 포함하여 실제로 자신이 수행했거나 공헌한 일에 대해서만 책임을 지며, 공적을 인정받아야 한다.

ⓑ 사회복지사는 다른 사람의 업적과 공헌을 정직하게 인정해야 한다.

5. 사회복지 전문직에 대한 사회복지사의 윤리적 책임

5.01 전문직의 성실성

ⓐ 사회복지사는 높은 수준의 실천을 유지하고 증진해야 한다.

ⓑ 사회복지사는 전문직의 가치, 윤리, 지식 및 사명을 지지하며 증진해야 한다. 사회복지사는 적절한 연구조사, 활발한 토의와 책임질 수 있는 비판을 통해서 전문직의 성실성을 보호, 증진, 개선해야 한다.

ⓒ 사회복지사는 사회복지 전문직의 가치, 성실성 및 그 능력을 증진하는 활동에 시간과 전문성을 할애해야 한다. 이러한 활동에는 교육, 조사, 자문, 서비스, 법적 증언, 지역사회에 발표 및 전문직 단체에 참가하는 일 등이다.

ⓓ 사회복지사는 사회복지실천의 지식 기반에 이바지하며 실천, 조사 및 윤리에 관련된 지식을 동료와 공유해야 한다. 사회복지사는 전문 학술지에 이바지하며 전문가 회합이나 회의에서 그들의 지식을 공유해야 한다.

ⓔ 사회복지사는 미승인, 무자격 사회복지실천을 방지해야 한다.

5.02 평가와 조사

ⓐ 사회복지사는 정책, 프로그램의 실행 및 실천 개입을 감시 · 평가해야 한다.

ⓑ 사회복지사는 지식의 발달에 이바지하도록 평가와 조사를 증진 · 촉진해야 한다.

ⓒ 사회복지사는 사회복지실천에 관련되는 새로운 지식을 비판적으로 검토하며, 평가와 조사연구에서 얻은 입증자료를 전문직 실천에 충분히 활용해야 한다.

ⓓ 평가와 조사에 종사하는 사회복지사는 일어날 수 있는 결과를 신중하게 고려하며, 평가 및 조사 참가자의 보호를 위해 개발된 지침을 따라야 한다. 필요하다면 제도검토위원회에 자문을 요청하여야 한다.

ⓔ 평가와 조사에 종사하는 사회복지사는 참가자들로부터 충분한 정보에 근거한 고지된 동의를 받아야 한다. 이때 참가 거부에 대한 암시적 혹은 현실적 손해나 불이익이 없고 부당한 참가 권유가 없어야 하며, 참가자의 안녕, 사생활, 존엄성을 고려해야 한다. 정보에 근거한 동의에는 참가의 성격, 한도, 기간과 더불어 조사 참가 시의 위험요소나 보상에 관한 정보 등을 포함하여야 한다.

ⓕ 평가와 조사연구의 참가자가 충분한 정보에 근거한 동의를 할 수 없을 때에도 사회복지사는 참가자의 수준에 적합한 설명을 하여 가능한 한 참가자로부터 동의를 얻어야 하며, 정당한 대리인으로부터 서면동의를 얻어야 한다.

ⓖ 사회복지사는 특정 형태의 자연적 관찰이나 공문서 조사와 같은, 동의 절차를 밟지 않은 평가나 조사를 설계 및 시행해서는 절대로 안 된다. 그러나 그 조사에 대한 엄격하고 신뢰할 만한 결과가 예상되는 과학적 · 교육적 혹은 응용적 가치 때문에 정당하다고 판명되거나, 혹은 동의 절차를 반드시 요구하지 않으면서 동등하게 효과적인 대안적 방법이 없는 경우에는 예외이다.

ⓗ 사회복지사는 평가나 조사 참가자에게 언제나 불이익 없이 동의를 철회할 권리가 있음을 알려주어야 한다.

ⓘ 사회복지사는 평가나 조사 참가자가 적절한 지지적 서비스를 이용할 수 있도록 합리적 조치를 취해야 한다.

ⓙ 평가와 조사에 종사하는 사회복지사는 부당한 신체적 · 정신적 고통, 위해, 위험, 박탈 등으로부터 참가자들을 보호해야 한다.

ⓚ 서비스 평가에 관여하는 사회복지사는 수집된 정보를 전문직의 목적을 위해서만 사용해야 하고, 그 정보에 관해 전문적 관련이 있는 사람들과만 논의해야 한다.

ⓛ 평가와 조사에 종사하는 사회복지사는 참가자와 그들에게서 얻은 자료의 익명성과 비밀을 보장해야 한다. 사회복지사는 비밀보장의 한계, 비밀을 보장하기 위해 취해진 조치, 그리고 조사 자료가 포함된 기록을 폐기할 시기 등을 참가자에게 알려야 한다.

ⓜ 평가와 조사의 결과를 보고하는 사회복지사는 공개를 허락하는 정당한 동의가 없는 한 신상정보를 생략함으로써 참가자의 비밀을 보호해야 한다.

ⓝ 사회복지사는 평가와 조사연구의 결과를 정확하게 보고해야 한다. 결코 그 결과를 꾸미거나 왜곡해서는 안 되며, 출판 후에 인쇄된 자료에서 잘못이 발견되었을 때에는 표준적 출판방법을 이용하여 시정조치를 취해야 한다.

ⓞ 평가와 조사에 종사하는 사회복지사는 참가자와의 이익 갈등이나 다중관계에 유의하고, 이를 피해야 하며 현실적으로 갈등이 일어나거나 일어나려고 할 때에는 참가자에게 그 사정을 알려야 한다. 그리고 참가자의 이익이 최우선되도록 문제해결 수단을 강구해야 한다.

ⓟ 사회복지사는 책임 있는 조사연구에 관해 자신과 학생 및 동료를 교육해야 한다.

6. 사회 전반에 대한 사회복지사의 윤리적 책임

6.01 사회복지

사회복지사는 한 지역으로부터 전 세계에 이르기까지 사회의 일반적인 복지를 향상시키고, 인간과 지역사회 및 환경을 개선하여야 한다. 사회복지사는 인간의 기본 욕구 충족에 이바지하는 생활 조건의 향상을 옹호하며, 사회정의 실현에 도움이 되는 사회적 · 경제적 · 정치적 및 문화적 가치와 제도를 증진하여야 한다.

6.02 대중의 참여

사회복지사는 사회정책이나 사회제도를 형성할 때 충분한 정보에 근거하여 일반대중의 참여를 촉진해야 한다.

6.03 공공의 긴급사태

사회복지사는 공공의 긴급사태에 직면해서 가능한 한 최대의 전문적 서비스를 적절하게 제공해야 한다.

6.04 사회적 · 정치적 행동

ⓐ 사회복지사는 모든 사람이 인간의 기본 욕구를 충족하고 충분히 발전하는 데 필요한 자원, 고용, 서비스 및 기회에 동등하게 접근할 수 있도록 보장하는 사회적 · 정치적 행동을 취해야 한다. 사회복지사는 실천에 미치는 정치적 영역의 영향을 인식해야 하며, 인간의 기본 욕구를 충족하고 사회적 정의를 증진시키며, 사회 환경을 개선하기 위한 정책과 법률 개정을 옹호해야 한다.

ⓑ 사회복지사는 특히 취약하고 불리한 상황에 처한 사람들, 억압 · 착취당하는 사람과 집단을 비롯하여 모든 사람의 선택의 폭과 기회를 넓히도록 노력해야 한다.

ⓒ 사회복지사는 미국 내에서, 나아가 전 세계에서 문화적 · 사회적 다양성을 존중하는 제반 조건을 증진시켜야 한다. 사회복지사는 차이를 존중하는 정책과 실천을 옹호하며, 문화적 지식과 자원의 확장을 지원하고 문화적 다양성을 옹호하는 프로그램이나 제도를 지지하며, 모든 사람의 권리를 보장하고 평등과 사회정의를 앙양하는 정책을 증진시켜야 한다.

ⓓ 사회복지사는 민족이나 인종, 국적, 피부색, 성, 성적 지향, 성 정체성 혹은 성적 표현, 연령, 혼인관계, 정치적 신념이나 종교, 이민, 정신적 혹은 신체적 장애를 이유로 특정 개인이나 집단, 계급을 지배, 착취, 차별하는 행위를 방지하고 제거하기 위한 활동을 하여야 한다.

/참/고/문/헌

강세현 · 서혜전 · 오정영 · 임원선 · 전영록 (2015). **인간행동과 사회환경**. 경기: 양서원.

강진령 · 이종연 · 유형근 · 손현동 (2007). 학교상담자 윤리 교육 및 인지 실태 분석. **상담학연구, 8**(2), 751-768.

고수현 (2015). **사회복지윤리와 철학**(5판). 경기: 양서원.

고재경 · 정회성 (2013). 환경복지 개념 도입에 관한 시론적 연구. **環境政策, 21**(3), 23-52.

고향자 · 현선미 (2008). 청소년 상담의 사전동의(Informed Consent)에 관한 고찰. **상담학연구, 9**(1), 45-65.

권지성 · 주소희 · 김진숙 (2017). 사회복지 연구와 연구참여자 권리보호. 한국사회복지학회 창립 50주년 기념 2007년 세계학술대회 자료집, 31-60.

과학기술부 · 과학기술혁신본부 (2007). **연구윤리 확보를 위한 지침 해설서**. 경기: 과학기술혁신본부 기술혁신평가국 평가정책과.

김경수 · 이경수 · 이하나 (2017). **사회복지 윤리와 철학**. 서울: 동문사.

김기덕 (2002). **사회복지윤리학**. 서울: 나눔의집.

김기덕 (2005). 롤스의 정의론에 관한 철학적 고찰: 윤리적 측면과 인식론적 측면을 중심으로. **사회복지연구, 26**, 67-90.

김기덕 · 최소연 · 권자영 (2017). **사회복지 윤리와 철학**(2판). 경기: 양서원.

김상균 · 오정수 · 유채영 (2002). **사회복지 윤리와 철학**. 경기: 나남출판.

김성옥 (2004). **사회복지 윤리와 철학**. 서울: 청목출판사.

김영란 · 박미은 · 서미경 (2001). 실천적 갈등상황에서 사회복지사들의 윤리적 선택에 관한 연구. **사회복지연구, 17**(1), 1-28.

김영욱 (2012). 담론경쟁으로서 PR 커뮤니케이션: 새로운 패러다임과 이론의 방향성 설정. **커뮤니케이션 이론, 8**(1), 352-386.

김영옥 (2013). **PR 커뮤니케이션 이론의 진화**. 서울: 커뮤니케이션북스.

김영화 (2006). 세계화와 양극화: 흐름과 전망. **비판사회정책, 22**(8), 7-27.

김영화 · 이옥희 (1999). 세계화와 한국사회복지의 비판적 검토. **한국사회복지학, 39**(12), 74-102.

김종해 · 김종진 · 김인숙 · 강은애 · 김병년 · 김현민 · 송인주 · 양성욱 · 이정봉 · 이주환 · 한상미 · 박선영 · 배지영 · 윤소윤 · 정용문 (2013). **사회복지사 인권상황 실태조사**. 서울: 국가인권위원회.

김춘경 · 이수연 · 이윤주 · 정종진 · 최웅용 (2016). **상담학 사전**. 서울: 학지사.

노충래 (2012). 국제사회복지의 동향과 추세. **국제사회복지학**, 2(1), 7-29.

대한성서공회 (2007). **성경전서(새번역)**. 서울: 대한기독교서회.

모지환 · 이중섭 · 문영주 (2011). 관료적 조직풍토가 조직몰입에 미치는 영향-공직 비윤리 행동과 직무 만족의 매개효과를 중심으로-. **한국지역사회복지학**, 38, 271-300.

류명걸 (1998). **西洋哲學一般**. 대구: 형설출판사.

박외숙 · 고향자 (2007). 비성적인 이중관계의 윤리. **한국심리학회지: 상담 및 심리치료**, 19(4), 863-887.

박은우 · 김인호 · 김현철 · 이민호 (2014). **연구부정행위 검증 및 처리 관련 연구윤리 실무 매뉴얼**. 대전: 한국연구재단.

박차상 · 강정희 · 문현주 (2019). **사회복지 윤리와 철학**. 서울: 학지사.

박형진 (2009). 신자유주의적 세계화와 사회복지정책의 윤리적 가치. **극동사회복지저널**, 5(12), 33-57.

서미경 (1998). 정신보건 영역에서의 고지된 동의(informed consent) 과정에 관한 연구. **정신보건과 사회사업**, 6, 5-23.

서미경 · 김영란 · 박미은 (2015). **사회복지 윤리와 철학**. 경기: 양서원.

손현동 (2007). 현행법에 나타난 학교상담자의 비밀보장과 그 한계. **청소년상담연구**, 15(2), 3-14.

신사회공동선운동연합 (2004). **지구촌시대 상생의 윤리와 철학**. 서울: 백산서당.

심상용 (2016). **사회복지 윤리와 철학**. 서울: 학지사.

안선화 · 김용순 · 유문숙 · 방경숙 (2009). 환자의 알권리와 자기결정. **한국의료윤리학회지**, 12, 153-164.

양옥경 · 김미옥 · 김미원 · 김정자 · 남경희 · 박인선 · 신혜령 · 안혜영 · 윤현숙 · 이은주 · 한혜경 (2004). **사회복지 윤리와 철학**. 서울: 나눔의집.

양옥경 · 이기연 · 최소연 · 현진희 (2010). **사회복지지도감독론**. 경기: 양서원.

양옥경 · 최명민 (2010). 사회복지기관 윤리경영 자가점검지표 개발에 관한 연구. **한국사회복지행정학**, 12(2), 55-95.

양옥경 · 최소연 · 이기연 (2007). **사회복지 현장실습 수퍼비전**. 경기: 양서원.

엄명용 · 김성천 · 오혜경 · 윤혜미 (2000). **사회복지실천의 이해**. 서울: 학지사.

연구윤리정보센터 (2014). **연구윤리: 질의응답집**. 대전: 국가과학기술인력개발원.

염형국 (2004). 시설장애인의 인권보장을 위한 실천방안 모색. 교남소망의집 개원 22주년 기념 세미나 자료집.

오성환 (2015). 사회복지시설의 윤리경영이 조직몰입에 미치는 영향: 조직이미지와 사회적 바람직성의 매개효과를 중심으로. **한국사회복지행정학**, 17(1), 91-122.

오윤수 · 정현태 · 이대주 (2009). **사회복지 윤리와 철학**. 경기: 공동체.

오혜경 (2005). **사회복지 윤리와 철학**. 서울: 창지사.

우국희 · 임세희 · 성정현 · 최승희 · 장연진 · 좌현숙 (2013). **사회복지 윤리와 철학**. 경기: 공동체.

우수명 (2012). 네팔품의 국제 지역사회복지실천 사례연구: 베시마을의 '행복한 마을 만들기'를 중심으로. **한국지역사회복지학**, 40, 31-58.

우호종 (2010). **죽음에게 삶을 묻다**. 서울: 사피엔스21.

윤성호 · 이미라 · 손지현 (2016). **사회복지 윤리와 철학**. 서울: 학지사.

은선경 (2016). 국제사회복지 역량중심 교육과정개발에 관한 연구. **한국산학기술학회지, 17**(9), 508-518.

이경은 · 김도희 (2012). 예비사회복지사의 차별태도에 미치는 영향요인에 관한 연구. **한국사회복지교육, 19**, 130-148.

이순민 (2016). **사회복지 윤리와 철학**(2판). 서울: 학지사.

이인재 (2010). 연구진실성과 연구윤리. **윤리교육연구, 21**, 269-290.

이인재 (2012). 연구활동의 스펙트럼과 연구진실성. **대학피부미용학회지, 10**(3), 457-462.

이정필 (2011). 녹색성장에서 녹색복지로의 패러다임 전환 모색. 생태복지의 길을 묻다. **환경운동연합 정책토론회 자료집**, 25-37.

이준석 · 김옥주 (2006). 연구부정행위에 대한 규제 및 접정책 연구: 미국 연구진실성관리국(ORI)의 사례를 중심으로. **생명윤리, 7**(1), 101-116.

이철수 (2008). **사회복지학사전**. 서울: 비상.

이효선 (2003). **사회복지 윤리와 철학의 이해**. 서울: 학지사.

임의영 (2011). **형평과 정의**. 경기: 한울.

일본인지증케어학회 (2011). **치매노인을 위한 케어윤리**. 서울: 노인연구정보센터.

장영진 · 김진숙 · 구혜영 (2012). 이중관계에 대한 사회복지사의 신념과 경험의 변화 - 2001년과 2011년 비교 연구 -. **한국사회복지학, 64**(3), 281-308.

정연재 (2007). 프로페셔널리즘과 전문직 윤리 교육. **윤리교육연구, 14**, 131-146.

최경구 (2006). 환경복지국가 연구: 지속가능성의 패러다임과 사회복지의 결합. **사회복지정책, 24**(4), 337-360.

최상훈 · 김정아 · 권경자 (2011). 사회복지사가 지각하는 윤리풍토가 경력몰입에 미치는 영향. **사회복지연구, 42**(1), 55-82.

최소연 (2013). 사회복지시설의 조직윤리에 관한 연구: 윤리적 리더십, 조직윤리풍토, 조직유효성의 관계. **한국사회복지행정학, 15**(4), 147-205.

최종고 (1981). **한국근대법사상사**. 서울: 박영사.

한국철학회 편 (1987). **한국철학사**. 서울: 동명사.

한상범 (1985). **기본적 인권**. 서울: 정음사.

한상범 (1988). **현대인권론**. 서울: 동국대학교출판부.

홍성태 (2009). 생태복지국가 연대를 향하여. **환경과 생명, 61**(9), 48-63.

환경부 (2016). **환경백서 2016**.

황은성 · 송성수 · 이인재 · 박기범 · 손화철 (2011). **연구윤리의 이해와 실천**. 서울: 교육과학기술부 · 한국연구재단.

Abramson, M. (1989). Autonomy vs. paternalistic beneficence: Practice strategies. *The journal of contemporary Social Work, 70*, 101-105.

Barber, B. (1963). Some Problems in Sociology of the Professions. *Daeddalus, 92*(4), 669-688.

Barker, R. L. (2003). *The Social Work Dictionary*. Washington, DC: NASW Press.

Beauchamp, T. L., & Childress, J. F. (1994). *Principles of Biomedical Ethics*. Oxford University Press.

Beckwith, F. J., & Peppin, J. F. (2000). Physician value neutrality: A critique. *The Journal of Law, Medicine and Ethics, 28*(1), 67-77.

Bowen, S. A. (2004). Expansion of ethics as the tenth generic principle of public relations excellence: A Kantian theory and model for managing ethical issues. *Journal of Public Relations Research, 16*, 65-92.

Bowen, S. A. (2005). Practical model for ethical decision making in issues management and public relations. *Journal of Public Relations Research, 17*(3), 191-216.

Bowen, S. A. (2010). The Nature of good in public relations: What should be its normative ethic? In R. L. Heath(Ed.), *The Sage handbook of public relations*(pp. 569-584). Hillsdale, NJ: LEA.

Carr-Saunders, A. M. (1982). *Profession: Their Organization and Place in Society*. Oxford: Clarendon Press.

Carson, R. L. (1962). *Silent Spring*. 김은령 역 (2011). **침묵의 봄**. 서울: 에코리브르.

Collingridge, M., Miller, S., & Bowles, W. (2001). Privacy and Confidentiality in Social Work. *Australian Social Work, 54*(2), 3-13.

Congress, E. P. (1999). *Social Work Values and Ethics: Identifying and Resolving Professional Dilemmas*. Chicago: Nelson-Hall Pub.

Corey, G., Corey, M. S., & Callanan, P. (1998). *Issues and Ethics in the Helping Professions*(5th ed.). CA: Brooks/Cole Publishing Company.

CSWE (1992). *Curriculum policy statement for master's degree programs in social work education*(sec. M6. 5). Alexandria, VA: Author.

Dane, B., & Simon, B. (1991). Resident guests: social workers in host settings. *Social work, 36*(3), 208-213.

Davidson, J. (2005). Professional relationship boundaries: Asocial work teaching module. *Social Work Education, 24*(5), 511-533.

Deeken. A. 오진탁 역 (2002). *死とどう向き合うか*. **죽음을 어떻게 맞이할 것인가?** 서울: 궁리.

Dolgoff, R., Loewenberg, F. M., Harrington, D. (2005). *Ethical Decisions for Social Work Practice*(7th ed.). CA: Tomson Brooks/Cole.

Dominelli, L. (2004). *Social work: theory and practice for a changing profession*. 한인영 · 김성천 역 (2007). **세계화와 사회복지실천**. 서울: 학지사.

Durkheim, E. (1893). *The Division of Labor in Society*. New York: The Free Press of Glencoe.

Flexner, A. (1915). *Is Social Work Profession?* Proceedings of the National Conference of Charities and Correction 42nd Annual Session. Chicago: Hindman, 567-590.

Frankena, W. K. (1967). *Ethics*. 황경식 역 (1984). 윤리학. 서울: 종로서적.

George, V., & Wilding, P. (2002). *Globalisation and human welfare*. 김영화 외 역(2004). 세계화와 인간복지. 서울: 삼우사.

Gibelman, M., & Sweifach, J. (2008). Acting on Our Values: Do Social Workers Volunteer? *Social Work, 53*(1), 53-64.

Giddens, A. (2006). *Sociology*(5th.). 김미숙 외 역 (2009). 현대사회학. 서울: 을류문화사.

Gordon, W. E. (1965). Knowledge and Value: Their Distinction and Relationship in Clarifying Social Work Practice. *Social Work, 10*, 32-39.

Greenwood, E. (1957). Attribution of a Profession. *Social Work, 2*(3), 45-55.

Hamilton, G. (1940). *Theory and Practice of Social Casework*. New York: Columbia University Press.

Healy, L. (2008). *International social work*(2nd ed.). 노충래 역 (2010). 국제사회복지. 서울: 학지사.

Heath, R. L., & Coombs, W. T. (2006). *Today's public relations: An introduction*(Ed.). Thousand Oaks, CA: Sage.

Jary, D. (1995). *Collins Dictionary of Sociology*. New York: Harper Collins Publishers.

Kadushin, A. (1992). *Supervision in Social Work*. New York: Columbia University Press.

Kawamura, M. (2004). *國際社會福祉論*. 박주현 역 (2019). 국제사회복지론. 서울: 어가.

Kichener, K. (2000). *Foundations of Ethical Practice, Research, and Teaching in Psychology*. Mahwah, NJ: Lawrence Erlbaum Associates, Inc.

Kopels, S. (1992). Confidentiality and the school social worker. *Social Work in Education, 14*(4), 203-205.

Levy, C. (1973). The Value Base of Social Work. *Journal of Education for Social Work, 8*, 34-42.

Levy, C. (1976). *Social Work Ethics*. New York: Human Science Press.

Lewis, H. (1984). Ethical Assessment. *Social Casework, 65*(4), 203-211.

Lewis, J. A., Lewis, M. D., Packard, T., & Soufflee, F. Jr. (2001). *Management of Human Service Programs*. Belmont, CA: Wadsworth/Thomson Learning.

Loewenberg, F. M., & Dolgoff, R. L. (1996). *Ethical Decisions for Social Work Practice*. 서미경 · 김영란 · 박미은 역 (2000). 사회복지실천윤리. 경기: 양서원.

Loewenberg, F. M., Dolgoff, R. L., & Harrington, D. (2005). *Ethical Decisions for Social Work Practice*(7th ed.). Brooks/Cole-Tomson Learning.

McDermott, F. E. (1975). *Self-Determination in Social Work*. London: Routledge an Kegan Paul.

McDonald, S., & Ahern, K. (2000). The professional consequences of whistle blowing by nurses.

Journal of Professional Nursing, 16(6), 313-321.

McElreath, M. P. (1996). ***Managing systematic and ethical public relations campaigns***. Madison, WI: Brown & Benchmark.

Midgley, J. (1997). ***Social welfare in global***. Thousand Oaks: Sage Publication. 신중섭 역 (1999). **국제사회복지**. 서울: 대학출판사.

Murray, E. J. (1956). A content-analysis method for studying psychotherapy. *Psychological Monographs, 70*(13), 1-31.

NASW (2001). ***NASW standards for cultural competence***. Washington, DC: Author.

NASW (2008). ***Code of Ethics***. Washington, DC: Author.

Nuland, S. B. (1994). *How we die: reflections on life's final chapter*. 명희진 역 (2008). **사람은 어떻게 죽는가?** 서울: 세종서적.

Padgett, D. K. (1998). ***Qualitative Methods in Social Work Research***. 유태균 역 (2001). **사회복지 질적 연구방법론**. 경기: 나남출판.

Pellegrino, E. D. (2000). Commentary: Value neutrality, moral integrity, and the physician. *The Journal of Law, Medicine and Ethics, 28*(1), 78-80.

Peternelj-Taylor, C. (2003). Whistle blowing and boundary violations: Exposing a colleague in the forensic milieu. *Nursing Ethics, 10*(5), 526-537.

Purtill, R, L. (1976). ***Thinking about Ethics***. NJ: Englewood Cliffs.

Reamer, F. G. (1995). Malpractice claims against social workers: First facts. ***Social Work, 9***(5), 595-601.

Reamer, F. G. (1999). ***Social Work Values and Ethics***(2nd ed.). New York: Columbia University Press.

Reamer, F. G. (2001). ***Social Work Ethics Audit***. Washington, DC: NASW Press.

Reamer, F. G. (2003). Boundary issues in social work: Managing dual relationships. ***Social Work, 48***(1), 121-133.

Reamer, F. G. & Abramson, M. (1982). ***The Teaching of Social Work***. New York: Hastings Center.

Reid, P. N. (1992). The Social Function and Social Morality of Social Work: A Utilitarian Perspective. In P. N. Reid & P. R. Reid(Eds.), ***The Moral Purposes of Social Work***. Chicago: Nelson-Hall, 34-50.

Rhodes, M. L. (1991). ***Ethical Dilemmas in Social Work Practice***. Family Service Association of America.

Richmond, P. (2010). The down and dirty essentials of professional boundary terminology. ***Relational Child and Youth Care Practice, 23***(2), 39-43.

Rothman, J., Smith, W., Nakashima, J., Paterson, M. A., & Mustin, J. (1996). Client self-determination and professional intervention: Striking a balance. ***Social Work, 41***(4), 396-405.

Rowlands, A., & Tan, N. (2004). International survey on grobalization and social work. In A. Rowlands & N. Tan(Eds.). *Social work around the World Ⅲ* (pp. 113-129). Berne, Switerland: International Federation of Social Workers.

Rubin, A., & Babbie, E. (1997). *Research Methods for Social Work*. 성숙진 · 유태균 · 이선우 역 (1998). 사회복지조사방법론. 경기: 나남출판.

Russell, B. (1945). *A History of Western Philosophy*. New York: Simon & Schuster.

Sakellari, E. (2003). Patient's autonomy and informed consent. *ICUS and Nuvsing Web journal, 13*, 1-9.

Storm-Gottfried, K. (1999). Professtional boundaries: An analysis of violations by social workers. *Families in Society, 80*(5), 439-449.

Sue, S. (2006). Cultural competency: From philosophy to research and practice. *Journal of Community Psychology, 34*(2), 237-245.

Taylor, P. W. (1975). *Principles of Ethics*. CA: Dickenson Pub. Co.

Timms, N. (1983). *Social Work Values: An Inquiry*. London: Routledge and Kegan Paul.

Toren, N. (1969). Semi-Professionalism and Social Work: A Theoretical Perspective. In A. Etzioni(Ed.). *The Semi-Professions and Their Organization*. New York: Free Press, 141-195.

Truax, C. B. (1966). Reinforcement and nonreinforcement in Rogerian psychotherapy. *Journal of Abnormal Psychology, 71*(1), 1-9.

UN Centre for Human Rights (1994). *Human rights and social work: a manual for schools of social work and the social work profession*. 이혜원 역 (2005). 인권과 사회복지실천. 서울: 학지사.

Valentich, M., & Gripton, J. (1992). Dual relationships: Dilemmas and doubts. *The Canadian Journal of Human Sexuality, 1*(3), 155-166.

Varley, B. K. (1968). Social Work Values: Changes in Value Commitments from Admission to MSW Graduation. *Journal of Education for Social Work, 4*, 67-85.

Waters, M. (1995). *Globalization*. New York: Routledge.

Wertheimer, A. (1993). A philosophical examination of coercion for mental health issues. *Behavioral Science and the Law, 11*(3), 239-258.

Whitfield, C. (1993). *Boundaries and Relationships: Knowing, Protecting and Enjoying the Self*. Florida: Health Communications, Inc.

William, M. (1975). *The American Heritage Dictionary of the English Language*(Ed.). Boston: Houghton Mifflin.

Wolfson, E. (1999). The Fee in Social Work: Ethical Dilemmas for Practitioners. *Social Work, 44*(3), 269-273.

Younghusband, E. (1967). *Social Work and Social Values*. London: Allen and Unwin.

KBS 뉴스 (2019. 7. 3). 교회? 사회복지단체?… 모호한 경계에 후원금 관리 '깜깜이.'

LA 중앙일보 (2019. 5. 10). 빈곤층 복지혜택 축소 우려… 트럼프 '연방빈곤선' 하향 추진.

동아일보 (2019. 6. 15). '불법 대리모' 매달린 불임부부들 "브로커 선처" 잇단 탄원.

연합뉴스 (2013. 3. 16). 미국 최후의 '인종차별 철폐 학군제' 사라진다.

연합뉴스 (2019. 5. 7). 인보사 바뀐 성분 알고 숨겼나… 진실성 논란 확산.

파이낸셜뉴스 (2019. 6. 12). "경찰 조사, 변호사와 함께 오세요" 인권 보호 팔 걷었다.

한겨레 (2019. 5. 22). 미 '게이 커플'의 인공수정 신생아, 미국 시민일까 아닐까?

한국일보 (2019. 5. 23). 부모는 모두 미국인인데 딸은 미국인이 아니다?

한국일보 (2019. 6. 11). "북한 공개처형, 총살형이 최다… 7살 어린이도 목격."

환경일보 (2019. 6. 3). 공사윤리의 날 기념 CEO윤리메시지 전파.

http://www.aks.ac.kr

http://www.doopedia.co.kr

http://www.humanrights.go.kr

http://www.kisti.re.kr

http://www.welfare.net

https://terms.naver.com

/찾/아/보/기

ㅈ

ㅊ

ㅋ

ㅌ

ㅍ

ㅎ

저자약력

- **정명희** 중원대학교 사회복지학과 교수
- **전대성** 경북전문대학교 사회복지과 교수
- **장갑수** 백석문화대학교 사회복지학부 사회복지전공 교수
- **이영희** 대전과학기술대학교 보건복지과 교수
- **박주현** 백석문화대학교 사회복지학부 및 백석대학교 평생교육원 교수
- **박선태** 성덕대학교 휴먼사회복지학부 교수

사회복지 윤리와 철학

1판 1쇄 인쇄 — 2020년 1월 10일
1판 2쇄 발행 — 2023년 2월 28일

저 자 - 정명희 전대성 장갑수 이영희 박주현 박선태
발 행 인 - 강철원
발 행 처 - 양성원
주 소 - 경기도 파주시 검산로 173번길 29-12
전 화 - 031-946-3861(代)
팩 스 - 031-946-3864
이 메 일 - tnwpub@naver.com
홈페이지 - tnwpub.co.kr
출판등록 - 2015년 8월 31일 제 2015-000211 호

ISBN 979-11-6126-237-6

정가 20,000원